민중과 생명

김용복 박사 팔순 기념논문집

민중과 생명

2018년 11월 1일 인쇄
2018년 11월 8일 발행

엮은이 | 김용복 박사 팔순 기념논문집 출판위원회
지은이 | 강원돈 권진관 김덕환 박성원 서광선 신대균 심상완 이경국
　　　　이남섭 이무성 이종구 이종원 이홍정 임종한 임희숙 진방주
　　　　차옥숭 최형묵 홍인식 Henry von Bose
펴낸이 | 김영호
펴낸곳 | 도서출판 동연
등　록 | 제1-1383호(1992년 6월 12일)
주　소 | 서울시 마포구 월드컵로 163-3
전　화 | (02) 335-2630
팩　스 | (02) 335-2640
이메일 | yh4321@gmail.com

Copyright ⓒ 김용복, 2018

이 책은 저작권법에 따라 보호받는 저작물이므로, 무단 전재와 복제를 금합니다.
잘못된 책은 바꾸어 드립니다.
책값은 뒤표지에 있습니다.

ISBN 978-89-6447-468-6 93200

김용복 박사 팔순 기념논문집

민중과 생명

김용복 박사 팔순 기념논문집 출판위원회 **엮음**
강원돈 권진관 김덕환 박성원 서광선 신대균 심상완
이경국 이남섭 이무성 이종구 이종원 이홍징 임종헌
임희숙 진방주 차옥숭 최형묵 홍인식 Henry von Bose **함께씀**

동연

축하의 글

존경하는 김용복 박사의 팔순을 진심으로 축하한다.

사람들은 나름대로 독특한 인품과 재능을 지니고 살아간다. 서로 일하는 분야가 다르고 관심의 차원이 다를 뿐만 아니라 어울리는 사람들도 다양하므로 유유상종 살아가는 것이 자연스런 우리의 일상이다. 그리하여 김용복 박사를 축하하는 팔순잔치를 마련하고 기념도서를 출간하여 함께 기쁨을 나누고 있지 않는가.

김용복 박사는 널리 알려진 바와 같이 뛰어난 신학자요, 한 교단의 성직자인 동시에 세계를 주름잡는 에큐메니컬 운동의 이론가이다. 민중신학의 토대를 만든 1세대인 동시에 이를 전 세계에 알리는 선구자 역할을 한 분이다. 그가 나타나면 이번엔 어떤 신학적 개념이 소개될지 설레면서 경청하게 된다.

나는 학원 선교, 도시 농촌 선교, 넓게는 사회 선교 분야에서 평생 일하는 동안 김용복 박사와 만나 얘기를 나누면 늘 새로운 지평이 열리게 되고, 내가 하는 일에 확신을 가지게 되었을 뿐만 아니라, 뒤엉킨 실타래를 쉽게 풀어내기도 하였다. 이 어찌 기쁨이 아니겠는가.

내가 1969년, 한국학생기독교운동협의회(KSCC) 간사로 일할 때 김 박사와 부인 김매련 여사를 처음 만났다. 당시 김 박사 부부와 나의 친구 이영우 장로(듀북대학교 신학부 학생) 및 델턴 피컬링 루이지애나대학교 교목 등은 미국장로교가 주선한 한국 방문 프로그램으로 한 학기 체류하였고, 나는 그 프로그램의 실무를 맡아 보았다. 벌써 오십년의 세월을 김 박사와 친분을 쌓아 오고 있다.

그러던 차 1970년 초 귀국한 신진 신학자 김용복 박사를 한국기독학생회총연맹(KSCF) 여름대회(매포수양관)의 주제 강사로 모셨다. 그는 "민중이 역사의 주체"라는 말로 제왕 중심의 역사이해를 민중 주체의 역사로 바꿔야 한다는 논지의 강연을 하였는데, 많은 학생들에게 큰 충격을 주었다. "역사의 주체는 민중이다"라는 말은 이때부터 회자되기 시작했다. 그는 "민중의 사회적 전기"라는 새로운 신학 방법론을 제시하였고, KSCF뿐만 아니라 새문안교회대학생회, 산돌교회 등에서 바닥공동체 성서읽기와 신학하기에 앞장섰다. 요즘은 "생명학신학"을 주제로 삼아 "평화신학", "환경신학", "영성신학"의 경지를 깊이 파고들고 있다.

김 박사는 국내뿐만 아니라 해외의 여러 에큐메니컬운동 기구의 강사로 초청받아 한국민중신학을 널리 보급하는 역할을 하고 있다. 김용복 박사는 이제 팔순이 되었다. 그 많은 새로운 생각과 과제를 차분하게 정리해 내도록 힘을 실어 주어야 하겠다. 그가 스스로 할 일이 있고 우리가 거들어야 할 일이 있다. 노년에 안심하고 연구와 강연과 현장 참여에 부담 없이 동참할 수 있도록 함께 계기를 마련하는 것이 바로 우리가 해야 할 일이 아닐까!

김용복 박사와 김매련 여사의 행복한 해로를 기원한다.

안재웅
(한국YMCA전국연맹유지재단 이사장)

책을 펴내며

저는 김용복 선생님의 제자라고 할 수 있습니다. 개인적으로 저의 새문안교회 대학생 시절, 선생님은 대학부에 오셔서 강의를 해 주셨고, 또한 제가 한국 기독교장로회가 운영했던 선교교육원에서 신학 공부할 때 강의해 주셨습니다. 그리고 미국 유학을 갈 때 추천서를 써주시고, 저의 미국 박사학위논문 심사위원이셨습니다. 그후 한국민중신학회, 한국기독자교수협의회, 죽재서남동목사기념사업회 등에서 선생님과 함께 일을 하고 있습니다. 저는 작년에 대학에서 정년 은퇴하였고, 선생님은 팔순이 되셨습니다. 팔순이시지만, 아직도 청년이십니다. 그만큼 정력이 넘치시고 정신도 맑으셔서, 어느 후배들보다도 훨씬 더 바쁘게 살고 계십니다. 지금도 에큐메니칼 운동, 평화운동, 사회적 협동조합 운동, 신학 학술회의 등으로 국내외 여행을 많이 다니시고 있으며, 특히 세계 에큐메니칼 운동에서 중요한 역할을 하고 계십니다.

다른 많은 일들을 하셨지만, 한국 기독교사회문제연구원 부원장, 한일장신대 총장을 역임하셨고, 민중 정치 신학의 발전에 크게 기여하였습니다. 이러한 모든 일들을 기억하면서 후학들이 팔순 기념논문집을 내게 되었습니다. 이 지면을 빌려 그동안 김 박사님을 지켜주시고, 경제적인 어려움에도 모든 일들을 뒤에서 성실하게 감당하고 도와주신 메리안 여사님의 노고에 감사와 위로의 말씀을 드립니다.

김용복 선생님은 젊으셨을 때부터 대단한 활약을 하셨습니다. 1973년 한국그리스도인 선언을 기초하셨고, 70년대 중반부터 당시 원로 신학자들인 서남동, 현영학, 안병무, 서광선 등과 함께 민중신학을 개척하셨습니다. 김용복 박사님의 큰 공헌은 그의 "민중의 사회전기"라는 개념입니다. 그는 이것을 민중의 이야기라고도 하였습니다. The social biography of minjung이라는 말은 그 개념을 포착하기가 쉽지는 않습니다. 그러나 김 박사님의 말씀에서 유추해 보면, "민중의 사회전기"는 민중의 역사와 이야기 모두를 포함하는 포괄적인 개념입니다. 민중이 역사 속에서 스스로를 해방하는 메시아적 정치를 내용으로 하는 이야기이며 역사입니다. 김 박사님은 그러한 선기들을 발굴하고 기독교적으로 해석하는 일을 신학의 주과제로 삼으셨습니다.

김 박사님은 민중을 생태적 생명으로 확대하여 생명학을 시작하였고, 우주 생명의 사회전기라는 개념으로 확장했습니다. 이러한 개념의 확장으로 그는 보다 폭넓은 프락시스를 개척하셨습니다. 사회적 협동조합, 평화통일운동, 생명 생태 운동 등등으로 그의 활동 영역을 확대해 갔습니다. 이것은 기존의 민중신학이 역사적, 정치적, 문화적인 인간 사회에 치중하는 것을 넘어서 보려는 시도가 아닌가 생각합니다.

우리는 민중의 사회전기 개념을 높이 평가합니다. 민담이나 민중의 픽션적인 이야기들을 아우르면서 민중의 사실적 역사를 포함하는 사회전기는 민중신학을 위한 주요한 기초 개념이 되었습니다. 1세대 민중신학자들의 특징은 이처럼 이야기와 사회적 전기를 방법적 범주로 하는 신학이었습니다. 우리 2세대(3세대, 그리고 요즘 성장하고 있는 4세대 민중신학 동인들을 포함하여)는 이제 다시 민중의 이야기로 돌아가야 하지 않는가 하고 생각합니다. 1세대의 이야기 신학이 2세대에 와서는 어떻게 변화될 수 있는가를 모색해야 하고, 이야기에 대한 획기적인 새로운 이해를 생각해 낼 필요가 있습니다. 아시아에서는 이야기 신학을 C. S. Song이 해왔는데, 그것을 잇는 학자들이 나타나지 않고 있습니다. 앞으로 이 주제에 대해서 천착할 기회가 많이 있기를 빕니다. 그리하여 새로운 민중신학의 지평을 열어나갈 수 있기를 바랍니다. 이러한 지평을 열기 위한 그루터기를 마련해 주신 김용복 박사님에게 새삼 감사를 드립니다. 앞으로도 더욱 풍성한 열매를 맺는 여생이 되시기를 기도하고 바랍니다.

마지막으로 이번 김용복 박사님의 팔순 기념논문집 발간을 위하여 시간과 정성을 나누어 주시고 수고해 주신 출판편집위원과 집필자 선생님 그리고 후원해 주신 분들과 출판사의 선생님들께 깊이 감사드립니다.

2018년 10월 9일 한글날,
대만 장영대학교 게스트하우스에서
김용복 박사 팔순 기념논문집 출판위원회 위원장
권진관

차례

축하의 글 _ 안재웅 / 5
책을 펴내며 _ 권진관 / 7
김용복 박사 연보 / 13

1부 | 〈공동 대담〉 민중의 사회전기에서 생명학으로

김용복 박사의 사회전기를 묻고 답하다 / 강원돈·권진관·이남섭　　25

2부 | 민중신학의 담론과 실천

서광선　실존주의 철학과 정치신학 — 한 노인의 철학과 신학적 독백　　97
권진관　이야기란 무엇인가 — 사건과 이야기의 신학을 위하여　　119
신대균　김용복 박사의 한국 에큐메니칼 운동에 대한 기여　　156

3부 | 민중신학에서 본 세계와 교회

강원돈　헌법의 총강과 기본권 체계에서 자유권, 사회권, 자연권
　　　 — 대한민국 헌법 개정을 촉구하는 한 민중신학자의 제언　　171
임희숙　한국교회 세습 문제와 그 여성신학적 성찰　　212
최형묵　쌍용자동차 사태를 통해 본 노동권과 경영권의 문제　　231
홍인식　메델린의 해방자 예수 — 제2차 라틴아메리카 주교회의가
　　　 라틴아메리카 그리스도론에 남긴 영향에 관하여　　263
이홍정　Transforming Discipleship:
　　　 Seeking a Korean Way of Imitatio Missionis Christi　　287
박성원　예배, 신학적 사고와 윤리적 행동이 형성되는 태(胎)　　311

4부 | 민중신학 현장과의 연대와 동행

차옥숭	천도교의 음식문화: 만사지 식일완(萬事知 食一碗)	
	— 밥의 의미를 중심으로	331
임종한	협동조합을 통한 공동체 회복 활동 성과와 전망	
	— 기독청년의료회의 의료협동조합 25년 경험과 성찰을 중심으로	359
진방주	총회 도시산업선교 60주년의 성찰과 반성 및 향후 방향	380
이종원	동아시아 지역 질서와 한일관계	
	— 김대중·오부치 공동선언의 의미를 중심으로	403
헨리 폰 보제	통일 전(前) 동·서독 교류와 디아코니아에서의 경험	416
이남섭	민중신학자, 시골에서 세계적 수준의 기독교 민족대학을 꿈꾸다	
	— 민중신학의 제도권 대학개혁 실천과 그 의미	447
이무성	김용복 목사의 교육철학	
	— 아시아태평양 생명학대학원대학교 준비과정을 중심으로	466
김덕환·이경국	글로벌 직업교육 특화 학교 육성사업 운영과 과제	
	— 고산고 사례를 중심으로	487
이종구·심상완	반월·시화공단 노동자의 일·생활 능력, 사회자본과	
	삶의 질	511

지은이 알림 / 555

김용복(金容福) 박사

2018년 3월 27일, 청주YMCA 주최 '3.1운동 100주년 기념 시민강좌'에서

김용복 박사 연보

1. 학력과 경력

1938.11.1.	전라북도 김제군 성덕면 남포리에서 출생
1945~1951	김제죽산초등학교 졸업
1951~1954	김제죽산중학교 졸업
1954~1957	김제죽산고등학교 졸업
1957~1961	연세대학교 철학과 졸업함. 문학사(B. A.) 취득
1961~1963	공군 입대
1963~1966	프린스턴신학교 입학하여 졸업
1966~1969	프린스턴신학대학원(프린스턴대학교와 Interinstitutional Program) 박사과정 이수
1967~1969	프린스턴신학대학원 Teaching Fellow
1970~1972	미연합장로교 선교본부(Commission on Ecumenical Mission and Relations)와 Board of National Missions 국제선교상임고문
1971~1972	프린스턴신학대학원 Teaching Fellow
1973~1974	동경신학대학원 Research Fellow
1974~1977	아시아기독교협의회(CCA), 세계교회협의회(WCC) 상임연구원(다국적기업에 관한 연구)
1974~1977	상지대학국제관계연구소 상급초청연구원(Document for Action Group in Asia: DAGA)프로그램 창설
1976	학위논문 "Historical Transformation. People's Movement and Christian Koinonia", 박사학위(Ph.D) 받음
1977	여름 샌프란시스코신학대학원 초청교수

1977~1978	스위스 Ecumenical Institute 초청교수(Tutor)
1979~1984	한국기독교사회문제연구원 연구담당 부원장
1980~1984	한국기독교사회문제연구원 Mook지 편집인
1985~1988	장로회 신학대학원 제3세계교회지도자훈련원 부원장
1985~1988	샌프란시스코신학대학원 Adjunct Professor
1988	세계개혁교회연맹총회(WARC) 한국준비위원회 사무국장
1988~1989	미국 크리스챤신학대학원(Christian Theological Seminary) 초청교수
1990~1998	기독교아시아연구원 원장
1991~1999	한국목회학박사원(샌프란시스코신학대학원과 합동) 원장
1992~1999	한일장신대학교 총장
1994~1995	한국기독교학회 회장
1995~1999	동남아시아 대학원(SEAGST) 한국지역 원장
1997~2000	아시아신학자협회(CATs) 공동회장
1999~2000	한국민중신학회 회장
2000~2010	한국생명학연구원 원장
2005~2010	*International Journal of Contextual Theology* 초대 편집위원장
2007~현재	화천 평화의 댐 세계평화의 종 공원 조성 위원장
2010~현재	(사)아시아태평양생명학연구원 이사장
2012~2013	2012협동조합기본법 발효 기념 '지역사회 혁신을 위한 협동조합교육과 거버넌스' 국제심포지엄 조직위원회 조직위원
2013~현재	"평화의 마중물" 창립추진위원
2013~현재	한국YMCA생명평화센터 고문
2015~현재	〈시민이 만드는 헌법〉 국민운동본부 추진위원회 추진위원
2015~현재	필리핀 마닐라에 본부가 있는 범세계적인 평화운동단체인 민간평화포럼 의장
2016~현재	죽재서남동목사기념사업회 이사장
2016~현재	평화통일을 위한 기독인연대(평통) 상임고문
2016~현재	'생명탈핵실크로드, 12000KM' 100인 위원회 공동대표

2. 교회 봉사 경력

1976	세계기독학생연맹총회(스리랑카) 한국대표
1976~1981	아시아기독교협의회 신학위원회 위원
1978~1998	한국기독교교회협의회 신학위원, 통일문제전문위원, 교사위원, 중앙위원
1979~1981	서울새문안교회 대학부, 청년부 지도목사
1981~1982	서울용산교회 대학부, 청년부 지도목사
1982	세계교회협의회 독일교회 방문단 단원
1983	세계교회협의회 6차 총회(캐나다) 대한예수교장로회 총회 대표
1984~1990	세계교회협의회 중앙위원회 UNIT II 전문위원
1985~1992	서울산돌교회(통합) 담임목사
1985~1990	세계교회협의회 개발위원회(CCPD) 부의장
1986~1990	세계교회협의회 JPIC준비위원회 준비위원
1987~1991	세계교회협의회『신앙고백문제로서의 경제』기초위원
1990	JPIC서울대회 한국대표로 참석
1991	세계교회협의회 7차 총회(캔버러) 전문위원
1994~1998	대한예수교장로회 연합사업대책위원
1997~1998	세계개혁교회연맹 신학부위원장
1998~1998	대한예수교장로회 총회 21세기 교단발전 전문위원

3. 국내·외 학술활동

1969	미장로교선교협의회, "People's Development" 발표
1969	재미기독자협의회, "역사와 기독지식인의 역할" 발표
1972	기독자교수협의회, "민중은 역사의 주격이다" 발표
1974~1976	TNC's in Asia에 대한 CCA-WCC Study Project 수행
1976	Asian Consultation on Living Theology(Hong Kong),

	"Minjung Theology" 발표
1976	동지사대학 신학부, "기독교윤리와 다국적 기업" 발표
1976	World Student Christian Federation(WSCF), General Assembly(Sri Lanka), "Theme Address: Asian Realities" 에 대한 기조발표
1977	세계교회협의회 JPIC협의회(Geneva) 참가
1978	한국기독교교회협의회, "3.1운동과 기독교" 발표
1978	아시아기독교협의회(서울), "하나님의 백성의 신학" 발표
1979	'신학과 민중의 사회전기' 발표
1980	한국기독교사회문제연구원, 한국교회100주년 종합조사 주관
1980	세계교회협의회개발협의회 "아시아에 있어서 개발과 다국적 기업의 역할(독일)"발표
1981	아시아기독교협의회 도시농촌개발협의회, "The Role of TNC in Asia" 발표
1983	세계교회협의회정치윤리협의회(Cyprus), "Minjung Theology and Par- ticipation" 발표
1988	Thomas Cook Lecture(US, Japan, Korea, Taiwan, Philippine, India)에 특별강사로 초빙(CCA-PC USA)
1991	Thomas Cook Lecture(San Francisco Theological Seminary)에 특별강사로 초빙
1991	Asia Regional Consultation on Communication, "Theology and Communication" (Philippines) 발표
1992	US NCC Consultation on Church and Communication. (New York) "Theological Perspective in Communication" 발표
1992	Claremont Consultation in Christianity and Pacific Civilization. "Christianity and Pacific Civilization: An Asian Perspective" 발표
1993	한국기독교학회, "코이노니아와 한국교회" 발표
1994	International Consultation in Theological Education(India),

	"Theological Education in the Context of the Global Change" 발표
1994	South African Missiological Congress, "Missiology in the New Global Context" 발표
1998	제2차 Interantional Symposium Selly Oak Colleges, "Missiology From Below: A Rereading of Asian Missiology From Below", Agenda for Asian Missiology in the 21st Century: Mission of the Minjung(Doulos), An Asian Discourse of Mission", People of Asia, People of God: Missio Christ-Doulos Missiology" 발표
1999. 5. 25.	아시아신학자대회가 주최한 "변화하고 있는 아시아에서의 아시아신학: 21세기를 향한 아시아 신학의 과제"로 주제 발표
2000. 10. 16.	한국생명학연구원 개원 기념 국제심포지엄 '지구화·생명경제·생명운동'에서 기조 발표
2000. 10. 27.	대전신학대학이 주최한 종교개혁 기념 강연회에서 '지구화와 종교개혁'으로 특강
2001. 3. 19.	새길기독사회문화 창립 기념세미나에서 '한국 기독교 희망이 있는가' 주제로 기조 발제
2002. 10. 3.	한국여성신학자협의회가 주최한 '여성과 생명' 주제 심포지엄에서 토론자로 참여
2003. 10. 12.	한국기독교교회협의회 국제위원회가 주최한 아시아평화포럼에서 '생명을 위한 평화포럼'에 대해 주제 강연
2003. 12.	세계생명문화포럼 경기문화재단이 주최한 '21세기 문명의 전환과 생명문화' 국제학술대회에서 주제 발표
2004. 11. 19.	세계생명문화포럼에서 '생명운동-시민운동의 새로운 지평 모색' 주제 강연
2006. 6. 21.	세계생명문화포럼이 주최한 '제4차 세계생명포럼'에 토론자로 참여
2007. 5. 18.	인드라망 생명공동체의 블로그에 '생명운동: 시민운동의 새로

	운 지평 모색' 발표
2007. 11. 1.	국제평화위원 및 평화헌장위원의 화천 평화의 댐 세계평화의 종 공원 착공식 참여
2008. 10. 8.	한일장신대학교 주최, '신자유주의 시대 제3세계의 디아코니아와 NGO' 국제공동학술대회에서 '신자유주의와 한국교회의 생명디아코니아' 기조발제
2009. 3. 5.	한국YMCA 생명평화센터 주최 정책협의회에서 '예수의 생명/평화운동' 주제로 특강
2010. 4. 3.	부활절에 '생명과 평화를 여는 2010 한국 그리스도인 선언' 작성과 발표에 참여
2010. 4.	『농촌과 목회 45호』(2010 봄호)에 '생명운동 두 이야기의 합류, 지구화와 민중, 생명운동, 예수 대 제국' 게재
2010. 10. 21.	팔레스타인과 한반도 평화가 주최한 '팔레스타인의 평화회복을 위한 기도회'에서 '팔레스타인의 희망은 가능한가?' 주제로 특강
2010. 10. 25.	생명과 평화를 여는 2010년 한국그리스도인 선언위원회와 한신대학교 신학대학원이 주최한 한국교회와 종교개혁 심포지엄에서 '오늘의 믿음으로서의 생명 평화 사상-새 시대에 새 신학'으로 기조강연
2011. 5. 11.	전북 건강한 교회를 위한 목회자 협의회(전북건목협) 주최 '김용복 박사와 함께 하는 신학강좌'에서 생명과 평화를 중심으로 하는 지역선교 특강
2011. 6. 1.	포레스트 믿음장로교회가 주최한 제1회 평화포럼에서 '세계기독교의 생명평화동향'으로 기조발제
2012. 3. 14.	생명평화마당 포럼에서 '생명평화 세상의 조건으로서의 탈핵' 발표
2012. 4. 23.	'핵없는 세상을 위한 한국 그리스도인 연대' 창립기념 심포지엄에서 발표
2012. 5. 31.	포레스트믿음교회가 개최한 제1회 '평화포럼'의 기조발제자로

	발표
2012. 8. 9.	광주YMCA 회보에 '핵없는 운명은 오는가?' 발표
2012. 9. 20.	'지리산 생명평화 선언'에 참여
2012. 10. 18.	한일장신대학교 주최 '협동조합시대 기독교 사회적 기업의 이론과 실제' 아카데미에서 '협동체로서의 신앙공동체와 협동으로서의 교회' 특강
2012. 11. 26.	호남신학대학교 해석학/농어촌선교연구소가 주최한 '창조세계의 보전과 핵없는 세상' 학술발표회에서 '신앙고백과 핵문제' 주제 강연
2013. 1. 3.	예장신문 모바일 사이트에 신년기도 '시대에 대응하는 기독교 지성의 정체성을 확립하자' 게재
2013. 1. 19.	기독청년의료인회 창립 25주년 기념 토론회에서 '협동조합운동의 기독교 사상적 해석' 기조 발표
2013. 2.	부산 YMCA주최 'WCC부산총회와 YMCA' 주제 강연
2013. 3. 13.	대한예수교장로회총회 'WCC총회와 한국교회 에큐메니칼운동 자료집'에 '한국교회와 세계에큐메니칼 운동' 게재
2013. 4. 25.	우리마당이 '협동조합과 기독교운동' 주제로 개최한 정책협의회에 '협동조합운동의 신앙적 성서적 근거'로 발표
2013. 5 .27.	21세기기독교아카데미와 한일장신대학교 공동주최 WCC 부산 개최 기념 공동 학술대회에서 '지구화와 지구제국의 패권에 저항하는 생명운동: 예수 대 제국' 기조 발표
2013. 5. 27.	한일장신대학교 주최 사회적협동조합아카데미에서 '성경과 협동조합-협동조합을 위한 성서적 기반' 주제로 인문학석학 초청 특강
2013. 6. 25.	대한예수교장로회총회 사회봉사부 주최 〈교회와 협동조합〉 세미나에서 '협동조합의 성서적 이해'를 발표
2013. 6. 7.	한국기독교교회협의회(NCCK) 국제위원회가 주최하는 팔레스타인 평화심포지엄 'Momento of Truth:한국땅에서 팔레스타인을 말하다'에서 논찬자로 참여

2013. 10.	세계교회협의회 제10차 부산총회 참석
2014. 1. 27.	한국기독교교회협의회가 주최한 〈2014 한반도 평화통일 심포지엄〉 참석 '기독교통일운동을 위한 제언' 발표
2014. 5. 30.	한일장신대학교 주최 '협동조합과 한국시민사회역량개발' 춘계공동학술대회에서 '신앙공동체의 살림살이와 협동조합' 주제로 기조 발표
2014. 9. 26.	아시아평화시민네트워크가 주최한 '반핵아시아 포럼'에 참가
2014. 11. 4.	해외 사회적 금융 전문가 Oikocredit International 전 총재 Dr. Gert van Manne 박사 초청 전국(서울, 수원, 전주, 지리산) 순회 세미나 개최
2015. 3. 5.	〈시민이 만드는 헌법〉 국민운동본부 '국민대토론회'에서 생명권 발표
2015. 3. 10.	평화칼럼에 '기독교 민족통일운동의 역할을 고민하자' 발표
2015. 8. 17.	지리산 상생 콜레지움에서 분단 70년, 광복 70주년 기념하는 '치유, 용서, 화해, 평화, 통일, 상생을 위한 세미나와 지리산 특별 산상기도회'를 개최
2015. 9. 11.	대한예수교장로회(통합)총회와 한국기독교장로회총회 공동주최 동북아 평화를 위한 에큐메니칼 국제포럼(동북아평화포럼)에서 '정의와 평화에 대한 동북아시아 교회의 참여 확대와 강화 전략' 주제로 발표
2015. 12. 9.	세계생명평화포럼 한국위원회와 공동주최한 '국제상생평화포럼'에서 발표
2016. 3. 28.	국립순천대학교가 주최한 인문석학초청 강연회에서 기조 강연
2016. 4. 6.	평화칼럼에 '평화통일 위한 새 담론 필요하다' 발표
2016. 5. 26.	한국NGO학회와 한일장신대학교 주최, '협동조합, 교회, 선교' 주제의 춘계공동 학술대회에서 협동조합과 평화선교' 주제로 기조 발표
2016. 6. 13.	제2차 생명평화 지구포럼(Global Forum on Peace For Life

Together)에서 발표

2016. 9. 1. 국제민간평화포럼이 주최한 영동 노근리 민간평화포럼 국제회의 참여

2017. 5. 29. 평화통일연대의 평화칼럼에 '한반도와 동북아 평화를 위한 기도' 발표

2017. 11. 10. 세계평화포럼(WPFG)가 주최하는 '광주가 평화다' 주제의 2017 광주세계평화컨퍼런스에 토론자로 참여

2017. 11. 21. 한일장신대학교 주최, 다인종 다문화시대 한국교회와 시민사회의 역할과 과제 추계공동학술대회에서 '글로벌 다인종·다문화시대 상생과 연대의 영성' 주제 석학초청 강연

2018. 2. 23. 대구NCC와 대구YMCA, 대구YWCA 공동주최 대구기독교 3.1운동 100주년위원회 출범 기념강연에서 '21세기 민족의 새 역사변혁동력을 3.1운동에서 탐구한다' 주제로 강연

2018. 3. 27. (사)한국기독교사회발전협회가 주최한 에큐메니칼 담론마당에서 '민중신학의 새로운 지평, 지구적 관점 필요' 특강

2018. 3. 29. 청주YMCA 주최 3.1운동 100주년 기념 시민교양강좌에서 '21세기 민족의 새 역사변혁동력을 3.1운동에서 탐구한다' 주제로 강연

2018. 9. 18. 남북평화교류 사회적경제연대가 국회의원회관에서 개최한 '사회적경제 남북교류협력 추진을 위한 포럼'에서 '남북경협을 위한 사회적경제의 구상과 방향' 기조 강연

2018. 9. 19. 아시아태평양생명학연구원이 '동북아시아평화와 상생디아코니아' 주제로 주최한 국제학술대회에서 '평화와 상생을 위한 상생경제론' 발표

4. 주요 저서

People Toiling Under Pharaoh(공저), CCA, 1975.
『한국 민중과 기독교』, 형성사, 1980.
『한국 민중의 사회전기』, 한길사, 1980.
Minjung Theology(공저), CCA, 1980.
Asia Forum on Justice and Development(편저), CCA-CCPD, 1984.
Study Project on "Beyond Ecumenical Sharing"(편저), CCA-CCPD, 1986~1988.
Healing the World(공저), Freindship Press, 1990.
Messiah and Minjung, CCA, 1993.
『지구화시대 민중의 사회전기-하나님의 정치경제와 디아코니아 선교』, 한국
　　　신학연구소, 1998.
『한국의 생명담론과 실천운동』(공저), 경기문화재단, 2005.
『서남동과 오늘의 민중신학』(공저), 동연, 2009.
『창조세계의 보전과 핵 없는 세상』(공저), 호남신학대학교 해석학연구소/농
　　　어촌연구소 엮음, 2012.
『WCC총회와 한국교회 에큐메니칼운동』(공저), 대한예수교장로회총회PDF
　　　자료집, 2013.
Theology of Life Peace in Korea(공저), Madang Journal Editors, 동연, 2013.

〈1부〉

〈공동 대담〉
민중의 사회전기에서 생명학으로

김용복 박사의 사회전기를 묻고 답하다 / 강원돈 · 권진관 · 이남섭

〈공동 대담〉 민중의 사회전기에서 생명학으로

김용복 박사의 사회전기를 묻고 답하다

대담: 김용복(아시아태평양생명학 연구원장)
강원돈(한신대학교 교수)
권진관(성공회대학교 은퇴교수)
이남섭(한일장신대학교 교수)

정리: 오세요(한백교회 전도사)

일시: 2018년 8월 20일 오후 2시~7시
장소: 종로구 필운동 파크뷰타워 1008호

▼ 이번에 팔순을 맞이하시는 김용복 박사님을 모시고 격동의 세월을 살아 오신 삶의 궤적과 그 삶 속에서 형성하신 사상에 대해서 직접 이야기를 듣게 되어 기쁘게 생각합니다. 박사님이 대담을 통해서 자신의 삶과 사상을 정리하신 적이 거의 없었던 것 같은데. 이번에 많은 이야기를 내어 놓으셔서 한 사상가의 삶과 사상이 서로 어떻게 유기적으로 결합되어 왔는가를 보여주시기 바랍니다.

박사님과 대담을 나누기 위하여 저희 세 사람(강원돈, 권진관, 이남섭 교수)이 질문지를 마련하여 박사님께 미리 전달해 드렸습니다만, 질문의 순서에 구애받지 말고 자연스럽게 말씀해 주시기 바랍니다. 생애와 사상을 서로 연관 지어 이야기할 때, 아무래도 유년기의 기억을 더듬는 데서 이야기의 실마리를 풀어보는 것이 좋을 것 같습니다.

유년기의 기억

한 3년 전에 제가 제 일생에 대한 순례를 한번 해봐야겠다는 생각을 하고 여행을 떠났어요. 1월 초였지요. 제가 태어난 곳은 전라북도 김제군[1] 성덕면 남포리의 조그마한 촌입니다. 동진강 지류에 있는 곳이지요. 제 어머님은 늘 "너는 소띠"라고 말씀하시곤 했어요.[2] 그런데 제 호적을 보면 38년생이거든요. 양력으로는 11월 1일이지만, 음력으로는 9월 10일이에요. 지난번에 순례를 하면서 보니까 저는 소띠가 38년인 줄 알았는데 그게 아니고 37년이에요. 그래서 새삼스럽게 1937년에 뭔 일이 있었는가를 생각하게 되었어요. 1937년 10월에 일본이 대동아평화를 내세워 중국을 침공하고 점령을 했더라고요. 식민지 시절과 전쟁이 딱 겹친 해였죠. 결론적으로 내가 식민지 치하에서 태어났을 뿐만 아니라 전쟁의 한 복판에서 태어났구나 하는 생각을 했습니다.

이러한 엄혹한 시절의 흔적이 뭐가 있나 찾아봤더니 제 아버님이 1944년 1월 10일에 돌아가셨어요. 1944년이면 해방 직전이거든요.

---

1 현재 김제시.
2 1937년 정축년.

폐결핵으로 돌아가셨어요. 만주 무순 탄광에서 추운 겨울에 석탄을 트럭에 싣는 일을 하다가 영양실조에 걸리셔서 시골집에 돌아오신 뒤에 결핵으로 세상을 떠나셨지요. 제 어머님과 아버님은 같이 1918년생이십니다. 제 어머님은 스물여덟에 과부가 되셨고, 저와 여동생이 있었습니다. 제 아버님이 돌아가시고 나서는 남은 게 하나도 없었어요. 재산도 없고 아무것도. 제 어머님은 남포리에서 살 수가 없어서 친정이 있는 죽산으로 가셨어요. 제 외가로 그냥 가 버리신 거지요. 그래서 저는 본가에서 할머니와 살았어요. 할머니 슬하에서 지내다가 저희 할머니께서 아무래도 남포리에서 사는 것이 어렵다고 판단하셨는지 김제군 죽산면 죽산리로 이사를 가셨죠. 그곳에는 할머님의 작은 딸인 저희 고모가 살고 있었어요. 고모한테 의지하기 위해서 그쪽으로 가신 거죠. 이게 제가 태어나서 자라난 환경입니다.

지금 생각해보면 딱 두 가지가 생각이 납니다. 1944년에 제가 소학교 1학년에 들어갔는데 같은 반에 남포리의 일제 경찰 주재소장의 아들이 있었어요. 지금도 그 얼굴을 기억하고 있는데, 그 아들을 만났다는 것이 기억나고, 해방 직후에 죽산으로 이사를 와서 국민학교 1학년 생활을 하는데 1학년 때 우리 선생님 기억이 납니다. 그분은 김성자 선생님이신데 나중에 알게 된 사실이지만 그분은 사회주의자이셨어요. 그리고 제 외가의 이종육촌쯤 되는 삼촌이 사회주의자였는데, 나중에 대학교 교수로 일하셨습니다. 그런 분위기였습니다.

제가 초등학교 다닐 때에는 민족교육이 대단했습니다. 칠판 위에는 교훈이 적혀 있었고 그림들이 붙어 있었는데, 그 그림들 가운데 잊어버릴 수 없는 것이 안중근 의사의 사진이었어요. 제가 키가 작아서 앞에서 둘째 줄에 앉았는데 안중근 의사의 사진이 정면에 떡 하니

붙어 있는 거예요. 아시다시피 안중근 의사는 약지가 잘려 있잖아요. 그런 모습의 안중근 의사 사진이었어요. 어렸을 때 수학여행을 가서 찍은 사진 가운데는 제가 안중근 의사 흉내를 낸 사진이 있어요. 해방 직후에 받은 민족교육과 독립운동가들의 인상이 일생 동안 제 삶을 좌우했던 것 같아요. 그 당시 선생님들이 민족교육의 열망을 지녔던 분들이었어요.

중·고등학교 시절

제가 다니던 죽산 초등학교는 아주 좋은 학교였어요. 전라북도에서 우수 학교로 지정을 받기도 했지요. 교장은 양재식 선생님이셨고, 그분의 아들인 갑송이가 제 동기였는데, 둘이 참 친했어요. 학교가 끝난 뒤에도 학교에 남아서 같이 공부를 하곤 했지요. 초등학교를 졸업하고 중학교에 들어갈 때에는 국가시험을 봤어요. 그 시험 성적이 괜찮았던가 봐요. 그 당시 가난한 집 아이들이 중학교에 들어갈 수 있는 길은 사범학교에 진학하는 거였어요. 저는 홀로 전주에 가서 사범학교 시험을 봐서 합격을 했는데 하숙을 할 수 있는 방도가 없어서 진학을 하지 못했습니다. 좋은 성적으로 합격을 하고 인터뷰까지 다 했는데.

그래서 죽산에 돌아왔지요. 죽산에는 중학교와 고등학교가 있었어요. 그런데 이 중학교는 당시 죽산의 유지들이 새로 세운 학교입니다. 그 학교의 교훈이 지금도 기억이 납니다. 세 가지였는데, 첫째가 향토를 사랑하라, 둘째가 진리를 사랑하라, 셋째가 학문을 사랑하라는 것이었죠. 그게 저에게 굉장히 큰 인상을 남겨서인지 언제나 생각이 났어요. 우리 교장 선생님은 고창고등학교를 나오고 동경제국대학에서 법학 공부를 하다가 중퇴를 하신 분인데 그분이 유지였어요. 저는 그분의 총애를 받았어요. 제가 전주 사범학교에 진학하려다가 시골 학교에 오니까 자연스레 일등을 하게 되었단 말이죠. 그러다 보니 중학교와 고등학교 다니면서 줄곧 장학금을 받았어요. 저희 어머님이 가난하니까요. 저야 공부를 할 수밖에 없었지요.

그 당시 기억나는 것 중 하나가 안중근 의사의 전기를 읽는 것입니다. 전기를 읽으면서 굉장한 충격을 받았습니다. 이미 국민학교 때 오리엔테이션을 받은 것도 있었지만 전기를 읽고 상당 기간 동안 매료되었다고 할까? 안중근 의사를 영웅으로 모시고, 나도 안중근 의사 같은 사람이 되어야겠다고 생각했지요. 여러 가지 것들을 행동으로 옮기기도 했고요.

제가 중학교 때 한국전쟁이 일어났습니다. 한국전쟁은 제게 한편으로는 아주 비극적인 경험이었고, 또 다른 한편으로는 축복이었습니다. 비극인 것은 저희 마을에 포탄이 떨어지고 집들이 무너지고 저희 집도 피해를 보았지요. 그때는 호주기라고 부르는 비행기가 있었는데, 구름이 낀 어느 날 그 비행기가 난데없이 나타나 기총소사를 했지요. 우리 집 장독이 다 깨지고 그랬어요. 전쟁 중에는 북쪽에서 피난민이 많이 내려 왔어요. 북쪽에서 온 한 피난민 가족이 우리 집에 머물기도 했습니다. 어머니하고 딸하고 남자아이 둘이었는데, 저희 집에는 어머니와 우리 두 남매가 있었고, 제 어머니는 행상을 하셨어요. 저희 집에는 방이 둘 있었는데 한 방을 그 피난민 가족한테 내주었어요. 약 일 년 동안 그 가족과 같이 살았어요. 1.4 후퇴 이후에는 전라도에 피난민이 많이 왔어요. 그곳 사람들은 굉장히 호의적으로 그들을 받아들였습니다.

한국전쟁이 제게 무슨 축복이냐 하면, 좀 이상한 축복입니다. 서울에 있는 선생님들이 죽산으로 피난을 온 거에요. 서울 일류학교에서 가르치시던 교사들이 죽산에 와서 학생들을 가르치시게 된 것이죠. 그래서 저는 일류교사들의 교육을 받았어요. 아마 한국 기독교장로회의 김판순 장로라고 아실 겁니다. 그 분이 연대 상과를 나왔는데 국어를 가르치셨고, 서울대학교 농과대학을 졸업한 분이 수학을 가르치셨고, 정의여고에서 가르치시던 정 모 선생님이 역사를 가르치시고 그랬습니다. 서울에 있는 선생님들을 모시고 공부를 한 것이 지금 생각해보면 대단한 축복이었어요. 나중에 선생님들이 귀경을 하시고 나서 제가 연대에 진학을 하게 되니까 그분들을 서울에서 다 만날 수 있었어요. 한국전쟁 시절에 그 선생님들을 만난 것이 제게는 큰 축복이었습니다.

연세대학교 철학과 입학

▼ 박사님은 오랫동안 신학자로 활동해 오셨지만, 대학에 진학해서는 먼저 신학을 전공하지 않고 철학을 공부하셨습니다. 고등학교를 졸업하고 철학을 전공하기로 결심하시게 된 동기가 무엇인지요? 철학 연구가 박사님의 사상을 형성하는 데 지속적으로 영향을 미쳤다고 평가하시는지요?

제가 고등학교 3학년 때 학교에서 스트라이크를 했어요. 1955년인가 56년쯤엔가 벌어진 일이죠. 학교에서 공부도 잘하고 장학금도 받고 총애도 받는 친구가 스트라이크를 하니까 선생님들이 저를 미

위하기 시작했습니다. 스트라이크를 벌이면서 제가 느낀 것이 있어요. 저는 중학교 때부터 교회를 다니기 시작했어요. 저희 외가가 기독교 집안이었어요. 저희 외삼촌이 기독교인이었지요. 저희 고모도 기독교인이었는데, 우리 가족은 기독교 가정이 아니었습니다. 저는 중학교 시절에 교회를 다니기 시작해서 교회에 심취를 했는데, 제가 스트라이크 과정에서 어떤 깨달음을 얻었는데, 세상 일이 소망대로 되는 게 아니라는 것이었습니다. 인생에 대한 실존적 위기를 느낀 거지요.

스트라이크를 벌인 벌로 저는 무기정학을 받았어요. 그래서 교장 선생님께 긴 편지를 썼지요. 제가 왜 스트라이크를 했느냐를 밝히기 위해서였죠. 기본적 논조는 이것이었습니다. 일종의 애국심인데요. 민족이 어려운 상황인데 선생님들이 공부를 열심히 시키고 그래야지 하는 식으로 원고지로 한 30매정도 썼던 것 같아요. 교장 선생님께 그 편지를 드렸더니 교장 선생님이 그걸 보고 저를 구출할 결심을 하신 거예요. 무기정학을 받은 지 3주쯤 되었을 때 교장 선생님이 저를 부르셔서 학교에 갔더니 복학을 시키셨더라고요. 그래서 저는 연세대학교에 입학할 수 있었습니다. 본래 교장 선생님은 제가 법학 공부를 하기 원하셨지만 저는 철학과를 지망했습니다.

제가 연세대에 합격을 했는데 등록금을 낼 수가 없었습니다. 그래서 교장 선생님이 지혜를 내셨어요. 졸업식 때 저에게 특별상을 주신 거죠. 특별우수상을! 그것도 도지사가 한 명 선발하는 학생으로 저를 추천하신 거예요. 그렇게 특별우수상을 주신 다음에 교장 선생님이 이 학생이 시골 학교에서 공부해서 연세대학교 철학과에 입학하게 되었는데 돈이 없어서 못 간다고 연판장을 돌리신 거예요. 그래서 시골의 의사들하고 우리 학교의 이사였던 군산의 김기옥 변호사 같은 분들이 돈을 내셨어요. 연판장을 돌리기는 했는데, 시골에 무슨 돈이 있겠어요? 제가 나중에 알게 되었는데, 연판장을 보고 돈을 낸 사람들이 다 선생님들이셨어요. 그 선생님들이 저를 연세대에 보낸 겁니다. 참으로 고마우신 분들이었습니다.

염산교회 야학 시절

▼ 철학과에 진학하기 전에 신학을 하겠다는 생각이 있었나요?

있었습니다. 고등학교 때 실존적인 고민을 하면서 저는 신학을 하고 싶다는 생각을 했어요. 그래서 남산에 있었던 신학교에 입학원서를 넣었습니다. 그 당시에는 장로회신학교가 남산에 있었어요. 그렇지만 제가 연세대에 합격을 하게 되어 그곳에 갈 필요가 없었어요. 그 당시 저는 속으로 이렇게 생각을 했어요. 신학을 하기 위해서는 철학이나 역사 공부를 먼저 하는 것이 좋을 것이라고요.

철학과에 입학을 한 뒤에 저는 염리동 빈민촌에 살았어요. 아들이 서울에 갔는데 하숙을 할 수도 없고 자취도 불가능하니까 제 어머님이 서울에 올라오셨어요. 서울 아현동에서 행상을 하시면서 제 뒷바라지를 하셨지요. 저는 1학년 때부터 야학을 했습니다. 염리동에는 피난민이 많이 살았거든요. 그곳에는 그들이 사는 판잣집이 즐비했지요. 염리동에는 염산교회라고 있어요. 그 염산교회가 예장교회였는데, 제가 그 교회를 다녔어요.

염산교회에서 야학을 할 때에는 죽산 출신의 대학생들이 함께 했고, 이대생들, 연대생들, 고대생들, 염산교회 출신 청년들을 중심으로 열 대여섯 명 정도의 교사들이 있었습니다. 대학생들 위주였어요. 염산교회가 건물을 새로 지어 옛 건물을 야학 건물로 사용했는데, 국민학교 졸업하고 중학교에 갈 나이의 학생들이 삼백 명까지 왔습니다. 저는 한 삼년 동안 야학을 했어요. 그 야학은 제게는 민중교회 비슷한 거였는데, 저는 거기 살다시피 했지요. 그 어간에 저에게 큰 영감을 주신 목사님이 계셨는데, 그분이 엄두섭 목사님이었어요. 엄두섭 목사님이 저에게 준 영향은 두 가지입니다. 하나는 이분이 굉장히 영성이 뛰어나신 분이예요. 그리고 시인이세요. 그분은 북쪽에서 온 피난민이셨는데, 결핵을 앓고 계셨어요. 그분의 설교는 젊은 학생들에게 굉장히 깊은 감명을 주었어요. 저는 엄두섭 목사님과 신앙적인 차원에서 깊은 관계를 맺고 있었지요. 또 다른 하나는 엄두섭 목사님과 잡지를 만든 일입니다. 그분은 제게 잡지를 출판하는 일을 돕도록 심부름을 시키셨어요. 그래서 대학생인 제가 목사님과 함께 '성빈'이라는 잡지를 출판했어요. 엄 목사님이 글을 쓰고, 저도 가끔 글을 썼습니다. 그때는 잡지를 가리방으로(줄판으로) 긁어서 만들었어요. 그 잡지를 내는 출판사의 이름이 은성출판사였는데, 아직도 그 따님이 그 출판사를 운영하고 있습니다.

저는 엄 목사님과 전국에 있는 수도원이라는 수도원을 다 다녔습니다. 그리고 저는 비록 판잣집이기는 했지만 교회에 딸려 있는 그 집에서 우리 식구와 이모, 이모부와 함께 살면서 매일 새벽기도회에 참석했습니다. 지금도 뚜렷이 생각나는 것은 제 기도 제목이 민족이었다는 거예요. 국민학교 때부터 민족은 제 마음에 깊이 새겨진 그런 거였어요.

철학 공부

▼ 연세대학교 시절의 철학 공부에서 특히 기억에 남는 것은 무엇입니까?

철학과에 입학을 하고 나서 제 인생의 축과도 같은 정석해 선생님을 만나게 되었지요. 그분은 당시 문과대학 학장이셨어요. 나중에 알게 된 거지만, 3.1운동 당시 그분은 파리 유학생이었는데 독립운동 단체에 속해서 활동 중이었습니다. 그분은 3.1운동 당시에 권총 여섯 자루를 가지고 비밀리에 침투하셨다고 합니다. 그분은 상해에서 활동을 하시다가 소르본대학교에 제출할 박사학위 논문을 가지고 다니다가 일경에게 빼앗겼어요. 그래서 그분은 박사학위 논문이 없습니다. 독일에서도 공부하고, 파리에서도 공부해서 독어, 불어, 영어를 모두 잘 하셨어요.

제가 연세대학교에 들어갔을 때였습니다. 그때는 아직 연희대학교 시절이었는데, 저희 입학생들 때문에 정석해 교수님과 총장님 사이에 언쟁이 생겼어요. 그때 문과대학 커트라인이 있었는데 철학과는 30명 정원 가운데 12명만 받았어요. 정석해 교수님은 커트라인 이하는 받을 수 없다고 주장했고, 총장님은 학교 입장에서 30명을 다 받아야 한다고 주장한 거죠. 그 일이 있고나서 정석해 선생님은 학교에서 정석두라는 별명으로 통했지요. 아무튼 철학을 공부하기 시작하면서 주요 매듭은 정석해 선생님이 매어주셨습니다.

정석해 선생님은 저희에게 칸트의 순수이성비판, 실천이성비판을 가르치셨습니다. 르네 데카르트의 명상록(Meditation)을 영어로 배운 것도 여전히 깊은 인상으로 남아 있습니다. 현대철학도 정 교수님에게서 배웠지요. 그때는 한글로 된 철학교과서가 없었어요. 전부 영어로 공부를 해야 했습니다. 플라톤 철학과 아리스토텔레스 철학은 김하태 교수님에게서 배웠습니다. 동시에 동양철학도 공부했는데, 도덕경, 사서오경 등은 한문에 능하신 권오돈 선생님에게서 한문을 배웠습니다. 그리고 김형석 선생님이 키에르케고르 등의 실존철학을 가르치셨어요. 그분은 일본말을 잘해서 일본 텍스트를 한국어로 번역을 해서 가르치셨고, 서울대 계시던 김준섭 선생님이 철학사를, 숭실대학교의 조요한 교수님이 플라톤의 미학을 가르치셨어요. 그러니까 저는 철학과에서 대단히 실력 있는 교수님들에게 배운 거예요. 그때 형성된 철학적인 사유의 틀이 지금도 저에게 그대로 유지된다고 할까요. 저는 칸트를 원문으로 공부했기 때문에 칸트를 이해하고 해석하는 데 틀리지 않습니다. 그 당시 칸트의 순수이성비판, 실천이성비판, 평화론 등을 읽었고, 동양의 사서오경, 도덕경 등을 읽는 등 폭넓게 공부를 했던 것 같아요.

연세대학교에 다닐 때에는 철학만이 아니라, 상대의 경제학과에서는 최호진 교수님의 경제학 개론을 들었고, 문과대학에 가서는 영문학과의 최재희 교수님에게서 셰익스피어의 햄릿과 T. S. 엘리엇에 관한 강의를 들었습니다. 신과대학에서는 한태동 박사님에게서 교리사 수업을 듣고, 김찬국 교수님에게서는 히브리어를 배웠고, 이상호 선생님한테서 헬라어를 공부했습니다. 유동식 교수님에게서는 칼 바르트에 관한 강의도 들었습니다. 저는 철학을 전공하면서도 장차 신학을 공부할 마음을 갖고 있어서 신과대학 수업을 많이 들었던 셈이지요. 철학과를 졸업하고 나서 저는 신과대학으로 학사편입을 했지만 돈이 없어서 등록을 못했어요. 그래서 신과대학에는 제 기록이 남아 있지 않습니다.

4·19 혁명의 경험

▼ 박사님이 대학생 시절에 일어난 4·19 혁명을 어떻게 겪으셨는지요?

제 대학생 시절의 마지막 해에 결정적 사건이 벌어집니다. 그게 4·19예요. 4·19때 저는 치안본부 근처에 있었던 집에서 가정교사 생활을 하고 있었는데, 그 당시 치안본부는 오늘의 한국일보사 바로 앞에 있었습니다. 연대 학생들은 시소문을 통해서 종로 2가 화신백화점 근처의 자유당 당사를 거쳐 안국동으로 진출했고, 한국일보사 앞을 통과하여 중앙청으로 진입하고자 했습니다. 4월 19일 오후 두 시에 경찰이 발포를 하자 연대 의예과 학생 하나가 사살당했습니다. 지금도 4·19묘지에 가면 그 학생의 묘가 있어요. 의예과 학생이 사살당하자 연대생들은 후퇴를 해서 캠퍼스로 돌아갔습니다. 4·19혁명이 진행되면서 연대의 정석해 교수님과 서울대의 이희승 교수님 등이 교수단 데모대를 이끌고 이승만 하야성명을 냈습니다.

교수단 데모와 하야 성명이 난 뒤에 연세대학교에서는 내분이 생겼습니다. 하야 성명에 서명한 연세대 교수님들은 여섯 명이었는데 학교는 이들을 모두 제명처리를 했어요. 서명 교수 여섯 명이 제명처리를 당하니까 학생들이 들고 일어나서 학원민주화투쟁을 시작했습니다. 연세대학교 철학과, 영문학과 학생들이 나서고 학생회장을 배출한 법대 학생들이 앞장서서 학원민주화운동을 벌였는데, 저는 핵심으로 들어가서 성명서를 쓰곤 했습니다. 나중에 제명 처리된 교수님들이 다 돌아오셨는데, 정석해 교수님만 그 일로 명예교수가 되지 못하셨어요. 그래서 생활이 참 힘드셨습니다. 그분은 군사정권이 들어선 뒤에 마지막까지 군사정권에 저항하셔서 굉장히 큰 고통을 당하셨습니다. 사모님이 하숙을 쳐서 생계를 보태셨지요.

학생운동을 하던 시기에 저는 서대문형무소에 17일간 구금당한 적이 있습니다. 170여 명의 학생들이 체포되어 서대문 경찰서 유치장에 있었는데 그때 마침 승려들이 들고일어나서 서대문 경찰서가 꽉 차니까 그 학생들을 전부 서대문형무소로 보낸 겁니다. 그래서 형무소 생활을 했어요. 그건 대단한 경험이었지요.

프린스턴신학교로 유학을 가다

▼ 연세대학교를 졸업한 뒤로 박사님은 프린스턴신학교로 유학을 가셨잖아요. 어떻게 해서 프린스턴신학교로 가서 신학을 공부하게 되었는지 이야기해주시겠습니까?

한태동 박사님이 프린스턴 출신이잖아요. 제가 신과대학을 들락날락하면서 그분에게 배우기도 했고 친했어요. 제가 철학과를 졸업하고 신과대학에 학사편입을 하려다가 등록금을 낼 수 없어 등록이 안 되니까 군대를 가야 되겠더라고요. 그런데 제 군대 생활이 일종의 기적 같은 거였어요. 저는 61년에 공군시험을 봐서 사병으로 입대를 했어요. 학사 학위가 있는데다가 성적이 우수해서 합격이 된 거예요. 처음에 제 이름이 안 보여서 떨어진 줄 알았어요. 잘 살펴보니까 맨 위에 있더라고요. 대전에서 훈련을 받고 비행기 정비병과를 배정받았는데 군종실에서 저를 욕심내는 거예요. 만일 정비병과로 배치되었으면, 제대가 늦었을 텐데 군목실로 배속된 겁니다.

저는 수원전투비행단 군종실로 배속되었는데, 그 군종실은 대위 계급과 중위 계급의 군목 두 사람과 중위 계급의 신부 한 사람이 배속된 큰 군목실이었어요. 사무실에는 병장과 상병이 있었고, 제가 이등병으로 일했지요. 저는 계급이 낮아서 사무실을 지키고 사무실을 정리해야 했는데, 그게 저에게는 기회였어요. 거기서 유학준비를 시작한 거예요. 그 당시 병역법에는 외국 유학시험에 합격한 사람은 1년 후 제대시키는 제도가 있었어요. 유학제대라고 하는 제도였어요. 유학시험을 보고 나서 제가 프린스턴신학교에 편지를 냈더니 한완상 박사님이 제 편지를 보고 답장을 주셨습니다. 답장의 내용인즉슨 제 차례가 아니라는 거예요. 그때 프린스턴신학교 유학생 명단에 올라가 있는 사람이 연대 신과대학 선배인 박석무 씨였어요. 그런데 그 양반이 유학가는 걸 포기해서 제 차례가 된 거예요. 한태동 박사님이 그걸 알고 프린스턴신학교에 제 원서를 내서 허락을 받아냈지요. 1961년에 프린스턴신학교에서 입학 허가를 받았으니 제대를 신청했죠. 우여곡절 끝에 국방부에서 제대발령이 났고, 저는 그 발령장을 공군본부에 제출하고 군대를 나왔어요.

그런 곡절을 거치다보니 제대가 조금 늦어졌고 저는 61년 12월 15일이나 되어서야 출국했습니다. 출국은 해야겠는데 돈이 없었어요. 그때 제 동창들이 여기저기서 돈을 빌려 전세 비행기 표를 구해서 겨우 비행기를 탈 수 있었어요. 그때 한태동 박사님이 막 귀국하신 터라 비행장에 가는 길에 한 박사님께 인사를 드렸더니 쓰다 남은 20불짜리 수표를 사인을 하지 않은 채로 주시더라고요. 그게 제가 가진 재산 전부였어요. 일종의 무전여행인거죠. 그때 샌프란시스코에서 이종성 교수가 박사학위를 하고 있었습니다. 그분께 전화를 했더니 독일에 가 계신다는 거예요. 마침 제 동기동창이 오레곤에서 철학을 공부하고 있었는데, 그에게 전화를 했더니 무조건 오라고 하기에 갔어요. 그 친구 집에서 한 달 반 정도를 지내며 노동을 하고, 말그대로 무전여행을 해서 프린스턴에 갔어요. 프린스턴에 도착하니까 프린스턴신학교 총장이 비서를 보냈어요. 그때는 2월에 2학기가 시작되었는데, 개학 때까지 남은 한 달 가량 구세군 학생 두 명과 더불어 기숙사에서 생활하면서 대학으로부터 돈을 받기 시작했습니다. 그때부터 프린스턴에서 공부하는 6년 동안 전액 장학금을 받았어요. 그게 기적이에요.

프린스턴에서 공부한 것

▼ 프린스턴에서는 신학을 본격적으로 공부하셨나요?

프린스턴 유학 시절에 저는 처음부터 목사가 되겠다는 생각을 하지 않았습니다. 기독교 지식인이 되겠다는 생각을 한 거예요. 1학년 때부터 저는 박사학위를 목표로 공부를 했어요. 그때는 석사학위라는 게 없었습니다. 신학 학사학위였어요. 결론부터 이야기하자면, 저는 목사후보생 필수과목 같은 것을 이수하지 않고 제가 공부하고 싶은 것들을 중심으로 공부를 했어요. 저는 주로 신학자들을 중심으로 공부를 했는데, 그러다 보니 목회학이나 설교학처럼 졸업에 필요한 교과목들을 이수하지 않아서 졸업을 못하게 되었어요. 그럼에도 불구하고 박사과정에 지원을 했더니 총장이 만나자고 하더라고요. 저는 프린스턴을 떠나 시카고대학교에 가고 싶었어요. 총장을 만났더니 제가 쓴 논문을 보자고 하더라고요. 그때 제가 쓴 논문이 "빈곤, 질병, 죽음에 대한 해석학으로서의 창조적 행위"였는데, 총장이 그 논문을 보더니 저에게 시카고에 가지 말고 교수들의 결정을 기다려 보자고 하더라고요. 교수들은 제게 Bachelor of Divinity 학위를 주기로 결정을 했습니다. 그때는 M. Div. 학위가 없었어요. 그 당시 Bachelor of Divinity 학위를 받으려면 500권의 책을 읽어야 했는데 저에게는 그게 참 쉬웠어요. 그 책들은 이미 다 읽었죠. 제가 쓴 Bachelor of Divinity 학위 논문은 박사학위 과정에 들어가는 관문이었어요. 학교는 제 논문을 긍정적으로 평가했을 뿐만 아니라, 출신 교단의 추천서를 받으면 박사과정을 이수하는 데 필요한 장학금을 주겠다고 했습니다. 그때 이종성 박사가 장로회신학교 학장이었고, 그분과 교단장에게 편지를 썼는데 추천서가 오지 않았어요. 학교에서는 "네가 신학교 들어올 적에 총회에서 추천서를 주었으니 그걸로 처리하자"고 하더라고요. 무사통과가 된 거지요. 그래도 나중에 추천서가 오긴 왔어요.

    처음 프린스턴신학교로 유학을 올 때 일어났던 재미있는 일이 있었어요. 유학 비자를 받으려면 대사관에서 영어시험을 봐야 하잖아요? 영어시험을 봤는데 영어시험 필기는 합격을 받았는데 회화에서 떨어졌어요. 그런데 대사관에서 일하는 여자 영사가 입학 허가까지 받았으니 그냥 미국에 가라고 하더라고요. 또 비자를 받으려면 재정보증서를 내야 하는데, 그럴 수가 없었어요. 그래서 프린스턴신학교에 편지를 썼지요. 유학을 가려는데 장학금이 없으면 못 간다고요.

그랬더니 프린스턴신학교에서 "우리 학교는 학생이 와서 돈 없어서 졸업을 못하는 경우는 없다"고 답장을 했어요. 그 편지를 보고 피터라는 선교사가 제 재정보증을 섰어요. 그래서 비자를 받을 수 있었지요. 프린스턴신학교는 제가 학업을 끝낸 뒤에 한국에 남는 것을 조건으로 장학금을 주겠다고 약속을 했어요.

▼ 박사님이 프린스턴신학교를 졸업하시면서 쓴 박사학위 논문은 어떤 내용을 다룬 것입니까?

제 박사학위 논문 제목은 "Historical Transformation, People's Movement and Christian Koinonia"였어요. 우리말로는 "역사변혁, 민중운동, 그리고 기독교 동활체"로 옮길 수 있겠지요. 저는 koinonia를 '기독교 동활체'로 옮기곤 하는데, 공동생활체라는 말을 선택한 거예요. koinonia를 '공동체'로 옮기면 사회학적인 말이 되어서 코이노니아라는 말의 의미가 살아나지 않아요. 그래서 사전에 없는 '동활체'라는 말을 쓰는 겁니다. 제 박사학위 논문은 프린스턴신학교에서 엠바고 처리를 했어요. 왜냐하면 논문에 박정희가 싫어하는 내용이 많이 들어있거든요. 그러니까 제 논문 내용이 외부에 나가지 않게 엠바고 처리를 한 거죠. 리처드 숄이 제 주임교수였는데 그 주임교수가 제 논문을 교과서로 썼어요. 나중에 미국의 한 출판사에서 제 논문을 출판하겠다고 했는데, 제 논문은 625페이지나 되는 방대한 양이어서 두 권으로 제본이 되어 있었어요. 출판사는 제 논문을 절반으로 줄여달라고 했는데, 제가 그걸 줄일 시간이 없었어요. 제 논문의 핵심은 3·1운동을 설명하는 것이었는데, 민중운동의 시각을 갖고 한국, 일본, 중국을 중심으로 한 동아시아의 맥락에서 3·1운동을 살피고 기독교가 3·1운동에서 어떤 역할을 하였는가를 설명하는 것이었어요. 그런데 그 논문이 조금 허술하고 내용이 방대했지요.3

▼ 박사학위 논문을 쓰시면서 특별히 박사님은 지성사에 관심을 갖고 공부를 하신 것으로 압니다. 그 당시 공부한 여러 이론들이 박사님의 사상하고 이론을 형성하는 데 영향을 미쳤을 것 같습니다. 나중에 박사님이 민중의 사회전기를 구상할 때에도 프린스턴 시절의 공부가 영향을 미쳤겠지요? 그 당시 지성사 공부를 하면서 어떤 이론들을 섭렵하셨는지 말씀을 해주시면 좋겠습니다.

지성사는 지금도 제 학문의 방법론에서 핵심을 이루고 있습니다. 프린스턴신학교에서 공부를 할 때, 저는 신학자 한 사람, 한 사람을 선택했어요. 예를 들어 마틴 루터를 공부한다면, 영어로 쓰인 루터의 텍스트를 거의 다 읽고, 루터에 관한 2차 자료들을 읽고 나서 지도교수와 개인교습 같은 것을 많이 했어요. 예를 들어, 에드워드 다위 교수님과 한 학기 동안 루터를 공부를 하면, 자연스럽게 루터의 농담까지 알게 되지요. 그런 방식으로 존 칼빈, 어거스틴, 칼 바르트, 폴 틸리히, 라인홀드 니버, 알브레히트 리츨 등 20명 정도의 신학자들을 공부했습니다. 제가 박사학위 과정에 들어간 뒤에는 프린스턴대학교, 프린스턴대학교 대학원, 프린스턴 신학대학원 등이 서로 협력하여 기관간 프로그램(inter-institutional program)을 진행했어요.

---

3 이화여대 도서관에 Historical Transformation, People's Movement and Messianic Koinonia: A Study of the Relationship of Christian and Tonghak Religious Communities to the March First Independence Movement in Korea 라는 제목의 논문으로 있음(p. 629).

저는 프린스턴신학교에서는 신학을 공부하고 프린스턴대학교에서는 종교학과를 중심으로 학문간 교류를 시도했습니다. 프린스턴대학교에는 조지 토마스라는 유명한 윤리학자가 있었지요. 프린스턴대학교에서 저는 동양의 현대 지성사를 공부했습니다. 그 가운데 저에게 영향을 주신 분은 마리우스 잰슨(Marius B. Jansen) 교수였습니다. 그분은 일본학에 능통했는데, 그분의 지론은 동양사를 공부하려면 중국사, 일본사, 한국사를 한꺼번에 공부해야지 따로 해서는 안 된다는 것이었어요. 제 박사학위 논문은 본래 중국사, 한국사, 일본사에 대한 해석사였습니다. 잰슨 교수는 제 학위논문 제안이 너무 방대하니까 한국사를 중심으로 하고 중국사와 일본사는 한국사 해석에 대입을 시키라고 조언했습니다. 그런 맥락에서 저는 중국의 현대 지성사를 공부했고, 그 시발점은 태평천국 운동이었습니다. 한국 역사에서는 동학을 살폈지요. 한국의 지성사를 연구하기 위해 원효를 다루기 시작해서 정다산을 거쳐 동학의 최제우, 최시형, 손병희 등을 지성사적으로 고찰한 거예요. 길선주 등을 위시해서 우리 기독교 신학자들에 대해서도 짤막짤막하게 지성사적으로 접근했지요. 그리고 중국의 홍수전, 량치차오, 손문, 모택동 등을 살피고, 일본의 니노미야 손토쿠, 아베 이소오, 우찌무라 간조 등 근대 일본의 지성사를 섭렵했죠.

지성사를 공부할 때 제게 신학적으로 도움을 주신 분은 유니언신학교의 폴 레만(Paul L. Lehmann) 교수였습니다. 그분이 마지막으로 쓴 책이 스토리텔링을 다루었고, 마르크스주의에 관련해서는 Political Messianism과 Messianic Politics를 구별했는데, 그것이 저에게 영감을 주었습니다. 앞에서 언급한 마리우스 잰슨 교수는 저에게 방법론적 영향을 미쳤습니다. 그분의 세미나에 참여해서 저는 여러 사람들에 관해 글을 썼는데, 도쿠가와 시대의 니노미야 손토쿠와 아베 이소오 등을 많이 다루었습니다. 니노미야 손토쿠는 도쿠가와 시대의 정약용 같은 사람이고, 아베 이소오는 기독교인이지만, 일본에 처음으로 맑스주의를 소개하고, 맑스주의 연구회를 만든 사람이에요. 마리우스 잰슨 교수는 브리태니커 백과사전에도 지성사적인 글을 올렸어요. 제가 지성사적인 연구 방법론의 영향을 받다보니 나중에 그 연장선상에서 사회전기라는 개념을 발전시켰어요. 안병무 박사님이 「기독교사상」에 사회전기에 관한 글을 쓰라고 하셔서 쓰게 된 겁니다.

사모님과의 만남과 영향

▼ **사모님 김매련 선생님은 미국에서 어떻게 만나셨고 박사님의 민중신학 활동에 어떤 영향을 주셨는지요.**

그녀는 오하이오 주립대학 음악전공자였는데 그 당시 저와 마찬가지로 60년대 미국의 학생운동에 열성적이었고 그래서 자연스럽게 친하게 되었고 결혼하게 되었습니다. 저에게 큰 영향을 주었습니다. 제가 해외 민주화운동과 반독재 민중신학 운동경력으로 국내에서 취업의 어려움을 겪을 때 스위스의 WCC와 같은 해외의 에큐메니칼 기관의 주요 스텝으로 초청을 받았습니다. 그때 제 집사람은 지금 한국 밖으로 나가면 영원히 귀국하지 못한다고 어려워도 한국에서 활동해야 한다고 결정적인 조언을 해 주었습니다.

▼ 저희가 모르는 사실이군요. 평소에도 사모님의 인품을 존경하였는데 이런 사실을 알게 되니 더욱 귀감이 됩니다. 당시 어려운 국내 상황으로 볼 때 어린 두 아이의 어머니로서 해외의 안정된 생활에 유혹을 받을 수 있었을 텐데 오히려 김 박사님의 국내에서의 민중신학 활동을 적극적으로 지원하신 것 같습니다.

미국과 일본에서의 민주화운동

▼ 박사님은 미국과 일본에서 한국 민주화운동을 촉진하고 지원하는 일에 헌신하셨습니다. 그 때 역점을 두고 펼친 활동은 무엇이었습니까? 그리고 그 활동에 대해 박사님은 스스로 어떻게 평가하십니까?

제가 박사학위 논문을 제출한 것은 1976년도입니다. 학위과정을 1969년에 끝냈으니까 논문 제출이 늦어진 거죠. 민주화운동을 하느라 늦어졌습니다. 저는 1973년에 일본에 갔어요. 1969년에 박사과정을 마치고 논문을 준비하기 위해서 한국에 1년 반 정도 머물렀어요. 그때 삼선개헌이 있었고요. 이문영 박사님과 「제3일」을 편집하면서 제가 글을 발표했는데 거기서 저는 민중이 '역사의 주격'이라고 말했어요. '역사의 주체'라는 말에 앞서서 '역사의 주격'이라는 표현을 쓴 것이지요. 1969년 KSCF가 학사단 발대식을 할 때 오재식 회장님이 주선한 안양 모임에서 브라이트슈타인과 제가 주제 강연을 했는데 그때도 저는 '역사의 주격'이라는 표현을 썼습니다. 오재식 선생님은 KSCF가 설립되기 이전에 YMCA 간사로 일했는데, YMCA가 제게 맡긴 한 강연의 주제가 Justice와 Koinonia였습니다. 그때

'동활체'라는 말을 처음으로 정의와 연결시켜서 사용했지요. 한국에서 1년 반 동안 활동하면서 김재준 목사님을 중심으로 한 삼선개헌 반대운동이 제게 깊은 인상을 남겼습니다. 「제3일」이 폐간되는 것을 겪으며, 저는 1971년에 미국으로 돌아갔습니다.

1971년에 미국에 돌아가서 저는 프린스턴신학교에서 티칭 펠로우로 가르쳤어요. 그때 제 주소를 뉴욕으로 옮겼습니다. 미국에서 제가 오래 전부터 해오던 활동이 두 가지 있었습니다. 하나는 미국기독학생연맹(UCM) 활동이었습니다. 제가 학생 신분으로 한 활동이었지요. 저는 UCM의 국제조직에서 맹렬히 활동을 했어요. 그 당시 UCM은 월남 전쟁 반대운동을 벌였습니다. 제 주임교수인 리처드 숄이 월남 전쟁 반대 운동의 수장이었습니다. 그는 월남 전쟁에 반대하는 책을 썼는데, 그 책은 미국의 월남 전쟁 반대 담론의 전형을 보여주었습니다. 그 때 미국 장로교회는 월남전에 반대하는 신앙고백을 합니다. 그것이 바로 1967년 신앙고백(Confession of 1967)인데, 그 신조의 초안을 작성한 분들이 조지 에스 핸드리, 찰스 웨스트, 리처드 숄, 에드워드 다위 등 저를 가르치던 교수님들이었어요. 미국에서 월남 전쟁 반대 운동이 치열하게 일어날 때 저는 학생운동에 열심히 가담했습니다. 또 한 가지는 아프리카, 아시아, 남미 등 제3세계에서 온 박사과정 학생들이 People's Coalition이라고 하는 민중연맹을 조직해서 일년에 한 번씩 왜 우리가 여기서 공부를 하느냐 하는 문제를 놓고 토론을 했어요. 남미에서 온 루벰 알베스와 아프리카에서 온 샘 코비아 등이 같이 활동을 했지요. 그 토론에 참석한 학생들은 스스로 미국에 종속되지 않은 독립적 지식인이라는 아이덴티티를 구축했어요.

그런데 1969년에 UCM 출신인 손명걸 목사님이 미국 감리교 동아시아 디파트먼트에서 일을 하면서 재미 한국인 학자회의라는 모임을 만들었어요. 그 학자회의는 피츠버그에서 처음 모였는데, 그 모임에서 지명관 교수님과 제가 주제 발제를 했습니다. 그때 모인 사람들은 한완상, 은준관, 김병서, 김동수 등 한국 민주화를 위해 뚜렷한 활동을 하던 분들이었지요. 그 모임에서 지명관 교수님은 한국 기독교사상사에 관해 말씀을 하셨고, 저는 한국 그리스도교 지식인의 역사적 역할에 관해 발제를 했는데 그 발제는 나중에 「기독교사상」에 게재되었습니다.

그런 활동을 하다가 제가 재미 한국인 학자회의의 제2대 회장을 했습니다. 그 당시 저는 미국 장로교회 국제부와 국내선교부, 특히 산업선교부에서 국제 자문역을 맡고 있었는데, 제가 회장직을 맡으면서 두 차례 컨퍼런스를 했습니다. 첫 컨퍼런스는 1971년 워싱턴 DC에서 열렸어요. 김대중 씨가 대통령 후보로 출마했을 때였죠. 그 회 회의에서 문동환 박사님이 민중교육에 대한 발제를 했고, 김하태 박사님이 폴 틸리히의 종교사회주의에 대한 발제를 하셨습니다. 그 발제문들은 아마 전부 기록으로 남아있을 겁니다. 그 회의에 임창영 박사님이 참석했는데, 그분이 특별강연을 하고 싶다고 말씀했습니다. 임창영 박사님은 본래 윤보선 대통령 당시 UN대사였습니다. 그분은 김대중 대통령 후보에게 특별한 애정을 가지고 있었고, 그 아들인 채닝 림은 UCM 활동가로서 한국의 민주화를 위해 활동하고 있었어요. 한국 대사관은 워싱턴 DC에서 열린 우리의 첫 컨퍼런스에 긴장의 끈을 늦추지 않고 지켜보고 있었습니다. 컨퍼런스에 참석한 인사들 가운데 윤순덕 씨(윤후정 씨의 개명 전 이름), 문동환 목사 등 장차 한국에 돌아와서 일할 분들은 긴장을 하지 않을 수 없었지요. 그래서 저는 임창영 박사님에게 "박사님, 제가 시간을 드릴 수는 있는데 공식 일정에 시간을 드릴 수는 없습니다"라고 말하고, 쉬는 시간에 따로 한 시간 정도 말씀을 하게 했습니다. 그분은 김대중에 관한 강연을 하셨어요. 그래서 무난하게 넘어갔습니다.

첫 컨퍼런스에서 문동환 박사님은 처음으로 민중교육에 관해 발제를 하셨어요. 민중이 '역사의 주격'이라는 말이 69년에 나왔고, 민중교육이라는 말이 71년에 처음 사용된 것입니다. 중요한 것은 워싱턴 DC의 컨퍼런스에서 민중이라는 낱말을 그대로 영문으로 음역해서 썼는데, 그것은 제가 한 일이에요. Minjung이라는 영문 표현의 유래에 대해 이야기를 한 김에 더 말씀드린다면, 1976년 CCA가 주최한 Young Theologians' Conference에서 발표한 글에서 저는 Minjung이라는 말을 계속 사용했습니다. 제 글이 포함된 CCA 컨퍼런스 문건들은 홍콩에서 출판되었고, 제 이름은 Y. Kim으로 표기되어 있습니다. 그 문건에서 저는 문동환 박사님이 한국에서 발제한 글과 안병무 박사님의 글, 그리고 박근원 박사가 '민중 사역'에 대해 쓴 글을 소개했는데, 그 글은 이제 막 태동하기 시작한 한국의 민중신학을 소개한 거예요.

제가 재미 한국인 학자회의의 의장으로서 연 또 하나의 컨퍼런스는 1972년 7·4공동선언이 발표된 뒤에 에반스톤에서 통일을 주제로 다루었습니다. LA에 계시는 김하태 박사님과 7·4 공동성명에 대해 이야기를 나누게 되었는데 김 박사님이 육사 교장을 하다가 박정희 대통령에게 해임되어서 미국에 와있던 강영훈 장군4을 소개했습니다. 제가 그분을 모시고 참 중요한 심포지엄을 했습니다. 그 심포지엄에 한국 지식인들이 많이 참석했고, 그 가운데는 박정희 대통령의 청와대 특보였던 한병춘 교수도 있었습니다. 제가 한병춘 박사를 직접 초대를 해서 그분이 심포지엄에 참석했지요. 북쪽을 대표해서는 지창보 교수가 통일 3대 원칙에 대한 북쪽의 입장을 발표했습니다. 그 자리에는 김동길 교수도 참석했지요. 이런 분들이 와서 남·북한 통일 문제에 대한 토론을 해외에서 처음으로 하게 된 겁니다. 지금까지도 재미주 한인 학자회의가 계속해서 통일에 관한 진보적인 토론을 하고 있습니다. 재미주 한인 학자회의의 회장은 윤길상 목사가 맡았는데, 그분은 저와 특별한 인연이 있습니다.

▼ 1972년 에반스톤에서 열린 통일 심포지엄 이후에 국내외 기독교인들의 통일 논의는 여러 갈래의 흐름을 보인 것으로 압니다. 이에 대해 조금 더 말씀해 주시겠습니까?

에반스톤 통일 심포지엄이 끝난 뒤에 국내외에서 벌어진 한국 민주화운동에는 두 개의 흐름이 생깁니다. 하나의 흐름은 이승만 목사와 선우학원 박사, 그리고 채닝 림 같은 젊은 사람들의 운동입니다. 캘리포니아대학교의 존 모이어, 구스타프 슐츠 같은 60-70년대 학생운동 지도자들도 이분들과 함께했지요. 이 그룹이 미국 안에서 진보적인 통일론을 유지해나갑니다. 이건 이제까지 어디서도 안 나온 이야기지만, 제가 구스타프 슐츠, 존 모이어 등과 함께 버클리에 무

---

4 강영훈(1922-2016) 전 총리로 추정됨. 1960년 10월 10일-1961년 5월 22일 육사 교장 재직, 1988년 12월 16일-1990년 12월 26일 국무총리 재임. 5.16쿠데타 무렵 중장 예편되어 미국으로 건너가 유학생활을 하다가 1978년 외교안보연구원장으로 외무부에 들어갔다.

슨 회의 때문에 갔는데 그 두 사람이 저를 아주 시끄러운 디스코텍으로 안내하더라고요. 그들이 북쪽과 연결을 하니까 거기서 "기독교 쪽에서 북쪽을 방문했으면 좋겠다"고 하는 메시지가 왔어요. 그래서 그들은 저에게 가도 좋겠는가를 확인하고 싶어 한 거예요. 그것은 결정적인 정보였습니다. 그래서 제가 대답했죠. 'Why Not?'이라고. 그들이 저를 디스코텍으로 데려간 것은 CIA가 모니터링을 할 가능성이 있기 때문이었죠. 나중에 그 두 사람은 북에 갔다 왔습니다. 그 당시에는 북쪽과 전혀 커뮤니케이션을 하지 못하면서도 북쪽의 기독교인 커뮤니티를 후원하고자 하는 사람들이 있었어요. 그런 사람들은 미국에도 있었고, 독일에도 있었죠. 평양에 간 구스티프 슐츠와 존 모이어는 거기서 공식적인 메시지를 가지고 와서 WCC에 보고를 했습니다. 그 일이 계기가 되어 글리온 회의가 이어지게 된 겁니다. 나중에 구스타프 슐츠와 존 모이어는 박형규 목사님과 깊은 관계를 맺게 됩니다. 저는 이러한 과정에서 빠져 있었습니다. 보안문제도 있었고, 민주화운동의 전략과 관련된 판단도 있었기 때문입니다.

저는 NCC를 중심으로 한 인권운동이나 민주화운동은 절대로 북쪽과 컨택하지 않는다는 입장을 갖고 있었어요. 왜냐하면 북쪽과 컨택을 했다가 그 사실이 드러나면 한국의 민주화운동은 죽는다고 생각했기 때문이에요. 민주화운동은 탄압의 대상이 된다고 본 거죠. 아마 이러한 입장이 민주화운동의 또 한 가지 흐름일 것입니다.

민주화운동에서 나타나는 두 가지 흐름 사이에서 폭탄처럼 나타난 것이 문익환 목사님의 '선통일 후민주' 이론입니다. 문익환 목사님의 주장을 듣고서 김관석 목사님이 가슴이 벌렁벌렁 한다고 말씀하기도 했지요. 뒤에 이야기를 자세하게 하겠습니다만, 오재식, 강문규, 시명관 선생님과 저와 같이 일본에서 한국 민주화를 위해 일하던 그룹은 조총련과 절대로 컨택을 하지 않는다는 입장을 취했어요. 보안 문제 때문이었지요. 저희는 조총련 쪽에서 원하더라도 한 번도 만나지 않았고, 한총련과 접촉하는 것도 꺼려했습니다. 한총련이 싫어서 그랬다기보다도 우리의 보안문제가 있으니까 그럴 수밖에 없었어요. 하지만 미국에 계신 분들은 우리와 상황과 달랐죠. 그래서 그분들은 민주화운동을 함께 하면서도 북쪽을 대하는 입장이 달랐고, 조심하는 부분도 서로 달랐던 거예요.

▼ 그러면 박사님은 통일 논의에서 줄곧 뒷전에 서 계셨나요?

저는 안 나섰어요. 배후에만 있었지요. 제가 한국에 돌아와서 한 역할이 있었어요. 그게 상당히 센서티브한 역할이었지요.

일본에서의 민주화 활동

▼ 일본에서 박사님이 한국 민주화와 관련해서 벌인 활동을 좀 듣고 싶습니다. 1973년 "한국 그리스도인 선언"을 준비하는 과정에 박사님은 어떻게 관여하셨는지요?

제가 처음 일본에 간 것은 1년 동안 일본을 연구하기 위해서였어요. 동경신학대 아시아연구원에서 미국 장로교회로부터 연구비를 지원받으며 연구를 했어요. 그러다가 오재식, 강문규, 지명관 선생님 등을 중심으로 한 동경팀에게 볼모가 되었습니다. 제가 1973년에 다시 일본에 갔을 때 저는 상지대학교에 적을 두고 국제관계연구소의 고급연구원으로 초청을 받아 일했습니다. 거기서 무샤코지 킨히데라는 분과 교유하였는데, 그분은 김수환 추기경과 아주 가까운 사람이었습니다. 지학순 주교님과도 가깝게 지냈지요. 그래서 일본에서 가톨릭 인사들과 개신교 인사들이 서로 열심히 협력하며 민주화를 위해 일했습니다. 지학순 주교님이 오시면 우리가 다 같이 만났어요. 김수환 추기경님이 와도 그랬고요.

일본에는 모임 장소가 있었어요. 우리는 김수환 추기경님의 조카되는 분과 컨택을 하고 상지대학교의 무샤코지 킨히데가 외곽을 형성해 주었습니다. 무샤코지 킨히데는 아주 중요한 사람입니다. 그분은 발전과 평화를 위한 가톨릭과 WCC의 공동위원회인 SODEPAX의 스탭이었습니다. 그분의 아버지는 벨기에 대사였습니다. 무샤코지 킨히테는 불어에 능통했고, 한국에 대해서도 잘 알고 있었습니다. 그분은 북한에 대해서도 진보적이고 열려있는 자세를 취했습니다. 그분이 일본에서 우리 일본팀의 우산이 되어주었죠. 그분은 지금도 우리에게 좋은 영향을 줄 수 있는 사람이에요. 그분의 배후에는 「세카이」(世界) 지의 편집장인 야스에 료스케가 있었습니다. 「세카이」는 일본만이 아니라 세계적인 월간지였는데 15만 부를 찍습니다. 그런데 3일 안에 다 나갑니다. 일본 지식인 사회에서 최고로 손꼽히는 그 잡지에는 매달 "한국에서 온 편지"가 연재되었어요. 지명관 교수님이 그걸 썼고, 야스에 선생님의 부인이 그 편지를 편집하였는데, 그 누구도 터치를 하지 못하게 했어요. 그만큼 비밀을 보장해 주었던 것입니다. 야스에 료스케 씨는 프린스턴의 리처드 포크(Richard A. Falk)를 북한에 파송했어요. 그가 일본에 돌아와서 「세카이」에 투고를 했는데 남북에 대한 미국의 잘못된 인식을 고발했습니다.

저는 일본에서 DAGA(Documentation for Action Groups in Asia)를 운영했습니다. 그것은 아시아에 있는 민중운동과 민주화운동을 지원하는 자료센터이고, 커뮤니케이션 센터였지요. 70년대 한국에 들어온 비밀 뉴스페이퍼 클리핑은 제가 만들어서 극비로 보낸 것입니다. 그 당시 아시아에는 50개의 민중조직들이 있었어요. 그 조직들의 활동과 문서를 영어 자료로 만들었고, 한국에서 만들어진 것들도 영어 자료로 만들어서 보냈습니다. 문동환 박사님의 사모님이 그 채널이었어요. 때로는 선교사들이 그 자료들을 갖고서 한국에 들어갔어요. 그 종착역은 NCC 사무실이었습니다. 김관석 목사님과 우리 동경팀 사이에는 직통채널이 있었어요.

그 과정에서 일어난 사건들 가운데 하나가 "한국 그리스도인 신학 선언"이었습니다. 그 문서의 초안은 제가 작성했어요. 그 초안을 영어로 썼으니까 일본에서 한글로 번역을 했는데, 그것을 팸플릿으로 만든 분이 강문규 선생님이었어요. 그 팸플릿의 한 면은 영어로 되어 있었고, 또 다른 한 면은 한글로 되어 있었는데, 이 팸플릿이 한국으로 들어온 것입니다. "한국 그리스도인 신학 선언"의 한글판에 대해서는 제가 정확하게 얘기할 수 없어요. 오재식 회장님이 한글판을 만들어 김관석 목사님을 통하여 박형규 목사님께 보낸 것 같아요. 한글판을 한국에 갖고 들어 온 것은 한 선교사였던 것 같고요. 박형규 목사님이 한글판을 받아서 예쁘게 인쇄를 했습니다. 박형규 목사님이 돌아가시기 전에 한글판을 배포하게 된 경위를 꼭 물어봤어야 했는데 그렇게 하지 못했습니다. 그 한글판 선언문에는 30명의 목사님들이 서명을 했어요. 그렇게 해서 그 문서는 한국 그리스도인들의 선언이 된 겁니다. 그 한글판 선언문이 싱가포르의 CCA 총회에 전달되었고, 제가 호텔방에 들어가서 그걸 다시 영어로 번역했습니다. 그 영어 번역판을 CCA 총회가 발표를 했는데, 타케나카 마사오 교수님이 이 선언문을 뉴욕타임즈에 전면광고로 냈어요. 타케나카 교수님은 오재식 회장님이 참여하고 있었던 아시아 도시산업선교위원회의 위원장이었습니다.

1973년에 "한국 그리스도인 신학 선언"을 하게 된 직접적 동기는 그해 남산에서 열렸던 부활절 예배였습니다. 민주주의는 부활이다, 부활이 민주주의다! 이 문장에 영감을 받아서 빨리 작성한 문건이 5월에 나온 거예요. 그해 10월에 서울대학교 학생들이 데모를 했는데 그것은 세계적인 사건이었어요. 일본 대학생들은 철모를 쓰고 시위를 했는데, 한국의 대학생들은 신명나게 데모를 했잖아요. 이러한 일련의 사건들을 겪으며 여러 문건들이 나왔는데, 오재식 회장님이 이 문건들을 모아 *Toward a Theology of Minjung*이라는 책을 냈는데, 이게 한국에는 잘 알려져 있지 않아요. 일본어로도 번역이 되었는데 말이지요. 제가 일본에 있을 때 이 책이 나왔으니 1977년이었을 거예요.

제가 아직 일본에 있었을 때 중요한 일이 있었습니다. 매년 일본에서는 국제 한국 민주화 네트워크가 모였습니다. 이 모임에는 세계에 있는 교포들이 참석을 했는데 국내에서는 김관석 목사님을 중심으로 여러 인사들이 참석했습니다. 이 네트워크 모임에서 한국 민주화를 위한 전략이 논의되었지요. 유럽에서 한국 민주화운동은 어떻게 진행되고 있는지, WCC는 무슨 일을 하는지, 독일교회와 미국교회는 어떤 일을 하고 있는지 서로 이야기를 나누고 전략을 숙의하였던 것이죠.

저는 73년부터 75년까지 3년 동안 초국적 기업에 대한 연구를 진행했습니다. 이 연구 프로그램은 WCC 차원에서 오재식 선생님의 책임 아래서 수행되었습니다. 그 연구의 성과는 *People Toiling Under Pharaoh*라는 제목의 책자로 CCA URM 이름으로 발행되었고, 1975년 CCA 총회에서 발표가 되었어요. 그 책의 내용은 CCA 총회에 굉장한 충격을 주었습니다. 6개국에서 초국적 기업이 벌이는 구조적 비리를 조사 연구하는 팀이 각 나라에 다 있었어요. 한국에서는 탁희준 교수님이 연구 책임을 맡았습니다. 그분은 조승혁 목사님의 선생님이셨죠. 홍콩에서는 레이먼 횡이 책임을 맡았는데 그는 URM운동을 하는 사람이었어요. 태국, 싱가폴, 말레이시아, 필리핀 등지에서도 연구가 활발하게 진행되었는데, 연구가 결정적으로 어려웠던 곳은 교회의 반발이 거셌던 인도네시아였습니다. 아무튼 각 나라의 보고서를 모아 두 번의 컨퍼런스를 했습니다. 한번은 홍콩에서 아시아 각국 대표들이 모여서 했고, 또 한 번은 WCC 프로젝트로 크리스챤 아카데미에서 했습니다. 두 차례의 컨퍼런스가 끝난 뒤에 WCC는 초국적 기업에 대한 결의를 합니다. 경제 문제를 신앙의 문제로 다루기 위한 준비과정이 시작된 것이지요. 아시아의 다국적 기업에 관한 연구는 1975년에 끝났는데, 그것은 1975년 나이로비 WCC 총회의 결의에 근거하여 "정의롭고 참여적이고 지속가능한 사회"(JPSS)에 관한 논의가 시작되기 전에 있었던 일입니다. 아시아 다국적 기업들에 대한 연구 보고서는 인도네시아 교회가 극구 반대를 해서 정상적으로 출판되지 못했습니다. 연구보고서만 프린트되어 나왔지요.

다국적 기업에 대한 연구는 WCC 차원에서 세계적인 이슈로 부각이 되었습니다. 브라질 출신의 마르코스 아루다는 제네바에 가서 다국적 기업에 대한 연구를 진행했고, 아프리카에서는 케냐 NCC 스태프였던 셈 코비아(Sam Kobia)가 연구 책임을 맡았습니다. 나이로비 WCC 총회 이후에 다국적 기업 등을 위시한 경제 문제에 대한 연구가 본격적으로 진행되었고, 이를 뒷받침하기 위해 경제문제에 대한 자문그룹(Advisory Group on Economic Matters = AGEM)이 조직 되었는데, 저는 그 그룹의 일원으로 활동하였습니다.

그밖에 일본에서 제가 겪은 일들이 많이 있었습니다. 그 가운데 하나는 데이비드 스웨인이라는 사람이 "한국에서 온 편지"의 영문판을 낸 일이었어요. 그분은 미국 감리교 선교사인데 일본말을 잘 했어요. 한국에는 영어로 번역된 "한국에서 온 편지"가 많이 들어오지 못했을 거예요. 감시가 삼엄해서 그랬겠죠. "한국에서 온 편지"의 영문판은 미국에서 반향을 일으켰고, 미국 감리교회 여성조직의 부총무인 페기 빌링스는 뉴욕에 한국 인권센터를 만들었습니다. 한국 인권센터를 중심으로 페기 빌링스는 구춘회 선생님, 이우정 선생님과 죽마고우처럼 된 거예요. 여성들끼리 연대관계가 굳건하게 형성된 거죠. 구춘회 선생님은 한국 인권센터의 스태프로 미국에 갔고, 본격적으로 미국 정부를 상대로 해서 인권 로비를 벌이기 시작한 겁니다. 저는 구춘회 선생님과 같이 활동을 했는데 미국 상원과 하원, 워싱턴 포스트, 뉴욕 타임즈, 크리스천 사이언스 모니터 등과 접촉하면서 자료를 제공하는 역할을 맡았죠. 그래서 미국 언론사들과 관계를 많이 가졌어요. 다행히 워싱턴 포스트의 동경 특파원인 반 오버돌프가 프린스턴대학교 출신이어서 협력이 잘 되었습니다.

또 한 가지 말하고 싶은 것은 일본서 조직된 '긴급회의'입니다. 킨큐카이기('긴급회의')는 일본의 기독교 지식인들, 목사들, 기독교 지도자들의 연대회의인데 이게 대단한 활동을 했습니다. 킨큐카이기의 수장은 나카지마 선생님이었고, 그 정신적인 리더는 모리오까 선생님이었습니다. 모리오까 선생님은 동경대학교 정치학부 출신인데 신쿄출판사의 사장이었어요. 그분은 나중에 지명관 교수님을 일본 조시다이 여학교에 취직을 시키고, 한일 교류사라는 프로젝트를 진행하게 합니다. 모리오까 선생님은 본회피에 매료된 사람이에요. 그분은 우리를 야스에 료스케에 연결시켜준 분입니다. 그분이 이끈 신쿄출판사는 일본 기독교 보수 언론을 제쳤습니다.

일본 천황제를 연구하고 비판한 구라타 씨에 대해서도 한 마디 할 필요가 있을 것 같습니다. 구라타 씨는 영국에서 일본으로 돌아와 아오야마 대학에서 교수 생활을 하다가 한국에 와서 민경배 교수 밑에서 천황제에 대한 연구를 했습니다. 천황제가 조선 식민지에서 어떤 짓을 하였는가를 연구한 것이죠. 그분은 일본에 돌아와 천황제에 대해 본격적인 문제제기를 하기 시작했어요. 구라타 씨는 동경대 정치학부 출신이고 기독교인이 아니었는데 오재식 회장님이 DAGA에 끌어들여 활동을 하게 했고, 그 때 기독교인이 되었지요. 일본에서 천황제를 반대한다는 것은 엄청난 행위입니다. 그런 구라타 씨에게 지병이 생겨 세상을 떴지요. 그에게는 부인과 아들, 딸이 있었어요. 한 마디로 구라타 씨 가족은 한국 민주화운동 과정에서 목숨을 내놓은 것입니다. 구라타 씨의 삶을 보면 일본사람들이 우리와 얼마나 깊이 연대했는가를 알 수 있어요.

일본에서 활동하신 이인하 목사님에 대해서도 한 마디 하고 싶습니다. 이인하 목사님은 나카지마 선생과 한국 교민을 잇는 다리였어요. 이인하 목사님은 WCC의 PCR(Programme to Combat Racim)의 멤버였고, 레이크(RAIK, Research-Action Institute for the Koreans in Japan)라는 조직을 만들었습니다. 레이크는 일본 교민들의 인권 문제를 다루는 조직입니다. 그 조직은 PCR의 지원을 받아서 생겼는데 지금 일본에서 탈핵, 반핵, 인종차별 반대 운동을 하는 사람들이 레이크를 통해 서로 엮여져 있습니다.

'민중의 사회전기'의 기원

▼ 박사님은 민중신학을 형성하고 발전시키는 데 큰 공헌을 하셨습니다. 민중신학 운동에 어떻게 동참하게 되었는지요? 박사님은 특히 '민중의 사회전기' 개념을 통해 민중신학에 기여하셨습니다. 박사님이 '민중의 사회전기' 개념을 창안하는 데 참고한 이론들이 있었는지요? 박사님이 제창하신 '민중의 사회전기' 개념은 안병무 선생님의 '예수 사건의 전승 모체' 이론과 서남동 선생님의 '탈신학'과 '반신학' 이론에 큰 영향을 미쳤습니다. 민중신학자들이 '민중의 사회전기'를 적극적으로 받아들인 이유를 무엇이라고 생각하십니까?

민중의 사회전기는 안 박사님의 사건으로서의 민중사건과 서남동 목사님의 민담과 대치되는 것은 아니고 같이 가는 거예요. 같이 가는데 사회전기는 상당히 평범한 틀입니다. 사실은 전기인데 사회라는 걸 갖다가 붙인 거예요. 민중의 경험을 얘기하는 것이지요. 제가 조화순 목사님이나 조승혁 목사님이나 조지송 목사님을 민중신학 선생님이라고 부르는 이유가 거기에 있어요. 서남동 목사님하고 이런 것을 해본 일이 있어요. 그때 민중신학을 토론한 그룹에는 서남동 목사님, 고은 선생님, 박현채 선생님, 현영학 선생님, 정운형 선생님, 서강대학교의 서인석 신부님, 그 이외에 정창렬 선생님과 안병무 박사님이 참가하셨습니다. 안 박사님은 건강이 좀 불편하셔서 레귤러한 모임보다는 가끔 참여 하신 차원인데 이 논의 과정에서 생긴 몇 가지 사건들이 있습니다. 민중신학에서 굉장히 중요한 사건들인데, 그 하나는 박현채 선생님이 민중경제에 대해 쓴 조그마한 책입니다.5 그리고 서인석 신부님이 상당히 열심히 참여했고 그 언저리에서 우리가 한 1년 동안 정규적으로 모였었습니다.

그 당시 현영학 선생님이 학술진흥재단에서 프로젝트를 받아가지고 탈춤에 대한 신학적 해석이란 연구를 하셨어요. 그 연구 결과가 영어로 번역(A Theological Look at the Mask Dance)이 되어 민중신학을 소개하는데 그게 굉장히 잘 쓴 글입니다. 그래서 그분이 유니온 신학교에서 학생들에게 그걸 읽혔어요. 문화적 접근이지요. 그 당시 민중신학 논의에는 '민중이냐 민족이냐' 하는 이야기가 백그라운드에 있었어요. 제가 귀국하기 전인 75년 2월에 새문안교회에서 안병무 박사님이 "민족·민중·교회"라는 글을 발표했는데 그것이 민족이냐, 민중이냐 하는 논쟁을 불러일으킨 것으로 압니다.

미국 의회의 한국인권보고서 탄생 비화와 김관석 목사님의 역할

저는 78년 1월에 한국에 들어왔어요. 그리고 바로 기독교학술원이라는 것을 만들었어요. 그게 지금의 YMCA 4층에 있었어요. 그때

---

5 저서 목록을 확인해 본 결과 1979년에 정우사에서 『민중과 경제』라는 144쪽의 책을 출간함. 『민족경제론』은 1980년 한길사에서 나온 308쪽 도서.

원혜영 의원이 제 스태프였습니다. 그런데 여기에 사실 사람들이 잘 모르는 부분이 있습니다. 우리가 한국의 인권보고서를 만들려고 한 거예요. 이걸 중앙정보부에서 몰라가지고 애를 많이 먹었습니다. 제가 기독교학술원을 만들었는데 메리언 포프라는 캐나다 선교사와 단 둘이서 만들었습니다. 그러니 기밀이 보장되지요. 이를 아는 사람은 김관석 목사님 한 사람이었어요. 자료는 NCC 인권위원회에서 받아가지고 영어로 Draft 해서 빅터 쉬하고 에릭 봐인가르트너가 한국에 방문했을 때 이걸 그들에게 주니까 그들이 필름으로 찍어서 필름을 따로 주머니에 넣고 나가다가 카메라 조사를 받았어요. 그러나 다행히 이게 살아남았어요. 그래서 이걸 WCC 인권센터에서 영어로 출판을 해버렸어요. 그것이 미국 NCC를 통해서 미국 하원으로 들어갔어요. 이 사건이 미국 하원, 당시 도널드 프레이저가 인권위원회 위원장이었는데 이것을 공식 서류로 취급하니까 미국 정부가 전부 공유하게 되었어요. 제가 알기로는 지미 카터 대통령이 한국 방문할 때 그 복사본을 들고 왔다고 합니다. 물론 미국 주정부에서 인쇄된 거였겠지요. 그래서 청와대 만찬에서 한국 인권문제를 제기한 거예요. 그러니까 그거 대체 누가 쓴 거냐고 난리가 났지요. 그때 문화관광부 종교 담당 실장이 와서 김관석 목사님에게 와서 이거 김 박사가 쓴 것이 아니냐고 물어보더라는 거예요. 김관석 목사님이 "잘 모르겠는데요…" 하고 얼버무렸대요. 그러니까 이것이 김관석 목사님께 부담이 되잖아요. 기독교학술원이라고 해서 김용복이 갑자기 나타나서 이것저것 생산이 되니까.

한국 기독교사회문제연구원의 설립과 조승혁 목사님의 역할

그때 조승혁 목사님이 기독교사회산업개발원이라는 연구소를 독자적으로 했습니다. 김관석 목사님이 돈도 대주고 그랬는데 김관석 목사님이 거기 이사장이었어요. 김관석 목사님이 조승혁 목사에게 합치자고 해서 할 수 없이 합친 거예요. 그것이 78년입니다. 오늘 보니 기사연이 79년에 설립되었다고 하던데 79년에 초동교회에서 공식 발족을 했거든요. 그래서 기사연 40주년 행사를 내년에 하려는가 봅니다. 그런데 중요한 것이 있어요. 조승혁 목사님은 지금의 산업선교회였잖아요. 그쪽에 초점을 맞추고 여러 가지 활동을 하는 건데 갑자기 인권문제가 들어오고 그리고 제가 연구 담당 부원장이 된 거에요. 그러니까 돌아가실 때까지도 조 목사님은 불만이 많으셨습니다. 저는 개인적으로 미안하기도 하고 그런데 결정적으로 미안한 것이 이런 것입니다.

김관석 목사님이 제가 기사연 부원장이 된 뒤에 기사연 일을 그만두셨잖아요. 사람들은 그분이 무엇 때문에 그만두셨느냐고 묻잖아요. 그것은 전두환이 한 일입니다. 그 이유가 무엇이냐면 통일문제에 대한 연구가 있었어요. 그래서 기사연에 대한 이해가 밖에서 이해하는 것과 다른 것이 있습니다. 기사연은 첫째로 분단사회에 대한 연구를 했습니다. 이효재 선생님이 분단사회학을 하셨어요. 그 다음에 강만길 선생님이 분단시대의 역사인식, 송건호 선생님이 언론 이야기를 하셨습니다. 기사연이 프로젝트로 한 것은 아닌데 다 그런 학자들이 모여들었습니다. 그런데 기사연이 결정적으로 문제가 된 프로젝트가 있는데 통일방안연구였습니다. 이 통일방안연구는 리영희 선생님과 강만길 선생님 그리고 돌아가신 김진균 선생님이 하셨고 스태프는 이미경 선생님이 했습니다. 그리고 교과서 분석은 YMCA연맹이 있잖아요? 그 YMCA연맹에 녹색 교사회라는 것이 있었습니다. 거기서 중학교, 고등학교 교과서 분석을 했어요. 녹색교사회의 유상덕 선생님이 그걸 책임지고 했는데 이게 중앙정보부, 그때는 안기부라고 했나? 아, 보안사인데 그때에 보안사가 강만길 선생님, 리영희 선생님, 조승혁 목사님 전부 다 잡아 갔어요. 잡혀 들어가서 그때 허문도하고 김관석 목사님하고 담판을 지었어요. 기사연 해체하라는 거였는데… 뭐 허문도가 "한번 잘 해 봅시다!"라고 했다고 해요. 그게 무슨 결정이냐면 NCC가 김관석 목사님이 통일문제를 논의하지 않고 민주화운동을 할 수 없다고 하는 선교정책적인 결정이었습니다. 그러니 우리 기사연은 그걸 따라서 착수하는 거예요. 그게 누구 한 명이 용기 있다고 하는 게 아니었습니다. 그때 이미 우리 문익환 목사님은 '선통일 후민주' 이런 담론을 내시고, 그때 확실한 것이 그것이에요. 민주화라는 것은 통일이 없이 할 수 없는 것이다. 이러면 성격규명이 달라지는 것입니다. 즉 "민주화운동은 분단체제와의 저항, 분단체제와의 저항이 민주화운동이다"라는 개념이 생기는 것입니다. 그래서 지금 독재라고 하는 것은 분단의 산물이며 분단 위주의 독재가 된다는 의미가 가능합니다. 그것은 이제 분단에 대한 분단 사회학, 분단 정치학, 분단 경제학 등등 젠더의 정의부재도 분단을 대입하여야 그 전모가 드러난다는 인식이 분명해 졌습니다.

기사연 연구모델과 도시빈민연구 활동에 대하여

▼ 그러면 기사연과 관련해서 두 가지 질문을 드리겠는데요. 기사연 부원장 하실 적에 연구모델을 발전시켰잖아요? 그것과 관련해서 조금 얘기를 듣고 싶고요. 사실은 에큐메니칼 운동 역사를 되짚어보면 아주 원초적인 모델을 윌리엄 템플이 제시했고 그 모델이 계속 발전되어왔는데 한국에선 아직 실험되지 않았거든요? 그 얘기를 좀 해주시고요. 그리고 아까 말씀드렸던 민중지식인 그룹과 관련해서 활동하신 걸 좀 듣고 싶습니다.

제가 민중신학을 한 1년 논의를 했었어요. 서남동 목사님의 신변이 변했습니다. 그 당시에 선교교육원 원장을 그만 두실 때였어요. 서 목사님이 선교교육원 하실 때에는 각종 세미나를 많이 하셨습니다. 예를 들면 박현채 선생님을 모셔다가 사회경제 강의도 하시고, 여성문제도 다루시고 그리고 특별히 백낙청 선생님의 영향을 많이 받았어요. 사실 민담이라는 소스가 문학 쪽에서 오잖아요. 그래서 백낙청 선생님의 도움을 많이 받았다는 이야기를 제가 들었습니다. 백낙청 선생님이 굉장히 이 그룹하고 밀접하게 활동을 하셨어요. 제가 한국에 왔을 때 백낙청 선생님이 언뜻 부탁하신 것이 월남전에 대한 글이었어요. 그때에 틱광둑 스님이 왜 사이공에서 분신자살 했는가라는 글을 종교적인 시각에서 썼는데 「창작과비평」에 발표가 되었습니다. 종교적인 저항이라는 것을 강조한 글이었습니다. 그런 차원인데 나중에 결론을 보면 1979년에 CCA의 프레만 나이스 총무가 아시아에서 신학프로그램을 하면서 한국 측에는 민중신학 토론을 붙였습니다. 그게 79년 박정희가 죽는 그 전날까지 한 겁니다. 한국의 신학자들은 전부 다 민중신학으로 발표를 하고 외국에서 온 사람들은 논평만 하기로 하였습니다. 그리고 그게 책으로 나왔습니다. 나중판은 CCA판으로 나왔지만, 프레만 나이스가 첫판을 제 이름으로 낸 겁니다. 그것을 낼 적에는 NCC에 신학연구위원회라는 것이 있었어요. 제가 신학연구위원회의 서기였습니다. 김정준 박사님이 위원장이었어요. 이때 주재용 박사님, 서남동 목사님, 안 박사님께서 참여하셨고 프레만 나이스와 제가 그 발표 자료를 기사연에 가지고 와서 편집을 하면서 그걸 완성을 시켰어요. 그게 Minjung Theology라고 하는 빨간 책이에요. 그게 처음으로 나온 게 1980년입니다. 그리고 책 표지는 일본에서 그림 그리는 분의 민중의 그림을 사용했습니다. 이 과정에서 사실은 여성들도 여성문제에 대해서 관심이 많이 있었어요. 그때 여성신학위원회가 따로 있었습니다. 그런데 그때 제가 발제만 하고 그 모임에 시간 때문에 참석을 못했어요. 그것은 나중에 출판되었을 거예요. 여자노비의 이야기를 쓴 건데 그때의 민중신학은 어떻게 보면 상당히 다양하면서도 서서히 융합하는 프로세스였다고 한다는 게 좋을 거예요. 그러면서 동시에 각자는 각자대로 저술로 심화하는 과정이 아니었나 하는 생각이 듭니다.

　기사연은 좀 조직적이었습니다. 기사연은 한편으로 산업선교 의제를 우리가 충실히 연구하는 것을 전제로 했고 거기서 나온 프로젝트 중의 하나가 가난한 여성에 대한 연구였습니다. 그것을 이화여자대학교 조형 교수님이 총 지도를 하고 가난한 노동자에 관한 연구와 도시빈민에 대한 연구는 손덕수 교수님이 썼어요. 사실 도시빈민은 삼양동 여성들의 이야기를 하려고 했는데 그건 너무 위험하여 실제로 사람도 다 만나고 했지만 그건 할 수가 없었어요. 나중에 여성노동자 연구는 이미경 선생님이 했고, "우리 엄마의 이름은 겁쟁이다"라는 제목으로 출판이 되었는데 영어로는 "My Mother's Name is Coward"였습니다. 그것이 삼양동 스토리입니다. 그때에 기사연의 재정은 WCC의 CCPD 책임자인 볼프강 슈미트가 3년씩, 3년씩 연속 지원을 하였고 그중 메이저 펀딩은 화란(네델란드)의 이코(ICCO)에서 왔습니다. 이코는 화란의 국제기독교 NGO지원단체에요. 당시 이코의 위원장은 밥 후즈바르드(Bob Goodswaards)였어요. 그분은 사회경제학자였지요. 그래서 우리가 유인호 교수님, 이근식 교수님과 함께 한국의 개발모델을 바꾸려고 노력을 하다가 좌절되었습니다. 그 다음에 여러 가지 것을 하는데 그 중 하나가 무크지 발간입니다. 여러 가지 주제를 다루었지요. 최민화 선생님이 편집을 주로 했고 그리고 실질적 편집은 구창원 선생님이 했어요. 이종원, 이종구 선생님도 같이 활동했었지요.

한국 최초의 공해문제연구와 CBS와의 한국교회100주년 종합조사

그리고 조승혁 목사님이 상당히 중요한 역할을 한 것은 한국 공해에 대한 보고서를 낸 겁니다. 그것은 최열 선생님이 지도를 했어요. 그것은 한국 생태운동의 기원이 된 것 중 하나이며 숙명여대 생물학과 학생들이 주도했습니다. 그 공해 보고서 때문에 조승혁 목사님이 되게 고통을 당했습니다. 조 목사님이 그때 중앙정보부인가 안기부한테 끌려가서 되게 고생을 했습니다. 기사연이 공해문제연구를 인큐베이션 하는 역할을 했다고 할 수 있습니다.

그 다음에 80년도에 기사연이 했던 일반적인 프로젝트가 한국교회 100주년 종합조사입니다. 그것은 당시 미국 에모리대를 나온 김병서 박사님이 전체적으로 틀을 깔고 실무는 김희은 선생님이 맡았는데 일을 참 잘했습니다. 김희은 선생님의 노력으로 한국교회 최초의 종합보고서가 나옵니다. 그 다음에 나왔던 종합적인 여론조사가 있는데 그것이 CBS하고 하는 거였어요. 그 당시 김관석 목사님이 이사장이었습니다. 그런데 전두환의 군사정부가 CBS를 탄압하면서 종교방송과 선교방송으로 구분하였습니다. 선교방송은 사회적 활동을 하는 거였습니다. 김관석 목사님은 선교방송 프로젝트를 선택했습니다. 그래서 CBS방송은 월요특집이라는 것을 만들었어요. 월요특집은 무엇이냐면 생방송하는 거예요. 전국에서 이슈를 잡아가지고 한 30분 동안은 TV가 인터뷰하는 것을 내보내고 그 다음에 한 시간 반 동안은 현지에서 들어오는 전화를 받는 거예요. 그걸 처음에 제가 사회를 봤어요. 불꽃이 튀기는 겁니다. 그런데 사건이 벌어집니다. 어떤 학생인데 KBS를 비판하면서 "전두환으로 시작해서 이순자로 끝나는 KBS 집어치워!"라고 말한 거예요. 전국이 난리가 났습니다. 그래서 CBS 문 닫아라 하고… 나중에 저도 그만두고 그 다음에 김영운 목사님이 다시 하는데 그런 상황에서 우리가 여론조사를 했습니다. 여론조사는 두 가지를 했는데 하나는 고려대학교 송기선 박사님이 일반 시민의 CBS에 대한 조사를 하고 다른 하나는 제가 교계에 대한 100주년 조사를 했습니다. 이 결과를 광주에서는 2만 부를 찍었대요. 시민들에게 돌린 거예요. 그 후 교계 조사도 그렇고 일반 조사도 그렇고 '무슨 소리냐 CBS가 살아야지' 하면서 선교방송이냐 종교방송이냐라는 논쟁이 촉발된 것 같습니다.

사실 제가 기사연에 대해서 디자인을 한 배경은 다음과 같습니다. 워싱턴 DC에 정책연구소(Institute for Policy Studies)라는 것이 있어요. 그것이 민주당 배후에서 민주당의 정책을 제안하는 연구소입니다. 제가 연구소의 경영에 대해 자세히 물어봤어요. 거기서 나온 Global Rich라고 하는 초국적 기업에 대한 보고서가 있습니다. 그 다음에 화린의 TNC가 있습니다. 그리고 영국의 Royal Society가 있습니다. 제가 Royal Society에서 연구소에 대한 논문을 썼습니다. 연구소가 어떻게 운영되는가. 그리고 한국 케이스는 집현전하고 규장각 그리고 정다산의 다산초당을 다루는 제목이었어요. 도대체 "새로운 지적 도약(Intellectual Breakthrough)은 어떻게 생기는 것이냐?" 하는 질문을 가지고 사실 이걸 디자인을 한 거였어요. 그런데 다행히도 볼프강 슈미트가 CCPD 스태프를 하면서 돈을 3년씩 지원해 주었어요. 그래서 라운드 테이블을 3년씩 했는데 이것으로 매니지먼트 시스템이 재정적으로 안정이 되었고 그래서 다양한 프로그램을 하고 싶은 걸 뭐든 할 수 있었습니다. 그리고 한 가지 중요한 프로그램을 한 것이 있는데, 그것은 한국 인권 뉴스를 한 300개 교회에 2주에 한 번씩 정기적으로 보내는 것이었습니다. 그러니까 목사님들이 얼마나 활용했는지는 모르지만 목사님들이 설교할 자료를 제공한 것이었습니다.

기사연의 해직교수 연구모임의 코이노니아

그 다음에 기사연이 한 중요한 것이 무엇이냐면 해직교수들의 모임을 주관한 것입니다. 해직교수들이 한 40-50명 모여들었습니다.

이 분들이 오면 가기 싫어하는 겁니다. 이게 너무 좋았어요. 재야 학술모임! 그것이 살아나니까 연구원이 무슨 프로젝트를 하고 싶어도 다 모여서 하는 거예요. 해직교수 커뮤니티는 84년까지 지속했습니다. 이 활동은 이우정 선생님이 계실 때까지 지속했습니다.6 서대문 건물은 나중에 이코(ICCO)가 사준 거예요. 기사연은 연구협동모델 중 솔리데리티(연대) 모델의 중요한 원형이었습니다. 해직교수모임의 코이노니아가 학문의 분위기를 내면적으로 굉장히 고양시켰습니다. 그리고 그것을 뒷받침하기 위해서 전 스태프들이 뛰었습니다. 그 당시 제가 만든 것이 기사연 자료실입니다. 저는 지금 그것이 없어진 것에 대해서 불만이 많습니다. 제가 DAGA의 경험이 있잖아요. 그래서 대학생들이 성명서로 운동을 하려면 기사연 자료실에 다 왔어요. 우리가 모아놓은 자료가 판결문, 신문 클리핑이 다 되어 있었어요. 360가지의 카테고리로 자료 수집을 다 했거든요. 최선영 선생님을 제가 로마의 IDOC에 보내가지고 3개월 동안 트레이닝을 시켰어요. 1차 공헌은 한겨레신문을 세울 때 이걸 전부 복사해 간 일이었습니다. 그 자료 없이는 한겨레신문은 뜰 수 없었을 거예요. 그런데 이것을 지금 어떻게 했는지 아쉽습니다.

에큐메니컬 운동의 참여과정에 대하여

▼ 이제까지 굉장히 중요한 얘기를 해 왔고, 사실 기사연 연구모델에 대해서는 더 들어 볼만 한 게 있지만 이 정도로 하겠습니다. 이제까지 진행한 이야기에서 한 가지 빠진 것이 있습니다. CCPD 이야기도 나왔고 나이로비 총회 이

---

6 http://jpic.org/board/ 참조.

야기도 나왔는데, 김 박사님이 에큐메니컬 운동에 어떻게 관여하게 되셨는지 그런 얘기를 조금 하실 필요가 있거든요. 이것도 김 박사님 사상을 형성하는 데 거의 결정적인 코드니까요.

동경 베이스를 해서 한국 인권운동을 하니까 국제적인 지평이 확 넓혀지고 필요했어요. 그리고 그 민주화 네트웍이 세계적으로 생겼다고는 하지만 기능적으로는 매우 크리틱했고 액션은 정보이지요. 지식인 활동이잖아요? 이 차원에서 제가 아주 액티브하게 했던 것이 첫째로는 산업선교입니다. 제가 WCC의 DAGA와 일본 베이스를 가지고 자문위원회(Advisory Committee)의 멤버가 된 거예요. 그건 73년부터입니다.

처음에 저는 URM에 들어갔고 그 후 CCPD에 참여합니다. 밴쿠버 총회에서 결정적인 모멘텀이 생기는데 그 전에 콘라드 라이저가 확신을 가지고 CCPD의 활동을 할 때 제가 CCPD의 부의장(Vice Moderator)이었어요. 아마 75년부터 했을 거예요. 나이로비총회 이후입니다. 그러니 자연히 AGEM의 멤버가 된 것입니다. 이 AGEM의 정식명칭은 Advisory Group on Economic Matters라고 하는 자문기구예요. 그게 상당히 중요한 차원인데, 이 AGEM을 한 단계 올리기 위해서, 테크니컬한 말로 Status Confessionis의 차원으로 올리자고 한 겁니다. 경제 정의의 문제를 신학적 문제로 격상시킨 것이죠. 그래서 나온 보고서가 '기독교신앙과 세계경제'(Christian Faith and World Economy)였어요. 그런데 그 보고서에서는 신앙과 관련된 부분(Faith Connection)이 잘렸습니다. 그렇게 되니 보고서의 부분들이 서로 연결이 안 되고, 결국 실패한 거예요. 그런데 이 전에 있었던 컨퍼런스가 JPSS입니다. JPSS 개념에 대해서 콘라드 라이저가 발표하고 저도 아시아를 대표해서 발제를 했습니다. 보니노는 난민을 위해서 발제하고, 노르웨이의 과학자는 지속가능성(sustainability)에 대해서 발제를 했어요. 이렇게 해서 JPSS 개념이 만들어지게 되었어요. JPSS는 Just, Participatory and Sustainable Society의 약자인데, 이 개념을 WCC 중앙위원회에 올렸어요. 그 틀은 선교적 정치학(Missionic Politics)입니다. 그런데 선교적 정치학에 대한 반응이 포지티브하지 않았습니다. 이 틀은 중앙위원회에서 받아들여지지 않고 다만 연구자료(study document)로 처리가 된 거에요.

그런데 유럽에서는 이 틀을 갖고서 유로피안 컨퍼런스를 해버린 겁니다. 그래서 유럽에서는 JPSS가 JPIC보다 훨씬 앞서가는 문건이라고 생각을 한 거예요. 사실 JPIC는 후퇴한 겁니다. JPSS가 실행이 안 되니까 1983년 밴쿠버 총회에서 JPIC 개념을 천명한 겁니다. 저는 오재식 회장과 열심히 활동을 해서 JPIC 대회를 서울에 유치했어요. 1990년이지요. 콘라드 라이저의 프레임이 이런 거였어요. 이게 신학적으로 교회가 신앙을 가지고 긍정하는 카운슬이어야 하는 거예요. 그런데 그 전 단계가 회의소집(Convocation)입니다. 그러니까 준 신앙적 결단인거예요. 그런데 이 회의소집이 성공을 했는데 로마 가톨릭교회에서 옵저버로 한 50명 정도의 멤버들이 들어왔어요. 바티칸은 안 들어왔지만 로마 가톨릭교회의 기초그룹(Grassroot Roman Catholic Church)이 한꺼번에 서울에 들어온 겁니다. 이게 대단한 것입니다. 그런데 이것을 팔로우업을 하면서 프로그램이 운동이 아니고 케이스 스터디로 전환이 되어 버린 거예요. 그래서 JPIC가 사실은 약화되고 나중에 콘라드 라이저가 프레임을 바꾸었어요. 에큐메니컬 포럼으로 바꾸니까 교단장이 오는 포럼이 된 거에요. 운동이 빠진 것이 되었지요.

저는 처음부터 마지막까지 참여(Participation)를 강조했지요. 민중이 역사의 주체니까 그냥 참여(Participation)지요. 그래서 노무현 정부가 참여정부라는 말을 사용했을 때 제가 굉장히 비판했습니다. 어떻게 정부가 참여라는 말을 쓸 수 있는가.

▼ 지금 박사님은 JPSS 논의 구도와 JPIC 논의 구도를 서로 비교하면서 JPSS 논의 구도가 상당히 더 진보적이고, 더 철저했다고 평가하셨고, JPSS 논의 구도에서 박사님은 참여(Participation) 주제에 헌신하셨다고 말씀하셨습니다. JPIC 논의는 밴쿠버 총회에서 시작해서 공의회 과정으로 진행되고 1990년 서울에서 JPIC 대회(Convocation)가 열리게 되지요. 밴쿠버 총회 이후에 생명과 제국에 관련된 논의가 시작된 것은 매우 주목되는 일인데, 이때 박사님이 어떤 기여를 하셨는지 말씀해 주시면 좋겠습니다.

JPIC보고서는 제가 참여한 제3분과 위원회에서 나왔습니다. 그러니까 실제로 제가 Draft한 거예요. 그런데 그것을 Draft할 적에 공동으로 참여한 사람이 울리히 두르흐하고 훌리오 산타나하고 저하고 셋입니다. 그것이 무엇이냐면 Mutual Commitment Covenant 이지요. WCC가 Christian Faith and World Economy에서 미온적인 태도를 가지고 가고 생명에 대한 연구가 케이스 스터디로 넘어가버려서 저는 WARC에서 문제제기를 했어요. 1987년 한국에서 WARC총회가 열렸어요. 그때 WARC의 사무총장(General Secretary)인 밀란 오포첸스키가 저를 차기 총회에서 WARC의장으로 삼으려고 특별히

케어를 했어요. 왜냐하면 바로 그때가 의장은 아시아 차례였어요. 그때 제가 C.S. Song에게 양보를 했습니다. 그 대신 제가 밀란과 함께 신학위원회 의장(Moderator)이 됩니다. 그래서 경제정의 프로그램을 끌고 가는데 이것이 2004년에 아프리카 가나에서 맺은 소위 Covenant for Economic Justice and Ecological Integrity라고 하는 Covenant입니다. 그런데 거기서 논의된 것이 제국(Empire) 문제입니다. 여기서 제국담론이 출발한 거예요. 제가 사회를 보는데요. 전체회의 세션에서 제국틀 논의(Empire Framework)를 제안한 거예요. 그때 사회자가 두 사람인데 한 사람은 미국 장로교 여자 분이고 제가 또 한 사람이었습니다. 제가 사회를 보면서 제국틀(Empire)을 제안했는데 라틴아메리카 사람들이 시간이 걸리는 거예요. 그래서 제가 시간을 한 30분 정도를 끌었어요. 그러니까 남미친구들이 이해해서 발언을 시작해요. 이렇게 해서 '제국에 반대하여'(Against Empire)라고 하는 틀(Framework)이 생긴 거예요. 그런데 이것이 그라스루트로 퍼져야 하잖아요. 그래서 제가 한 작업이 북쪽(서방선진국)에 있는 사람들에게 제국(Empire)얘기를 하면 두려워하니까 남쪽(제3세계)에 있는 사람들에게 연대(Solidarity) 이야기를 해서 소위 AAPACALA이라는 프로그램이 생깁니다. AAPACALA가 무엇이냐면 Afro, Asian, Pacific, Caribbean, Latin-American Network의 구축이고 이게 반둥회의입니다. 지금 세계평화의 문제는 반둥의 문제입니다. 그래서 세 가지 문제를 다루어야 하는데 하나는 지정학적인 문제로 군사적(Military) 문제이고 둘째로 더 큰 문제는 글로벌 마켓 문제이고, 셋째는 미디어 문제입니다. 세계평화의 문제는 이 세 가지를 다뤄야만 합니다. 요즘 언론이 귀신같거든요. 사람을 홀리는 귀신입니다. 노암 촘스키가 말하는 대로 언론이 하는 작업은 Manufacturing Consent예요. 합의를 강요하는 거예요.

새문안교회 대학생회 지도목사 활동과 강신명 목사님의 기억

▼ 이제 새문안교회 이야기를 좀 해주시죠.

제가 새문안교회를 78년 5월에 갔습니다. 그때 강신명 목사님이 목회를 하고 계셨어요. 김관석 목사님이 해외에 있는 김용복이라는 사람을 오라고 해서 김용복이 국내로 귀국했는데 김용복이 활동할 수 있는 교회가 없는 거예요. 제가 알기로는 그때 김관석 목사님이 새문안교회의 강신명 목사님에게 부탁을 한 겁니다. 제가 강신명 목사님의 목회철학을 보니까 이런 게 있더라고요. 두 가지가 있어요. 하나는 연말에 헌금 예산을 세울 때 헌금에 대한 설교를 안 해요. 새문안교회가 그때만 해도 예산이 크지 않았습니다. 십일조는 성경에 다 쓰여 있는 건데 자기가 알아서 내라는 겁니다. 둘째는 교인들이 죽으면 손수 염을 해요. 이분이 건장하시거든요. 모든 장례식이 나면 그분이 가서 직접 염을 해요. 그러니 교인들이 존경한 것 같아요. 그리고 또 하나는 이런 게 있어요. 절대로 장로들과 따로 식사하지 않아요. 그래서 제게 강신명 목사님하고 김관석 목사님의 관계에 그 높은 차원에서 그 서로 입장도 다르고 상황도 다르지만 서로 협력하는 모습이 참 좋게 보였어요. 거인이었지요.

대학교수가 되지 못한 이유

이쯤에서 한 가지 이야기할 게 있어요. 그 당시 김용복이 적어도 대학교 교수는 될 수 있는 사람인데 왜 대학교 교수가 못되었느냐? 이유가 있어요. 저를 대학교에 취직시키려고 한 사람이 현영학 교수님이었습니다. 현영학 교수님이 자기 후임으로 저를 지명을 한 거예요. 그런데 그걸 총장님이 반대를 했어요. 그 배후가 뭔지 나는 모릅니다. 그러니까 현영학 선생님이 얼마나 안타까웠겠어요. 자기는 이화의 핵이고 자기가 마지막으로 추천하는 사람인데 총장이 안 받으니까요. 그런데 저는 거기에 대해서 크게 개의치 않았습니다. 그래도 제가 이대에서 현영학 교수님의 강의를 맡아서 했으니까요. 또 다른 하나는 김관석 목사님이 저를 연대 교수로 만들려고 대단한 노력을 했습니다. 이천환 주교님이 김관석 목사님하고 깍듯이 친한 사람이에요. 그런데 이천환 주교가 연세대학교 이사장이었어요. 거기다가 연세대학교 총장이 박영식 총장님이에요. 박영식 총장님은 철학과 선배입니다. 그리고 저를 아주 좋아하고 미국에서도 같이 있었어요. 박영식 총장님도 '오면 좋겠다.' 거기에다가 더 좋은 조건이 있었어요. 김찬국 목사님이 인사위원장이었어요. 김찬국 목사님이 복직해 가지고 연대에 다시 들어갔었고 부총장이었어요. 그러니까 김찬국 목사님이 제가 자기 제자고 또 친하고 그래서 좋다. 그래서 들어와라. 이렇게 된 거예요. 위에서는 다 된 거예요. 그래서 제가 연대에서 앞으로 어떤 역할을 해야 하는가 꿈을 꾸고 그랬습니다. 그렇게 되었는데 그때가 전두환 정부입니다. 그런데 들려오는 얘기가 그때는 연대가 과에서 만장일치로 결정이 되어야 통과가 된다는 것입니다. 그러니까 인사위원회가 쓸데가 없는 거예요. 그런데 그것은 교수들이 결정을 할 사안이 아니라고 제가 생각을 했어요. 그런데 이걸 누가 반대를 했느냐면 보안사에서… 그래서 학장을 만나서 보니까. '김 박사는 안 됩니다.' 이랬습니다. 그래서 제가 뭘 알겠어요. 김용복은 처음 들어올 때부터 지금까지 블랙리스트 대상에 있는 거예요. 그리고 장로회신학대학에서도 박창환 학장님이 저에게 강의를 주라고 하니까 몇 교수들이 강의를 못 주겠다 해서 제가 장로회신학대에서 강의를 못했습니다. 부교수직을 받았는데도요. 그 전에는 오히려 강사는 했었어요. 그 이후엔 '김용복은 마오이스트다'라는 유언비어가 교수들 사이에 나돌기 시작하는 거예요. 보안사가 만든 유언비어였다고 보아요.

그래서 나중에 다 안거지만 블랙리스트가 오랫동안 진행이 된 것인데 제가 자유롭지 않았어요. 왜냐하면 이 분단체제라고 하는 것이 속속들이 그러니까 학생들이 뭘 하더라도 다 작동을 해서 반응을 하는 거예요.

산돌교회 개척과 산돌 신앙 선언

▼ 산돌교회를 통해서 박사님이 신학사상을 형성하는 데 어떤 자극을 받으셨는지. 그러면서 민중교회 운동의 맥락에서 어떤 생각을 정립해 나가셨는지 이런 얘기를 조금 듣고 싶습니다.

뭐 크게 많이 한 것은 아니지만 산돌교회는 새문안 친구들과 함께 만들었어요. 제가 노동자들하고 만나서 대화를 하는 가운데 아주 심플한 결정사항이 몇 개 있어요. 첫째는 산돌교회 예산 절반을 노동자 선교를 위해서 쓴다. 그런데 교인이 학생들이잖아요. 돈이 없고 결혼도 안하고 임대를 해야 하는데 임대를 할 수 없었어요. 이때 결혼을 할 여학생이 결혼 지참금을 교회에 빌려 주었습니다. 이게 산돌선교 기금이라는 것입니다. 이렇게 처음 시작할 때 산돌선교기금이 작동이 되니까 교회 임대료 걱정 없고, 목사인 김용복은 기사연에 취직이 되어있으니까 봉급 안 받아도 되는 거고요. 산돌교회가 설립된 게 80년대 중, 후반입니다.

그렇게 되니까 재정 문제에 있어서 교인들이 교육을 받는 거예요. 교인들이 십일조를 하는데 십의 이조를 해요. 하나는 시민운동에다가 십일조 하나 하고 또 다른 십일조는 교회에다가 하는 거예요. 그래서 이게 간단한 경영 시스템이지만 지금말로 협동조합 시스템이 생긴 거예요. 그래서 산돌선교기금이라는 것을 형성하고 우리 여학생이 시집을 갈 때는 처음 기금 그대로 다 돌려줬어요. 그리고 쓰지 않은 돈은 모아 두었어요.

예산의 절반은 노동선교에 썼는데 그것을 위해서 노동문화원이라는 것을 만들었습니다. 노동문화원 체제가 제가 보기엔 굉장히 성공을 한 겁니다. 거기에 여러 사람이 있는데 박춘노 목사님부터 시작해가지고 그 열매중 하나가 유승희 선생님 입니다. 유승희 선생님은 지금 민주당 의원이지요. 유승희 선생님이 노동문화원의 총무를 했습니다. 그것을 위해서 그는 1년 동안 노동현장에 들어가서 노동을 하고 건강이 아주 나빠졌었어요. 신대균, 유종성, 유종일 교수 다 거기 그룹이었지요. 거기 또 하나는 임종한 박사님입니다. 임종한 박사 그룹은 부천에다가 평화의원을 만들었어요. 평화의원은 1년 동안 의

사들이 돌아가면서 맡았어요. 그래서 노동자를 위한 의원을 만들고. 그게 사실은 의료생협의 씨앗이었습니다. 그게 나중에 23개가 생겼습니다.

어려웠던 부분은 이런 부분이에요. 설교를 하잖아요? 설교를 하면 낮에는 학생들이 와요. 지식인이잖아요. 그런데 김용복 설교가 어려워요. 제가 항상 어렵게 말하잖아요. 그런데 저녁에는 노동자들이 오잖아요. 그런데 교인들이 불평입니다. 노동자들에겐 그렇게 쉽게 하면서 낮에는 왜 그렇게 어렵게 하냐고. 그래서 저녁엔 은혜로운데 낮에는 은혜롭지 않다는 거예요. 제가 노동자 대학도 하고 노동문화원에서는 콰이어도 만들고 등산반도 만들고 해서 노동조합 조직훈련도 했어요. 그중에 낮에 한 것 중 하나가 영적인 성찬식(Liturgy)이에요. 이 성찬식(Liturgy)을 우리가 어떻게 했냐면 성찬예식도 하지만 거기 신앙고백서가 있어요. 산돌 신앙선언이라는 게 있어요. "우리는 함께 살며 … 민족통일을 위해 싸우며 민주화를 …"라는 신앙고백이 있는데 이걸 매주 고백으로 했어요. 뭐 특별히 한 것은 없었어요.

한일장신대학교 취임 배경과 대학 학문의 비전에 대하여

▼ 이제 점프해서 대학으로 갈까 합니다. 대학교 총장생활을 하셨잖아요. 각종학교를 대학으로 승격 시키시고 대학을 또 종합대학교로 승격시켰습니다. 그리고 글로컬 개념 그러니까 그 세계화라고 하는 것을 유지하시면서 지역에 뿌리를 박는 그런 아이디어를 가지고 대학교를 발전시켜 나가셨습니다. 어떻게 보면 아주 소싯적부터 학문을 하고 싶으셨던 거고요. 그리고 철학을 하셨으니까 사물의 근원에 천착하고 사물의 전체를 파악하고자 하는 마음이 있으셨

겠지요. 대학이면 University아닙니까. 학문의 우주라고 할 수 있을 텐데요. 그 언저리 이야기를 하고 싶거든요. 전주에서 대학교를 형성해 나가시면서 김 박사님이 어떤 학문 개념을 갖고 계셨는지, 학문개념을 어떻게 구현해 보고 싶으셨는지 이런 얘기를 조금 해주시면 좋을 것 같아요.

제가 중학교, 고등학교 때 교훈 얘기를 했잖아요. 제1호가 향토를 사랑하자예요. 이사장님이 오셔서 '이제 고향에 와서 일 좀 하시오' 하시는데 제가 그걸 거절할 수 없겠더라고요. 그래서 제가 이영호 목사님과 상의했어요. 이사장님이 이렇게 오라고 하는데 가도 괜찮겠느냐. 그게 1992년이지요. 그때 저에게 석 달의 시간을 달라고 했어요. 그래서 제가 한일의 역사를 공부를 했습니다. 그런데 한일이 원래 여학교잖아요. 학교 역사를 잘 공부해 보니까 이런 학교라면 가서 제가 내 몸을 바쳐도 되겠다는 판단이 섰습니다. 호남의 초기 선교사들이 대단한 사람들이었어요. 레이놀즈 선교사가 1894년에 전주에 미션스쿨을 열기위해 왔다가 철수했어요. 그 다음에 왔지요. 그런데 전주가 동학에 의해서 점령당했잖아요! 점령당했을 때에 교회로서 동학에 대한 태도가 굉장히 중요하였습니다.

1908년의 역사를 보니까 최중진 목사라는 사람의 스토리가 나와요. 최중진 목사님은 광주 사람입니다. 그런데 이 최중진 목사님이 호남지역에서 개척교회를 했는데 무려 30여개의 개척교회를 했어요. 30여개 개척교회를 어떻게 했나 봤더니 전부 다 과부들이 모인 교회, 동학 의병을 해가지고 처형당한 사람들을 모아가지고 교회를 세운 거예요. 말하자면 정말 사회적 디아코니아(Social Dikonia)로 세운 거예요. 한마디로 말하면 30개 교회가 되니까 최중진 목사가 총회에 보고를 하면서 헌금으로 나오는 돈을 디아코니아로 쓰자, 그 당시는 선교사가 지배하는 총회구조잖아요. 그래서 선교사들은 안 된다, 교회건설을 위해 써야한다. 그래서 이 최중진 목사님을 치리를 해서 쫓아버려요. 그러니까 최중진 목사가 그때 사실 이름은 독립교회였습니다. 그런데 이름을 자유교회라고 해요. 그 당시는 독립하면 큰일 나는 식민지 시대였잖아요. 그러니까 자유교회라고 해서 치리를 해버려요. 그 당시 원평에 이자익 목사님이 계신데 이 이자익 목사님의 며느리가 서희 이종 누님이에요. 그래서 최중진 목사님과 이자익 목사님의 역사를 제가 다 알거든요. 그러니까 그 동네에 동학의 바람이 부는 거에요. 그래서 제가 이러한 민류를 보고 내가 못갈 바 없다. 이자익 목사님은 총회장을 두 번 했어요. 이자익 목사님이 나중에 합치는 차원에서 했는데 거기가 그런 분위기입니다. 금산사가 있죠. 증산도가 있죠. 제가 그 이야기를 호남교회 백주년 기념회에서 논문을 발표할 때 미륵에 대한 얘기를 쫙 한 거예요. 그러니까 그런 것이 저에게 영향을 준거에요.

　노태우 정부 말년에 제가 한일신학교에 갔잖아요. 김영삼 정부가 들어오고 한완상 박사님이 통일부 장관인데 한완상 박사님이 국무회의 들어가셔서 오병문 장관님에게 한일 좀 도와주라고 말씀해 주시고, 그래서 한일이 대학이 된 겁니다. 그리고 사실은 제가 김영삼 정부 때는 아는 사람이 많잖아요. 청와대에는 예를 들면 이각범 교수님과 박세일 박사님이 있었지요. 또 서경석 목사님이 그때 영향력이 높았을 때이지요. 그래서 제가 그때 종합대학교로 개편을 할 수 있었지요. 그런데 만들어놓고 보니까 여러 가지 문제가 발생해요. 훌륭한 교수님들이 많이 들어왔지요. 그런데 경영 문제로 아주 어려움이 많왔어요. 제가 큰 그림에만 힘을 썼지 작은 그림에 힘을 안 썼어요. 첫째로 남자, 여자 비율을 50:50으로 하겠다. 그건 사실 어렵지 않았어요. 남학생은 별로 문제가 안돼요. 여학생들이 자취할 수도 없고 기숙사도 없고, 하숙할 수도 없고. 그래서 제가 욕심을 부린 거예요. 그래서 전원 기숙사에 수용하는 욕심을 낸 거예요. 지금 와서 보니 이것이 제 욕심이었어요. 그리고 장학금 정책도 욕심이었지요. 제가 200억 내지 300억 재단을 만들려고 했어요. 계산을 해보니까 1년에 남는 돈이 한 60억 되더라고요. 그런데 이것을 우리 교직원이 다 합의해서 만들어냈으면 좋은데 김용복 단독 의지에 의해서 만들려고 하니까 쉽지 않았지요. 신대원 학생들이 학년별 50명이었습니다. 그 계획은 신대원생 총 150명을 3년 동안 전액 장학금을 주는 장학제도였어요. 학부는 200명을 주려고 했는데 실제로는 100명 정도 주었어요. 이런 장학제도의 결과 입학 학생의 질이 달라지더라고요. 그 당시 교수님들이 잘못한 거 하나도 없어요. 제가 많은 것이 부족했는데 특히 이 프로그램을 할 수 있기 위한 정치력이 부족했어요. 그런데 저에게 정치력을 필요로 했던 것 중 하나가 딱 하나 있었어요. 그것은 호남교회를 움직일 수 있는 지도자의 지원을 받는 것이었어요. 그런데 그것을 가능하게 하실 분이 돌아가셨어요. 익산의 안경운 목사님이에요. 안경운 목사님이 그때 총회장이었고 신광교회 목사님이었어요. 그 분이 제가 안수 받을 적에 인터뷰하신 분이고 제 고향분이세요. 그분 교회의 재정정책이 아주 좋습니다. 교인들에게서 오는 돈을 참 디아코니아를 위해 쓰는 분이예요. 그러면서 그 분이 이런 제안을 저한테 했어요. 원광대학교 하고 선의의 경쟁을 하자. 그래서 그 분이 이사장이 되게 되어있었어요. 당시 총회 신학교 졸업식에는 현 총회장이 와서 설교를 하지 증경 총회장이 와서 설교를 못하게 되어있어요. 그런데 증경 총회장에게 설교를 부탁을 했어요. 그 양반이 수락을 했어요. 수락을 했는데 졸업식 전에 돌아가신 거예요. 참으로 안타까운 일이었습니다. 우리 백남운 목사님도 계시지만 백남운 목사님 같은 사람들이 적어도 수십 명이 있었거든요. 그 친구들을 하나로 규합을 했으면 장학재단 설립이 가능했습니다. 제가 200억 300억 장학재단을 왜 만들려고 했냐면, 첫째로 우리 대학 교직원 지녀들을 대학교까지는 무조건 장학금 혜택을 주려고 했어요. 그 다음 신학생 전원에게 전액 장학금 생각을 하게 된 거예요. 사실은 제가 총회에다가 무슨 제안을 했냐면 우리 교단의 모든 신학생들은 무조건 전액 장학금이다, 이것은 할 수 있다, 이걸 당시 돈 있는 신학대학들이 반대를 하더라고요. 이걸 어떻게 하냐면 신학생들을 학교에 추천할 때 장학금 없으면 안 받으면 돼요. 이걸 제가 제안을 했었어요. 그래서 광주에 계시는 저를 아끼는 목사님이 '김 박사는 정치를 못해' 이게 맞는 말이었어요.

저는 사실 이렇게 하고 싶었어요. 전체 학생 4000명 규모의 대학을 만들고 싶었어요. 그것은 프린스턴대학교 사이즈입니다. 프린스턴 대학은 교수 한 명이 학생 8명을 관리하는 교수 학생 전원이 세미나제도를 운영하는 거였어요. 그리고 강의 과목은 두 과목만 해요. 그러니까 이런 이야기를 하니까 김 박사는 꿈꾸는 소년이라는 소리를 듣게 된 것 같습니다. 그런데 갑자기 김영삼 정부가 대학을 완전히 개편을 하는데 역으로 대학을 시장에다가 통합시켜 버렸습니다. 제가 총장 할 때만 해도 자유로웠습니다. 상당한 자유가 있었습니다. 그런데 지금도 저는 그렇게 생각을 해요. 지금 제4차 산업혁명 뭐 그런 말을 하는데 결국은 다산초당이 진짜 학자를 만들어 내는 겁니다. 대학은 사람을 만들어 내는 겁니다. 그런 생각을 하는데 이게 지평이 넓어야 하잖아요. 세계적인 차원에서 학생을 키워야 합니다. 프린스턴대학교 총장이 대단한 사람이에요. 제3세계 학생을 박사과정에 20년 치를 받아요. 우리는 2년밖에 안 받거든요. 한 캠퍼스에 제3세계 박사학위 과정이 다 있잖아요. 40~60명이 되어요. 다 친한 친구가 되잖아요. 세계에 가서 다 프린스턴 그룹이 되는 거예요. 세계적으로 이런 친구들이 가는 곳마다 다 있지요. 이것은 낭만적인 얘기로 들으시고, 실질적으로 이걸 경영하는 방식을 제가 모색을 하는 건데 소위 교육경영(Education Management)의 방법이 사회경제(Social Economy)하고 참여(Particpication)입니다. 이 두 가지가 있으면 유치원도 그렇게 할 수 있어요. 볼로냐에 가보니까 아주 작은 것부터 시작을 해요. 대학원 대학의 사이즈가 이상적이에요.

대학원대학교 설립과 생명학연구원 활동 그리고 생명전기

▼ 박사님의 맨 마지막 말씀에서는 두 가지 강조된 게 있습니다. 하나는 프린스턴 모델이지요. 교수와 학생들이 연구공동체를 형성해서 학생들을 교육시키고 학자를 키워나가는 그런 시스템을 말씀하셨습니다. 그 다음 비견되는 것으로 다산초당을 얘기하셨습니다. 대학원대학교 이야기를 하시면서 두 가지 차원, 사회경제(Social Economy)하고 참여(Participation) 말씀을 하셨는데 그것은 아무래도 협동조합, 대학을 염두에 두시고 계신 것 같아요. 제가 이제 두 가지 질문을 동시에 드려야 할 것 같아요. 하나는 박사님께서 생명학대학원을 꾸리려고 하셨잖아요? 생명학이라고 하는 것을 말씀하신 것이거든요. 민중

신학과 관련되어 있기도 합니다. 민중신학 말씀하시면서 어떤 면에서 본다면 사회전기, 민중 현실을 강조하셨다고 한다면 아마 그 생명현실이라고 하는 것도 생명을 파괴하는 구조적인 요인들이 있으니까 민중의 현실을 말하는 것하고 동떨어진 것은 아닐 거라고 봅니다. 그런데 생명에 관심을 표명하시고 생명학을 말씀하시고 생명학을 가지고 대학원대학교를 꾸려보려고 하지 않으셨습니까? 박사님은 생명학을 어떻게 규정하시고 구상하고 계신 것인지요?

이것은 제가 출판하려는 책인 생명학 방법론 서설인데 그것이 아직 완성이 안 되었습니다. 이것은 한국연구재단에서 받은 연구 프로젝트인데 지금 열 개 챕터 정도 쓰고 있습니다. 이걸 금년 안에 출판하긴 어려울 것 같고 내년 중에 출판하려고 해요. 첫째로 중요한 것은 생명의 주체에 관한 규정이에요. 그래서 제가 이제 우리 권진관 박사님이 좋아하는 스피릿(spirit)이라고 하는 개념을 도입하는 겁니다. 그래서 생명은 스피릿이고 스피릿이 있기 때문에 주체다. 그래서 최근에 이제 제가 사용하는 말이 아직 완성은 안됐지만 영성(spiritual)이라는 말을 쓰고 있어요. 생사문제에 대해서 영성(Spirituality)이 통찰이예요. 해석학인데 통찰이예요. 물론 거기에는 합리적이고 정밀한 철학적인 합리적인 사고가 되는 건데 그 합리적 사고가 스피릿을 거부하면 그것은 안 되지요. 그러나 스피릿이라고 하는 주제는 그걸 제가 사회전기라고 하는 것과 똑같은 말인데 생명전기라는 말로 확대했습니다. 그리고 그것을 보다 현실화하기 위해서 Story of Massacre(죽임의 스토리)라는 개념을 만들었습니다. 생명을 죽이는 스토리 Thanatography(죽음의 생명전기)는 죽임의 스토리, 학살입니다. 그러니까 자연사는 약간 다르게 생각을 하고 실제로는 죽임의 스토리를 고찰하고 통찰하는 것이 생명의 살림살이입니다. 뭐 살리고 사는 그런 상생구조가 Thanatography입니다. 그래서 일단 Power라고 하는 것이 우리가 군사, 정치, 경제적인 파워가 있고 특히 이제 자본의 폭력성까지 왔습니다. 그리고 이제는 문화와 종교의 폭력성까지도 얘기를 해야 되겠죠. 그렇게 해서 이제 여덟 가지 차원을 대입해서 하는 것이 생명학입니다. 그 하나의 스토리를 3.1운동 독립선언문의 형성과정에서 일단 구분을 해보는 것이 제 논문입니다. 거기에 7개의 영적인 흐름(Spiritual Stream), 철학적 스트림이 있어요.

▼ 메시아적 정치학의 일곱 가지 흐름(Stream)은 무엇입니까?

지성사적으로 보자면 최제우와 손병희로 연결되는 후천개벽입니다. 후천개벽의 사상에는 다섯 가지의 요소가 들어가 있어요. 유불선이 들어있고 그다음에 기독교가 있고 무(巫)가 있습니다. 그리고 자유주의사상이 들어가 있고 사회주의사상 그렇게 하면 7개인가요? 그런데 이건 가설이니까요. 그런데 제 논문에서 이게 왜 메시아적 정치학(Messianic Politics)이냐 하는 것을 설명하려고 하고 있어요. 생명을 죽이는 폭력에 대한 저항 사상입니다. 이것이 모델은 아니지만 주체를 형성하는 과정이에요. 예를 들어 이런 질문을 하는 거예요. 그것은 한용운을 통해서 하는 질문인데 한용운을 통해서 원효에 대한 질문을 하는 겁니다. 한국의 역사에는 호국불교와 구국불교 전통이 있는데요. 그것은 호국불교와 구국불교 전통을 전부 다 포함할 수 있는 프레임웍이 됩니다. 클락이 '전통 한국의 종교'(Religious of old Korea)라고 하는 책에서 왜 한국에는 미륵불이 많냐는 질문을 합니다. 어딜 가든지 미륵불이라는 것입니다. 윤성범 선생님의 상여 알죠. 상여 그것도 미륵이라는 거예요. 그게 맞는지는 모르지만 하여튼 그런 것이 얼마든지 있습니다. 후백제 이후에 호남의 종교적 영성 그걸 전체로 보니까 선교적 틀(Missionic Framework)인데 이게 미륵 틀입니다. 그게 호남 기독교가 발전한 중요한 매개체였다는 얘기를 하는 거고요. 그다음에 길선주 목사라는 사람의 사회전기가 참 재미납니다. 길선주라는 사람은 본래 제가 결론만 얘기하면 이거입니다. "바벨론아 망하라!" 이런 설교를 한 사람입니다. 그는 요한계시록을 따라간 거예요. 그런데 이 요한계시록이 3·1절에 아 신천지를 전개하는데 이게 도참사상에 매료된 사람이 한 거예요. 김재준 목사님의 전집을 보니까, 김재준 목사님이 3·1 운동 때 개종을 하셨더라고요. 김익두 목사님의 설교를 듣고 개종했어요. 그런데 김재준 목사님은 실학도이자 개화파입니다. 제가 그래서 훈고학적 성서해석이라고 합니다. 그래서 결론은 이 여덟 가지는 전부 다 사회과학적으로 정밀하게 논의해야 하는데 저는 생명학적 영성으로 상상하는 것이 필요하고 창조적으로 돌파해야 하며 이것은 미래지향적인 것이라고 생각합니다. 그래서 미래의 라이프를 선취하는 것이 생명학의 전개방식입니다. 그건 과학적이어야 하고 그래서 대단히 실천적이어야 하고 통합적이어야 합니다. 그런데 현재는 그냥 상상을 하고 있는 건데 일단은 이게 완성이 안됐지만 제가 곧 완성할 것 같습니다. 이와 관련하여 한 세 권의 책이 나올 것 같습니다. 지금 용량으로 보면 우선 생명학방법론서설을 정리해서 단행본으로 내고 그걸 영어로 출판하는 것을 하려고 하고 그 다음에 기독교 신학자의 입장에서 기독교의 생명학을 내려고 합니다. 또 하나는 요즘 제가 많이 하고 있는 것을 살펴보니까 평화문제를 제가 2002년부터 본격적으로 다루었던 것 같아요. 그동안 논문이 꽤 나왔어요. 그래서 세계적인 지평에서 평화학에 대한 생명학적 담론 뭐 그렇게 해볼까 생각을 하고 있는데 그것은 교수님들이 앞으로 하십시오.

▼ 제국(Empire) 이론은 거기에 안 들어갑니까? 그 생명학 속에

그게 기본 틀이에요. 그런데 이 제국을 어떻게 이해하느냐. 제국이론은 지금 남미 해방신학에서도 많이 하고 있어요. 미게스 보니노(Miguez Bonino)의 아들인 네스토 미게스(Nestor Miguez)가 그쪽으로 많은 글을 쓰더라고요. 그러니까 남미의 전통적 마르크스주의(클래시컬 마르크시스트) 차원에서 다루는 제국주의 담론이 있고 해방신학의 제국담론 쪽에서 하는 이론이 있어요. 요즘 미국이 아주 못난 짓을 하기 때문에 제국담론이 나오는데 그것을 초점 있게 다루는 사람이 네스토 미게즈예요.

생명학대학원대학과 연구협동조합에 대하여

▼ 이제 제국이론을 얘기하려면 전문적인 토론이 또 필요해요. 김 박사님은 아주 오랫동안 민족주의 토론(Nationalist Discuss)을 많이 하신 분입니다. 2000년대 초에 아까 가나 총회 말씀하셨습니다만 그 어간에 제국 담론을 접하시고 그쪽으로 생각을 많이 전개하신 것 같아요. 트럼프의 미국 우선주의는 국가(Nation)를 굉장히 강조하고 있죠. 또 다른 담론 형태인데요. 제가 이제 좀 더 말씀을 나누고 싶은 것이 무엇이냐 하면 지금 박사님은 생명이라고 하는 개념

을 가지고 삼라만상의 문제들을 다룰 수 있다고 보시는 것이거든요. 그러니까 민중의 처참한 현실도 설명할 수 있고, 또 민중의 해방된 삶에 대해서도 전망할 수 있고, 또 대동세계로 나갈 수 있는 태평성대에 대한 얘기도 할 수 있고, 또 그것이 단군설화에서는 신선도로 표출되는 말씀을 하시는 거거든요. 그러니까 박사님 경우에는 생명을 통해서 모든 것이 가로질러지고 있어요. 또 모든 것이 응축되고요. 그걸 매개로 해서 프리즘처럼 모든 것이 펼쳐지는 구도를 가지고 있어요. 한마디로 말을 해서 생명이라는 개념을 가지고 대학원대학교를 꾸리려고 하셨는데 단설대학원이지만 종합대학교와 같은 그런 성격을 띠고 있는 그런 학교를 구상하시기도 한 것 아니겠어요? 저는 이 구상이 학문 이론과 방법을 놓고 보아도 그렇고, 대학 학부 구성의 논리를 놓고 보아도 매우 혁신적이고 획기적이라고 생각합니다. 그런데 생명학을 중심으로 해서 일종의 대학을 설립하려고 한다고 하면 어떤 요건들이 충족되어야 할 것 같습니까? 생명학연구원이라고 해도 좋고 생명학 대학원을 말씀하셨는데요. 그런 어떤 연구교육, 도야, 기관을 설립하려면 어떤 조건들을 충족시켜나가면 좋을 것 같습니까?

이탈리아 볼로냐에 가니까 카라박(KARABAK)이라는 것이 있어요. 카라박은 유아원이거든요. 유아원 유치원이에요. 그것은 제가 물어봤지요. 이것이 무엇이냐. 그냥 철학(Philosophy)이라고 해요. 교육적 철학(Educational Philosophy)라고 합니다. 그래서 제가 직설적으로 물어 보았지요. 안토니오 그람시가 배후에 있느냐. 교육이니까 문화적 헤게모니의 의미가 있느냐고 물어 보았습니다. 그러니까 그런 배경도 있지만 그건 아니다, 이런 식으로 얘기를 해요. 그래서 카라박이 뭐냐 얘기를 했더니 아까 얘기했던 그런 건데 교육적 경영

(Pedagogical Management)이예요. 일차적으로 협동경제이고요. 협동경제가 효율성이 있다는 거예요. 그런데 한국의 협동경제가 효율성이 없는 중요한 이유가 두어 가지가 있는데 하나는 금융이 안돼요. 특히 사회적 금융이 안돼요. 다른 하나는 실질적으로 트레이닝이 없어요. 그런데 이탈리아에는 금융이 성공적이기 때문에 트레이닝을 그냥 해요. 일반 사적 기업보다도, 또는 국가가 하는 기업보다도 훨씬 더 효율적이고 훨씬 더 생산적이에요. 그러니까 협동조합 하는 게 보통입니다. 트레이닝도 다 받아요. 거기서 또 하나 하는 게 있는데 교육 당사자들이 교수나 매니저, 경영진, 그다음에 퍼블릭 시민사회 또는 연합회 거기다가 또 지자체 장, 이 사람들이 협의를 함께 하는 거예요. 교육과정에 대한 협의도 하고 해서 어떤 것이 가장 효율적일까 하는 것을 결정하는데 지난 8년 동안 했는데 대단히 효율적이라는 거예요. 그래서 오히려 일반 사립학교 같은 데서도 협동조합 경영이 효율적이기 때문에 말하자면 배워 간다는 거예요. 그런데 이것은 조그마한 사례이기 때문에 이것을 보면서 경영 시스템이 교육적 경영 시스템을 어떻게 해서 효율을 내느냐 하는 것인데 이것에 대한 연구가 좀 필요 하겠다는 생각이 있습니다. 둘째 번 사례는 이번에 하려고 하는 조사가 그겁니다. 노르웨이에 가니까 난센 아카데미(Nansenskolen)라는 것이 있어요. 이것이 무엇이냐면 국민고등학교인데 덴마크 자유학교 그룬트비 모델이예요. 이게 스칸디나비아에 300여 개가 있다고 하네요. 그런데 이것이 제한적인 학교예요. 1년 동안만 하는 거예요. 보통 일반적으로 봤을 때 고등학교 졸업하고 1년 동안 해요. 그러면 내부적으로 그것이 어떻게 운영되는가 하는 데 관심이 있는 거예요. 거기서 평화교육을 하니까 말하자면 시민대사

를 훈련시키는 거예요. 어떻게 하는가 봤더니 거기는 갈등의 현장이 없잖아요. 제가 보통 10대 분쟁지역이라고 말하는데 학생들에게 분쟁지역을 매개하는 거예요. 한국의 분쟁지역과 매개하고 싶으면 그 사람들이 한국에다가 난센아카데미처럼 똑같은 실험을 할텐데 자기네들과 같이 하면 자기네들이 한번 해보겠다는 것입니다. 그러나 남·북한 같이 학생들을 데리고 하는 것이 조건이라고 했습니다. 그리고 또 하나의 실험이 있는데 그것은 독일 정부가 하는 재미있는 실험이에요. 이게 뭔지는 모르겠는네 6월 초에 독일 외무성하고 핀란드 외무성이 공동으로 아시아에서 종교지도자 66명을 초대를 했어요. 그런데 프로그램이 뭐냐 하니까 '평화를 위한 종교의 책임'(Responsibility of the Religions for Peace) 종교가 평화를 만드는 데 어떤 역할을 해야 하느냐 하는 것이 주제인데 아주 심플한 결론을 제가 냈습니다. "아. 독일은 지금 국가권력을 재건축(Remodelling)하려고 하는구나. 국가의 모델을!" 이게 국가모델을, 국가권력을 재건축하는 것은 평화를 위해서 재건축하려고 하는데 과거의 역사가 좋지 않기 때문에 핀란드를 대입하는 거예요. 핀란드를 아주 재미나게. 그래서 어떻게 재건축하냐면 토론이 그렇다고 그래요. 난 자세히는 모르겠는데 국가권력을 시민사회가 주도적인 역할을 할 수 있도록 하는 재건축은 가능한 것인가 하는 질문을 한다고 해요. 그런데 저는 이렇게 아주 심플하게 생각합니다. 제가 지금 쓴 논문 중에 이런 게 있습니다. Nullarchy(눌라키)라고 하는 권력의 재건축, 이것은 생명체가 주체적으로 살림살이를 할 수 있도록 섬기는 정치체제예요. 예수님이 하신 말씀인데요. 내가 세상에 온 것은 왕이 되기 위함이 아니고 사람을 섬기러 왔다. 끌어올리기 위해서 왔다. 옛날 옛날에 쓴 논문인데 답은 그렇습니다. 아직 모르니까 탐색해가면서 하는 것입니다.

우주론과 4차 산업혁명

생명학에서 범재신론이나 우주론을 어떻게 다룰 것인가 하는 문제가 남아 있고, 4차 산업혁명을 어떻게 전망할 것인가 하는 문제가 남아 있습니다. 이 두 질문은 아주 중요합니다. 최근에 유럽의 EFRN (European Forum on Religion and Nature: 종교와 자연에 대한 유럽포럼) 기구에서 제가 원고청탁을 하나 받았습니다. EFRN라는 대형 조직이 사람들을 참여시키기 위해서 한 5년 동안 온라인 학술회의를 한 일이 있어요. '기독교 신앙과 지구'(Christian Faith and the Earth)라는 주제의 회의인데 나보고 동아시아 차원에서 생태정의(Eco Justice)에 대해 어떻게 보느냐 하는 질문이었습니다. 지금 유럽 사람들은 동아시아가 특별히 생태정의에 대해 기여할 게 있다고 보는 거예요. 그래서 그런 것을 원고도 쓰려고 하고 그런 건데 서양 친구들은 사실은 지금 한국처럼 생태정의에 대해서 문제를 잘 다룰 수 있는 역사적 위치가 없다고 그럽니다. 물론 힌두교도 있고 모슬렘도 있지만요. 또 지금 한국처럼 지정학 문제나 평화의 문제를 잘 다룰 수 있는 곳이 없다고 서양의 친구들은 말합니다. 저는 이제 초점을 우리 민중신학이 민중이 역사의 주체다 그랬잖아요? 그럼 저는 모든 생명체가 함께 살아가는 주체다, 민중을 생명체라고 보면 거의 같은 맥락이잖아요. 이렇게 밖에서 떠오르는 질문들이 있는데 제가 생명학을 전개하면서 서양에 응답하려고 해요. 그런데 그냥 일방적으로 하는 것이 아니고 그쪽에 영성(Spirituality)을 대입하면서 대화하는 형식으로 하는 것이 좋겠다는 생각이 들어요. 저는 이제 권진관 박사님이 그동안 강조한 정신의 가능성을 제가 로마서 8장인가 보면서 오늘 아침에도 그런 생각을 했어요. 정신 또는 영혼의 성장, 우주적 성장(Growing of the Spirits, Cosmic Grown), 그것이 무엇이냐는 생각을 했습니다.

▼ 지금 정신 또는 영혼의 성장(Growing of the Spirits) 말씀하셨잖아요. 그걸 범재신론적으로 해석할 수 있는 겁니까?

저는 그렇게 넘어갈 수는 없다고 생각해요.

민중의 생명전기와 민중의 언어학

▼ 지금 민중 사회전기를 말씀하시고 생명전기를 말씀을 하시잖아요. 그렇다면 이 생명이 그야말로 고통을 당하는 그런 맥락을 짚지 않고서 생명의 미래에 대해 얘기할 수 없지 않겠어요? 통섭을 말한다고 해가지고 단순히 자연과 인문학의 어떤 통합적인 논의 이런 식으로 할 수는 없지 않겠습니까? 왜냐하면 좀 아까 말한 것처럼 고통, 죽임 당함, 이런 현실이 너무 생생하니까 아마 박사님께서는 그 점도 한번 확인해보고 싶으신 것 같아요.

김 박사님께서 생명학으로 넘어가시면서 정신을 얘기하셨잖아요. 이 스피릿, 영하고 생명이 같이 가면서 이 정신이 말하자면 생태학적(Ecological) 차원까지 포함하는 게 되는데 이 생명학이 생태학(Ecology)으로 가다보면 휴먼의 일종의 언어와 이야기가 말하자면 그 차원이 약화될 가능성이 있거든요. 제가 지금 고민하는 부분이 무엇이냐 하면 민중이 역사의 주체다라고 할 때에는 그 주체성이라는 것은 자기의 언어를 되찾는 것입니다. 즉 자기의 이야기를 하는 것이고 진정한 자신의 언어를 되찾는 것이지요. 그러니까 정보(Information)나 언론(Mass-media)에서 내려오는 모든 토론(Discuss)과 담론 같은 것들에 의해 세뇌된 제국(Empire) 시스템에서 말하자면 우리가 다 노예가 됩니다. 그런데 제가 강조하는 부분은 언어하고 이야기 부분인데요. 이것이 생태학적으로 넘어가다보면, 생명으로 넘어가다보면 언어라는 것은 항상 인간의 차원(Human Dimensional)이거든요. 주체론적인 것이지요. 그런데 생명의 주체론으로 가다보면 보통 이 주체라는 것을 우리가 인문학적으로 접근해가면 항상 자기 언어를 이야기합니다. 언어에 의해서 또 매스미디어에 의해서도 주체성이 상실됩니다. 이게 언어와 깊은 관련이 있는데 서남동 선생님이나 이런 분들이 이야기와 언어, 민중의 언어, 이런 얘기를 많이 썼잖아요? 그것이 조금 넘어오면서 어떻게 처리될 수 있을까 하는 것입니다.

해석학 논의가 되어야 언어문제가 논의되지요. 지금 그 요한계시록을 보면 모든 민족들이 초대되어가지고 잔치를 하러 갑니다. 그런데 잔치 자체가 뭐 언어라고 봐도 되는 거죠. 거기는 언어가 물리적인 것도 있고 큰 소리도 나고 댄스도 하고… 종합예술이지요. 말하자면 종합예술. 그러니까 예를 들면 지난번 평화만들기가 평창에서 있었던 것처럼 어떻게 음악이, 예술이, 또 스포츠가 커뮤니케이션을 해서 평화만들기의 돌파 또는 약진을 만드느냐입니다. 이건 평화감성을 고양시키는 거거든요. 언어도 사건이지요. 언어도 의미만을 말하는 게 아니고 감성을 표현하는 것입니다. 가령 새가 울잖아요. 새가 울면 사람이 해석할 수 있어요 그건? 새가 실제로 우는 건지 웃는 건지를 알 수 없잖아요. 그런데 이 맥락을 어떻게 규정하냐면 함께 결정하는 거예요. 따로 하는 게 아니고. 그래서 주객의 구도를 넘어서는, 그래서 새로운 것을 만드는 것이죠. 그래서 이 부분은 앞으로 가능성이 아주 많은 부분이라고 생각합니다. 그래서 우리가 이미 포스트모던이기 때문에 합리성에 포로 된 언어를 말하는 게 아니잖아요. 그래서 제가 이런 말을 해요. 한국 사람은 5개 국어를 해야 한다. 그것은 지정학적으로 보면 타당한 얘기예요. 그런데 그렇게 할 수 있는 간단한 방식이 있어요. 그게 뭐냐 하면 내년에 해보려고 하는데 3.1운동 100주년 기념식 때 디아스포라의 우리 지도자들이 한꺼번에 다 들어오는 거예요. 그러면 디아스포라는 적어도 두 개는 하잖아요. 최소한으로 두 개나 세 개는 하잖아요. 사도행전처럼 만들어 놓는 거예요. 그래서 생명 평화를 위한 언어학교를 만드는데 그 교사가 누구냐면 디아스포라 선생님들이 됩니다. 그래서 민족을 위해서 공공의 일을 해서 좋고 돈 벌어서 좋은 것이 됩니다. 그래서 사회경제로 연결이 되면 이 디아스포라 커뮤니티라고 하는 것은 단순히 우리가 말하는 전통적인 비트겐슈타인 스타일입니다. 물론 비트겐슈타인도 컨텍스트가 의미를 규정을 하니까 아주 넓은 뜻이지만 그 어떤 차원이 되는 것이냐면 문학을 할 때 예술로 가는 거예요. 사랑을 언어로 표현을 하자. 이제 5개 국어로 사랑을 표현하면 1개 국어로 표현하는 것보다 훨씬 더 의미가 고양될 수 있단 말입니다. 그래서 사실은 'I Love You'라는 말을 영어로 표현하는 것과 우리가 '사랑해' 하는 것과는 상당한 차이가 있단 말입니다. 그런데 이것을 조합을 해놓으면 우리 인간이 사랑에 대한 커뮤니케이션을 할 때 훨씬 더 창조적일 수 있습니다. 특히 생명학으로 들어가면 고통(Pain)이라는 것을 표현해요. 이 고통이라고 하는 것은 말로 표현할 수 없죠. 언어로 표현할 수 없죠. 고통은 사실은 동물이 제일 잘 표현해요. 그런데 우리가 이것을 언어라고 말하진 않잖아요. 그것은 일종의 표현(Expression)이지요. 이것은 우리가 결론을 낼 차원은 아니고 가능성이 많다는 얘기입니다.

▼ 오늘은 여기서 대담을 멈추어야 할 것 같습니다. 어려운 가운데서도 한 길을 걸어오신 김 박사님의 민중신학 여정은 꿈꾸는 청년처럼 지칠 줄 모르시고 항상 새로운 것 같습니다. 다음 기회에 대담을 계속할 수 있기를 기대합니다. 오랫동안 수고하셨습니다. 감사합니다.

〈2부〉

민중신학의 담론과 실천

서광선 실존주의 철학과 정치신학 — 한 노인의 철학과 신학적 독백
권진관 이야기란 무엇인가 — 사건과 이야기의 신학을 위하여
신대균 김용복 박사의 한국 에큐메니칼 운동에 대한 기여

실존주의 철학과 정치신학
― 한 노인의 철학과 신학적 독백*

서광선**

키엘케골의 무덤 앞에서

1984년 나는 키엘케골의 무덤을 찾아 볼 수 있는 기회가 있었습니다.

무덤에는 십자가가 세워져 있었습니다. 그리고 비석이 있었는데, 대단한 글이 씌어져 있었던 같지 않았습니다. 죄렌 키엘케골이라는 이름만 크게 조각되어 있었던 것 같습니다. 그 앞에 꽃다발이 한두 개 있었습니다. 동행한 아내가 마련한 작은 꽃다발을 비석 앞에 놓고

---

* 이글은 2018년 5월 12일 한국키엘케골학회의 연례 세미나에서 발표한 것입니다. 학회의 총무 이승구 박사의 허락을 받아 약간의 수정을 거쳐 김용복 박사 팔순 기념논문집에 게재하게 된 것을 영광으로 생각합니다(필자: 서광선).
** 이화여대 명예교수, 철학적 신학

마냥 서 있었습니다. "선생님…" 하고 소리 내서 불러 보고 싶었으나, 참았습니다. 공연히 눈물이 자꾸 나와서 어쩔 수 없었습니다. 선생님 책을 읽고 제대로 이해도 못하면서 실존이 어쩌고, 불안과 공포, 절망과 죽음을 눈물과 함께 삼키면서 피란민 생활을 하다가, 군대 생활을 하던 젊은 시절이 북받쳐 올라오는 것 같아서인지, 한국의 정치 상황이 암울하다 못해 요새 젊은이들이 하는 말로 헬 조선에서 빠져나와 덴마크에 키엘케골 선생님을 이렇게라도 만날 수 있는 기쁨, 행복에 겨워서인지 하염없이 눈물이 나왔습니다. 1984년은 내가 4년 동안의 해직 생활을 끝내고 이화여자대학교 강의실로 돌아가는 해였습니다. 그리고 한국의 민중신학자 서남동 박사님이 수천하신 해였습니다.

일제강점기에 태어났습니다

바로 지난 주 내 제자들이 주관한 미수, 88세 생일잔치를 바로 이 캠퍼스에서 성대하게 했습니다. 이 늙은이가 살아 온 소년기와 청년기, 아니 오늘까지도, 절망과 좌절, 무의미와 허무, 그야말로 헬 조선이었습니다. 일제 강점기의 한국 사람 대부분의 인간실존은 무(無), 인간취급을 받지 못하는 그야말로 비존재였습니다. 모국어, 어머니의 말을 빼앗기고, 말 같지 않은 외국말, 일본말로 학교에서 국어를 공부하고 일본말로 일본의 역사를 암기해야 하고, 일본말로 수학까지 배워야 했습니다. 한국 아이들만 공부하는 학교에서 한국말을 쓰면 혹독한 벌을 받아야 했습니다. 내가 10살이 되는 해에는 할아버지가 지어준 이름뿐 아니라 대대손손 내려 온 내 성씨까지 일본식으로 창씨개명이라는 걸 강요당했습니다. 말을 잃고 이름을 잃어버린 인간, 인간의 정체성을 외세에 강탈당한 실존은 실존도 아니었습니다.

1931년 내가 태어나는 해에는 일본이 만주를 강탈하고 괴뢰정부를 세웠고 1937년에는 일본 군대가 중국에 쳐들어가 남경학살을 시작으로 한국과 만주를 발판으로 아시아 침략전쟁을 확장해 나갔습니다. 나아가서 일본은 1941년, 미국 하와이 섬을 기습하고 미국에 선전포고를 하고 태평양 전쟁을 일으켰습니다. 한국 사람은 그러지 않아도 일본 정부의 노예였는데, 이제는 일본 전쟁의 전쟁 노예로, 군인으로, 노역자로, 위안부로 전쟁터에 끌려갔습니다. 그리고 피를 흘렸습니다. 온 아시아와 동남아시아가 불타고, 도시와 마을, 산과 들과 크고 작은 섬들이 총과 대포와 폭탄으로 잿더미, 시체더미가 되었습니다.

키엘케골의 내면세계

키엘케골의 전기를 보면, 아버지는 비천한 신분으로 태어나 자신의 힘으로 모직물 상인으로 성공하였다고 합니다. 그는 아주 경건한 루터교 그리스도인이었다고 합니다. 키엘케골의 어머니는 아버지의 하녀였는데, 후처로 받아 드린 여인이었다고 합니다. 그런데 그 어머니가 아버지와 정식으로 결혼하기 이전에 키엘케골을 임신한 '미혼모'였다는 걸 알게 되면서 가히 '대지진'이라고 할 만한 충격을 받았다고 합니다. 키엘케골은 어려서부터 아버지의 엄격한 그리스도인으로서의 수련을 받고 자라나면서, 풍부한 상상력과 날카로운 변증의 재능으로 철학과 신학에 심취하게 되었다고 합니다. 그리하여 28세에 코펜하겐 대학에서 박사학위를 취득했다는 것입니다.

그러나 24의 젊은 나이에 '대지진'이라고 했을 정도의 충격은 어머니가 '미혼모'였다는 사실 이외에 그 독실한 루터교 신자 아버지가 소년시절에 유트란트의 광야에서 너무나 허기지고 추운 나머지 하나님을 저주한 사실을 알게 되면서부터라고 합니다. 너무 예민했던 거 아닌가요? 그러나 아버지가 그 황무지에서 한 가난한 소작인의 조수노 일하면서 춥고 배고픈 고통에 시달려 얼마나 괴롭고 외롭고 힘들었으면 절망하고 분노한 나머지, 자기의 처지에 무관심하고 아랑곳 하지 않는 하나님을 저주했을지 공감하게 됩니다. 그런 경험이 있은 후, 키엘케골의 아버지는 코펜하겐에서 목재상을 하고 있는 삼촌의 도움을 받아 모직물 사업을 하게 되었는데 그 사업이 번창하여 그 도시에 다섯 채의 집을 소유할 정도의 부자가 되었다고 합니다. 젊은 키엘케골의 나이 25세 때, 아버지가 세상을 떠난 뒤 막대한 재산을 물려받게 되어 돈 문제없이 학문 활동을 계속할 수 있었습니다.

키엘케골은 철이 들면서 아버지의 강한 성격과 겉으로 보기에 경건한 태도 이면에 초조함과 불안함 그리고 어두운 영혼의 그림자를 보게 되기 시작했다고 합니다. 아버지가 작고하기 전에 평생 아버지를 짓누르고 있는 우수와 죄의식이 바로 그의 고통과 절망 속에서 하나님을 저주한 무서운 죄를 지었다는 사실임을 알게 되면서, 아들 키엘케골은 방탕한 생활에 빠져 들었다고 합니다. 그리고 어머니의 죽음과 여섯 명의 형제자매 중, 자기만 뺀 다섯 명의 죽음이 아버지가 저주한 신의 형벌이었다고 믿게 되면서 42세의 젊은, 한창 일할 나이에 세상을 뜰 때는 덴마크의 국교 루터교를 맹렬히 공격하는 팸플릿 출판에 열을 올리고 있었다고 합니다. 과로에서인가, 격분과 절망에서인가 길을 가다가 갑자기 졸도하여 병원에 실려 간 후 한 달 뒤 병원의 병상에서 외로운 최후를 맞이하였습니다.

시대적으로 보면 키엘케골이 살았던 시절의 덴마크는 영국에서 번창하기 시작한 산업혁명의 시기였습니다. 낙농 등 농업이 위주였던 나라에 도시가 발달하고 인구가 증가하고 섬유사업과 봉제사업, 건축에 필요한 목재 사업 등 2차 산업이 발달하면서 중세부터 강한 해운업의 팽창으로 동인도회사를 세워 아시아 식민지 확장을 꽤하고 있던 중상(重商) 시대였습니다. 이러한 산업혁명의 한가운데서 키엘케골의 내면세계, 정신세계는 우수와 불안과 좌절과 절망이 차지하고 있었습니다. 키엘케골은 아버지의 신에 대한 분노와 저주를 정신적 유산으로 이어 받았습니다. 아들 키엘케골의 인생 역시 결국 하나님과의 싸움이었고, 절망에 빠져 죽음과 대결하고 있는 자기 자신과의 투쟁이었습니다. 인간 실존이 문제였습니다. 그것은 키엘케골에게 있어서는 하나님과의 대결이었습니다.

6.25 전쟁터에서

일제 강점기, 나는 불행했습니다. 키엘케골이 어리고 젊었을 때 아버지와 어머니와 가족사 때문에 불행했고 우울했던 것처럼, 저도 역시 실존적 우울증에 시달리고 있었습니다. 그러나 키엘케골의 우울은 개인적이고 사적(私的)인 것이었고 내면적 심리적 문제였다면, 나의 좌절과 우울은 정치적인 것이었습니다. 키엘케골은 그의 책에서 인간 실존의 우울과 불안과 좌절과 절망과 죽음과 대면하고 신 앞에 단독자로 서 있었지만, 나는 나라 잃은 식민지 백성의 아들로, 일본 사람들의 문화적 정치적 노예로, 자아를 이름부터 박탈당한 사람으로서의 우울이었고, 절망을 넘어 분노로 자신을 불태우고 있었습니다. 절망의 극치에서 자살을 생각했지만, 어린 마음에도 내가 자살한다면, 일본 친구 한 놈이라도 죽이고 죽어야겠다는 극단적인 상상까지 하고 있었던 것, 고백합니다. 항일 목사 아버지가 어디서 구했는지 안중근 의사의 잘린 약지 서명이 선명한 글씨 액자를 우리 집 사랑방에 걸어 놨었는데, 쳐다 볼 때마다, 가슴 깊은 곳에 사무친 분노가 솟아오르곤 했습니다. 그리고는 혼자 눈물을 흘리고 있었습니다. 아마 나는 실존주의 항일 소년이었던 것 같습니다.

키엘케골은 장사하는 부유한 집안에서 잘 먹고 잘 입고 대학 등록금 걱정 않고 요새 우리나라처럼 일자리 걱정, 알바 걱정 안 해도 되고, 철학과 인생과 실존에 몰두할 수 있었지만, 나와 같은 조선의 식민지 백성은 춥고 배고프고 아프고 외로웠습니다. 우리 목사 아버지는 일제가 강요하는 신사참배를 거부한 항일 '비국민'(非國民)이라고 '요주의(要注意) 인물'로 찍히고 감시당하고 시시때때로 경찰서로 끌려가서 죽어라 구타당했습니다. 그래서 춥고 험악한 만주 벌판에 망명해서 한국에서 야반도주한 한국 농민들과 함께 교회를 세우고 설교하는 일을 시작했습니다. 우리 집 형제들은 배가 고팠습니다. 옷을 사 입을 돈이 없어서 정말 그 추운 겨울을 떨면서 생명을 부지하고 있었습니다. 어머니는 다섯 번째 출산 후유증과 영양실조로 32살의 젊은 나이에 폐병으로 우리 아이들 곁을 떠났습니다. 내가 중학교 2학년 때였습니다.

키엘케골의 아버지는 젊었을 때, 너무 힘들고 배고파서 하나님을 저주했다는 죄책감을 극복하지 못하고 케앨케골이 25세 때에 세상을 떴다고 역사는 기록하고 있습니다. 그러나 우리 목사 사모님, 어머니는 영양실조로 폐병으로 돌아가셨습니다. 그리고 키엘케골의 아버지는 하나님을 저주한 죄책감으로, 키엘케골이 말하는 하나님 앞에 홀로 서는 단독자로 도저히 설 수 없어서 세상을 떠났지만, 우리 목사 아버지는 하나님 앞에 홀로 선 단독자로, 하나님의 뜻에 순종하고 신앙을 지킨 '죄'로, 외롭게 그러나 당당하게, 북한 공산당 정권의 탄압에 저항하다가 6.25 전쟁 때 반공 친미 목사로 몰려, 인민군에게 납치되어, 결국 대동강가에서 총살당했습니다. 끝까지 하나님을 저주하지 않고 하나님을 버리지 않았기 때문에 총살당했던 것입니다.

19세 청년으로 전쟁이 나자 나는 아버지와 함께 목사 사무실 마루를 뜯고 구덩이를 파고 그 속에 숨어서 인민군에 끌려가는 것을 피하고 숨어 있었습니다. 그러나 어느 날 미국 폭격기가 날아와 마구 폭탄을 뿌리고 간 뒤, 쥐 죽은 듯이 조용한 골목길 산책을 하다가 인민군에게 붙들렸습니다. 인민군 입대를 피해서 숨어 있던 청년들과 함께 트럭에 실려 인민군 징집 장소에 갔는데, 어떤 학교 마당에 신체검사를 기다리는 줄이 길게 늘어져 있었습니다. 내 차례가 되어 아주 작은 방에 들어갔는데, 흰 가운을 입은 50대 되어 보이는 군의관이 청진기를 목에 걸고 혼자 앉아 있었습니다. 내 이름을 확인하더니, 나를 쳐다보고 버럭 소리 지르며 하는 말, "너 어디 아프지?" 하는 것이었습니다. 저는 "아니요…? 아닌데요…" 하고는 속으로 '아차, 이런…아프다고 해야 군대에 안 가는데, 안 아프다고 했으니, 이젠 틀림없이…' 하고 우물쭈물하고 있는데, 군의관이 다시 소리를 지르는 것이었습니다. "넌 지금 심한 기관지염을 앓고 있어. 군대 못 가. 알겠어?" 하며 책상 위의 무슨 종이에 도장을 찍고 있었습니다. "자, 이거, 신체검사 불합격증이야. 이거 들고 집으로 가!" 하며 큰 소리로 저를 쫓아내듯 서두르고 있었습니다. 아무리 봐도 난생 처음 만난 군의관입니다. 나는 아무 말도 못하고, 고맙다고 안녕히 계시라고 인사도 못하고 그 작은 신체검사실을 나왔습니다.

신체검사실 밖으로 나와서 학교 마당에 길게 늘어선 신체검사 대기 줄을 역행해서 학교 문밖으로 걸어 나오는데, 뒤에서 "형!" 하는 소리가 들려 왔습니다. 당황해서 돌아보니 나보다 두 살 아래 동생이 거기 서 있는 것이었습니다. 동생은 전쟁이 터지자 다른 동생들과 함께 시골에 도망가서 숨어 살다가 발각이 돼서 잡혀 온 것이었습니다. "그런데 형은, 왜 저 쪽으로 들어가지 않고 이쪽 대문 쪽으로 나오는 거야?" 하고 묻기에 저는 신체검사 불합격증을 보여 주었습니다. 동생은 "아니, 그럼 군대 안 가도 되는 거 아냐? … 그럼, 형은 군대 가면 안 되지… 내가 대신 갔다 올게…" 우리 둘은 서로 부둥켜안았습니다. 그리고 울었습니다. 소리는 내지 못하고…. 그렇게 우리는 헤어졌습니다. 동생은 전쟁에서 다시 돌아오지 않았습니다. 그리고 올해 68년이 지났는데, 그게 우리 형제의 마지막 만남이었습니다.

키엘케골은 하나님을 저주한 아버지가 우울증과 죄책감으로 세상을 뜬 것에 대해서, 삶과 죽음에 대해서 고민했고 절망했습니다. 우리 목사 아버지는 무신론자 공산주의자들과 독재자들의 비인도적 정치와 법과 무조건 권력에 순종하라는 '도덕'과 '정치 윤리'에 순응할 것이냐, 아니면 목숨을 걸고 이에 저항하고 하나님의 정치, 사랑과 정의의 하나님의 뜻에 복종할 것이냐, 키엘케골의 책 이름처럼 "이것이냐, 저것이냐" 정치적 실존의 고민을 했습니다. 실존주의적 선택이었습니다. 그것이 비록 죽음과 희생을 요구하는 십자가의 길이었어도 그 고난의 길을 선택하셨던 것입니다.

1960년대에 출간된 김은국의 『순교자』를 미국에서 신학 공부를 할 때 영이 원작으로 읽었습니다. 공산군에게 체포되어 총살당하는 순간까지 목숨만 살려 달라고 애원하던 목사들이 비참하게 그리고 비루하게 죽어 가는 것을 묘사하는 것을 읽으면서 고민한 적이 있습니다. 그는 또한 의연히 아무 말 안 하고 순교의 길을 택했던 목사가 그 지옥에서 살아 나와 계속해서 고난을 당하면서 목회 일을 보고 있는 모습을 그리고 있었습니다. 작가의 질문은 어느 쪽이 진짜 순교자인가, 목숨만은 살려 달라고 애원하면서 하나님을 저주하면서 총에 맞아 죽어 간 목사들이 진짜 순교자인가, 아니면 의연하게 죽을 각오가 되어 있었지만 살아남아서 다시 고난의 목회를 계속하는 목사가 살아 있는 진짜 순교자인가 하는 질문이었습니다.

그 책을 읽으면서 우리 목사 아버지는 어떻게 인민군 총살대 앞에 섰을까? 살려 달라고 애걸복걸 했을까? 그러면서 비굴하게 하나님을 저주하고 하나님이 없다고 소리 질렀을까? 궁금했습니다. 그리고 그 죽음의 구덩이에서 살아남아서 그 무서운 공산치하에서 교회 일을 계속 보고 있는 목사가 인민군의 총살 앞에서 하나님을 배신하고 살아남았다고 사람들의 비난을 받으며, 죽기보다 더 두려운 인생을 살고 있는 것이 진짜 순교일까 고민했습니다. 이 고민은 내가 직접 그런 상황에 처하기 전에는 해답이 없을 것 같습니다.

대한민국 해군 병영에서

순교자 아버지를 대동강 남쪽 교회 뒷산 언덕에 장사지냈습니다. 그 후 중공군이 압록강을 건너와 인해전술로 미군과 국군을 격퇴하면서 평양으로 물밀듯이 내려온다는 소식을 들었습니다. 미군이 철수하면서 평양 안과 밖의 군사 시설과 대동강 철도를 파괴하고 불 지르는 불구덩이를 피하여 미군이 철수하는 화물차 꼭대기에 올라타고 나는 피난길에 올랐습니다. 생지옥이었습니다. 요새 우리 젊은이들이 우리가 사는 땅이 "헬 조선"이라고 하지만, 그때야말로 불타는 "헬 조선"이었습니다. 집들과 사람들과 온 땅이 파괴되고 불타고 죽어 가고 있었습니다. 사방에서 들리는 폭탄 터지는 소리와 함께 죽음을 호소하는 아우성 소리와 죽음을 슬퍼하는 통곡소리가 온 땅을 어지럽게 하고 있었습니다. 이게 진정 전쟁터입니다.

키엘케골은 실존의 한가운데, 그의 내면세계에서 불안과 소외와 절망과 좌절과 죽음을 호소했지만, 폭탄이 터지고 총알이 날아오고, 총으로 사람이 죽고 죽이는 그런 전쟁터에서 인간 실존을 고민하고 죽음을 논하고 이것이냐 저것이냐 고민한 건 아니었습니다. 우리는, 나의 젊음은 이것이냐, 저것이냐를 고민할 겨를이 없었습니다. 인생의 의미가 무엇이냐 질문할 겨를도 없었습니다. 그냥 총에 맞아 죽어가고 아픔을 호소하고 울부짖었을 뿐입니다. 내가 왜 사냐? 죽음에 이르는 병이 무엇인가? 하나님 앞에 홀로 서서 알 수 없는 두려움에

떨고 전율하고 죄의식을 가질 겨를 같은 건, 더욱 없었습니다. 그렇다고 악착 같이 살아야겠다는 생각이 있는 것도 아니었습니다. 포탄에 맞지 않아 목숨을 부지하고 있으면, 그런가보다. 맞아서 쓰러져 피 흘리면 그런대로 어쩔 수 없으니까, 완전히 삶과 죽음을 포기하고 무감각한 상태로 그저 그런가 보다, 그렇게 살아 숨은 쉬고 있었던 것이라고, 그때 그 상황을 설명할 수밖에 없습니다. 삶과 죽음, 인생의 모든 의미와 가치가 쓸 데 없는 상태, 객관적이며, 주관적인 상태였습니다. 지금에야 그런 분석 아닌 분석이나 할 수 있지만, 낭시에는 이런 분석도 질문도 없는 정신의 무중력 상태라고나 할까. 그랬습니다. 그것이 전쟁터에서의 인간 실존이었습니다.

그런 무의미하고 황량한 실존적 상황에서 나는 피란지 부산 부두를 방황하다가 대한민국 해군 소년통신병 모집 광고를 보고, 별 의미도 없이 시험을 보고 어떻게 합격이 되어 부산 해군 부두에서 배를 타고 진해 해군기지에 졸병으로 입대했습니다. 신병 훈련을 받으면서 매도 많이 맞고 빠따 세례는 아침저녁으로 밥 먹듯이 받았습니다. 인간 이하의 취급을 받았고, 인간 이하가 되려고 노력했습니다. 그래야 살아남을 수 있으니까요. 그러면서도 이렇게 살아남아 무얼 하겠다고 이 야단인지 모르겠다고 자살하는 친구도 생겼습니다. 자살 미수로 병을 얻어 신병을 이유로 제대하는 친구도 있었습니다. 그런데 나는 무얼 믿고 무슨 의미가 있다고 그 고되고 힘든 신병 훈련 생활을 이겨 냈는지, 모르겠습니다.

1개월인가 2개월간의 신병훈련을 마치고 해군 통신학교에 입학했습니다. 환경이 좀 나아졌습니다. 통신 기계에 대해서 공부하고 조작을 익히고 무선 통신, 유선 통신을 주고받는 연습을 하기 전에 영어와 우리말 모스부호를 암기하는 일을 되풀이했습니다. 어떤 친구들은 이런 일 하는 것 자체가 무의미하고 지루하기만 하다고 게을리 했습니다. 그래서 많은 지원생들이 떨어져 나갔습니다. 나는 이 일 아니면 할 일이 없고, 그래도 이 일이라도 하고 있는 것이 다행이라고 생각하고 열심히 했습니다. 통신기를 치는 속도도 빨라지고 정확해 졌고, 모스부호 암기 하는데 늘 100점을 맞고 100명 학생 중 1등을 기록했었습니다.

6개월 훈련이 끝날 때, 나는 전교 1등으로 최우수 졸업장도 받았고 상장도 받았습니다. 2등은 나중에 연세대학교 신과대학으로 진학해서 그 대학 교수가 된 민경배 박사, 저명한 한국 교회사학자가 차지했습니다. 우리 두 사람은 졸업하는 날짜로 통신학교 조교로 임명되어서 학교에서 일하게 되었습니다. 다른 친구들은 여러 해군기지로 발령이 났고, 전쟁 통에 함포가 날아오고, 기뢰가 터지는 바다로 해군 군함을 타고 나가고 있었습니다.

해군 소년 통신병을 교육하는 군대 학교 조교로 남은 민경배와 나는 군인 학생들을 가르치고 훈련시키는 일 외에는 비교적 자유로운 시간을 가질 수 있었습니다. 민경배 아버지는 당시로는 부유한 교회 장로님으로 부산 피난지에서도 사업을 하셨습니다. 전쟁 통에 구하기 힘든 일본책을 민경배는 아버지를 통해 구입할 수 있었습니다. 민경배가 구입한 책들은 대부분 실존주의 철학 책들이었습니다. 싸르트르의 실존주의 책, 까뮈의 『이방인』같은 소설책을 무역을 하는 아버지를 통해서 구해 왔습니다. 우리는 일제강점기에 중학교를 다닌 탓에 일본말 번역으로 실존주의를 알게 되었습니다.

그때에, 나는 니체의 이름을 처음 보았고, "신은 죽었다. 우리 인간들이 신을 죽였다"라는 말에 놀랐습니다. 나는 지금도 그렇지만, 근본주의 신학자 목사 아버지가 일본 제국주의에 나름대로 항거하는 모습, 신사참배를 한사코 거부하면서 그렇게 모진 매를 맞으면서도 끝내 굴복하지 않는 신앙, 예수 그리스도에 대한 의리를 지키는 강인한 모습을 존경하면서도, 아버지의 성경 해석하는 방법이라든지 불합리한 성경 이야기에 대해서 질문이라도 하면 화만 내시고 설명해 주지 않으시는 학문적 태도에 대해서 어려서부터 반항한 나머지, 기독교에 대해서 회의하고 있었던 것입니다. 그런데 니체는 그런 하나님은 죽었다는 것입니다. 우리 인간이 죽였다는 말에 신의 살해자에 나도 포함되는 거 아닌가, 불안하고 죄책감과 공포로 떨기까지 했습니다. 부산으로 피난 나와서는 저녁마다 있는 부흥회에 참석해서 밥을 얻어먹을 수 있었습니다. 하지만 목사님들의 설교를 듣고 있으면, 한마디로, 지금 동족상잔의 피 터지는 전쟁으로 수많은 군인들과 무고한 민간인들이 피 흘리며 죽어 가고 있는 이유는 우리 민족의 죄 때문이라는 것이었습니다.

목사님이 소리 지르면서 청중을 향해서 꿇어 엎드려 기도하며 하나님 앞에 민족의 죄를 회개하라는 것이었습니다. 도저히 이해할 수가 없었습니다. 내가 무슨 죄가 있어? 우리 아버지는 일본 제국주의에 항거하고, 무신론자, 공산 독재자들에 대항해서 반공설교를 한 것이 죄인가? 우리 불쌍한 한국 민족, 죄 없는 한국 사람들, 그렇게도 애타게 미국 선교사들이 들여온 서양식 하나님을 믿고 의지하며 살아 온 이 민족을 왜 하나님은 괴롭히시는가? 왜 우리가 전쟁하도록 내버려 두셨는가?

그 하나님, 죄 없는 우리 민족에게 전쟁이라는 재앙을 주었다는 하나님이 죽었다는 니체의 말에 두려움과 함께 더할 수 없는 해방감을 느꼈습니다. 우리가, 우리 인간들이 그 하나님, 전지전능하고, 무소부재하시고, 인간의 생사화복을 주관하시는 그 하나님을 우리가 우리 인간들이, 그러니까 내가 죽였다는 것입니다. 전쟁터에서 그리고 피란지 부흥회에서 나는 하나님을 죽이고 있었습니다. 짜라투스트라가 부르짖은 말에 푹 빠져 버리면서도, 한편 아버지의 모습이 떠올라 죄책감으로 몸부림치고 있었습니다.

Man makes for himself

우리 대한민국 해군 병사 안에서 일본 말로 된 실존주의 책 속에는 프랑스 철학자 싸르트르의 『실존주의는 휴매니즘이다』가 있었던 것 같습니다. "실존은 본질에 앞선다." 이 말로 시작된 그 책을 펴는 순간, 난해하다고 생각되어서 더 이상 나갈 수가 없었습니다. 그러다가 며칠 후에 호기심으로 다시 읽어 내려가면서, "인간은 스스로를 만든다"라는 말에 빠져 버렸습니다. 우리 인간은 창조자 하나님이 만들어 놓은 운명에 따라서 어쩔 수 없이 인간이 되었고, 그 운명, 혹은 본질에 따라 살아야 하는 것이 아니라, 내 마음대로 내가 스스로 내 자신을 만들어 나간다는 말로 이해했습니다. 나의 순간순간의 선택에 의해서 내가 나 자신을 만들어 나가는 것이라는 것입니다. 그러니까 내 인생은 내가 스스로 선택한 것이다. 나는 내 인생을 만들어 나가는 자유가 있다는 것입니다. 운명이니, 하나님의 뜻이니, 예정론이 나를 만들고 내 인생을 결정하는 것이 아니라는 것입니다. 자유,

내가 내 인생을 결정하고 내 선택으로 내 인생을 만들어 나간다. 그러므로 나는 내 선택에 대한 책임이 있고, 내 선택으로 만들어 나가는 내 인생에 책임질 사람은 나 밖에 없다는 것입니다.

저는 만세를 불렀습니다. 그러나 싸르트르가 한 말, "우리는 자유라는 감옥의 수인(囚人)들이다"라는 말에 떨기도 했습니다. 그때만 해도 실존주의 철학자들은 아이러니를 좋아하고 파라독스를 말하면서 진리에는 모순이 있다는 파라독스를 말하는 줄 모르고 있었습니다. 군대 안에서의 엄격한 군인생활, 죄 지은 것 없이 병영에 갇혀서 군대의 엄격한 규율대로 형무소 아닌 형무소에서 자유 없이 먹고 자고 일하고 목숨을 부지하고 있는 군인에게, 인간은 스스로 자유의지에 의해 스스로를 만들어 나간다는 말에 흥분하면서도, 인간은 자유라는 감옥에서 살고 있다는 말은 알다가도 모를 말이었습니다. "자유라는 감옥…" 자유와 책임… 이런 개념들은 에릭 프롬이 『자유로부터의 도피』라는 책을 쓰게 했는지도 모릅니다. 자유라는 말에 환희와 해방을 느꼈는데, 그 자유가 무서워서 불안과 공포에 떨면서 자유로부터 도망가고 자유를 포기하게 되었다는 것은 아이러니가 아닐 수 없습니다.

실존주의 철학에서 자유주의 신학으로

대한민국 해군 수병이 미 해군 종합학교에 군사 훈련과 교육을 받게 되는 기회를 저는 선택했습니다. 거기까지는 저의 자유 선택이었습니다. 그러나 그 선택으로 인해 미국대학에 유학하게 된 것은 내

선택이라기보다는 미국 해군에서 만난 중학교 중퇴 수병이 마련한 것이었습니다. 그래서 인간은 스스로를 만든다. 인간은 자신의 운명을 선택한다는 말이 우주보편적인 모든 일에 해당되는 것 같지 않다는 생각을 했습니다.

그런데 결국 그것도 역시 내 자유의지이며 어디까지나 나의 선택이라는 것을 깨닫게 되는 일이 있었습니다. 1950년대에는 미국에 유학하기 위해서는 미국대학의 입학허가서와 함께 든든한 재정보증을 하는 문서가 있어야 하고, 외무부의 유학시험에 합격해야 했습니다. 이 모든 것을 갖추면 대한민국 해군에서 명예제대를 할 수 있었습니다. 1956년 8월, 명예제대 명령서를 받아 들고, 서울에서 진해로 가는 길이었습니다. 새벽, 아직 해가 뜨기 전에 부산 동래의 버스 정류장이 있는 길에 서서 진해행 버스를 기다리고 있었습니다. 나 혼자였습니다. 그런데 어디선가 하얀 수염의 할아버지가 옆으로 다가 와서, 말을 거는 것이었습니다. "자네 어디로 가는가?" 나는 지금 해군에서 제대하고 미국으로 유학길을 떠나기 위해 짐을 챙기고 해군 친구들과 작별 인사를 하러 간다고 자랑하고 싶어서 좋다고 떠들어댔습니다. 조용히 듣고 있던 할아버지가 하는 말씀: "아닐세, 아니야, 자넨 군대에서 대성할 사람이야. 얼굴에 그렇게 씌어있어. 그게 자네 관상이고 팔자야. 조금만 더 참고 있으면, 군인들 세상이 오네. 크게 될 사람이네, 미국엔 뭐 하러 가. 가지 마!"

나는 어리둥절해서 아무 말도 못하고 서 있는데, 진해행 버스가 오고 있었습니다. 도망치듯 버스에 올라탔습니다. 버스가 떠나는 순간, 버스 정류장의 그 신비스런 할아버지의 모습을 찾을 수 없었습니다. 어디론지 사라져 버렸습니다. 밖에는 아침 안개가 자욱하게, 온 천지를 신비경으로 만들고 있었습니다.

나는 속으로 '별 노인이 다 있네. 왜 내 창창한 앞길을 막으려는 거야?' 하면서 미국 유학을 선택한 나 자신을 위로하고 격려하고 있었습니다. 그때 그 할아버지 말대로 미국 유학을 포기하고 군대에 그대로 있었더라면, 4년 후에 4·19가 일어나고 그 다음해 5·16에 박정희 장군에게 발탁되기라도 했다면, 적어도 1979년 박정희 군사 독재 유신정권이 무너지기까지, 뭐 한자리 하면서 돈과 권력의 쓰고 단맛을 모두 보고 나서 쫄딱 망한 뒤, 인생 허무를 되뇌며 한숨으로 목숨을 부지하고 있지 않았겠나 하는 악몽 같은 상상을 해 봅니다. 역시 나에게 기적처럼 주어진 미국 유학의 길을 선택한 것, 아무리 생각해 봐도 잘한 선택이었다고 생각합니다.

하나님 앞에 홀로 선 인간: 정치적 결단

나는 미국 서부, 미국 영화에 자주 나오는 미국 카우보이, 총잡이들이 등장하는 황량한 광야 같은 서부, 작은 도시 외곽에 자리 잡은 아주 작은 기독교 인문대학 학부생으로 등록했습니다. 교양과목으로 청강한 철학 강의와 기독교 신학 강의에 흥미를 가졌습니다. 신학 강의에서 미국의 저명한 실존주의 신학자 폴 틸리히 교수가 유명한 줄도 모르고, 그의 『존재에의 용기』(*Courage to Be*)를 정독했습니다. 인간 실존의 불안을 말하며, 그 이유가 인생에 대한 무의미, 죄책감과 죽음에서 온다는 것이었습니다. 그 불안을 해소하는 길은 "그럼에도 불구하고" 하나님의 구원의 손길에 매달리는 것이라고 했습니다.

한국전쟁 통에서의 불안과 공포, 총과 대포와 폭탄에 맞아 죽어 가는 그 수많은 사람들 틈에서 살아남은 젊은이에게, 틸리히의 말은 해방의 복음이 아닐 수 없었습니다. 순교자 아버지에 대한 죄책감은 죽어서도 용서 받을 수 없다는 자학으로 나를 괴롭히고 있었습니다.

그리고 실존주의 철학 수업은 키엘케골로 이어졌습니다. 키엘케골을 책 속에서 만나면서 저는 다시 전쟁 통에 헤매던 불안과 절망, 공포와 전율에 빠져 허우적거리고 있었습니다. 그러나 저는 실존적 자유로부터 도망가고 싶었습니다. 실존의 무의미를 견딜 수가 없었습니다. 진리인 줄 알면서도 실존의 진리 앞에 무력한 것을 견딜 수가 없었습니다. 자유로부터의 도피는 결국 진리로부터의 도피였습니다.

나는 대학을 졸업하고 미국 쉬카고 남쪽에 위치한 주립대학교의 대학원에 진학하면서 당시 20세기의 두 기둥의 하나인 언어분석철학에 몰두하고 있었습니다. 저는 영국의 비트겐슈타인과 러셀 등 합리주의 철학자들의 철저한 과학성과 논리 정연한 분석에 매료되어 있었습니다. 실존주의 철학과 언어분석철학 사이에서 저의 대학원 생활은 엄격한 과학적 사고와 합리적 논리의 훈련을 받고 있었습니다. 날카로운 비판 정신과 소크라테스에 버금가는 무서운 질문 던지기를 좋아 했습니다. 나에게 있어서 논리적으로 불합리한 것은 모두 무의미했습니다.

그렇지만 결국 니체가 옳았습니다. 신은 죽은 게 틀림없었습니다. 인간 이성을 뒷받침 해주던 신이 죽은 것이었습니다. 그러니까 신과 함께 인간 이성, 과학적 합리성은 죽은 것이었습니다. 인간이 신을 죽였기 때문에, 인간만이 남았습니다. 쇼펜하우어가 말한 인간 의지만 남았습니다. 그것이 니체가 말한 Will to Power, 권력, 힘에의 의지가 남은 것입니다. 이게 이른바 이성을 숭상하는 모더니즘에서 탈피 혹은 도약하는 계기였습니다. 실존주의는 인간 이성이 인간 실존의 전부가 아니라고 하는데 놀랐습니다. 가장 진정하고 authentic한, 가장 정열적인 정신은 객관적으로 불확실한데, 이 불확실성이 바로 실존적인 인간에게는 진리, 그것도 최고의 진리라는 것을 깨닫기 시작했습니다. 인식론적으로 실존주의적 인식은 머리로만 하는 것이 아니라 몸으로 하는 것, 아니 온 몸과 마음으로 하는 전인적(全人的)인 것입니다. 그런데 그것은 불확실한 것이라는 주장입니다.

나는 결단을 했습니다. 나의 인생과 철학에서 배우고 고민한 것을, 즉 나의 실존적 질문들을 풀어 보기 위해서 신학대학원으로 진학했습니다. 이것이야 말로 나에게 있어서 '신앙의 도약'(leap of faith)이었습니다. 신의 존재를 논리적으로 증명하노라 되지도 않는 노력을 중단하고, 나의 신앙으로 하나님과 인간 사이에 가로 놓인 깊은 골짜기, 심연(深淵)을 뛰어 넘어 보기로 했습니다. 그 깊은 구렁텅이에 떨어져 죽을 각오를 하고 말입니다. 그런데 뛰어 넘다가 떨어져서 죽을 고비도 넘기기도 했지만, 키엘케골이 좋아하던 그리스 신화의 시지프스처럼 포기하지 않고 평생 그리고 아직도 뛰어 넘고 넘어지고 자빠지고 하면서 비약(飛躍, sprung, leap)하고 있습니다.

키엘케골은 믿음의 조상 아브라함이 100살이 넘어서 얻은 귀한 아들, 이삭을 번제로 바치라는 야훼 하나님의 명령에 복종한 행동을 "믿음의 도약"으로 말했습니다. 이것은 키엘케골의 저 유명한 실존의 세 가지 차원, 즉, 미학적 차원, 윤리적 차원 그리고 종교적 차원을 설명하면서 던진 이야기입니다. 아버지가 아들을 칼로 찔러 죽이고 아들의 피를 제물로 하나님 앞에 바친다는 것은 법적으로나 윤리적으로 범죄행위입니다. 그러나 그럼에도 불구하고 인륜을 어기고 하나님의 명령을 따라 살인을 감행하려 한 것, 아들 이삭의 목을 쥐고, 칼을 들었던 그 행위는 종교적 차원의 실존이라는 것입니다. 윤리와 종교의 깊은 골을 뛰어 넘는 순간이었습니다. 이게 신앙이라는 것입니다. 윤리 도덕을 넘어서, 인간 이성을 포기하고 넘어서는 행위, 이것이 신앙이고 이것이 믿음의 행위, 신앙의 실천이라는 것입니다.

제가 신학 공부를 시작할 때, 1960년대는 바르트와 틸리히의 시대였습니다. 그리고 중반기는 본회퍼의 『옥중서한』의 시대가 되었고, 신이 죽었다고 하고 사신주의 신학, 세속신학 그리고 몰트만의 정치신학과 함께 남미에서는 해방신학이 불붙기 시작할 때였습니다. 이 신학적 혁명기라고 할 수 있는 시기에 미국 흑인 민권운동이 마틴 루터 킹 목사의 주도로 정치신학적 사회혁명운동이 전개되었습니다. 저는 이 운동이 "실존주의적 정치신학" 운동이라고 이름 붙이고 싶습니다. 키엘케골의 내면세계의 불안과 공포와 전율, 이것이냐 저것이냐의 개인적 결단이 외면세계, 정치세계, 인간 공동체의 실존 문제로 확산된 것이라는 생각 때문입니다.

나치 독일에서 나치스의 횡포에 저항하고 히틀러를 암살하려는 신학자들의 결단은 키엘케골이 말하는 실존적 결단이었습니다. 키엘케골이 말하는 인간 실존의 세 가지 차원에서 윤리적 차원을 뛰어넘어, 하나님 앞에 홀로 서서 실존적 결단을 내린 것입니다. 히틀러의 유태인 학살이라고 하는 반인륜적 반 윤리에 대한 반윤리(反倫理)였으며, 그것은 바로 하나님 앞에서 결단하는 종교적 차원의 실존적 결단이었습니다. 본회퍼가 친구들과 함께 히틀러 암살 계획에 참여할 때, 그는 틀림없이 키엘케골이 말하는 종교적 결단을 한 것이라고 생각합니다. 그것은 반윤리적 결단일 뿐 아니라 반종교적, 반신학적 결단이었을 것입니다. 나치스 히틀러를 반대하고 항거한 본회퍼의 행동은 정치 행동이었습니다. 그러나 그것은 법과 질서, 인간의 도덕을 뛰어 넘는 종교적, 신학적, 하나님 앞에 홀로 책임을 지는 정치 행위였습니다. 불의에 대한 항거는 정의입니다.

1970년대 한국의 실존주의 정치행동

공부를 마치고 귀국했을 때는 박정희의 3선 개헌 반대운동이 한참이었습니다. 그 운동을 이끌고 있던 분이 신학자 김재준 목사님이었습니다. 그 한가운데서 어느 늦은 가을, 11월에 청계천 피복노동자 전태일이란 감리교 젊은이가 군사 독재 정권의 참혹한 노동 착취와 노동 탄압에 맞서 광장에서 분신자살했습니다. 유신정권을 반대하는 대학생들이 길거리에 나와서 반대하면서 최루탄에 쓰러지고, 경찰 고문에 죽어 갔습니다.

키엘케골이 우리 시대를 살았더라면, 그의 실존주의 철학과 신학은 어떻게 달라졌을까 상상해 봅니다. 나의 경험으로 짐작해 보자면, 그는 틀림없이 우리 대학생 틈에 끼어 최루탄에 눈물을 흘려가며, "독재정권 물러가라", "유신철패"를 외치다가 남산(정보부 고문실)에 끌려가 모진 고문을 당했을 것입니다. 그리고 그의 철학 책에 미학적, 윤리적, 종교적 인간 실존의 세 가지 차원에 하나 더 붙여서 '정치적 차원' 아니면 '정치신학적 차원'을 추가했을 것입니다. 왜냐하면, 예수는 미학적 차원을 넘어 섰을 뿐 아니라, 윤리적 차원을 넘어서 새로운 윤리관, 새로운 율법을 제시했습니다. 예수의 윤리는 반윤리였습니다. 그리고 예수는 바리새 사람들과 제사장들의 부패한 종교를 비판하고 그들의 손에 죽었습니다. 그의 종교적 실존은 반종교적이었습니다. 그래서 예수는 제사장들의 종교재판에서 신성 모독죄로 단죄되었습니다. 예수는 로마 제국 앞에서 하나님 나라 정치운동가로 정치적 형벌인 십자가 처형을 당했습니다.

본회퍼와 마틴 루터 킹 그리고 우리 학생들과 진태일은 종교적 실존의 삶을 살았고 십자가를 지고 죽어 가는 예수처럼 "엘리 엘리 라 마사박다니"(하나님, 하나님, 나의 하나님, 왜 나를 버리시나이까) 부르짖었을 것입니다. 이들은 키엘케골의 실존주의 철학과 하나님의 정치신학을 살았습니다.

이야기란 무엇인가
— 사건과 이야기의 신학을 위하여

권진관*

이야기는 대체로 짧다. 구멍성성해서(porous) 없는 것이 많다는 얘기다. 빈 공간이 많이 있다. 마치 시와 같다. 시에 많은 공간(empty space, void)이 있는 것처럼. 대표적인 것이 예수의 이야기이다. 예를 들어, 선한 사마리아인 비유가 있다.

서남동 선생이 얘기해 준, 김안국의 이야기에서 우리는 많은 것을 배운다. 안국은 이미 정형화된 문자의 세계, 아니 담론의 세계를 도저히 이해할 수 없었다. 그의 창조성은 글의 세계, 문장의 세계를 넘어서기 때문이었다. 마치 에디슨이 그랬던 것처럼. 에디슨이 둘이 왜 하나가 될 수 없느냐고 물은 것과 유사하다. 그의 창조력은 기존의 수학 질서를 넘어선 것이다. 더 원천적인 현실이 있다는 것을 에디슨은 감을 잡은 것이다. 신학도 마찬가지이다. 더 근원적이고 창조적인

---
* 성공회대학교 은퇴교수

것이 있다는 것이다. 이야기는 담론이나 논리보다 앞서 있다. 무한한 상상을 허락해 준다. 그래서 생각하게 해 준다. 마치 예수가 들려주는 이야기가 그런 역할을 했듯이. 예수는 이야기의 사람이었다. 바리새인이나 제사장은 담론의 사람들이었다.

김안국에 관한 민담이야기로 시작하자.

판서에다 대제학을 겸한 김숙이라는 사람에게 아들 안국이 있었는데 이 아들은 키도 훤칠하고 피부도 희고 아주 잘 생긴 청년이었다. 그런데 이 아이는 공부하기를 싫어했다. 몇 년을 가르쳐도 이 청년은 하늘 천 따지 조차 해독하지 못했다. 대제학은 이런 아들만 보면 골치가 아팠는데, 마침 사촌동생 청이 안동 통판으로 나가게 되었을 때 안국을 데리고 가서 그곳에 살게 하고, 다시는 서울에 나타나지 못하도록 무슨 수를 쓰라고 무리하게 떠맡겼다.

청이 조카 안국을 데리고 안동으로 내려가 부임하여 여가에 글을 가르쳐 보았으나 판서 형이 말한 그대로였다. 청은 조카를 불러, "안국아 네가 왜 이러니" 하고 물었더니, 안국이 말하기를 "저는 민담설화를 들으면 정신이 맑아져서 죄다 기억이 되지만 문자에 대해서는 어찌된 영문인지 도무지 터득이 안 될 뿐 아니라 글공부라는 말만 들어도 벌써 두통이 일어납니다. 아저씨께서 죽으라면 죽겠습니다. 다만 글공부는 아니 되니 어찌할 도리가 없습니다." 이에 청으로서도 별도리가 없었다. 그러다가 결혼이나 시켜야겠다고 생각하고 청은 가난한 양반집에 당혼한 딸이 있다는 것을 알고 청혼을 했다. 이 사람은 서울의 귀족의 아들이 하찮은 안동 좌수의 딸에게 청혼하니 의심하게 되었다. 청은 안국이 서울의 정승이자 대제학의 정실 아들임을 확인시켜 주니, 그래도 의심하는지라, 직접 데려와 여러모로 건강한 것도 보여 주니 더욱 의심하게 되었다. 그래서 하는 수 없이 안국이 글공부를 못해서 판서대감의 노여움으로 여기에 쫓겨 온 것이라고 하니, 의심을 풀고 청혼을 받아들였다.

안국이 장가를 들고 처가의 별당에 틀어박혀서 문 밖 출입도 안하니 신부가 묻기를 "글도 읽지 아니하고 바깥출입도 없으시니 웬일이냐"라고 하니, 안국은 자기는 질대로 글공부는 싫으니 절대로 그런 말 다시는 하지 말아달라고 간청한다.

신부는 낙담하면서 어떻게 다른 길이 없는가 생각하다가 남편에게 "이야기를 들려주어서 시험해 보리라"고 하고, "저와 옛날이야기나 하실까요?" 하였더니 안국의 눈이 번쩍 뜨이고 반가와 하는 것이 아닌가? 신부 이씨가 천황씨 이래로 역사를 풀어서 이야기해 주었더니 안국이 열심히 듣더라는 것입니다. 한번 외어서 다시 이야기해 보라고 하니, 그대로 외는데 틀림이 없었다. 신부 이씨가 기뻐서 "저 사람이 탁월한 재주가 있는데 글은 싫어하는구나" 하고 이야기로써 신랑을 교육시켜서 결국 몇 해 안 가서 대문장이 되어 장원급제하여 아버지를 놀라게 했다는 얘기다. 숙부 청이 달려와 대제학 형에게 감탄하며 말하기를, "형님, 우리 형제가 평생 가르치지 못한 것을 그의 처가 가르쳐 놓았습니다" 했다.

이 민담이 말하는 것은 여자의 힘이 이렇게 크다는 것인데, 그러나 나는 서남동에 동의하면서 여기에 더해서 담론이나 문장보다는 이야기가 더 크다는 것을 말하고자 한다. 담론 즉 소위 글은 이해하기 쉽지 않다. 나아가서 담론은 이미 의미가 결정되고 고정되어 있다. 이야기는 쉽다. 그리고 이야기는 그 의미가 고정되어 있지 아니하다. 예수는 이야기로 하나님의 나라를 말했다. 우리나라는 옛날부터 과거 시험제도가 있었고, 요즘에는 입학시험이 있고, 고시공부가 있다. 이것이 다 담론의 세계이다. 이것들은 확정된 해답을 찾는 공부를 요구한다. 이런 선발 과정으로 창조력은 뒤로 처지고 만다. 예술과 문화는 이런 담론으로 이루어지는 것이 아니라, 감성으로 종합적인 정서로 표현되는 것이다. 그것들과 가장 가까운 말이 바로 이야기이다. 안국은 이야기의 파워를 경험한 영민한 청년이었다. 다만 담론을 꺼려했던 것이다. 그러나 안국이 담론의 시험과정인 과거에 장원급제했다는 것은 담론의 세계로 돌아갔다는 것이고, 서남동의 말대로 불행한 일이지만, 그러나 담론의 원래의 자리, 원천은 이야기이라는 것이다. 이야기를 통해서 언어의 세계에 진입할 수 있었던 그는 담론의 원리를 쉽게 깨우칠 수 있었던 것이다. 그것도 그냥 외는 글공부가 아니라, 삶과 역사의 원천인 이야기의 세계를 섭렵한 후에 일어난 글공부였기 때문에 안국의 글 실력은 남다를 수 있었다.

　서남동 선생은 하느님의 언어는 이야기이고, 예수님의 화법도 이야기였고, 성령의 통신매체도 '머리의 언어'가 아니고 '몸의 언어'라고 했다. 몸의 언어라는 말에 집중해 보자. 언어가 몸과 깊이 연관되어 있다는 것이다. 몸이 물질이듯이 언어도 물질적인 것이 된다. 교회는 이야기를 잊어버리고, 교리라고 하는 담론, 머리의 언어를 쓰기 시작했다. 오늘날 신학에서도 이야기는 사라지고 교리를 분석하는 이론적 언어로 채워지고 있다.

　우리 사회에서 이야기는 점점 사라져 가고 있다. 오늘날 이런 민담이나, 사람들, 사건들에 관한 이야기를 하는 사람이 점점 사라져 가고 있다. 서남동 선생은 이야기꾼, 스토리텔러였다. 그는 스토리뿐만 아니라, 민중 문화 속에 있는 작품들 속에 담겨 있는 이야기들, 기도 속에 들어 있는 삶의 이야기들을 찾아서 이야기로 들려주었다. 그에게서 많은 이야기가 나왔다. 이 연구자는 김안국의 이야기처럼 그가 소개해 준 이야기를 자주 활용하고 있다.

서남동의 1979년 논문들에서 이야기와 두 이야기의 합류 등에 관해서 논의되고 있다. 두 이야기의 합류는 그의 대단한 공헌이었다. "태초에 말씀이 있었다"가 아니라 "태초에 사건이 있었다"라고 해야 한다고 했다. 태초의 사건은 신학적 논술로 전달되는 것이 아니고, '이야기'로 담겨지고 전해지는 것이다. 태초에 언어가 있었다. 이 언어는 인간을 인간되게 한 것이다. 역사적 논술은 객관적이고 과거의 것이 되어 버리는데 '이야기'는 그 원계시의 재생이라 할 수 있다고 했다. 그에 의하면, 한국의 민중신학의 과제는 두 이야기의 합류이다. 기독교의 민중전통과 한국의 민중전통이 현재 한국교회의 '신의 선교' 활동에서 합류되고 있는 것을 증언하는 것이다.

I. 삶과 사건으로서의 이야기

1. 사건으로서의 이야기

그러나 이야기는 무엇보다도 삶의 비장함, 삶을 적나라하게 보여주는 기능을 한다. 예를 들어 오늘의 우리 민중의 삶의 한 면을 보여

주는 이야기가 보도되었다. 그것은 1977년 생으로 올해 나이 40세인 아이들의 엄마 이혜정씨의 죽음(2017년 10월 4일, 추석날)에 관한 이야기다.

삼성전자 반도체 공장에서 일했던 이혜정 씨가 지난 4일 사망했다. '반도체 노동자의 건강과 인권지킴이'(반올림)에 따르면, 지난 2007년 11월 이후 삼성 계열사에서 발생한 118명째 직업병 사망자다. 고(故) 이혜정 씨는 고등학교 3학년이던 1995년 삼성전자 반도체 부문 기흥 공장에 취업했다. 그리고 3년간 반도체 웨이퍼를 굽고 씻어내는 일을 하다 퇴사했다. 이 과정에서 다양한 독성물질이 사용됐고, 작업 대부분은 수동으로 이뤄졌다.

근무 기간 내내 이 씨는 두통과 구토 등에 시달렸다. 퇴사 이후에도 팔과 어깨가 저리고 손이 붓는 등의 증세가 있었다. 손이 부어서 주먹조차 쥘 수 없게 되자 병원을 찾았고, 2013년 '전신성 경화증' 판정을 받았다. '전신성 경화증'이란 몸이 서서히 굳으면서 사망에 이르는 희귀병이다.

이후에도 이 씨는 손이 괴사되고 폐가 굳는 등의 증상에 시달렸고, 결국 추석 당일인 지난 4일 세상을 떠났다. 앞서 이 씨는 근로복지공단에 산업재해 요양급여를 신청했으나 받아들여지지 않았다. 삼성전자 측은 이 씨의 작업환경에 관한 자료가 없다고 밝혔다.

이 씨는 지난 2015년 '반올림'과의 인터뷰에서 삼성전자 반도체 공장 근무 당시 경험을 증언했다. 삼성 측이 진행한 교육은, 노동자의 안전이 아니라 반도체 웨이퍼의 안전을 위한 것이었다는 내용이다. 이는 과거 삼성 반도체 및 LCD 공장에서 일했던 이들이 한결같이 하는 증언이다. 노동자들이 다루는 화학 물질이 위험하다는 사실, 거기에 노출되면 건강에 치명적인 위협이 된다는 사실은 감춰졌다.

반올림에 따르면, 삼성 직업병 피해 제보자는 5일 기준 320명이다. 이 가운데 지난 2007년 11월 이후 사망자는, 이 씨를 포함해서 118명이다. 반도체 및 LCD 부문 사망자는 80명이다.[1]

우리나라의 대표적 기업 삼성전자에서 18세부터 일하다가 유해한 작업환경으로 직업병에 걸렸고, 그것으로 죽었는데, 회사 측은 외면하고 있다. 이렇게 죽어간 이들이 이미 백 명이 넘었는데도 회사는 책임을 지지 않는다. 유해한 작업환경으로 젊은이들이 죽고 있음에도 이에 대해서 책임 있는 응답을 하지 않고 있는 것이 우리의 엄혹한 현실이다. 이 사건들을 접하면서, 우리는 하나의 전쟁이 일어나고 있음을 알고 있다. 물론 삼성전자 측과 연약하게 죽어가는 노동자들과의 싸움이지만(후자들의 소리는 정말 힘이 없는 연약한 자들의 희미한 외침이다. 그런데 이 외침은 잘 들려지지 않는다), 근로복지공단에서는 이혜정씨의 산재를 인정하지 않고 있다고 한다. 왜냐하면 유해 물질에 노출되었다는 증거가 없다는 것이 그 이유였다. 더 큰 싸움은 소위 말하는 인과관계적 근거에 근거한 소위 '과학'과 죽어가는 자들의 고통의 소리와의 싸움이다. 죽어가는 자들의 절박한 소리(이야기)는 외면당한다. 고통과 죽음에 대한 이야기가 들려지는 곳은 법적인 보호를 받지 못한다. 그런 이야기는 이 사회에서 소외되고 제외될 뿐이다. 민중의 이야기는 근거 없는 것으로 제외당하고 있다.

---

1 http://m.pressian.com/m/m_article.html?no=171554#058n 「프레시안」 2017년 10월 5일.

그러나 민중의 고난과 고통은 담론으로 표현되지 않는다. 특히 이론적인 담론으로 표현되지 않는다. 그것은 잘 짜여있는 이론적인 체계로 전달되는 것이 아니라, 외마디의 외침 그리고 짧은 사연의 이야기로 전달된다. 이야기는 삶을 표현하는 틀이며, 무엇보다도 삶의 것이라고 말해야 한다. 이런 이야기들은 신학적 성찰의 근거를 이루므로, 신학은 도처에 널려 있는 이야기들을 수집하는 것이 필요하다. 이혜정씨의 죽음과 같은 일들이 벌어지고 있다. 황유미 씨는 삼성반도체 수원공장(기흥소재)에서 근무하던 중 2005년 6월 백혈병에 걸렸다. 그녀가 백혈병에 걸려 사투를 벌이던 2006년 6월, 함께 근무했던 이숙영 씨가 백혈병에 걸려 병원에 실려 왔고 두 달 만에 사망했다. 황씨는 2007년 3월 어느 날, 2차 골수이식을 기다리던 중 건강이 악화돼 결국 23세의 꽃다운 나이에 사망했다. 그녀는 속초상고에서 우수한 성적을 거두어 삼성반도체 공장에서 일하게 됐고, 그것이 그녀가 경험한 사회의 전부였다.

위의 예를 볼 때, 이야기란 무엇이라고 보아야 하는가? 위의 이야기들로부터 추론하여 보면, 이야기란 일어난 사건의 핵심을 시간적으로 배열하여 무엇이 일어났는지를 알리는 것이라고 하겠다. 그렇다면 이야기는 사건을 있는 그대로 보도한다. 그러나 사건을 있는 그대로 보도한다는 것이 원래 가능한가? 이야기의 내용은 그 이야기를 하는 사람의 이해지평, 혹은 아프리오리한 선이해(the transcendental)에 크게 좌우된다. 예를 들어, 같은 사건에 대해서 삼성전자나 그의 입장에 동조하는 근로복지공단이 하는 이야기는 다를 수 있다. 그러나 근본적으로 다른 점이 있는데, 그것은 주체(화자)의 성격에서 다르다는 것이다. 위의 이야기들은 피해 당사자의 눈으로 사건을 본 사람들의 보도들이다. 그러나 회사나 공단의 이야기는 자기들의 이해관계 혹은 선이해의 관점에서의 보도일 뿐이다. 그러므로 우리는 주체가 있는 이야기, 즉 화자의 고난의 이야기를 존중하여야 한다. 이것이 신학의 기본 자세라고 하겠다. 사건이 있었고, 이야기가 나온다. 사건은 이야기를 넘어서고, 이야기는 다른 면에서 사건을 넘어선다.

위의 삼성 직업병으로 인한 죽음에 대해서 두 가지의 이야기가 있음을 볼 수 있다. 하나는 피해자요, 다른 하나는 가해자(삼성측) 또는 방조자(공단)의 이야기이다. 여기에서 누구의 이야기가 더 진실한 것인가? 사회에서 약자와 피해자가 자기주장을 할 수 있는 것이 정의이다. 정의란 피해자들이 자기의 피해를 말할 수 있는 것이고, 가해자나 사회 일반은 그 피해자의 말을 경청하고, 그것에 대해서 정당하게 응답해야 하는 의무가 있다. 방치하거나 모른 체 방관해서는 안 된다. 가해자니 방조자들은 자기들의 일방적인 수상과 이야기를 해서는 안 된다. 피해자가 설득이 될 수 있는 이야기를 해야 그런 이야기는 정당한 것이 된다. 즉 피해자에 의해 정당화되고(justified), 수용되는 이야기여야만 진실한 이야기가 된다.

사건과 이야기는 정확하게 일치하지 않는다. 무엇보다도, 이야기는 언어로 구성되고, 사건은 역사적 물리적 사실들로 구성되기 때문이다. 실재를 언어로 다 표현할 수 없듯이 이야기는 사건을 다 담을 수 없다. 그리고 이야기에는 그 화자, 주체가 있다. 사건에는 화자는 없지만, 다양한 등장인물 즉 주체가 나타난다. 주체가 있는 이야기는 사건을 대변해 준다. 사건과 행위는 일어난 직후 더 이상 남아 주지 않지만, 그러나 이야기와 보도는 남는다(역사의 예수와 복음서의 기록).

세월호 사건을 예로 들어보자. 화자와 주체가 있었다. 2014년 4월 16일의 세월호 사건은 크로노스적 시간에 의해서 이미 지나간 사건이 되었다. 우리에게 남아 있는 것은 그 피해자들과 그들에 의해서 말해지고 있는 이야기들이다. 이야기들이 그 사건의 대변자가 된다. 이야기에 의해서 사건은 살아남는다. 이야기가 사라지면 사건도 함께 크로노스의 망각의 늪으로 사라지고 만다.

2. 이야기와 주체

주체에는 수동적 주체와 능동적 주체가 있다. 인간은 사건에 연루되기도 하지만, 대부분의 경우 사건 바깥에서 사건을 보는 위치(Hannah Arendt의 spectators)에 있다. 인간의 주체성은 이 양면을 모두 가지고 있다. 수동적 주체는 이야기를 듣고 사건을 보는 주체이며, 능동적 주체는 사건 속에 있는 존재이며, 이야기를 하는 주체이다. Subaltern(하위주체)들처럼 비록 언어적인 이야기로 발성하거나 발화하지는 못 하더라도 능동적인 주체는 다양한 몸짓으로, 혹은 침묵으로 자기 자신의 고통과 경험을 이야기로 남겨놓는다. 민중신학적 이야기 신학은 이 두 가지의 측면의 주체성에 대해서 응답해야 한다. 민중신학이 그동안 적극적 능동적 주체에 대해서만 관심을 가져온 것이 사실이다. 그러나 우리들 대부분의 주체성은 수동적 주체성이며 보고 듣는 주체들이며, 아렌트의 언어를 빌리면 관망하는 공중(the public)이요, 주시자 혹은 관망자(spectator)이기 때문이다.

수동적 주체나 능동적 주체는 모두 이야기를 듣는 존재이다. 이들이 이야기를 할 때가 있지만, 대부분의 시간은 이야기를 듣는데 쓴다. 우리들의 눈귀를 통해서 수많은 이야기들, 담론들, 언어들이 우리 안으로 들어온다. 듣는 주체들에게 있어서 "사건"이나 "사건적 이야기"들은, 그 의미에 있어서, 전복적인 것들이며, 현재의 지배질서를 비판하고 뛰어넘는 것들이며, 우리가 어떻게 해야 하는가를 보여주는 것들이다. 위에 보도된 "사건"들은 듣는 사람들에게 도전하며, 안일한 현재의 질서를 뒤집어 보게 하는 계기를 만들어주며, 이래서는 안 되겠고, 무엇인가 해야만 한다는 생각을 하게 만든다. 이런 의미에서 이야기는 우리의 현재의 삶의 방식을 변혁하는 모티브를 제공해 준다. 이야기는 그런 면에서 사건의 반영이 될 수도 있고, 삶의 진정한 이상을 보여주는 전복적, 초월적, 예술적 가치(story as art)를 가지고 있다. 민중신학이 찾는 이야기는 지배적 담론, 지배적 서사(narrative)가 아닌, 전복적인 가치를 갖는 이야기이다.

이야기는 말해진 것에 불과하므로 사건 그 자체가 아니다. 이야기와 실제적 사건을 혼동해서는 안 된다. 이야기에는 실제적 사건이 포함되지만 들려지고 말해진 이야기가 실제적 사건 자체와는 다르며, 이야기로 언어화되었을 때 이미 실제적 사건에서 벗어나 있다. 그럼에도 언어로 표현된 이야기는 새로운 사건을 일으킬 잠재력을 가지고 있다. 예를 들어, 폭력적 불의에 대항하는 순수한 사랑의 믿음을 잘 보여주고 있는 춘향전의 이야기는 우리 시대에 계급을 뛰어넘는 진정한 사랑의 사건으로 부활한다. 이야기는 새로운 사건을 예비하고 일으킨다. 선한 사마리아인의 이야기는 우리 역사와 사회 속에서 선한 사마리아인을 만들어 낸다. 이야기는 사건으로부터 시작된, 사건의 결과물이지만, 동시에 다른 사건을 일으키는 원인이 된다.

II. 작품으로서의 이야기

이야기를 사건을 넘어선 초월적 미학적 가치를 가지는 것으로 봄으로써 우리는 이야기를 해석하여 그것이 가지고 있는 이상, 꿈, 초월적 미학적 요소들을 발견하여 새로운 정치와 문화를 꿈꿀 수 있게 된다.

이야기는 주로 구전으로 온다. 그러므로 원래의 사건에 덧입혀지는 것이 있는데 그것은 주로 민중의 집단적인 정서, 지혜 등이 첨가되는 것이다. 춘향전, 심청전, 홍길동전 등이 그 예이다. 불후의 작품을 그린 비운의 미술가 반 고흐의 작품은 그의 삶 속에서 가장 초월적인 영역이었다. 그의 삶 자체는 세속적인 관점으로 볼 때, 실패의 연속이었지만, 그의 삶은 진흙탕 속에서 꽃을 피웠다. 그것이 전체의 인류에게 빛이 된다. 이야기들도 마찬가지이다. 그것은 진흙탕 속에서 나온 민중의 꽃들이다.

III. 합류를 위한 방법론의 모색

1. 이야기의 화자와 청자를 주체의 관점으로 새롭게 보는 것은 이야기를 통한 하나의 정치적 주체의 신학을 형성할 수 있는 가능성을 불러온다. 그리고 이러한 종류의 이야기 신학은 C. S. Song과 같은 아시아의 이야기 신학자들의 작업과는 분명한 거리를 둔다. Song의 신학적 전위(theological transposition)는 이스라엘을 아시아로 옮긴다고 했다. 그러나 결국 그가 한 것은 아시아의 이야기들을 서양

적 신학의 테두리 안으로 끌어 들인 것이 되고 말았고, 성서의 이야기들과 아시아의 이야기들을 서로 혼합시키면서, 충분히 상호 상승을 일으키지 못했다. 그는 서양의 주류 신학의 테두리 안에 아시아적 색깔과 맛을 보탬으로써 일종의 하이브리드의 신학을 만들었다고 보여진다. 그의 아시아 정치신학은 정치적 요소가 사라진 문화신학으로 귀결되었다고도 평가받는다(서남동). 그의 이야기 신학의 방법은 아시아의 전통적 이야기들과 기독교 이야기 특히 예수의 이야기의 상관관계적 상호작용(interaction)의 방법이다.2 이러한 이야기들 간의 상호 대화를 넘어서 상호작용, 즉 서로 상대방의 이야기 속으로 들어감으로써 나중에 하나가 되는 방식은 서남동의 두 이야기의 합류에 방법과 유사한 면이 있으나, 서남동은 이러한 합류의 한계를 느꼈던 것으로 보인다. 그리하여 서남동은 다시 가난한 자들의 삶의 하부구조에 근거한 신학을 제창하였다. 이러한 하부구조에 기반한 신학은 외발로 걷는 신학이 아니라, 두발로 걷는 신학이 될 수 있다고 생각했다. 서남동은 송천성의 이야기 신학은 외발의 신학이었고, 현실에 두 발을 굳게 딛는 신학이 아니었다고 본 것이다. 그리하여 송천성의 신학을 상부구조의 신학, 민중의 아편으로서의 신학이 될 수 있는 위험이 있다고 지적했다(『민중신학의 탐구』, "문화신학, 정치신학, 민중신학").

---

2 C. S. Song, *The Believing Heart, An Invitation to Story Theology* (Minneapolis, MN: Fortress, 1999), 69.

2. 합류를 위한 방법론

송천성의 이야기 신학, 특히 그의 이야기들의 합류는 방법론적으로 잘 짜여 있지 않다. 필요하면 아시아의 이야기들과 성서의 이야기들을 가져다가 서로 연결시키는 방법을 사용하고 있다. 즉 환유적인 방식으로 연결시키고 있는 것이다. 그는 두 가지의 유형(민중의, 성서의 이야기)의 이야기를 서로 침투시켜서 새로운 생각(은유)을 창출하기보다는 서로 연결될 수 있는 이야기들을, 즉 성서와 아시아의 이야기를 끊임없이 이어가는 방식을 취하고 있다. 즉, 이야기들의 환유적인 연결로 끝나면서, 새로운 사고의 방식을 드러내게 하는 은유를 찾는 데에 부족함을 보이고 있다.

송천성은 주관적, 상상적인 해석 방법을 사용하기도 한다. 예를 들어, 그는 타이완의 소수부족민의 한 청년의 가정의 비극적인 삶을 들려준다. 타이완 정부의 현대화 정책에 의해서 새로운 주택사업을 하면서 소수민족은 자기들의 원래의 집들이 현대적인 주거지로 변화되는 것을 기쁘게 받아들였는데, 결국 이것으로 인해서 집값이 너무 뛰게 되어 소수민들은 너무 큰 빚을 지게 되었다. 그리하여 청년은 어선을 타는 노예노동자로 전락하고, 다른 가족들은 여기저기로 뿔뿔이 흩어지게 되는 비극적인 이야기이다. 그런데 이 이야기와 성서의 이야기가 서로 침투되어 합류되야 하는데, 송천성은 이러한 합류가 일어나기가 어렵다고 말한다. 이러한 이야기를 신학적으로 합류시키는 방식으로 그가 제안한 것은 바로 예수라면 이 이야기에 어떻게 응답할까 이었다.[3]

이 연구자도 두 이야기의 합류나 상호작용이 그렇게 즉각적으로 우리의 삶의 현장에서 쉽고 자주 일어나지는 않을 것이라고 생각한다. 이 연구자는 상호작용, 대화, 합류(서남동), 혹은 수렴통합(convergence, 김용복)이 이야기들 사이에 즉각적으로 쉽게 일어날 것이라고 보는 낙관적인 입장을 취하지 않지만, 그러나 그것을 시도해야 하는 것이 신학자들의 책무라고 생각한다. 그것이 어려운 것은 두 개의 이야기(성서의 이야기와 아시아의 민중의 이야기)는 서로 다른 이야기이고, 서로 다른 상황에서 나온 것들이며, 서로 다른 사건에 기반한 것들이기 때문이다. 즉 뿌리가 다르며, 서남동이 말한 이야기의 하부구조가 다르기 때문이다.4 그러나 합류라는 것은 주체 안에서 자연스럽게 일어나는 현상이라고 본다. 어차피 주체 안에 이 두 개의 서로 다른 이야기가 들어오기 때문에 주체 안에서, 특히 무의식의 "큰 저장고" 안에 느슨하지만 하나로 연결되고 묶여진다. 그런데, 신학을 한다는 것은 의식적이고 비판적인 작업이므로, 신학자는 이렇게 주체 안에서 특히 무의식 속에서 어렴풋하게 연결되고 있는 이 두 이야기들을 비판적으로, 의식적으로, 풍부하게 합류시키는 작업을 할 수밖에 없다.

이 연구자는 주체의 관점에서 이야기를 설명하는 신학은 민중신학의 새로운 돌파를 위해서 계기를 마련해 줄 것이라고 생각한다. 이러한 민중신학은 두 이야기를 시간과 문화의 차이를 뛰어넘어 환유적인 연결(전위transposition의 작업)을 시도하는 것이 아니라, 주체화를 시도하며, 그러기 위해서 두 이야기의 합류를 시도한다. 그리고

---

3 위의 책, 71.
4 빈자들의 하부구조가 모두 같다고 말할 수 없다. 시대와 사회마다 빈자들은 있었고 그들은 이야기를 했다. 그런데 빈자들의 하부구조는 시대와 장소에 따라 서로 달랐다. 동시에 이야기 자체의 내용도 서로 달랐다. 따라서 이야기들을 합류시키는 문제가 그리 간단하지 않다. 서로 대화시키고, 상호 침투함으로써 새로운 의미를 창출하는 것은 가능할 것이다.

주체를 성찰하는 신학은 정치와 문화를 결합시킨다. 이것은 정치적 구조의 변혁만을 추구하는 것이 아니라, 미리 새로운 삶의 방식을 살아가는 문화와 가치의 변화를 추구한다. 그러므로 이러한 신학은 역사의 정치적 주체는 새로운 문화를 일으키는 주체이기도 하다는 것을 보여주려고 할 것이다. 이렇게 함으로써, 민중신학이 아시아의 이야기를 사용하기 때문에 문화적인 측면이 강화되지 않을 수 없을 것이며, 이로써 민중신학이 아시아의 모태에서 거듭나서 아시아의 문화 속에 굳건히 뿌리 내리고, 자리 잡게 될 것으로 생각한다.

3. 이야기의 해석을 위한 방법적 도구들: 환유와 은유

집단적 무의식의 한 표현으로서의 이야기는 은유와 환유의 종횡으로 엮여져 있다. 우선 이야기는 집단적인 것이 특징이다. 그리고 그 이야기는 민중 집단의 구전에 의해서 내려온 것이므로 그 속에 민중의 갈망, 욕망, 꿈, 이상, 하소연, 한, 고통이 담겨져 있다. 즉 민중의 실재의 삶이 그려져 있다. 그러나 그것이 당시의 상황 속에서 그리고 콘텍스트에 의해서 억압되거나 눌리거나 했을 것이다. 그러므로 그 억압 속에서 숨겨져 있는 민중의 소리를 드러내는 것이 해석의 초점이 될 것이다. 이야기 형성과정을 둘러싼 주변 상황에 의해서, 특히 지배구조의 영향 속에서 약자들인 민중의 소리가 터져 나오는 것이므로 거기에서 우리는 민중의 복잡하게 얽혀 있는 언어들을 발견할 수 있게 될 것이다.

이 연구자는 이 민중의 이야기를 주로 은유와 환유라고 하는 두 가지의 언어의 사유 과정을 활용하여 분석하려고 한다. 자크 라깡은 인간 주체의 무의식은 언어처럼 구조화되었다고 했다(the unconscious is structured like a language).5 인간의 주체의 언어는 의식과 무의식의 교차 속에서 나오는데, 그것은 주로 은유와 환유로 나타난다고 보았다.6 이점에 대해서 깊은 연구의 결과물들이 많이 나와 있으나, 여기에서는 그것들을 다 말하지 않을 것이다. 왜냐하면 불필요할 정도로 자세하게 언어의 정신적 현상과의 관계에 대해서 연구되어지고 있는데 우리 민중신학의 입장에서는 그렇게 자세하게 살필 필요는 없다고 생각한다.

이야기에서 나타날 수밖에 없는 플롯은 환유적인 과정이라고 말할 수 있다.7 문학자 내기(Nagy)가 플롯과 환유적 과정을 연결시키는 생각은 매우 중요하다고 생각한다. 내기의 말처럼 플롯이란 이야기의 요소들의 순서를 잘 연결시키는 작업(a combining of a sequence of narrative elements)이라고 할 때, 이야기의 대부분은 이렇게 환유적 과정에 의해서 채워지는 것이라고 할 수 있다. 그런데 환유란 욕망의 표현의 과정이라고 한 라깡의 생각을 여기에 연결시켜서 이 논의를 전개하고자 한다.

내기(Nagy)는 이야기가 수직적 직조과정과 수평적 직조과정으로 연결되어 있는 옷감 혹은 천조각(fabric)과 같은 구조를 가졌다고 하면서, 수직적인 연결을 은유, 수평적인 연결을 환유의 과정으로 보았다. 이러한 이론은 이미 야콥슨(R. Jakobson), 자크 라깡(Jacques

---

5 Jacques Lacan, *The Seminar of Jacques Lacan Book III*, ed. Jacques-Alain Miller, trans. Russel Grill (New York, NY: W.W. Norton, 1993), 166-167.
6 Joël Dor, *Introduction to the Reading of Lacan* (New York: Other Press, 1998), 43-55를 참조하면 좋음.
7 Gregory Nagy, *Masterpieces of Metonymy from Ancient Greek Times to Now* (Cambridge, Mass: Harvard University Press, 2015), 102.

Lacan) 등에 의해서 발견된 것이지만, 내기는 여기에 더해서 은유에 대한 중요한 설명을 던져 주었다. 그것은 은유란 다른 기표로의 대체(substitution)를 통하여 원래의 나타내려고 하는 의미를 드러내는 것이라고 한다. 그런데 기존의 수평적 연결 작업의 과정인 환유의 과정이 의미를 생산하는 데에 미흡하기 때문에 수직적 의미 부여를 할 수 있는 새로운 기표가 요구되는데, 이러한 새로운 기표를 은유라고 한다. 내기(Nagy)는 이 연구자에게 필요한 이론적 근거를 제공해 주고 있다. 그는 이렇게 말한다. 은유적 대체는 하나의 사고방식에서 이와 다른 사고방식으로의 사고의 전환의 과정이다.8

그런데 아시아의 민중 이야기와 기독교의 성서의 이야기들을 합류시키기 위해서는 첫째로, 이 두 이야기들이 상호연결 되도록, 즉 환유적으로 배치하는 과정이 필요하다. 둘째로는, 두 개의 이야기들 사이의 상호침투적인 대화의 관계가 동시에 일어나야 한다는 것이다. 여기에서 상호침투가 일어난다면 환유적인 배치가 무색해진다. 송천성은 첫 번째의 단계에 머무르는 경향이 있었다. 그리하여 두 이야기 사이의 상호침투적인 의미의 형성과정에서 미흡했다고 판단된다. 셋째로, 이러한 이야기들은 주체를 형성하는 요소들이며, 또한 이야기들은 기억의 영역 속으로 진입해 들어온다. 이야기들이 충분히 상호침투 되지 않은 채, 즉 해석되지 않은 채 이야기들은 우리의 의식을 통해서 들어와서 무의식 속으로 차곡차곡 쌓인다. 그리고 망각의 영역에 남는다.

---

8 위의 책, 1. "*Substitution in metaphor is a mental process where one way of thinking is replaced by another way that is alien to the previous way*".

4. 빈 공간과 은유

은유란 의미를 드러내는 데 결정적인 역할을 한다. 연결고리로 끈끈하게 연결된 이야기들의 내용들이 결국 무엇을 열망하는가를 드러낼 수 있는 사고의 과정은 바로 은유의 발견 과정이라고 하겠다. 결국 플롯에 의해서 엮여진 모든 이야기들이 무엇을 드러내고자 하는가를 생각하는 과정을 은유적 과정이라고 본다. 즉 지금까지 생각했던 해석을 뛰어넘는 새로운 해석, 새로운 사고를 드러내는 것이 은유를 정하는 작업이다.

이야기는 그 플롯이 완전하지 않다. 그리고 길이도 짧고 플롯도 단순하다. 그런 만큼 생각할 수 있는 여지를 많이 준다. 하나의 의미만을 창출하도록 플롯화 되지 않고 있다. 오히려 플롯이 약화되어 있다. 이러한 약화는 빈 공간을 마련해 준다. 환유적 연결은 있다. 그러나 그 연결이 새롭게 편성될 수도 있다. 즉 다른 플롯이 일어나면서 전체적인 의미가 새로워질 수 있다. 이야기 속에 있는 빈 공간이 "플롯의 재구성"을 가져오고, 새로운 은유를 찾도록 유도해 준다.

IV. 서남동의 두 이야기의 합류에 대한 고찰

합류란 성서의 이야기와 민중의 이야기 사이의 상호 대화, 침투가 일어나는 것을 말한다. 두 이야기가 쉽게 공통점을 가질 수 없다. 그리고 두 이야기가 서로 다르기 때문에 비교는 물론이고, 상호 대화를 일으키는 것도 만만치 않다. 그러나 우리는 그것을 시도해 봄직하다.

소위 "두 이야기의 합류"라는 것을 일으킬 때, 우리가 피해야 할 것은 두 개의 서로 다른 이야기, 특히 그 배경이 다르고, 뿌리가 다른 이야기를 마치 서로 공통적인 것이 있는 것인 양, 혹은 서로 연결이 잘 되는 것인 양 무리하게 연속시켜 놓는 우를 피해야 한다는 것이다. 비슷하다는 이유로 같은 종류의 것으로 간주하여, 둘 사이의 서로 비슷한 점을 찾는 것을 "합류"라고 보아서는 안 된다. 이 연구자는 둘 사이의 차이 속에서의 유사함을 발견하는 것이 중요하다고 본다. 여기에서 다름 속에서의 유사, 혹은 유사 속에서의 다름은 위의 이 연구자의 분류에서 볼 때 은유를 말하는 것이다. 그러므로 이 연구자는 다음과 같이 말하고자 한다. 기독교 이야기와 민중의 이야기 이 두 이야기는 상호간에 은유적인 기능을 담당하지, 환유적인 연결 혹은 연속의 기능을 담당하는 것이 아니라는 말이다. 은유 안에 다름과 유사함(differences and similarities)이 함께 있지만, 여기에서 유사성은 다름 사이에서 상호 대화와 침투가 일어날 수 있도록, 즉 상관관계 속에 있도록, 서로 붙들어 주는 연결과 상관성의 기능을 할 뿐, 다른 창조적인 기능을 하는 것이 아니다. 이 다름들 사이에 상호 침투 혹은 대화가 일어나면 새로운 창조적인 이야기적 상상력이 창출될 수도 있다. 문제는 이 두 개의 이야기를 대화시킬 때 해석을 하는 주체의 역할은 무엇이고, 그의 지금까지의 이야기적인 삶은 어떻게 이 대화 속에 개입하는가이다. 두 이야기의 대화, 상호침투, 합류를 시키는 우리들, 즉 주체들도 자기의 관점을 가지고 두 이야기의 합류를 시도하는 것이다. 주체는 자신의 욕망의 관점에서 두 이야기의 합류를 시도한다. 자신의 욕망이 너무 강해서 두 이야기가 가지고 있는 다름들, 독특성, 독자성을 부정해서는 안 될 것이다.

다름 사이의 대화 중 잘못된 것 중 하나는, 민중의 이야기를 기독교적인 이야기로 둔갑시키는 일일 것이다. 이것은 기독교 제국주의라고 하겠다. 이런 기독교의 제국주의적 일방적 태도를 가진 주체는 이야기의 합류를 그릇되게 만들 것이다. 이것은 민중 이야기의 다름과 특이성과 상이성을 지우는 일방주의라고 하겠다. 두 이야기의 합류 혹은 두 이야기 간의 상호침투와 대화는 의식적인 신학적 행위에 속한다. 그러나 두 이야기의 상이성 특히 이야기의 핵심에서의 차이가 너무 클 경우가 많기 때문에 상호침투적 대화는 불가능할 경우가 많다. 이 연구자가 아시아의 이야기나 민담을 살펴본 결과 이러한 결론에 이르게 된다.

그러나 일반적으로 우리는 많은 이야기들을 듣는다. 의식적으로 이야기들을 합류시키지는 않지만 그것들은 무의식 속으로 들어온다. 그리고 우리의 무의식 안에 저장된다. 그렇다면 사회의 주도 세력들은 자기들의 이야기를 매체를 장악하여 들려주고 있다. 그런 이야기들이 우리 인간 안에 들어오며 그 이야기들에 포함되어 있는 가치관, 세계관이 우리들의 무의식 안에 들어와 지배적인 위치를 점한다. 이러한 일방적인 이야기가 발화되는 상황 속에서 민중 진영은 자기의 이야기들을 말해야 한다. 민중의 이야기들이 들려지는 것이 필요하다. 그런 의미에서 민중의 이야기들을 모아서 이야기해 준 신영복 교수의 작업은 적절한 것이다. 그는 작고하기 직전 『담론』이라는 자신이 듣고 보았던 이야기들을 모아서 책을 냈다. 그는 이 책에서 이 사회에서의 소위 "실패자들"의 이야기를 오히려 배움의 거울로 그렸다. 실패자들, 소외된 자들의 삶의 이야기 속에서 오히려 위선의 세계를 고발하고 극복할 수 있는 대안을 배울 수 있다는 것이다. 그리고 감옥이야 말로 진정한 대학이요, 교실이라고 한다.

이야기들 중, 특히 약자의 이야기를 듣는 것은 바로 사회를 배우는 지름길이라고 신영복 교수는 역설한다. 자기 자신들만의 이야기를 하고, 자기 자신의 생각이 확고한 것으로 생각하는 사람들은 외발로 걷는 것이나 다름없고, 그것은 현실에 발을 딛지 못하고 허공에 떠서 걷는 것에 다름 아니라고 역설했다. 외발에서 두발로 걷기 위해서는 나와 완전히 다른 존재, 특히 사회에서 실패한 약자들의 이야기를 들을 때 나 중심의 나(ego), 즉 외다리의 나로부터 타자들이 들어와 있어서 균형을 잡고 걸을 수 있도록 하는 새로운 다리가 형성되어 현실의 땅에 굳건히 발을 딛고 걷는 새로운 주체(subject)로 거듭날 수 있다.9 그렇다면, 신영복은 주체의 형성과정에서 자기의 이야기를 하는 것(story-telling)보다도 약자들, 실패자들의 이야기를 듣는 것(story-listening)이 필수불가결한 과정이라는 것을 강조한 것이라고 하겠다.

우리 사회의 건강한 집단적인 주체를 형성하기 위해서 그리고 집단적 쇼비니즘적인, 자기중심의 집단주체들의 일방적인 관념주의로부터 해방되기 위해서, 민중신학은 약자들, 피해자들의 이야기들을 들어야 하며, 그것들을 모아서 퍼뜨리는 일을 우선적으로 해야 한다. 그러나 여기에서 머무르면 그것은 신학에 방점을 둔 민중신학으로서는 아직 부족하다고 하겠다.

---

9 신영복, 『담론』, 221쪽 이하. 13장 "사일이와 공일이".

V. 이야기, 무의식, 주체

이 연구자는 다음과 같은 명제를 제안하며, 이것이 과학적 근거를 가진 명제라고 자부한다. 즉, ① 의식의 하부구조는 무의식이다. 칼 마르크스는 의식의 하부구조를 경제적 토대로 보았는데, 이러한 도식도 전자의 명제와 모순되지 않는다. 사실, 하부구조인 토대 혹은 경제사회적 조건은 무의식 속으로 진입해 들어와 우리의 의식을 일정하게 결정한다. 우리의 실존이 우리의 의식을 결정하며, 더 나아가서 마르크스가 말한 대로 우리의 이해관계가 우리의 담론을 결정한다는 명제는 같은 맥락에서 동일하다. ② 그런데 하부구조 그리고 경제적 이해관계가 우리의 의식과 무의식에 영향을 주지만, 하부구조가 우리에게 언어적 담론, 즉 언어적 상징을 형성하는 것은 아니다.10 하부구조 그리고 경제적 이해관계가 언어적 상징의 방향을 결정짓지만 그것 자체를 형성해 주는 것은 아니며, 그런 언어의 작용은 하부구조의 영향 속에서 나름의 자율적 원리에 의해 규율된다. 여기에서 언어의 자율적 원리란 위에서 말한 은유와 환유의 작동 원리를 가리킨다. 환유적인 의식적 활동은 결국 무의식 속에 잠재되어 있는 은유적 이야기 사유 양식과 결합되지 않으면 현상을 뛰어넘는 창조

---

10 Alexandre Leupin, *Lacan Today* (New York, NY: Other Press, 2004), 72. 루핀은 이렇게 갈파하고 있다: "Lacan denies the Hegelian (and then Marxian) possibility that the production of material goods by the slave (or the proletarian) may ever produce symbolic values and be the basis of a new, revolutionary organization of society. Why is that so? Because by skipping the primary step of language as what organizes production and its corresponding social positioning, Hegel is bound to fancy that praxis can secrete symbolic values. In reality, there is no such secretion, and Lacan defines anybody to bring forth proof that, from work, something like a concept could emanate".

적인 것이 될 수 없고 일차원적, 획일적인 것이 되고 만다. ③ 서남동 선생이 말한 하부구조는 인간 주체의 이야기, 즉 언어활동과 직접적으로 연결되지 않는다. 주체들의 이야기 활동, 언어활동이 가지고 있는 독자적인 영역을 설정하지 않으면 서남동의 하부구조론은 이야기 신학으로 나아갈 수 없게 된다. 그렇다면 서남동의 마르크스주의적 하부구조론이나, 경제주의적 사고만으로는 이야기 신학으로 진전할 수 없다. 그러므로 우리는 주체(이것은 에고ego와 다름)를 상정하고, 그것을 매개로 하여 이야기론으로 진전해 들어갈 수 있다고 본다. ④ 의식의 변화의 동인은 무의식과 하부구조인 토대로부터 온다. 우리 안에 들어와 있는 이야기는 하부구조인 토대와 함께 무의식에 자리하여, 일정한 계기를 만나면 의식으로 발현되어 나오되 새로운 의미를 가지고 발현된다. ⑤ 그러므로 우리 주체의 의식과 행동의 변혁과 변화는 의식보다는 보다 근본적으로는 무의식으로부터 오며, 무의식이 주체를 최종적으로 결정하는 가장 중요한 요인이며, 주체만이 사회와 역사의 구조에 대한 최종적인 대답을 가지고 있다. 의식보다는 무의식이 더 근본적으로 주체의 새로운 가능성의 원천이라고 보는 것은, 의식에 없는 것이 무의식에는 있기 때문이다. 의식은 무의식에 비해서 단편적이고 일률적이다. 그리고 그 주체와 그의 무의식의 중심에는 이야기가 있다. 민중신학에서 찾고 듣고 말하고자 하는 이야기는 전복적(subversive)이며, 창조적인 내용을 가진 것들이다.

우리는 이야기 속에서 민중 집단이나 이야기꾼의 집단의 갈망을 발견할 수 있다. 이것이 민중의 이야기를 전복적이 되게 한다. 민중은 자기의 갈망이나 꿈을 이야기 속에 담는다. 그 이야기 속의 빈 공간, 문자 뒤에 그리고 문자들을 넘어서 그것을 담는다. 그 이야기의 문자들은 그것을 지향한다. 왜냐하면 그 이야기와 언어는 이들의 진정한 바람의 표현이기 때문이다. 예를 들어, 춘향전은 불의에 대한 약자 춘향의 항거이면서 동시에 진정한 사랑에 대한 열망을 보여준다. 이것을 민중은 깊은 곳에서 욕망으로 간직하고 있었고, 그것이 이야기로 표현되었다.

　민중은 그리고 우리들은, 이러한 이야기들을 듣고 살아왔다. 우리는 무엇보다도 듣는 존재들이다. 이야기와 언어가 있으므로 우리가 주체로서 등장한다. 그런데 주체는 이야기를 듣는 존재만이 아니라, 이야기를 하는 존재여야 한다. 많은 이야기들을 들어온 우리는 이제 자기의 이야기를 한다. 자기의 이야기를 한다는 것은 자기의 주체성을 표현하는 것이다. 자기 이야기가 그러나 자기의 전부를 드러내지 못한다. 주체가 말하고 있는 그것은 "표현된"(represented) 언어일 뿐이다. 그러므로 그 주체를 그 말해진 이야기가 다 대신할 수 없다. 일부만 말해진 것일 뿐이다. 말해진 것은 주체인 화자 자체에 대해서는 반쯤 말해진다(*half-said*).[11] 그러므로 나는 우리들에 의해서 말해진 이야기에는 우리들의 소망의 반쯤만 말해지고, 나머지는 숨어 있다고 볼 수밖에 없다. 이것은 언어의 한계이자 동시에 가능성이다. 언어는 욕망의 대상을 완전히 표현하지는 못하지만, 그러나 반쯤은 표현할 수 있다. 언어는 그 소망의 실재를 다 표현할 수 없기 때문이다. 그러므로 이야기에는 빈 공간이 많다고 말하는 것도 같은 맥락이겠다. 빈 공간, 숨어 있는 그 무엇이 무엇인가를 찾아내야 한다. 그것

---

11 Dor, 앞의 책, 152.

은 민중의 순박한 그러나 목마른 소원이고 소망이다. 그것을 캐내는 일이 나와 같은 해석자가 맡은 역할 중 하나이다. 좋은 해석자는 좋은 이야기들을 수집해야 하고, 동시에 그것을 잘 해석할 수 있어야 한다.

그렇다면 어떻게 해석해야 하는가? 우리(해석자)는 민중들의 이야기들, 특히 민담이나 사건관련 이야기들을 분석하고 해석하는 데 있어서 무미건조해서 의미가 메마르게(sterile) 해서는 안 될 것이다. 작금의 민중신학의 작품에서 우리는 이러한 무미건조성을 발견하게 된다. 우리는 이야기의 언어를 뛰어넘는 유토피아적이고 전복적이고 초월적인 신학적인 내용을 발견해 내야 한다. 이야기의 화자가 민중일 경우, 그 이야기에는 화자의 소망, 못 다한 꿈, 환타지, 이상이 안에 포함되어 있다.

VI. 서남동 교수의 "빈곤의 사회학과 빈민의 신학"에 대한 비평

서남동의 생애의 마지막 논문인 "빈곤의 사회학과 빈민의 신학"(1983년 11월 15일, 홍남순 변호사 고희 축하 기념논문)에 대해서 이야기 신학의 입장에서 논의해 보려고 한다. 그는 사회경제학적 분석을 통해서 한국의 빈민의 실태를 분석하였다. 빈민들의 실태에 대한 분석은 신학의 하부구조, 특히 민중의 삶의 현실을 드러내 주는 일에는 탁월한 기능을 발휘한다. 빈민들의 임금, 주거환경, 고용구조, 건강상태 등을 정확하게 드러내는 것은 민중신학이 필수적인 관심분야인 것이 사실이다.

위에서도 말했지만, 빈민의 빈곤 실태 분석이 민중의 주체성을 위한 언어로 자동적으로 변환되지는 않는다. 이러한 분석이 주체의 언어를 생산해 내지 못한다. 지배적 담론과 언어는 이러한 상황(현 민중의 빈곤의 상황)을 고착시키는 역할을 한다. 그렇다면, 이것을 넘어설 수 있는 언어를 찾아야 하는데, 이러한 언어는 대학이나 지배자의 담론으로부터가 아니라, 빈민들과 피해자들의 이야기들에서 비롯된다고 보는 것이 민중신학의 기본 방법이요, 신념이다.

그런데 서남동은 안타깝게도 1장의 빈곤의 사회학 부분을 마친 후, 2장에서 곧바로 빈민의 복음으로 논의를 깊게 해서 들어간다. 1장과 2장 사이에 아무런 연결고리를 마련하지 않고 곧바로 신학적인 논의로 들어간 것이다. 양쪽 모두 주체의 이야기는 없다. 그렇다면 이 논문에서 그는 상황을 논의하고 있는 것 같지만 그것은 사건적인 상황이 아니다. 매우 추상적인 상황을 전제로 깔고 있다. 여기에서 상정하고 있는 것은 가난한 자들의 일반적인 상황이지 거기에는 사건이 없고, 사건에 둘러싼 이야기가 없다. 사람의 목소리, 이야기가 없다고 하겠다. 서남동은 한국 민중신학의 이야기 신학을 연 분이다. 그런데 민중신학의 주체적이고 유기적인 요소들을 결합시켜서 주체가 있는 이야기신학을 형성하기에는 시간적인 여유를 가질 수 없었다. 이 논문은 그런 면에서 미완성이라고 하겠다. 그리고 이 논문이 발표된 지 1년도 채 안되어 서남동 선생은 작고하셨다.

Ⅶ. 한국 민중의 소리, 성서 민중의 소리: 두 이야기의 합류

최근의 한국 민중의 소리 중 가장 간절하고 우리에게 감동의 울림을 주는 것에서 기도문들이 있다. 다음은 2017년 4월 12일, 〈고난주간 세월호를 기억하는 그리스도인 음악회〉에서 단원고 2-5 이창현 군 어머니 최순화 님이 낭독한 기도문이다.

창조주이시며 전능자라고 불리는 당신께 기도드리는 건 쉽지 않습니다. 3년 전 우리 아이들의 살려달라는 마지막 기도를 외면했었으니까요. 당신께 등 돌리고 살고 싶었습니다.
그런데 어디를 가든 당신이 계시더군요. 더 이상 울 힘조차 없어 그저 멍하니 앉아 바다만 바라보던 팽목항에도, 차가운 시멘트 바닥에서 하늘을 보며 잠을 청해야 했던 국회에도, 내리쬐는 땡볕을 피할 그늘 하나 찾기 어려웠던 광화문에도, 하수구 냄새에 시달려야 했던 청운동 사무소에도, 침몰지점이 바로 눈앞에 보이는 동거차도에도 그리고 병든 몸을 이끌고 세월호가 누워있는 목포신항에도, 당신은 계셨습니다. 이름도 모르고, 얼굴도 몰랐던 분들이 눈물 가득 고인 눈으로 다가와서 안아주시며 같이 울어주시는 따뜻함에서 당신을 느낄 수 있었습니다. 그때 우리 아이들이 살려달라고 당신께 기도할 때 그 기도 좀 들어주시지 왜 우리 아이들이 없어진 지금 모르는 사람들을 통해 당신을 드러내시나요?
고난주간이면 우리 죄를 대신해서 당신의 아들을 내어주신 그 사랑에 감격하기 위해, 십자가의 고난이 얼마나 고통스러웠을지를 묵상하고 죄짓지 않으리라 다짐하며 그 고통에 가 닿으려고 노력했었지만, 우리 아이들이 없어진 이후엔 그런 노력 하지 않습니다.

매일 매일이 고난주간이고, 십자가와 세월호는 동일시되고 있으니까요. 당신의 아들이신 예수님이 인류의 죄를 대신해서 짊어지신 십자가와, 수학여행 가던 단원고 아이들을 태우고 가다가 침몰당한 세월호를 동일하게 여기는 것이 불경스러우신가요?

2천 년 전 그날, 낮 12시부터 오후 3시까지 세 시간 동안 어둠이 덮치고, 성소 휘장이 위에서부터 아래로 찢어지고, 땅이 진동하고, 바위가 터졌다는 기록은 아들을 잃은 아버지의 아픔을 느끼게 해줍니다. 같은 아픔을 나눌 수 있는 분이 하나님 당신이셔서 다시 당신께로 향합니다. 십자가에 달리셨으면서도 자신을 못 박은 사람들이 몰라서 저지른 일이라며 저들을 용서해달라고 기도하시는 예수님 모습을 닮기란 불가능해 보이지만 그렇게 기도하신 예수님을 잊지 않고 기억하고 있습니다.

당신을 가장 잘 섬긴다는 큰 교회들은 자식을 잃고 울부짖는 세월호 유가족들을 위로하기보다는 애써 외면하거나 오히려 비난했습니다. 예수님을 십자가에 못 박은 사람들처럼 모르고 그런 것 같지 않습니다. 자신들을 위해 쌓아 올린 바벨탑이 너무 높고 견고해서 밖에 있는 사람들이 하는 얘기는 들리지도 않고 보이지도 않는 것 같습니다.

저들을 어찌해야 할까요? 저들을 불쌍히 여기실 분은 하나님 당신밖에 없습니다. 저들을 불쌍히 여겨주세요. 한국교회를 불쌍히 여겨주세요. 예수님이 짊어지셔야 했던 십자가의 고난이, 십자가의 용서가 저들을 위한 것이었음을 깨닫게 해주세요.

낮은 곳으로, 가장 낮은 곳으로 임하시는 당신의 임재와 사랑을 기다립니다. 팽목항에서, 국회에서, 광화문에서, 청운동 사무소에서, 동거차도에서, 목포신항에서 만났던 당신을 닮은 사람들이 오늘 이 곳에 가득합니다. 부디 이들에게 청결한 마음을 주셔서 당신을 보게 하시고 세미한 당신의 음성이 들려지게 하시옵소서. 예수님의 이름으로 기도드립니다.

위의 기도문은 세월호 침몰로 희생당한 사람들의 현장에서 직접 나타나셔서 전능하신 팔로 구원해 주시는 하느님은 결국 없음을 고백하면서, 그러한 절망 속에서 하느님을 다시 찾는 과정을 표현한 고백문이다. 그런 면에서 힘 있는 신학적인 통찰이며 발견이라고 하겠다. 이것은 예수의 죽음 앞에서 예수의 부활을 고백한 첫 그리스도인들의 모습과 이들 사이에 동일성이 있음을 고백하고 있다. 세월호 유가족들에게는 예수의 고난과 죽음이 곧 세월호의 고난과 죽음과 동일시되고 있다. 시대와 문화와 역사의 배경이 다르지만, 이 두 사건은 세월호 유가족과 민중(주체) 안에서 하나가 되어 만나고 있다. 주체 속에서 이미 두 이야기는 합류되고 있는 것이며, 이러한 합류는 주체들이 사건 속에 참여하는 과정(서남동이 말한 하느님의 선교의 자리)에서 일어나고 있다. 즉 합류는 사건 속에서, 혹은 사건을 통하여, 주체 안에서 일어나고 있다. 세월호 유가족의 기도에서 예수의 십자가 위에서 외치던 소리, "나의 하느님, 나의 하느님, 어찌하여 나를 버리셨습니까?"(막 15:34; 마 27:46)가 들리는 듯하다. 그러나 이 기도자는 민중 속에 현현하시는 하느님을 보면서 한없는 위로와 용기를 얻는다. 그리고 거기에서 우리는 루가기자가 쓴, "아버지, 내 영혼을 아버지의 손에 맡깁니다"(눅 23:46)라는 믿음의 소리를 듣는다.

그리고 바리새인, 율법학자들과 같이 시류를 따르며, 세월호 희생자들을 오히려 비난하고 있는 지금의 한국 대형 교회들은 예수를 못 박는 자들임을 선언하면서 이들을 불쌍히 여기는 예수의 마음을 표현하고 있다.

우리는 두 이야기를 상정할 수 있다. 위의 기도문과 다른 하나는 복음서의 이야기인데, 이 두 이야기에 공통적인 부분이 있다. 하나는 세월호에서 희생된 생명들을 죄 없이 십자가에 달린 예수로 보았다는 것이고, 다른 하나는 그 생명들의 진정한 아버지인 하느님은 도대체 누구인가라는 것이다. 희생당한 사람들의 신앙고백적 위치는 무엇인가였는데, 기도자는 그들을 죄 없이 십자가에 달린 자의 위치에 자리매김한 것이다. 또, 하나님이 계신가 하는 질문이며, 하나님이 계신다면 어떤 분인가 하는 질문이다. 두 이야기는 이러한 공통된 질문을 던지고 대답을 시도하고 있다. 마태복음서 기자는 예수께서 고통 중에 돌아가신 후에, 성전 휘장이 위에서 아래까지 두 폭이 찢어졌고, 땅이 흔들리고 바위가 갈라지고, 무덤이 열리고, 잠자던 성도들이 깨어났다고 적는다. 이것을 기도자는 이렇게 이해했다: "2천 년 전 그날, 낮 12시부터 오후 3시까지 세 시간 동안 어둠이 덮치고, 성소 휘장이 위에서부터 아래로 찢어지고, 땅이 진동하고, 바위가 터졌다는 기록은 아들을 잃은 아버지의 아픔을 느끼게 해줍니다." 성서기자는 이 기록을 통하여 하느님의 아픔을 가리키지 않지만, 오늘의 기도자는 이것을 신의 아픔의 기록으로 보았던 것이다. 탁월한 해석이 아닐 수 없다.

두 이야기에서 공통점보다 더 큰 다른 점이 발견된다. 마태복음의 예수 죽음에 대한 기록은 죽은 예수가 결국은 하나님의 아들이고, 그의 죽음은 신적인 죽음으로서, 예수는 죽음을 통하여 신의 아들의 신성을 보여주었음을 말하고 있다. 즉 예수의 존재론적 위치, 즉 신성으로서의 위치를 보인 반면, 우리의 기도자는 예수의 죽음으로 성도들이 깨어난 부분은 빼면서 예수의 신적인 위상에 대한 강조의 방점을 거둔다. 그러면서 성자 대신 하느님을 부각시키고, 아버지이신 하느님의 고난을 부각시킨다. 말씀의 상황화(contextualization)가 일어나고 있는 것이다. 세월호 희생자의 가족들은 희생자들의 어처구니없는 죽음의 상황에서 신은 누구인가를 질문하다. 이들은 그리고 이들을 보고 있는 모든 이들은 이렇게 어처구니없는 상황에서 신이 정말 존재하시는가를 질문했고, 신이 없는 상황에서 다른 신을 찾았다. 지금까지 대형교회가 말하고 있는 그런 신이 아니라, 다른 신을 찾았다. 놀라운 고백을 하고 있다:

> 그런데 어디를 가든 당신이 계시더군요. 더 이상 울 힘조차 없어 그저 멍하니 앉아 바다만 바라보던 팽목항에도, 차가운 시멘트 바닥에서 하늘을 보며 잠을 청해야 했던 국회에도, 내리쬐는 땡볕을 피할 그늘 하나 찾기 어려웠던 광화문에도, 하수구 냄새에 시달려야 했던 청운동 사무소에도, 침몰지점이 바로 눈 앞에 보이는 동거차도에도 그리고 병든 몸을 이끌고 세월호가 누워있는 목포신항에도, 당신은 계셨습니다. 이름도 모르고, 얼굴도 몰랐던 분들이 눈물 가득 고인 눈으로 다가와서 안아주시며 같이 울어주시는 따뜻함에서 당신을 느낄 수 있었습니다.

VIII. 두 이야기의 합류의 과정

위에서 이 연구자는 합류의 과정에서 은유와 환유의 역할을 언급하였다. ① 합류의 과정의 첫 번째는 환유적 연결의 단계이다. 위의 합류의 예에서 우선 두 이야기를 환유적으로 연결시켰다. 두 이야기는 시대와 문화를 뛰어넘어 연결된 것이다. 두 이야기는 각각 자기 나름의 플롯을 가지고 있다. 그 플롯의 엮임에 의해서 부분들이 연결 형태를 살펴봐야 한다. ② 이제 두 번째의 단계에서는 서로 다른 이야기 사이에 상호침투적인 대화를 일으키는데, 우선 서로 공통된 점을 찾고, 그러고 나서 다른 점을 찾는다. ③ 셋째 단계에서 우리는 서로 다른 점들 사이에 상호 침투, 대화, 서로의 변화를 시도한다. 서로 다름이 있지만, 그것은 어디까지나 유사함의 연결됨 속에서의 다름이기 때문에 우리는 여기에서 서로 간의 대화와 상호침투를 통한 변화를 예상할 수 있다. 이러한 다른 것들 사이의 연결 속에서 새로운 생각의 방법, 즉 은유적인 것이 드러날 수 있다. 위에서는 하느님의 고통과 이에 연결되어 제도 교회의 신과는 다른 신 개념이 드러났다. 하느님이 어디계시고, 어떤 분이신가라고 하는 질문은 예수의 죽음과 세월호 희생자들의 죽음 속에서 공통적으로 나타나는 질문이며, 그것에 대한 대답은 두 이야기에서 다르게 나오고 있다. 이것이 일종의 신학적 위기를 조성하고 있다. 이러한 위기(서로다름)를 극복하기 위해서 선택, 변형, 승화, 발전을 모색해야 한다. 서로 다름의 만남이 이러한 긴장을 조성하며, 이 속에서 우리는 우리의 상황에서 오는 기도문의 새로운 깨달음의 고백을 중시하여 그것이 가지는 의미를 드러낸다. 새로운 의미의 드러남은 다른 것과의 만남에서 분명해 지며, 이것을 합류가 조성해 준다.

IX. 결론 및 요약

이 연구자는 위에서 서남동과 송천성의 이야기 신학을 논의하였고, 두 분의 선배들의 이야기 신학이 가지는 한계점과 문제점을 극복하기 위하여 몇 가지의 방법적인 개념들을 소개하였다.

다음은 또 다른 기도문이다. 너무나도 우리의 상황 속에서 성육화된 신학을 보여주는 기도라서 참고로 여기에 싣는다. 주기도문에 대한 새로운 이해를 볼 수 있다.

2주 뒤면 세월호 참사가 있은 지 1,000일이 됩니다. 2014년 세월호 참사 직후 먼 조국의 아픔에 도움이 되질 못해 고민하다가 시작한 기도. 칠흑 같은 어둠 속에서도 일하시는 하나님의 신실하심을 기억하며 다시 읊조립니다.

하나님 아버지,
수많은 생명을 삼켜버린 바다를 향해 땅이 울부짖는 시절입니다. 조금씩 조금씩 침몰해가는 배, 그 안에 갇혀 있는 자식들을 눈앞에 두고 아무 일도 할 수 없어 가슴에 묻는 부모들의 외침, "차라리 나를 데려가라"라고 외치는 그 소리가 온 세상을 진동하는 것 같습니다. 가만히 있으라는 말에 학교에서 하듯 배 밑에 남아있던 아이들의 천진난만함이 가슴에 사무치도록 아픕니다. 살려달라고 벽을 치고 어떻게든 살려고 발버둥 쳤을 아이들이 생각나 잠 못 이루는 날들을 보냈다는 사람들이 지천입니다.

그런데 왜 하늘에선 답이 없는 건가요? 왜 깊은 침묵의 심연 속으로 숨어버리시는 겁니까? 기도하면 모든 것이 다 이루어진다고 믿는 사람들의 도깨비 방망이는 왜 이런 때는 맥을 못 추는 것인가요? 하늘 아버지의 긴 침묵에 답답하기만 합니다.

아이들을 살려내시지 못했다면, 도대체 무엇 때문에 이런 일이 생겼는지, 어디서부터 어떻게 잘못된 것인지 느리내 주셔야 하는 것이 아닌가요? 왜 그 일도 안하시는 건가요? 왜 온통 속임수와 거짓과 야합과 폭력이 난무하도록 내버려 두시는 건가요?

아버지께서는 자식을 가슴에 묻는 아픔이 어떤 것인지 누구보다 잘 아시는 분이시지 않습니까? "나의 하나님, 나의 하나님 어찌하여 저를 버리셨나이까?" 외치던 아들의 절규에 아무 일도 할 수 없는 무기력한 아버지의 자리에 서 계셨지요. 그것은 가난한 자들, 연약한 자들, 억압된 자들, 우는 자들과 먼저 손을 잡으시는 주님의 긍휼의 손 내밈이 아니었습니까? 약자들의 손을 잡으신 예수님을 일으켜 부활하게 하신 것이 바로 그 때문 아니었습니까? 십자가는 약한 자를 들어 강한 자를 부끄럽게 하는, 이겼다고 생각하는 자들의 자리를 전복해 하나님의 승리를 선포하는 자리였지 않습니까?

그래서 오늘 저는 아버지께 간절히 구합니다. 이 부끄러운 어른들 때문에 죽은 아이들이 한국의 심장에 다시 부활해 머리부터 발끝까지 썩어버린 몸뚱이에 피를 흘려보내도록 박동하게 하옵소서. 천국행 티켓을 사들고 땅을 쉽게 버린 사람들이 생명을 경시하지 못하도록 이 땅으로 내려오소서. 이 땅이 바로 아버지께서 사시는 곳임을 저들로 알게 하소서. 그래서 이렇게 다시 기도합니다.

"하늘에 계신 우리 아버지, 아버지의 이름이 거룩히 여김을 받으소서."
거짓과 속임수로, 권력과 돈으로, 야합과 폭력으로 하나님 없는 것 같이 사는 사람들에게 아버지께서 거룩하시다는 것을 드러내소서. 맘몬과 국가와 자신의 배를 숭배하는 사람들로부터 아버지의 이름을 지키소서.

"아버지의 나라가 임하소서."
아버지의 통치는 성령을 통해 정의와 평화 그리고 기쁨을 가져 온다고 하셨습니다. 진도의 팽목항에, 한국 땅 구석구석에 그리고 여기 LA에 아버지의 통치가 임하기를 원합니다. 선지자들이 부르짖었던, 예수께서 보여주셨던, 정의에 기초한 평화가 이루어지고, 그로 인해 아버지의 백성들이 함께 손을 잡고 기쁨의 춤을 추게 하소서.

"뜻이 하늘에서 이루어진 것 같이 땅에서도 이루어지게 하소서."
예수의 삶과 십자가에서 드러내신 아버지의 뜻, 곧 가난하고 포로되고 눈멀고 눌린 자들에게 기쁨의 소식을 전하고 그들을 사탄의 정사와 권세로부터 해방해 예수를 따르는 길을 가게 하는 계획이 이 땅에 이루어지게 하소서.

"오늘 우리에게 일용할 양식을 주소서."
자식을 가슴에 묻은 부모들에게 하루하루 살아갈 수 있는 소망과 희망으로 먹여주소서. 아직도 시신을 찾지 못해 식음을 전폐하고 있는 자들에게 물 한 모금, 밥 한술 넘길 수 있는 위로를 주소서.

"우리가 우리에게 죄지은 자를 사하여 준 것 같이 우리 죄를 사하여 주소서."
예수님의 삶과 죽음이 바로 기억될 때에, 진정한 하나님과의 화해가 이루어진다고 하셨습니다. 진정한 화해는 그러한 '바르게 기억하는 과정'을 통해 이루어진다는 말씀이셨지요. 아이들의 죽음이 바로 기억되도록 진실이 드러나 빛을 발하는 가운데 참 용서와 화해가 일어나게 하소서.

"우리를 시험에 들지 말게 하시고, 다만 악에서 구하소서."

거짓과 야합과 권력과 탐욕의 유혹에 빠지지 않게 하소서. 그렇게 하나님의 통치에 반하는 것들에 저항하게 하소서. 악에게 지지 말고, 선으로 악을 이기게 하소서. 정의 없는 평화가 약자들을 두 번 죽게 하는 유혹임을 알고 속지 않게 하소서.

"나라와 권세와 영광이 아버지께 영원히 있습니다."

아버지의 권세와 영광이, 맘몬과 국가와 "나"라는 우상 위에 영원토록 계시며, 영원히 통치하십니다.

아멘.12

---

12 http://www.newsm.com/news/articleView.html?idxno=6836. 2017년 10월 16일.

김용복 박사의 한국 에큐메니칼 운동에 대한 기여

신대균*

I. 역사, 혁명의 신학자

필자는 대학 1학년 때인 1972년에 김용복 박사를 만났다. 유신 직전 여름의 암흑한 분위기에서 인천 앞바다의 시도라는 섬에서 있었던 일주일가량의 기독교 운동권의 합숙 모임에서 처음 만났다. 그때 그는 신학자라고 소개되었지만 신학에 대해서 말한 것은 없었던 것으로 기억되고 운동에 대한 논의를 나누는 실천가 중의 한 명으로 느껴졌다. 그때의 느낌은 평생 김용복 박사에 대한 생각으로 변치 않고 있다.

김용복 박사의 담론은 신학에 대한 담론 보다는 역사에 대한 담론이다. 역사와 관련하여 사회운동의 실천에 대한 담론도 포함된다. 그

---

* 한국기독학생회총연맹 이사장

는 신학자라고 소개되지만 역사사상가다. 그는 언젠가 '역사적인 사고가 신학적인 사고'라고 이야기 한 것으로 기억한다. 역사야말로 크리스천들이 고민해야 하는 주제이다. 역사를 사고하기 때문에 그는 진정한 신학자이다.

그의 역사 사고는 세계사와 한국사를 포함한다. 역사에 대한 그의 견해를 듣고 막힌 것이 뚫리는 것을 경험한 적이 여러 번이다.

그로부터 소위 신학적, 교회사적인 학술적 논의를 들어본 적이 별로 많지 않다. 핵심인 역사담론에 집중하는 데시 비롯된 것으로 여겨진다. 그가 신학과 교회사에 대한 이야기를 하는 경우는 대부분 역사에 사고와 관련된 경우가 많다.

그의 역사담론은 세계사보다 한국사와 동양사에 대한 담론의 비중이 많았던 것으로 기억된다. 그로부터 동학혁명, 3.1 운동, 실학, 정약용 등에 대한 언급을 많이 들었다. 한국근대사의 많은 사건에 대한 언급이 없었다하더라도 그가 한국근대사 전체에 대해 생각을 하지 않았을 리가 없다. 근래에는 근대사를 넘어 삼국유사와 단군신화, 태극에 대한 이야기를 하는 것도 들을 수 있었다. 이는 그가 역사의 핵심에 대해 사고를 진행하는 것을 보여 주는 것이라고 생각된다. 시운이라는 표현을 즐겨 쓰는데 한국 역사 전통 전체와 씨름하는 데서 나타나는 언어 사용으로 이해된다.

그로부터 중국의 태평천국운동에 대해서도 여러 번 이야기를 들을 수 있었다. 그의 담론으로부터 필자는 '태평천국운동이 중국봉건제도를 근본적으로 뒤흔들어 중국 혁명의 동력이 되었다'는 견해를 가지게 되었다.

홍수전의 태평천국운동이 아시아에 끼친 기독교의 영향의 한 부분이라고 하는 것은 틀린 말이 아닐 것이라고 생각한다.

김용복 박사의 역사 사고는 혁명이라는 차원에서 진행되는 것이다.
그는 혁명의 신학자다. 언젠가 '혁명의 신학'을 쓴 그의 스승 리쳐드 쇼울이 한국을 방문하였을 때, 김용복 박사의 학문적 성취에 대한 높은 기대를 하는 말을 들어 본 적도 있지만, 그는 리차드 쇼울의 제자답게 혁명의 신학자. 그의 담론은 역사, 혁명, 기독교라는 주제어의 연계 속에서 전개된다.

그로부터 근래에 종교개혁시대의 얀 후스가 민중 혁명적 사상가라는 요지의 이야기를 들을 수 있었다.

그의 담론은 한국 동양에 그치지 않고 세계기독교, 세계사의 지평도 포함한다.

II. 에큐메니칼 운동에 대한 기여

그는 이런 역사, 혁명 신학적 사고를 가지고 에큐메니칼 운동에 기여해 왔다.

한국 에큐메니칼운동의 주요한 흐름마다 그가 관여하였음을 알 수 있다.

1. 에큐메니칼 신학 담론에 대한 기여

그는 한국 에큐메니칼운동의 신학적 담론을 이끌어 왔다. 일본에 근거를 두고 활동하던 1973년 "한국그리스도인 선언'을 작성하는데 핵심적인 역할을 하였던 것으로 알고 있다. 이 선언은 지금도 탁월한 선언으로 평가되고 있다.

그는 한국 민중신학의 형성에도 중요한 기여를 하였다. 그는 민중의 사회전기 등 민중신학적 저술을 직접 저작하기도 하였지만, 민중신학자 공동체의 일원으로서 서남동 등 민중신학자들의 민중신학 활농을 지원하고 격려하였다.

그는 한국 기독교의 생명평화 담론을 선도하였디. 그는 기독교계에서 생명학이라는 용어를 제창하였다.

근래에는 평화담론을 제시하면서 평화운동론을 제안하고 있다. 민중신학 담론 이후에 한국 기독교에 생명 평화 개념이 확산되는 데는 그가 선도적인 역할을 하였다고 본다.

2. 한국 기독교 학술 및 조사 연구 운동에 대한 기여

그는 1970년대 후반 기독교학술원이라는 작은 기구를 만들어 연구 사업을 하였다. 원혜영 국회의원이 당시 실무자로 일하는 것을 보았다.

그는 이후에 한국기독교사회문제연구원을 설립하고, 부원장으로서 조사 연구 활동을 이끄는데 큰 기여를 하였다. 한국기독교사회문제연구원(이하 기사연)은 기독교계에서 이전에 볼 수 없는 역할을 하였을 뿐만 아니라 한국사회조사연구기관의 지평에서도 훌륭한 역할을 하였던 것으로 여겨진다. 특히 1980년대 한국사회에서 기사연은 일반 사회운동에서 가지기 어려운 물질적 인프라는 갖추고 중요한 성과를 만들어냈다. 필자는 한국 기독교민주화 운동의 역사를 기록하는 조직의 실무를 맡아 일하면서 한국 기독교 민주화운동의 자료가 보존되지 않고 있는 것에 대해 아쉬움을 가지게 되는데, 일전 어느 인사로부터 군사독재 시대 하에서 운동 자료의 보관에 있어서는 기독교가 일반 운동권의 부러움의 대상이라는 말을 듣고 그럴 수 있겠다는 생각을 한 적이 있다.

그는 아시아 태평양 생명학연구원을 설립하였고, 대학원대학교를 설립하기 위해 많은 노력을 하였다.

3. 한국 기독교 사회운동에 대한 기여

그는 KSCF, EYC, YMCA 등 수많은 기독교 단체의 집회에서 강연을 하였고, 강연뿐만 아니라 운동 실천 토론을 함께 하여 왔다. 그는 새문안교회 대학생회 지도자로도 역할을 하였다.

그는 기독자교수협의회의 회장으로서도 활동을 하였다.

그는 소위 위장 결혼 사건에 참여하여 고문과 고통을 받았다.

그는 기독교사회운동의 거의 모든 분야에 기여하였다.

그는 여성운동, 환경운동, 지방자치운동, 평화운동에 관심을 가지고 참여하였다.

기독학생운동 출신들과 함께 구로공단에 산돌교회를 세우고 산돌노동문화원을 설립하여 담임목사와 원장을 맡아 기여하였다. '산돌공동체 신앙선언'에는 그의 사상이 표현되어 있다.

III. 김용복 박사와 산돌교회, 산돌문화원

필자는 김용복 박사와 일생 동안 거의 끊이지 않고 많은 일들에 함께 참여하거나 대화를 나누고 공감하여 왔다. 기독학생운동, 새문안교회대학생회 활동, 산돌교회, 산돌문화원, YMCA 운동, 민주화 운동, 지방자치에 대한 관심, 경제정의실천시민연합 활동, 생명학대학원대학교 설립, 쓰레기 처리 문제에 대한 관심 등이었다. 그 주제는 일관되게 기독교의 사회 참여였다.

그 중에서도 산돌교회와 산돌문화원에 대한 부분은 공유하는 사람들이 많지 않아서 필자가 좀 더 소개할 필요가 있다고 생각한다.

1. 산돌교회 산돌노동문화원의 형성

필자를 비롯해 1970년대 기독학생운동을 통해 배출된 기독교 운동가들은 해마다 김용복 박사 댁에서 신년 하례 모임을 가지는 등 김용복 박사와 오랫동안 교류해 왔다. 그런 교류 끝에 산돌교회를 세우기로 논의를 모았다.

산돌교회를 형성한 취지는 기독교인의 관심이 교회에만 머물러서는 아니 되지만, 교회생활을 충실히 해야 하며, 기왕에 하는 교회생활을 고식적인 교회 안에서 소모적으로 하지 말고 바람직한 교회의 모습을 이루고 사회운동에 기여할 수 있는 교회를 만들자는 것이었다. 또한 노동자 선교에 기여하는 교회가 되기 위해 구로공단에 설립하였다.

1985년 5월 19일에 창립하였고, 100여 명이 모일 정도로 활성화

되었다.

산돌교회의 설립과 관련하여 소개할 만한 일은 '선교신용기금'이라는 방식이다. 이것은 선교에 필요한 기금을 모으되 헌금이 아니고 신용기금으로 한다는 것이다. 선교 신용기금은 선교 사업을 위해 기금을 조성하되 출연자가 원하면 언제든지 출금할 수 있도록 하는 것이다. 출연자들이 참여를 쉽게 할 수 있고, 기금의 사용이 목적을 벗어나면 해산이 가능하며, 재산을 두고 분쟁이 발생하지 않는다는 장점이 있다. 참여자 중에서 기금을 출금한 경우도 있고, 영구히 출금하지 않은 경우도 있다.

이 취지에 따라 교회 설립 기금이 마련되어 100명이 모일 만한 장소를 구로공단에 얻을 수 있었다.

교회를 설립한 그해 여름부터 노동자선교의 방법으로 산돌문화원 설립을 논의하기 시작하여, 1986년 10월 13일 제1기 직장청년교양강좌를 개최하면서 산돌문화원(초대 원장 김용복, 초대 총무 신대균)을 설립하였고, 후에 산돌노동문화원으로 개칭하였다.

산돌노동문화원을 설립한 취지는 노동자들의 인문학적 소양을 길러 노동운동에 기여할 수 있게 하고, 기독교 신앙으로 인도하고자 하는 것이었다.

산돌노동문화원의 설립에는 산돌교회의 여러 교우들이 기여하였다. 실무자로는 박춘노, 김민수, 이근석, 유승희, 고윤실, 이영주, 민앵, 홍경표, 고 박정희, 최은숙, 석미경 씨 등이 원장, 총무, 간사로 활동하였다. 후에 산돌노동문화원은 가리봉 시장 지역에 5층 규모의 회관을 매입하였는데 김용복 박사의 노력으로 얻은 외원(外援)이 재원이 되었다.

2. 산돌노동문화원의 활동

산돌노동문화원이 시행한 프로그램들은 다음과 같다.

직장청년교양강좌, 산돌토요강좌, 월례시사강연, 노동조합강좌, 노동자정치강좌, 노동자성서대학, 성서연구반(월요성서마당), 연극교실, 노래교실, 놀이지도자교실, 한자교실, 기타교실, 비디오 상영(산돌명화극장), 일곱마당, 연극공연, 노래공연(노래를 찾는 사람들, 안치환, 김광석 등), 노동자 백일장(심사위원 소설가 박완서), 젊음의 노래마당, 노동절기념제, 노동자캠프, 노동문화제, 노동조합 지원활동(크라운전자, 남성전기, 백산전자 등 노동조합 임시투쟁본부 설치하여, 120명 산돌노동문화원에 상주 등), 서울노동운동단체협의회 가입 등 연대활동, 노동상담실, 도서실 운영, 주말진료소 운영, 기타반, 산돌산악회, 노동자합창단(햇빛세상), 극회 아침(연극반), 우사모(우리사랑모임 봉사반), 하랑이랑(기독교동아리), 새문화청년노동자회 등 동아리 활동, 현장활동(노동자로 노동현장취업).

프로그램별로 강사들을 보면 다음과 같다.

노동자 성서대학(장일선, 이경숙, 정호진, 김용복, 민영진, 김창락, 이문식, 임태수, 이현주, 정현경, 이정배 인명진), 산돌토요강좌(김낙중, 박재순, 이해찬, 박인제, 이근식, 박인배, 신대균, 장기표, 김남주, 김태동, 박호성, 김용복, 박영숙, 박석운, 방용석) 월례시사강좌(고성국, 박영호, 김광식, 정관용, 최성) 씨 등.

근래 금천구청은 '구로공단노동자 생활체험관'을 설립하였다. 산돌교회는 산돌노동문화원의 활동 기록을 오랫동안 보관해 오다가, 2017년에 여기에 기증하였는데, 구로공단 노동자 생활체험관 측에서는 산돌노동문화원의 활동 내용과 함께 그 활동을 기획, 실행, 평가를 상세하게 기록한 자료를 귀중한 것으로 평가하고 있다고 한다.

2018년 10월 4일에서 10월 12일까지 금천구청 1층 로비에서 구로공단노동자 생활체험관이 주관하는 산돌노동문화원에 관한 기증자료 특별전이 개최되었다(기증자 박춘노 산돌노동문화원 원장).

산돌노동문화원의 자료를 '구로공단 노동자 생활체험관'의 별도 전시실에 진시하고 있는 중에, 이번에 산돌노동문화원의 활동 자료들을 대상으로 하는 특별전을 개최한 것이다.

전시소개 글은 다음과 같다.

"구로공단 노동자 생활체험관에서는 산돌노동문화원 기증 자료 특별전을 개최합니다. 이번 특별전에서는 2017년에 기증 받은 산돌노동문화원의 자료를 통해 산돌노동문화원과 우리나라 산업화의 역군인 구로공단 노동자들의 또 다른 삶의 희망이었던 구로공단 야학에 대해 다루고자 합니다.

이번 특별전은 이러한 산돌노동문화원에 대한 자료가 세상으로 첫발을 내미는 자리인 동시에 관내 소장 자료를 중심으로 첫 선을 보이는 기증자료 특별전이라 더욱 더 의미가 깊습니다. 이에 구로공단 노동자 생활체험관에서는 산돌노동문화원 기증 자료를 통해 구로공단의 다양한 이야기를 다루고 앞으로도 관람객들에게 구로공단의 숨겨진 이야기를 전해주고자 합니다.

전시 이후에도 체험관에서는 산돌노동문화원의 자료를 산돌노동문화원의 자료를 아카이브 형태로 구현하여 온/오프라인 공간에서 지속적으로 많은 분들에게 공개하고자 합니다. 이번 전시를 통해 구로공단 노동자들의 배움을 통한 의지와 열망을 여러분들의 가슴속에 되새길 수 있는 기회가 되길 바랍니다."

전시회 자료는 산돌노동문화원에 대한 소개를 다음과 같이 하고 있다.

"산돌노동문화원은 70년대 기독교 청년들을 주축으로 지역 노동자들을 위한 문화 교육프로그램을 중심으로 운영하다가 1986년 봄에 문을 열었다. 이후 1992년 가리봉 시장 지상 건물에 자리를 옮겨 다양한 교육강좌를 마련하여 공개적으로 노동자들의 문화적 욕구를 채우기 위해 야학을 운영했다. 노동조합교실, 노동자 정치 교실, 노래교실, 연극교실,등 교양강좌와 동아리를 운영했고, 특히 시사문제를 중심으로 하는 토요강좌를 열었다. 노동자 극회 아침은 연극교실 수강생들로 이루어진 동아리로 최초의 노동자 극단으로서 활발한 공연을 벌였다. 하지만 90년대 들어 야학도 시대의 변화에 따라 사라지거나 변화되었고, 산돌노동문화원 또한 건물의 흔적만 남아 있다."

전시 안내문에 나타난 사진 자료들은 다음과 같다.

제4기 직장 청년교양강좌의 수료생들 문집인 벌집친구들(1988), 산돌문화원사업계획안(1989)산돌여름캠프단체사진(1991), 산돌노동자 합창단 제4회 정기공연 사진(1992), 산돌노동문화회관 건립기념식(1992), 일꾼마당 공연포스터(1987) 산돌토요강좌(3기 리플렛), (1990) 강사 송건호, 정성철, 김말룡, 장선우, 이효재, 제정구(총 8회 강연), 극회 아침 창립공연 '태일2345C'의 대본과 입장권, 노동자 극회 아침 제3회 정기공연 '두껍아 두껍아 헌집줄게 새집다오'(1993) 팜플렛, 제1기 직장청년교양강좌 일정(1987), 사진교실교재(1990년대) 산돌 산악부 주최 사진교실 교재 등.

IV. 역사 속의 기독교: 신앙의 행동으로서의 학문과 활동

김용복 박사의 학문적 활동과 사회운동실천 활동은 동일한 실체의 다른 측면이다.

그의 학문은 신앙을 추구하는 과정에서 창출된 지적 활동이다. 이런 면이 그를 신학자라기보다 역사 사상가로 보이게 하는 요인이다. 그의 사회운동도 마찬가지로 신앙의 추구과정에서 전개된 것이다. 그는 혁명이라는 차원에서 역사를 보기 위해 애를 쓰고 있는데, 그의 혁명사상은 기독교 복음의 영성에서 배태되는 혁명사상일 것이다. 그는 역사와의 대화, 그 중에서도 한국 역사와의 대화에 힘을 쏟아왔다. 필자는 그 대화의 결과물들을 들을 때마다 반갑기 그지없었다. 그와 한국 역사 속의 기독교에 대한 이야기를 나누는 것은 필자에게 큰 즐거움을 주는 일이다. 근래에 나눈 대화로서 김재준 목사님에 대한 이야기가 있다. 김재준 목사님은 유학자 그중에서도 실학자였다는 것이 그의 견해이다. 김재준 목사님이 기독교인이 되기 전에

YMCA에서 영어공부를 하면서 접한 기독교와 기독교가 전개한 3.1 운동을 비롯한 독립운동이 그의 기독교 수용과 이해에 영향을 미친 것으로 보인다는 견해는 신선하게 들려왔다.

    기독교 복음이 배태하는 혁명성 혹은 혁명사상 그것이 무엇인지 잘 알 수 없다. 그러나 본질적으로 기독교 복음이 혁명적인 것이라는 판단은 틀린 것일 수가 없다. 기독교가 무엇인가라는 물음은 기독교가 역사 속에 무엇을 이룰 것인가 즉 한국 역사 속에서 한국 기독교가 무엇이어야 하는가라는 질문으로 귀결될 수밖에 없다. 따라서 한국 역사 속의 기독교가 무엇이어야 하는가라는 질문은 한국 기독교인으로서 필수적인 사고 과제가 아닐 수 없다. 한국 기독교는 이러한 사고를 필요로 한다. 이것은 한국 역사와 사회 전체를 대상으로 사고해야 하는 것이므로 그 하중이 무거워 한 인간이 생애에 걸쳐 전력을 다해도 쉽지 않다. 김용복 박사는 이러한 무거운 사상적 숙제를 깊게 높게 수행해 왔다. 그의 노력으로 한국 에큐에큐메니칼운동 아니 한국 기독교는 높고 깊은 사상적 지적 성과물과 지혜를 얻을 수 있었다.

    필자는 김용복 박사와 같은 사고를 하게 한 요인이 무엇이었던가에 대해 생각하게 된다. 선교1세기를 지나 2세기를 지나고 있는 한국 기독교의 역사 속에서 김용복 박사의 사고는 경탄할 만한 것이라고 생각한다. 한국 에큐메니칼 운동 나아가 한국 기독교에는 기라성 같은 인물들이 등장하였다. 이런 인물들을 가질 수 있었던 것은 한국 기독교로서 크게 자랑스럽고 감사한 일이다. 김용복 박사는 그러한 인물들 중의 한 사람임이 분명하고 그 가운데서도 한국역사와 기독교의 대화를 수행하고 명료한 지적 언어로 표현한 드문 학자다. 그런 높이와 깊이, 날카로움을 유지하기 위해 그가 지속해야 했을 내면적 수고에 경의를 표하지 않을 수 없다.

그의 사고가 지속될 수 있도록 하나님께서 그의 지상의 시간을 오래 허락해 주시기를 기도한다.

⟨3부⟩

민중신학에서 본 세계와 교회

강원돈	헌법의 총강과 기본권 체계에서 자유권, 사회권, 자연권
	— 대한민국 헌법 개정을 촉구하는 한 민중신학자의 제언
임희숙	한국교회 세습 문제와 그 여성신학적 성찰
최형묵	쌍용자동차 사태를 통해 본 노동권과 경영권의 문제
홍인식	메델린의 해방자 예수
	— 제2차 라틴아메리카 주교회의가 라틴아메리카 그리스도론에 남긴 영향에 관하여
이홍정	Transforming Discipleship: Seeking a Korean Way of Imitatio Missionis Christi
박성원	예배, 신학적 사고와 윤리적 행동이 형성되는 태(胎)

헌법의 총강과 기본권 체계에서 자유권, 사회권, 자연권
— 대한민국 헌법 개정을 촉구하는 한 민중신학자의 제언

강원돈[*]

I. 머리말

우리나라가 민중의 참여에 바탕을 두고 인간의 존엄성을 보장하고 사회정의와 생태학적 정의를 실현하는 공화국으로 나아가기 위해서는 어떤 헌법 규범이 필요한가? 이 질문은 1987년에 제정된 현행 헌법이 민중의 참여와 인간 존엄성의 보장, 사회정의와 생태학적 정의의 실현에서 한계를 보이고 있기에 전면적으로 개정되어야 한다는 인식에서 비롯되었다. 개헌을 논할 때 사람들은 주로 권력구조의 재편에 관심을 집중하곤 하는데, 필자는 권력구조를 논하기에 앞

---
[*] 한신대 교수, 민중신학과 사회윤리

서서 헌법의 전문과 총강 그리고 기본권 체계를 다시 작성하여 현행 헌법이 안고 있는 근본적인 문제점들과 한계들을 극복해야 한다고 생각한다.

현행 헌법의 개정은 2005년 참여정부 말기에 정치적 의제로 제시된 이래로 정권교체기를 앞둘 때마다 정치계와 학계에서 간단없이 논의되어 왔다. 개헌은 지난 2016~2017년 촛불항쟁 과정과 그 이후의 정세에서 다시 중요한 이슈로 떠올랐다. '제왕적 대통령제' 아래서 벌어진 국정농단에 저항한 군중은 "이게 나라냐?" 하고 절규했고, 나라다운 나라를 만들어야 한다고 생각했다. 그들은 대통령에게 집중된 권력이 국정농단의 핵심 고리가 되어 국정을 파행시키고, 정경유착을 고질화하고, 사상과 양심의 자유, 표현의 자유, 결사의 자유 등을 위시하여 교육과 노동에 관련된 기본적인 권리들마저 철저하게 짓밟았으니, 권력을 새롭게 구성하고 통제하는 방안을 마련하고, 인간과 시민의 기본적인 권리들을 제대로 보장하는 방법을 모색하여야 한다고 주장했다. 그러한 과제들은 오직 헌법 개정을 통해서만 달성될 수 있는 것이니만큼 개헌은 우리 시대의 핵심 이슈가 된 것이다.

이러한 군중의 요구를 의식한 모든 정파들은 대통령 탄핵 인용 이후에 진행된 2017년 5월의 대통령 선거 과정에서 2018년 6월 13일 지방선거에 즈음해서 헌법 개정을 위한 국민투표를 실시하도록 하겠다고 공약했다. 그러나 여소야대의 국회에서 헌법 개정에 관한 논의는 제대로 진척되지 않았고,[1] 개헌에 관한 공약을 지키기 위해

---

1 국회는 촛불항쟁이 한창이던 2016년 12월 29일 헌법개정특별위원회를 구성하였고, 2월 2일부터 자문위원회를 구성하여 헌법개정에 관한 논의를 진행하였다. 국회 차원

2018년 3월 26일에 대통령이 발의한 헌법개정안은 5월 24일 국회 표결에서 재적의원 3분지 2의 의결정족수를 채우지 못하여 폐기되었다. 어떻게 해서 일이 이 지경으로 되었는가?

 그것은 한 마디로 개헌 논의의 중심이 되어야 할 주권자가 개헌 논의에서 배제되어 있었기 때문이고, 촛불항쟁에서 뿜어져 나왔던 현상 변경의 요구가 제도권 정치에서 철저하게 무시되었기 때문이다. 이 점에서 2017~2018년 개헌 논의는 대한민국 헌정사의 전철을 그대로 밟았다. 이제까지 아홉 차례 실시된 개헌은 주로 집권자에 의해 추진되었거나, 4·19 민주항쟁과 6월 민주항쟁 이후에 개헌의 기회가 민중에 의해 마련되었어도 민중을 완전히 도외시한 정치 엘리트들 중심으로 개헌안이 마련되고 성사되었던 것이다. 제10차 개헌을 준비하기 위하여 국회에서 조직된 헌법개정특별위원회 자문위원회의 면모를 보더라도 53인의 자문위원들 가운데 민중적 관점을 대변할 수 있는 사람은 극소수에 불과하였다.[2] 대통령이 헌법 개정

의 헌법 개정 논의는 크게 보아 국민주권주의 강화, 중앙집권화된 권력 분산, 기본권 신장 등에 초점을 맞추었고, 그 성과를 담은 자문위원회 보고서(국회헌법개정특별위원회 자문위원회 편, 『국회헌법개정특별위원회 자문위원회 보고서』, 대한민국 국회, 2018년 1월)를 발표하고 2017년 12월 31일 활동을 종료하였다. 그 뒤에 국회는 개헌에 관한 실질적인 논의를 벌이지 않았다.

2 자문위원들 가운데 민중적 관점을 대변할 수 있다고 여겨지는 인사는 한 사람 정도이다. 그 인사는 오랫동안 노동 문제에 관심을 갖고 변호사 활동을 해 온 사람이다. 노동자, 농민, 빈민 단체들과 산하 연구소들에서 일하는 사람들 가운데 자문위원회에 참여한 예는 없다. 시민단체 출신 인사들은 여섯 사람이 참여했다. 참여연대, 환경연합, 헌법개정여성연대에서 한 사람씩 그리고 뉴라이트 계열의 시민단체들에서 세 사람이 참여했다. 자문위원회에 참여한 인사들 가운데 학계 출신이 32명으로 압도적 다수를 차지하였고, 그 나머지는 여섯 사람의 법조계 인사들과 경제계 인사들, 의회와 관료 출신 인사들이다. 자문위원회에 참여한 여성들은 모두 일곱 사람이어서 13%의 비율이고, 그나마 두 사람은 중도에 사퇴하였다. 헌법 개정에 관한 자문이 상당한 수준의 전문 지식과 식견이 필요하기는 하지만, 민중의 참여가 거의 완벽하게 차단된 것은 스캔들이다. 자문위원회의 구성이 성 평등 원칙을 도외시하였다는 비난도 따르지 않을 수 없다.

을 위한 자문안을 준비하도록 정책기획위원회 산하에 설치한 국민헌법자문특별위원회의 구성에서도 본질적인 차이는 나타나지 않는다.3 이러한 방식의 개헌 논의는 정파들이 야합하지 않는 한 성사될 수 없고, 우리의 헌정사에서 더 이상 계속되어서는 안 된다.

나라다운 나라를 만드는 힘이 민중에게서 나온다면, 민중은 개헌 논의에 광범위하게 참여하여 개헌의 방향과 목표를 설정하고, 국가에 의해 침해되지 않고 도리어 적극적으로 보장되어야 할 권리들의 체계와 배치를 결정하고, 이로부터 국가 구성과 운영의 원칙을 규정하여야 한다. 만일 민중신학자들이 민중을 편드는 유기적 지식인의 역할에 충실하고자 한다면, 민중신학자들은 헌법 개정에 관한 논의를 촉진시키고 이에 책임적으로 참여하여야 한다. 현행 헌법의 조항문들을 어떻게 개정할 것인가를 놓고서는 방대한 연구와 논의가 필요하므로 민중신학자들은 이에 관련된 체계적인 연구를 기획하고 수행하지 않으면 안 될 것이다.

이 글의 과제는 개헌의 목표와 방향을 제시하기 위하여 헌법 전문과 총강 그리고 기본권 체계에 대한 민중신학적 견해를 밝히는 것으로 한정된다. 국가의 가치체계와 목표를 바르게 설정하고, 기본권의 체계에 속하는 자유권, 사회권, 문화권, 자연권 등의 성격과 관계를 규명하고, 참정권의 위상을 명확히 한다면, 헌법의 거의 대부분의 조항문들을 차지하는 국가와 사회의 구성 및 운영에 관한 헌법적 규범들을 세우는 일을 수월하게 진행할 수 있을 것이다.

---

3 국민헌법자문특별위원회를 구성하는 총 32인의 위원들 가운데 교수는 21명, 연구소 관련 인사와 변호사가 5명, 그밖에 정당 및 시민단체의 지도급 인사들이 6명이다. 사회단체에서 활동을 하는 인사나 민중의 자리에서 세상을 보는 인사는 단 한 사람도 없다.

우선, 필자는 현행 헌법 전문과 총강을 검토하면서 국가의 구성과 운영의 원리, 사회적이고 생태학적 정의를 최대한 구현하는 사회구성 원리, 문화 형성과 진흥의 원리에 대하여 강령적인 견해를 제시하고, 그 다음에 이러한 원리들의 근거가 되는 기본권의 체계와 그 체계에 속하는 권리들의 성격과 내용을 밝힐 것이다. 참정권은 국가의 정체성과 국민주권에서 직접 도출되는 권리이기 때문에 필자는 참정권을 기본권 체계에 넣기보다는 국가 구성과 운영의 원리를 다루는 헌법 총강에 배치하여야 한다고 생각한다. 또한 지면이 한정되어 있기에 기본권 체계에 속하는 자유권, 사회권, 문화권, 자연권의 내용과 상호관계를 전면적으로 규명할 수는 없고, 오직 권리 주체의 설정, 재산권의 위상, 재산권과 노동권의 관계, 사회권의 새로운 구성, 자연의 권리와 그 대리인의 구성에만 초점을 맞추어 논의를 진행할 것이다. 왜냐하면 그 주제들은 사회적이고 생태학적인 민주공화국을 구성하고자 하는 사람들이 가장 치열하게 논해야 할 이슈들이기 때문이다. 이러한 취지에서 문화적 권리들에 대한 논의는 이 글에서 다루지 않고, 다른 기회에 본격적으로 논하고 싶다.

II. 헌법의 전문과 총강에 관하여

1. 헌법 개정의 절박성과 헌법 전문과 총강의 전면적 재구성

헌법의 전문과 총강은 대한민국의 기원, 기본가치와 이념, 국가의 목표, 헌법의 정통성, 국가와 사회의 구성과 운영의 원리를 밝히는 부분이기에 매우 중요하다. 그것은 우리 시대의 문제들과 과제들에 대한 민중의 인식을 표현하고 이에 대응하고자 하는 민중의 의지를 헌법의 틀에 담는 장치이다. 제9차 개헌에 의해 마련된 1987년 헌법을 전면적으로 개정하지 않을 수 없는 까닭은 그 헌법이 민중의 정치적, 사회경제적, 문화적, 생태학적 욕망과 지향을 담아내지 못하기 때문이다. 따라서 개정 헌법의 전문과 총강은 변화된 상황에서 민중이 요구하는 것과 국가가 해야 할 것의 대강을 분명하게 밝혀서 헌법의 각론을 구성하는 기본권의 체계, 입법부, 행정부, 사법부 등의 구성과 운영 등에 관한 헌법 조항문들을 규율하는 역할을 하여야 한다. 이런 의미에서 헌법 전문과 총강의 검토는 헌법 개정의 필요성에 대한 인식과 궤를 같이 한다고 말할 수 있다.

헌법 개정이 절박한 이유는, 이미 머리말에서 밝힌 바와 같이, 87년 헌정질서의 틀에서 고도로 중앙집중화된 대통령 권력을 분산해야하기 때문만은 아니다. 대통령 권력만이 아니라 모든 권력의 분산과 통제는 제10차 개헌의 중요한 목표 가운데 하나임이 분명하다. 그러나 개헌이 절박한 까닭은 1987년 헌법의 태생적 한계 때문이다. 1987년 헌법은 민주항쟁의 성과로 개헌의 기회를 제공한 민중을 철저하게 배제한 채 민중의 열망이었던 대통령 직선제를 방패로 삼은 기득권 정치세력들의 타협에 의해 이루어졌고, 이로 인하여 제도권 정치에 민중이 참여하지 못하도록 봉쇄하는 효과를 빚어냈다. 승자독식의 소선거구제를 중심으로 구축된 대의기구는 지역주의에 기반을 둔 기득권 정치세력을 안정시켰고, 선거 참여를 제외한 국민의 정치 참여 기회는 극도로 제한되었다. 이로 인하여 제도권 정치와 그것이 담아내지 못하는 시민과 민중의 다양한 욕망을 실현하려는 운동은 분리되고, 제도권 정치를 뿌리째 뒤흔드는 시민과 민중의 운동이 폭발적으로 일어났던 것이다.4 민중은 고사하고 시민이 대변되는 곳에 시민이 없는 상황이 계속되는 대의제의 실패를 극복하고, 국민주권의 원칙에 입각하여 국민의 참정권(선거권, 공무담임권, 발의권, 소환권, 국민투표권 등)을 획기적으로 확대하기 위해서는 1987년 헌법이 개정되어야 한다.

87년 헌정질서에서 자유권이 신장된 것은 사실이지만, 가장 기본적인 자유권마저도 제대로 보장되지 못했다. 정권의 핵심세력에 의해 추진된 문화계, 학계, 언론계의 블랙리스트 작성과 노골적인 불이익 처분, 역사교과서 국정화, 민중총궐기 대회의 폭력적 진압과 시위 참여자 살상, 대테러방지법, 통합진보당 해산, 종교의 자율성 침해 등등은 양심과 신앙의 자유, 사상의 자유, 표현의 자유, 집회와 시위의 자유, 결사의 자유, 사생활의 자유 등 국가가 침해하거나 제한할 수 없고 오직 보장의 의무만이 있는 최고의 자유권을 껍데기만 남게 했다. 모든 사람이 인간의 존엄성을 누리고, 차별받지 않는다는 평등권이 자유권의 바탕이 된다는 점도 우리 헌법에서 충분하게 천명되어 있지 않다. 성평등에 대한 규정이 없고, 성적 지향으로 인한 차별금지가 명시되지 않은 것이 대표적인 본보기일 것이다.

그 동안 우리 사회는 신자유주의 체제로 급속히 전환되어 노동합리화에 따른 일자리 감소가 엄청나게 일어나고, 비정규직 노동이 확산하고, 사회적 양극화가 고착되었다. 단결권, 단체교섭권, 단체행

---

4 1987년 헌정질서의 태생적 한계와 그 문제에 대해서는 졸고 "'87년 체제'의 청산과 민중정치 - 민중신학적 관점에서 제20대 국회의원 총선거에서 얻는 한 귀결," 30/4 (2016), 159-165와 각주 23의 논자들의 주장을 참고하라.

동권 등 노동3권은 자본친화적이고 노동배제적인 법령에 의해 실효성 있게 실현되지 못했다. 이러한 상황에서는 사회세력들 사이의 힘의 균형이 완전히 깨어져 책임 있는 사회적 파트너 관계가 성립될 수 없다. 기업의 공동결정권과 산별교섭권 등은 한국 사회에서 여전히 금기시되고 있다. 심지어 불법파업 단정에 따른 손해배상 청구소송 및 가압류 조치와 같은 재산권 행사로 노동자들의 가장 강력한 무기인 집단행동권이 무력화되는 일이 빈번하게 일어나고 있다.[5] 또한 사회세력들 사이의 힘의 불균형은 용산참사 등의 야만적 사태를 불러일으켰다. 개발이익을 독점하려는 재산권 행사자들에 맞서서 위대자들의 권리와 이익은 철저하게 무시되었다. 이러한 사태 발전에 더하여 인간으로서 존엄하게 생활할 수 있는 권리들은 신자유주의 체제에서 어이없을 정도로 강화된 업적지상주의로 인하여 무시되거나 매우 기형적인 방식으로 보장되고 있다. 노동연계복지 개념에 근거한 기초생활수급권자는 민중을 낙인효과 아래 놓이게 하고 가난의 함정에 빠뜨렸다. 소득 분배는 말할 것도 없고, 사회적 재분배에 관한 논의조차 우리 사회에서는 업적지상주의에 의해 발목이 잡혀 있다. 그러니 국가가 모든 시민들에게 존엄하고 자유로운 삶을 보장하기 위해 기본소득을 지급하여야 한다는 구상은 극심한 저항에 부딪치고 있는 것이다.

현행 헌법은 총강 제9조에서 전통문화의 계승·발전과 민족문화의 창달을 국가 과제로 천명하고, 사회권의 틀 안에서 문화적 권리의 한 종류인 교육받을 권리를 규정하고 있는데, 이것은 세계화의 진척

---

[5] 이 문제에 대한 상세한 분석으로는 졸고 "노동권과 소유권," 『지구화 시대의 사회윤리』 (서울: 한울아카데미, 2005), 239-241.

으로 문화 간 접촉과 혼융이 폭발적으로 늘어나고 우리 사회가 빠른 속도로 다민족·다문화 사회로 변모하고 있는 현실에 부합하지 않다. 문화국가의 과제로 설정된 교육에 대해서 현행 헌법은 국가주의적 교육의 틀을 강조할 뿐, 교육의 공공성과 교육 자치의 원칙에 충실하지 않다. 이러한 헌법 규정 아래서는 국가가 나서서 대학구조조정을 강제하는 상황을 막을 수 없고, 사립학교의 비민주주의적인 지배구조와 비리를 방지할 수 없고, 각급 학교의 교육 과정과 평가를 국가가 주도적으로 규정하는 일도 막을 수 없다.

아마도 현행 헌법에서 환경보호 규정은 기본권 부분에서 가장 취약할 것이다. 헌법 제35조 ①항은 "모든 국민은 건강하고 쾌적한 환경에서 생활할 권리를 가지며, 국가와 국민은 환경보전을 위하여 노력하여야 한다"라고 선언하고, ②항에서 "환경권의 내용과 행사에 관하여는 법률로 정한다"라고 규정하고 있을 뿐이다. 환경권 규정은 극도로 인간중심주의적인 관점에서, 그것도 공리주의적으로 정식화되어 있고, ①항의 이 선행규정은 뒤에 나오는 '환경보전'의 의미를 한정하고 있다. 게다가 환경권에 관한 모든 사항은 법률에 위임되어 있어 생태계의 건강성과 안정성을 보호하는 국가의 의무는 실제로는 헌법 규범으로 명문화되어 있지 않다. '지속가능한 개발'이라는 최소 강령마저도 담아내지 못하는 헌정질서에서 국가가 나서서 새만금 사업을 벌이고, 4대강 사업을 벌이는 등 생태계 재앙을 가속화하는 일이 끊임없이 일어나는 것은 어찌 보면 프로그램화되어 있다고 볼 수 있다.

2. 개정 헌법의 전문과 총강

위에서 말한 바를 감안할 때, 개정 헌법은 전문과 총강에서 국민주권주의 강화와 참정권 확대, 중앙집권화된 권력의 분산과 대의제의 혁신을 전제하면서 인간과 시민의 자유와 평등을 보장하고, 사회국가와 문화국가 그리고 자연국가의 형성을 국가 구성과 운영의 기본 원리로 천명하는 것이 바람직하고 시의적절하다고 본다.

1) 개정 헌법의 전문

많은 나라들에서 헌법 전문은 헌법의 정통성과 정당성을 천명하고, 국가의 가치체계와 목표를 명확하게 밝히는 구실을 한다. 우리나라의 현행 헌법도 그렇게 되어 있다. 현행 헌법의 전문은 크게 보아 네 부분으로 이루어져 있고, 각 부분은 ① 대한민국의 역사적 근원과 존재 이유, ② 대한민국이 지향할 가치체계, ③ 대한민국의 미래지향적 목표, ④ 헌법의 연원과 개정 헌법의 민주적 정당성을 다루고 있다. 새 헌법의 전문도 이 구조를 유지하되, 그 안에 담을 내용을 수정하거나 보완할 필요가 있다.

여기서 개정 헌법의 전문에 담을 모든 내용을 일일이 검토할 겨를은 없지만, 몇 가지는 분명히 하고 싶다. 첫째, 대한민국이 오늘에 이르기까지 민주공화국으로 구성되는 과정이 식민지로부터 벗어나 국민국가를 형성하고자 하는 민중 투쟁과 더 많은 자유와 평등, 더 많은 정의와 복지를 실현하려는 민중 항쟁과 저항의 성과였다는 것을 분명히 하는 것이 중요하다.6 둘째, 현행 헌법은 민주공화국의 가치체계를 '자유민주적 기본질서'라는 좁은 틀에 제한적으로 담고 있으나, 개정 헌법에서는 이 틀을 해체하여 시민의 참여와 동의에 바탕을 둔 민주주의와 법치주의를 바탕으로 해서 모든 사람들의 자유와 평등을 보장하고, 사회적 연대와 정의를 실현하고, 다양성과 차이를 존중하고, 생태계 보전의 책임을 다하는 것을 기본적인 가치체계로 삼고, 여기서 국가와 시민사회의 운영 원리를 도출할 수 있도록 하는 것이 바람직할 것이다. 셋째, 이러한 기본적 가치체계에 근거하여 국가의 대내외적인 목표를 상황에 맞게 설정하여, 대외적으로는 인류 공영, 동북아시아와 세계 평화의 실현, 지구 생태계의 보존에 이바지하고, 대내적으로는 한반도 평화와 통일을 지향하면서 자유국가, 사회국가, 문화국가, 자연국가를 실현하는 것을 선언하면 좋을 것이다.

2) 개정 헌법의 총강

개정 헌법의 총강은 헌법 전문이 밝힌 국가의 기본적인 가치체계로부터 국가와 사회의 구성과 운영 원리를 도출하여 이를 일관성 있게 제시하는 부분이 되어야 한다고 생각한다. 이 점이 현행 헌법에서는 명확하게 밝혀져 있지 않다. 현행 헌법의 총강은 9개 조항으로 이루어져 있고, 그 내용은 제1조(국가 정체성과 국민주권 원리), 제2조(국적), 제3조(영토), 제4조(평화적 통일 정책), 제5조(국제평화, 국군), 제6

---

6 현행 헌법의 전문에는 이와 관련해서 단지 대한민국임시정부의 법통과 4·19 민주이념의 계승만이 언급되어 있으나, 1980년 광주 민주항쟁, 1987년 6월 민주항쟁과 2016-2017년 촛불항쟁이 명문화되는 것이 마땅하다. 다만, 이러한 열거가 이벤트 중심적 서술 방식이므로 국민국가 형성과 자유, 평등, 정의, 민주주의, 평화, 통일을 위해 면면히 이어진 민중 운동의 성과를 담아내는 포괄적 서술이 보충되어야 할 것이다.

조(조약, 국제법규 등), 제7조(공무원), 제8조(정당), 제9조(전통문화, 민족문화)로 되어 있다. 이 조항들은 얼핏 보아도 중구난방인데다가 국가의 운영 원리에 대해서는 오직 제9조에서, 그것도 전통문화의 육성과 민족문화의 창달이라는 단 한 가지 과제에 한정해서 밝히고 있을 뿐이다.

새 헌법의 총강은 민주공화국의 정체성과 국민주권 원리를 출발점으로 하여 국민7과 주권의 영역을 분명히 하고 국민적 주권국가의 국제평화 형성 의무와 한반도 평화통일의 사명을 천명하고 난 뒤에 국가 운영과 정치의 원리, 사회경제적 원리, 교육과 문화의 육성 원리, 생태계 보전의 원리 등을 일관성 있게 강령적으로 제시하는 것이 바람직하다. 오직 이러한 국가 강령이 명확하게 제시되어야 기본적 권리들의 성격과 내용을 위시하여 헌법의 나머지 조항문들을 체계적으로 배치하고 정식화할 수 있을 것이다.8

여기서 총강에 관련된 모든 사항들을 전부 검토하고 의견을 제시할 수는 없다. 국민, 주권의 영역, 국제평화 형성과 한반도 평화통일의 사명, 국가 운영과 정치의 원리 가운데 국군, 공무원 등에 관한 논의는 생략하고, 국가 운영과 정치의 원리에 관해서도 참정권과 관

---

7 세계화의 효과로 인해 우리나라가 급속히 다민족국가로 변화되고 있기에 국적 문제에 대한 새로운 접근이 필요하나 이 글의 주제에서 벗어나기에 이에 관한 논의를 하지 않는다.
8 국회헌법개정특별위원회 자문위원회는 다수 의견에 따라 현행 헌법의 총강 체계를 그대로 따르기로 하고, "총강의 체계를 대폭 개정하여 '대한민국의 정체성과 주권 원리(1조), 국민(2조), 영역(3조), 국제평화와 호혜적 국제관계(4조), 통일 지향성(5조), 국가 운영과 정치의 기본 원리(6조), 시민사회의 기본 원리와 지향(7조), 경제의 기본 원리와 지향(8조), 환경·자연·생태계·생명 등과 관련한 기본 원리(9조), 교육과 문화와 관련한 기본 원리(10조)'로 전면적으로 수정하는 방안"이 소수안으로 제시되었다고 밝히고 있다. 「국회헌법개정특별위원회 자문위원회 보고서」(대한민국 국회, 2018년 1월). 47.

련된 부분만을 다루는 데 그칠 수밖에 없다. 총강에 반드시 포함되어야 한다고 여겨지는 사회경제적 운영원리, 문화국가적 운영원리, 자연국가적 운영원리 등에 대해서는 강령적 수준의 의견을 제시할 것이다.

(1) 민주공화국의 정체성

헌법 제1조는 우리나라가 민주공화국의 정체성을 갖고 있음을 분명히 천명하는 조항이다. 민주공화국은 시민의 동등한 참여와 합의에 바탕을 두고 운영되는 국가일 것이니 그 주권의 소재가 국민에게 있는 것이 당연하다. 현행 헌법 제1조 ①항은 이 점을 간결하게 표현하고 있다. 그러나 ②항은 지나치게 포괄적이다. 현행 헌법은 "대한민국의 주권은 국민에게 있고, 모든 권력은 국민으로부터 나온다"라고만 규정하고 있는데, 이 조항의 제1문은 명확하지만, 제2문은 조금 더 또렷하고 분명하게 정식화될 필요가 있다. 첫째, 모든 권력이 국민으로부터 나오는 것은 맞는데, 그 권력은 국민에 의해 직접 행사될 수도 있고 위임에 의해 행사될 수도 있다. 권력 행사 방식은 국민의 의사에 맡겨져 있는 것이다. 둘째, 권력의 행사는 국민을 위한 것이어야 한다. 셋째, 모든 권력은 자의적으로 행사되어서는 안 되고 오직 법률에 따라 행사되어야 한다. 이 세 가지 보완 사항이 명문화되지 않는다면, 국민의 참정권을 무력화시켜 대의제의 함정에 빠지기 쉽고, 대통령을 위시한 권력자가 위임받은 권력을 자의적으로 행사하여 국민의 권리와 이익을 아랑곳하지 않고 국정농단을 벌여도 이를 제어할 헌법 규범이 없는 셈이 된다. 따라서 필자는 헌법 제1조 ②항을 "대한민국의 주권은 국민에게 있고, 모든 권력은 국민으로부

터 나오며, 국민의 의사에 따라 국민을 위하여 법률에 의해 행사된
다"로 정식화하거나 제2문의 내용을 서로 구분하여 독립된 항으로
열거할 것을 제안하고 싶다.9 대한민국의 정체성을 규정하는 헌법
제1조에 중앙집중화된 권력을 지방정부로 분산하는 원칙을 담자는
주장이 강력하게 대두되고 있는 것으로 알고 있지만, 이에 대해서는
여기서 논하지 않는다.

(2) 국가 운영과 정치의 원리

국가 운영과 정치의 원리에 관련해서는 국민의 정치 참여의 원칙,
정당 구성과 활동의 원칙, 삼권분립의 원칙 등을 명시하고, 국군의
구성과 운영, 공무원제도 운영의 원칙 등을 명시하면 될 것이지만,
여기서는 참정권에 관련된 몇 가지 사항만을 짚고 넘어가고자 한다.
첫째, 참정권은 대한민국의 민주공화국으로서의 정체성과 국민주권
의 원칙에서 직접 도출되는 권리라는 점을 명확히 할 필요가 있다.
참정권은 국가를 창설·운영하고 정치를 형성하는 국민의 권리이기
때문에 국가의 창설과 존립과 운영으로 인하여 발생하고, 또 그것을
위하여 성립되는 권리이다. 이러한 성격과 본질을 갖고 있는 참정권
은 국가에 의해 확인되는 자유권이나 국가에 의해 인정되고 창설되
는 사회권과 문화권 그리고 자연의 권리와는 그 성격을 달리한다. 따
라서 참정권과 그에 관한 규정은 헌법의 기본권 항목에 넣어둘 것이
아니라 국가의 구성과 운영 원리를 규정하는 헌법 총강에 명문화하

---

9 열거방식을 취한다면, 헌법 제1조는 다음과 같이 정리될 것이다. 헌법 제1조 ① 대한
민국은 민주공화국이다. ② 대한민국의 주권은 국민에게 있고, 모든 권력은 국민으로
부터 나오며, 국민의 의사에 따라 행사된다. ③ 모든 권력은 국민을 위하여 행사된다.
④ 모든 권력은 법률에 의해 행사된다.

는 것이 사리에 맞다.

둘째, 참정권은 선거권, 공무담임권, 소환권, 법률발의권, 국민투표 발의권 등으로 발현되는데, 무엇보다도 먼저 국민이 선출하는 대의기구는 전국적 정당지지율에 정확하게 비례해서 구성되어야 한다는 원칙이 헌법 규범으로 자리를 잡는 것이 바람직하다. 이 규범이 법적 구속력을 발생시키게 된다면, 정당의 이념적 분화가 촉진되고, 정당들을 중심으로 한 책임정치의 가능성이 커져서 대의제가 좀 더 실효적으로 운영될 수 있다. 그렇게 되면, 계급, 성, 연령 등의 차이에 따른 다양하고 다원적인 정치적, 사회경제적, 문화적, 생태학적 욕망들은, 더 이상 지역주의에 매몰된 후진적인 대의제로 인해 그 실현이 끝없이 유예되는 일 없이, 그 충족을 위한 더 많은 정치적 기회를 얻게 될 것이다.

셋째, 시민과 민중의 정치 참여를 활성화하기 위하여 정당 설립의 문턱을 낮추고, 지역정치와 중앙정치 차원의 정당 결성을 촉진시키고, 진성 당원 중심으로 아래로부터 권력을 형성할 수 있도록 하는 원칙을 명확히 천명한다. 이에 관련해서 정당에 대한 국고보조금 지급을 폐지한다는 원칙을 명문화할 필요가 있다.

넷째, 투표권을 갖는 모든 국민의 탄핵소추발의권, 소환권, 법안발의권, 국민투표 발의권 등을 헌법 총강에 명시하고, 그 권리의 실현에 필요한 발의정족수 요건과 의결정족수 요건을 가급적 완화하여 직접 민주주의를 획기적으로 강화할 수 있도록 참정권의 종류별로 헌법의 적절한 곳에 명문화할 필요가 있다.

다섯째, 투표권 연령을 낮추어 국민의 정치 참여의 폭을 넓히는 것이 적절할 것이다.

(3) 사회경제적 운영 원리

사회경제적 운영 원리는 사적 자치의 원칙을 출발점으로 하고, 사회세력들이 힘의 균형에 바탕을 두고 서로 사회적 책임을 다하는 파트너관계를 형성하는 것을 그 핵심으로 삼는다. 오직 이러한 조건이 확립될 경우에만 사회적 연대와 경제적 효율성이 서로 결합되고 사회적 평화를 촉진시킬 수 있을 것이다. 따라서 사회세력들의 힘의 균형을 제도적으로 보장하는 것이 국가의 책무이고, 헌법은 반드시 이러한 원칙을 국가 강령으로 규정해야 한다. 여기서 더 나아가 헌법은 국가가 주권 영역에서 사회생활에 참여하는 모든 사람들에게 인간의 존엄성에 부합하는 자유로운 삶을 형성할 기회를 연대적으로 보장한다는 원칙을 밝혀서 대한민국이 사회국가의 규범 아래 있다는 것을 분명히 밝힐 필요가 있다.

(4) 문화국가의 운영 원리

문화국가의 운영 원리에 관련해서는 현행 헌법의 민족주의적 문화 이해에서 벗어나 세계화의 전개에 따른 문화 간 접촉과 혼융, 다민족·다문화 사회의 형성 등에 부합할 수 있도록 차이와 다양성을 존중하고 관용하는 원칙을 헌법 총강에 부각시키고, 학문과 예술과 기술을 육성하는 국가의 책무를 규정하고, 교육이 만인을 위한 공공재이고 자치의 영역에 속한다는 원칙을 명문화할 필요가 있을 것이다.

(5) 생태계 보전의 원리

끝으로, 헌법 총강에 생태계 보전을 국가 운영의 원리로 설정하는 것이 중요하다. 국가가 나서서 생태계를 파괴하는 일이 비일비재로

벌어지고, 재산권 행사에 따라 무분별한 개발이 이루어져서 '지속가능한 개발'이라는 최소한의 강령마저도 무색해지고 있는 우리 사회에서는 생태계의 온전성을 보존할 국가의 책무를 헌법 규범으로 선언하고, 건강하고 안정된 생태계를 향유할 만인의 권리를 창설할 필요가 있다.

III. 기본권 체계에 대한 검토

1. 기본적 권리들의 배치

현행 헌법의 기본권 체계는 '국민'을 권리의 주체로 규정한 뒤에 헌법 제10조에서 인간의 존엄성과 가치의 보장과 행복추구권을 기본 원칙으로 삼고, 제11조에서는 모든 국민의 법 앞에서의 평등과 차별금지를 규정하여 제10조의 정신을 강화시키고 있다. 그 다음 제13조부터 제39조까지 이어지는 기본권 조항들은 대체로 자유권, 참정권과 청원권, 공정한 재판을 받을 권리, 교육권, 사회권, 환경권, 기본권 제한 등을 규정하고 있으나, 기본권 조항들의 배치는 일관성과 체계성을 결여하고 있다.

권리 주체의 문제는 뒤에서 상세하게 다루기로 하고, 여기서는 먼저 새 헌법에서 기본권 조항들이 일관성 있게 체계적으로 배치되어야 한다는 점을 강조하고 싶다. 인간의 기본적 권리들은 인간이 존엄한 생명체로서 존재하면서 자신의 삶을 자주적으로 형성한다는 사실, 인간이 노동을 하며 사회적으로 삶을 형성한다는 사실, 인간이 문화를 창조하고 그 안에서 자신의 정체성을 형성한다는 사실, 인류가 생태계의 필수불가결한 구성원으로 존재하고 생태계에 의존하며 살아간다는 사실에서 비롯되는 권리들이다. 이러한 권리들을 어떤 순서에 따라 배치할 것인가는 인간의 현존 방식에 대한 철학적 이해에 따라 달라질 수 있다. 생태계 보전과 향유의 권리를 맨 앞에 놓고, 생명권 보장을 그 다음에 놓고, 그 뒤에 자유권, 사회권, 문화권 등을 순서대로 배치하는 것도 한 방법일 수 있다. 그러나 근대 헌법이 국가의 간섭과 침해로부터 인간의 생명과 자유를 보호하기 위해 창설되었다는 점을 감안한다면, 기본적 권리들의 배치에서 생명권 규정과 자유권 규정을 맨 앞에 놓는 것도 별로 이상할 것 같지 않다.

이런 점들을 감안해서 기본권 체계의 정점에 모든 인간이 생명과 생명의 안전을 보장받을 권리를 놓고, 생명을 가진 인간의 존엄성과 가치의 보장을 그 뒤에 설정하고, 모든 사람들이 종교, 인종, 언어, 연령, 성, 성적 지향, 장애, 지역, 사회적 신분, 고용형태 등 어떠한 이유로도 차별받지 않는다는 헌법적 규범을 그 다음 순서에 명시해야 할 것이다. 차별의 금지는 사회적 약자들과 소수자들에 대한 우선적 배려의 원칙에 의해 보강되어야 한다. 필자는 기본권 체계의 정점에 놓아야 할 이 권리들을 기본권 규정의 기본강령이라고 지칭하고 싶다.

이 기본강령들 아래 자유권적 권리들, 사회적 권리들, 문화적 권리들, 생태계 보전과 향유의 권리들, 청원권, 공정한 재판을 받을 권리들이 일관성 있게 배열되고, 기본권 제한 규정이 대미를 장식하는 것이 적절할 것이다. 자유권적 권리들을 맨 앞에 놓는 것은 인간의 권리가 확인되고 인정되고 창설되어온 역사적 순서를 의식한 측면도 있지만, 국가의 간섭과 침해로부터 자유를 확보하는 것이 인간의 자주적인 삶의 형성과 사회적 연대 형성 그리고 창조적인 문화 형성의 기초가 되기 때문이다. 각 권리 범주의 본질과 성격을 놓고 볼 때에도 자유권을 앞세우는 것이 적절하다. 자유는 인간의 존엄성을 구성하는 본질이며, 국가는 그 자유를 보장하기 위해 창설되었다고 보는 것이 마땅하다.[10] 따라서 자유의 권리들은 그 본질상 불가침의 권리들이고, 국가에 의해 제한될 수 없는 성격을 띠고 있다. 이에 반하여 사회적 권리들과 문화적 권리들 그리고 생태학적 권리들은 국민적 역량과 의지에 근거하여 국가에 의해 인정되거나 창설된 권리들이고 국가에 의해 적극적으로 육성될 권리들이다. 이러한 기본적 권리들이 논리적 순서에 따라 배치된 뒤에 국가 폭력으로부터 인간과 시민의 권리를 보호하고 인간의 권리들을 구현하는 것과 관련된 절차법적 권리들, 곧 청원권과 공정한 재판을 받을 권리가 명문화되는 것이 적절하다고 본다.

2. 권리의 주체 문제

헌법에서 권리의 주체를 어떻게 설정할 것인가는 매우 까다로운 검토를 필요로 한다. 현행 헌법은 권리의 주체를 '국민'으로 규정하고 있으므로, 국가의 책무는 논리적으로 '국민'의 권리를 보장하는 것으로 한정되고 있다. 그럴 경우, '국민'에 속하지 않는 사람들의 권

---

[10] 근대에 들어와 민주주의를 최초로 옹호한 철학자 스피노자는 "진실로 국가의 목적은 자유이다"(finis revera reipublicae libertas est)라고 명료하게 선언한 바 있다. 베네딕트 데 스피노자/최형익 옮김, 『신학정치론·정치학 논고』, 초판 2쇄(서울: 비르투, 2017), 373. (번역 일부 수정)

리는 사각지대에 놓일 수 있다. 현행 헌법의 권리 주체 규정은 언어와 문화적 전통을 공유하는 민족체가 얼마 전까지 우리 사회의 압도적 다수를 이루어 왔고, 국가주의가 강력한 영향을 발휘하였기 때문에 나타난 결과일 것이다. 그러나 세계화의 전개 과정에서 우리 사회는 다양한 구성을 이루게 되었고, 주권의 영역에 살고 있는 사람들 가운데는 국민뿐만 아니라 영주권자들, 체류허가를 받은 사람들, 여행자들, 불법체류자들도 있다. 이 사람들에게는 어떤 권리들이 얼마만큼 인정되어야 하는가?

필자는 기본권 체계에 속하는 권리들의 종류에 따라 권리의 주체를 설정할 수 있다고 본다. 우선 기본권 규정의 기본강령을 이루는 권리들은 모든 사람들에게 조건 없이 보장되는 권리들이다. 인간이 존엄한 생명체로서 존재하면서 자신의 삶을 자주적으로 형성한다는 사실에서 비롯되는 자유권적 권리들도 마찬가지이다. 신체의 자유, 양심과 신앙의 자유, 사상의 자유, 표현의 자유, 결사의 자유,[11] 직업의 자유, 통신의 자유, 주택 불가침권,[12] 사생활을 보호받을 권리 등은 만인의 권리이다. 전통적으로 자유권의 범주에 속하는 것으로 여겨져 왔던 재산권의 주체를 어떻게 설정할 것인가는 별도의 논의가 필요하다. 주권 영역을 넘나들며 모든 사람들이 수익 증권을 자유롭게 거래하는 상황에서 재산권의 주체를 '국민'으로 한정할 수는 없다.

---

[11] 외국인 노동자들이 그들의 권익을 구현하기 위해 단체를 구성하는 것을 허락하지 않는다면, 그것은 스캔들이 될 것이다. 그들이 결성한 단체는 임의단체가 될 것이다. 따라서 결사의 자유는 만인의 권리이다.
[12] 현행 헌법에서 주택 불가침권은 거주의 자유로 표현되어 있지만, 거주의 자유는 그 뜻이 모호하므로 주택불가침권으로 표기하는 것이 적절하다. 거주 이전의 자유도 자유권의 핵심이지만, 거주 이전의 자유는 모든 사람들에게 무조건 인정되는 권리라기보다는 주권 영역에서 체류 허가를 받은 모든 사람들에게 인정되는 권리이다.

그러나 재산권의 행사는 공공복리만이 아니라 사회권의 실현과 생태계 보전에 큰 영향을 미칠 수 있고, 이에 따라 엄격한 법률적 규율 아래 놓여야 할 것이기 때문에 국가에 의해 권리능력과 의무능력을 인정받은 사람이 재산권의 주체로 설정되어야 한다는 주장이 설득력이 있다.

인간이 노동을 하며 삶을 사회적으로 형성한다는 사실에서 비롯되는 사회적 권리들의 주체는 노동 허가를 받고 체류하는 사람들까지 확대된다. 그들은 사회보장 수급조건을 충족시키는 한에서 국가가 최종적 책임을 지는 사회보장을 향유할 권리도 인정받는다.

인간이 문화를 창조하고 그 안에서 자신의 정체성을 형성한다는 사실에서 비롯되는 권리들, 특히 차이와 다양성의 존중, 관용, 교육받을 권리는 주권 영역에 있는 모든 사람들의 권리이다. 이와 같은 문화적 권리의 보편성 때문에 교육받을 권리를 보장받기 위해 체류 허가를 신청하는 사람들에게는 즉시 체류 허가가 발급되도록 하는 것이 헌법 규범이 되어야 할 것이다.

생태계 보전과 향유의 권리 역시 만인에게 보장되는 권리이다. 공정한 재판을 받을 권리, 신속하고 공정한 행정집행을 청구할 권리, 보상을 청구할 권리 등과 같은 절차법적 권리들도 만인에게 보장되는 권리들이다.

따라서 기본권의 체계 밖으로 옮겨 놓은 참정권을 제외하고 '국민'을 권리 주체로 설정할 수 있는 권리들은 없다. 재산권의 주체는 국가에 의해 권리능력과 의무능력을 인정받은 모든 사람들이기에 '국민'으로 한정될 수 없다. 만일 '무조건적인 기본소득'의 권리가 기본권으로서 창설된다면, '무조건적 기본소득'의 개념 구성에서 급부 주체가 국가와 지방자치단체 같은 정치공동체로 설정되어 있으므로, 그 권리의 주체는 완전시민인 국민과 제한적 시민권자인 영주권자로 한정될 것이다.

3. 재산권의 성격과 위상

새 헌법의 기본권 체계에서 가장 까다로운 과제는 재산권의 성격과 위상을 규정하고, 재산권 행사를 규율하는 규범을 명문화하는 것이다. 국회헌법개정특별위원회 자문위원회 보고서는 기본적 권리들에 대해서 의미 있는 제안을 했지만, 유독 재산권 조항에 대해서는 현행 헌법의 내용을 그대로 두고 "법률로써"라는 문구를 "법률에 의해"로 가다듬자는 의견을 내는 데 그쳤다.[13] 재산권에 관한 헌법적 규범의 변경이나 수정은 엄청난 사회변화를 초래할 수 있고, 이에 대한 저항이 엄청나게 강하기 때문에, 그러한 변경을 이끌어낼 수 있는 힘이 사회적으로 조직되고 정치적으로 관철될 수 있어야 비로소 이루어질 것이다. 이 점에서 우리 사회는 그 동안 충분하지는 않지만 의미 있는 진전을 이루어왔다. 우리 사회는 그린벨트 설치와 운영을 위시하여 토지공개념을 제한적으로 운용하여 공공복리를 실현하는 역량을 발휘하였고, 현행 헌법 제23조 ②항(재산권 행사의 공공복리 적합성 요구)과 ③항(재산권의 수용·사용 또는 제한 규정), 제122조(토지공개념 규정)[14]를 명문화하여 이를 규범적으로 뒷받침하여 왔다. 따라

---

[13] 국회헌법개정특별위원회 자문위원회 편, 「국회헌법개정특별위원회 자문위원회 보고서」, 81f.
[14] 대한민국 헌법 제122조 "국가는 국민 모두의 생산 및 생활의 기반이 되는 국토의 효율적이고 균형있는 이용·개발과 보전을 위하여 법률이 정하는 바에 의하여 그에

서 재산권 행사가 절대적 성격의 자유권이 아니라는 인식은 우리 사회에서 점차 자리를 잡아가고 있다고 볼 수 있다.

1) 재산권의 규정

토지 공개념에서 볼 수 있듯이 우리나라에서도 재산권에 대한 규범적 이해에 변화가 나타나고 있기는 하지만, 현행 헌법의 재산권 규정은 여전히 미흡하며 여러 가지 짐에서 보완되어야 한다. 우선, 재산권 개념의 본질과 실체에 대한 이해를 명확하게 할 필요가 있다. 현행 헌법의 재산권 개념은 물권과 채권을 엄격하게 구별하는 로마법 전통과 이를 계수한 독일 판덱텐(Pandekten) 법학 이론에 근거하고 있다. 로마법 전통에서 물권은 물건에 대한 권리로 한정되기에 사람의 행위에 관한 권리인 채권을 포함하지 않았다. 이처럼 소유권이 물건에 대한 권리로 한정되었기에 물건에 대한 처분권은 절대화되고, 소유권의 제한은 한 물건에 대한 소유권의 행사가 다른 물건에 대한 소유권이나 그 행사를 침해하는 경우로 한정되었다.15 이러한 로마법의 물권 개념을 정교하게 발전시킨 판덱텐 법학 이론은 대륙법의 민법 체계에 논리적 근거를 제시하였고, 여기서 확립된 재산권 개념이 일본을 거쳐서 우리나라에 계수되었다.

이 개념은 두 가지 문제를 갖는다. 첫째, 재산권을 물건에 대한 권리로 일면적으로 규정하고 있어서 재산권이 사람의 물건에 대한 관

관한 필요한 제한과 의무를 과할 수 있다".
15 로마 물권법의 성격과 그 제한에 대해서는 윤철홍, 『소유권의 역사』(서울: 법원사, 1985), 26f., 30을 보라.

계를 매개로 해서 성립되는 사람과 사람의 관계라는 측면을 사상하고 있다. 만일 재산권이 다른 사람의 간섭 없이 자신에게 귀속된 물건에 대한 관계를 규정하는 권한이라면, 재산권은 논리적으로 물건의 사람에 대한 귀속을 그 본질로 하고, 제삼자가 그 물건에 대한 간섭이나 침해 금지의 의무를 받아들이는 것과 동시에 소유자가 귀속 물건에 대한 배타적 지배를 규범적으로 인정받는 것을 그 실체로 한다. 따라서 재산권은 귀속 물건에 대한 사용·수익·처분(uti, fruti, abuti)의 권능을 통일하는 추상적 개념인 소유권보다 훨씬 더 포괄적인 개념이다. 한 마디로, 재산권은 사회적 동의에 근거하여 규범적으로 인정되는 권능이고, 현대 사회에서는 국가의 법률에 의해 규율되는 권능이다. 재산권의 본질인 물건의 사람에 대한 귀속 관계와 재산권의 실체인 재산권의 행사 권능은 서로 구별되고, 재산권의 본질과 실체는 모두 법률의 규율 아래 놓인다는 것이 재산권의 법리이다.

둘째, 현대 사회에서 재산권은 택시면허처럼 수익에 대한 기대나 사람에게 특정한 행위를 요구할 수 있는 권리인 채권을 그 대상으로 포함하는 경향을 보이고 있다. 택시면허는 물건이 아니지만 마치 물건처럼 거래되고 있기에 재산권의 범주에 속할 수 있다. 지식과 정보 등도 물건이 아니지만 재산권의 대상으로 널리 인정되고 있다. 그것의 귀속관계를 정할 수 있는데다가 그것이 수익을 가져다 줄 수 있고 임의로 양도될 수 있기 때문이다. 빚을 진 사람에게 빚을 변제하는 행위를 하도록 요구하는 권능으로서의 채권도 물권과는 구별되지만, 재산권의 효력 범위 안에 놓이는 것으로 볼 수 있는 경우가 증가하고 있다.16 물론 모든 채권이 그럴 수 있는 것은 아니고, 생존권 보장과 관련된 채권이 그런 경우에 해당된다. 예컨대, 분할연금수급권은 공법상 채권의 분할과 양도를 전제한 것이고, 그러한 분할과 양도는 엄연히 기대수익의 처분권을 전제하고 있다. 현대 사회에서는 국가의 일방적인 급부에 의존하여 생활을 영위하는 경우가 늘어나기 때문에 공법상의 채권에 대한 권리 주장이 긴요해 지고 있어서 이에 관한 헌법적 규범을 정비할 필요가 있다.17

2) 재산권의 위상

재산권의 위상도 명확하게 할 필요가 있다. 전통적으로 재산권은 자유권에 속하는 것으로 여겨져 왔다. 재산권이 자유권의 하나로 규정된다면, 국가는 재산권을 보호하고 보장할 뿐 이에 간섭하거나 침해할 수 없다는 주장이 힘을 얻게 된다. 재산권의 자유권적 성격은 프랑스 혁명 이후 선포된「인간과 시민의 권리에 대한 선언」(1791년) 제17조에서 명료하게 표현되었다. 거기서 소유권은 신성불가침의 권리이다.18 이 선언의 정신은 프랑스 헌법에 명시된 뒤에 나폴레옹 법전(1804)을 통해 유럽 각국의 헌법에 뿌리를 내렸다.19

프랑스 혁명 이후에 선포된 소유의 신성불가침성은 국가로부터

---

16 재산권의 실체가 대물적 권한이 아니라 대인적 권한이라는 점을 인정한다면, 물권과 채권의 경계는 영미법 체계에서 그런 것처럼 본시 뚜렷한 것이 아니다.
17 이에 대해서는 김서기, "재산권 개념의 변화: 맥퍼슨의 이해를 중심으로,"「법조」61/6(2012), 205ff.
18「인간과 시민의 권리에 대한 선언」제17조: "소유권은 불가침적이고 신성한 권리이므로, 법률적으로 확정된 공공의 필요가 이를 명백히 요구하고, 소유자가 사전에 동등한 보상을 받은 조건 아래서가 아니라면, 소유권은 그 누구에게서도 침탈될 수 없다".
19 "인간과 시민의 권리에 관한 일반 선언"과 나폴레옹 법전에 명시된 소유권의 의미에 대해서는 甲斐道太郎 외/강금실 역,『소유권 사상의 역사』(서울: 돌베개, 1984), 96ff., 109ff.를 보라.

개인의 자유를 침탈당하지 않은 채 자주적인 삶을 형성하기 위한 물적 기반을 확보하는 것을 의도한 것이었고, 그러한 한에서 재산권은 자유권적 성격을 인정받을 수 있었다. 만일 국가가 개인의 생명과 자유롭고 자주적인 삶의 형성에 꼭 필요한 재산과 재산권 행사를 침탈한다면, 그러한 처지에 놓인 사람은 국가에 예속될 수밖에 없을 것이다. 따라서 재산권은 응당 자유권적 권리로 천명되어야 할 필요가 있었고, 이와 같은 재산권의 자유권적 성격은 현대 국가에서도 인정되어야 할 것이다. 다만, 그 권리의 주체는 자연인으로 한정되어야 하고, 그 규모는 사회규범에 의해 인정될 수 있는 정도에 그쳐야 한다.

그런데 프랑스 인권 선언의 소유권 조항은 곧바로 로마 물권법의 소유권 개념과 결합되었고, 소유자의 귀속 재산에 대한 절대적 처분권을 뜻하는 것으로 변질되었다. 이러한 소유권 개념은 사람의 물건에 대한 관계만을 추상적으로 포함할 뿐 사람의 물건에 대한 관계를 매개로 한 사람과 사람의 관계를 배제하기 때문에 치명적인 문제를 안게 된다. 그러한 소유권 개념은 대토지소유자의 권력을 강화시켰고, 자본주의가 발전하면서 자본소유자의 사회적 권력을 절대화했다. 이렇게 해서 확립된 소유계급의 지배는 소유자 중심의 정치적 지배체제의 구축으로 공고화되고, 헌법 규범의 정식화와 해석을 소유자친화적으로 고착시켰다. 이것은 소유권의 자유권적 성격을 명시한 헌법이 자리를 잡은 모든 사회에서 나타난 현상이었다.

이러한 상황을 근본적으로 타파하기 위해서는 재산권의 본질과 실체 규정으로부터 재산권이 사회적 인정과 규율 아래 놓인다는 원칙이 확인되고, 재산권 행사는 책임을 지며 그 책임은 법률에 의해 부과된다는 규범이 확립되어야 한다. 예컨대, 토지에 대한 재산권이 귀속토지에 대한 사용·수익·처분의 권능으로 구현된다고 하더라도 그 재산권의 행사는 단순히 제삼자의 간섭과 침해를 배척하는 것만을 전제하는 것이 아니라 그 재산권 행사로 인해 사람들 사이에서 발생하는 효과까지도 고려하지 않으면 안 될 것이다. 바로 이 점에서 소유자의 귀속 토지에 대한 지배권은 사회적으로 승인되어야 할 권리이다. 역사적으로 볼 때, 토지 지배를 매개로 한 봉건적 지배관계가 철폐된 것은 그것이 사회적으로 더 이상 용납될 수 없었기 때문이다. 대한민국이 수립된 뒤에 토지개혁을 실시하면서 경자유전의 원칙에 따라 토지 수용과 배분이 이루어진 것도 같은 이치이다. 부동산 투기와 지대 수취로 인해 빈부격차가 확대되고 사회적 약자의 생활권과 주거권이 심각한 위협을 받고 있는 오늘의 상황에서 부동산 소유자가 재산권 행사에 따르는 의무와 부담을 받아들이지 않겠다는 것은 사회규범에 부합하지 않는 일로 여겨지고 있다. 부동산 개발의 여파로 상가구역이 소멸됨으로써 수익기회를 상실한 데 대한 정당한 배상이 재산권 행사라는 이름으로 무시되는 것은 더 이상 용납될 수 없는 일로 생각되고 있다. 더 나아가 현대 사회에서 사회적 생산의 가장 중요한 기관인 기업에서 생산수단의 소유도 사회적 책임을 져야 한다. 기업은 서로 이해관계를 달리하는 자본소유자 및 그 대리인과 노동자들 사이의 협력을 통해 운영되고, 기업이 자리 잡고 있는 사회의 인프라에 의존하고 그 인프라의 일부를 구성한다. 바로 이와 같은 기업의 구성과 현존방식은 사업 구상과 전개의 물적 표현인 생산설비의 확장과 축소, 이전과 폐쇄, 매각과 매입 등 기업의 재산권 행사가 엄격한 사회적 통제 아래서 이루어져야 한다는 것을 의미한다. 재산이 자본의 형태를 취하여 사회적 권력으로 기능하고 있는 한, 그 자본이 자연인에 귀속되든, 법인에 귀속되든, 공법상의 단체에 귀속되든 상관없이, 그 권력 자원의 운용과 처분은 응당 그 권력의 영향권에 있는 사람들에 의해 용인될 수 있어야 한다.

재산권 행사에 따르는 책임은 사회관계들에서만이 아니라 생태계와의 관련에서도 엄격하게 요구된다. 국가가 나서서 국유재산인 4대강 개발 사업을 벌인 것은 국가에 의한 재산권 행사가 어떤 파국적 결과를 불러일으키는가를 잘 보여준다. 개발의 가능조건인 재산권 행사가 하천, 호수, 습지, 산림, 지표면, 지하, 해안, 해양, 대기권 등 생태계와 그 안에 자리 잡고 있는 생명체들과 무생명체들에 미치는 가공할 만한 영향을 감안한다면, 재산권 행사가 생태학적 관점에서 엄격하게 규율되지 않으면 안 된다는 것도 분명하다. 국가와 같이 막강한 권력을 행사하는 공법상의 단체가 생태계의 공간적 구성 부분에 대한 소유 주체가 되는 경우가 과연 적절한가에 대해서도 근본적인 검토가 필요하다.

3) 재산권 규정의 재정식화

위에서 말한 바에 근거하여 필자는 헌법 개정을 할 때 현행 헌법 제23조와 제122조를 병합하고 재산권 규정을 다음과 같이 정식화할 것을 제안한다.

(1) 재산권은 인정된다. 그 본질과 실체[20]와 한계는 법률로 정한다.

---

20 만일 현행 헌법 제23조 ①항 규정에 나오는 재산권의 '내용'이 재산권의 본질과 실체를 의미한다면 그렇게 써도 무방할 것이다. 그러나 우리나라 헌법과 민법이 대륙법

(2) 재산권의 행사는 공공복리에 적합하여야 하고, 사회적 책임과 생태학적 책임을 다하여야 한다. 재산권 행사에 대해서는 법률에 의해 특별한 제한과 부담과 의무가 부과될 수 있다.
(3) 공공의 필요에 의한 재산권의 수용·사용 또는 제한 및 그에 대한 보상은 법률로 정하되, 재산권자의 이익과 공공의 이익이 균형을 유지하도록 하여야 한다.

4. 사회권의 보완과 강화

사회권은 현행 헌법에서도 여러 가지로 명문화되어 있지만, 많은 점에서 미흡하기에 상당한 보완이 필요하다. 본시 사회권은 바이마르 공화국 헌법에서 최초로 명문화된 뒤에 여러 나라의 헌법에 자리를 잡아갔다. 바이마르 공화국 헌법의 예21에서 볼 수 있듯이, 사회권은 인간이 노동을 하며 사회적으로 삶을 꾸려간다는 사실에서 비롯되는 권리들22이다. 그 때문에 사회권은 두 갈래로 개념화된다. 하

의 영향 아래 있다는 것을 고려한다면, 재산권의 '내용'을 그 '본질과 실체'로 보완하는 것이 적절할 것이다.
21 바이마르 공화국 헌법은 제157조로부터 제165조에 이르기까지 사회권을 다음과 같이 상세하게 규정하고 있다. 제157조(국가의 노동 보호 의무와 노동법 제정 의무), 제158조(정신노동의 보호), 제159조(단결권의 불가침성), 제160조(노동자의 시민권 실현과 명예직 공무 담임에 필요한 시간 보장), 제161조(사회보장), 제162조(노동자의 법적 지위의 국제적 보장), 제163조(공동체 보존에 기여하기 위한 노동의무, 실업급여), 제164조(자영업자 보호), 제165조(기업 차원과 국민경제적 차원의 단체교섭권, 기업, 지역, 국가 수준의 대등한 공동결정권, 기업, 지역, 국가 차원의 노동자평의회 조직, 사회정책과 경제정책에 관한 노동조합의 법률발의권 등). 그런데 바이마르 공화국 헌법에 노동자들의 단체행동권이 명문화되어 있지 않다는 것은 주목할 만하다.
22 바이마르 공화국 시대에 사회철학자와 사회정책가로 활동한 에두아르트 하이만의 고전적인 노동권 규정은 참고할 만하다. 그는 노동권을 "노동으로부터 뿐만 아니라 노동 안에서 그리고 노동에 접할 때 노동자가 누려야 할 권리"로 정의했다. E. Heimann,

나는 인간이 노동을 한다는 사실에서 비롯되는 권리, 곧 노동권이고, 다른 하나는 인간의 존엄성에 부합하는 삶을 사회적으로 보장받을 권리이다. 이 두 가지 권리들은 오직 사회세력들 사이의 힘의 균형을 전제할 때 비로소 실질적으로 실현될 수 있다. 따라서 국가는 사회세력들의 권력 균형을 제도적으로 보장할 책무가 있으며, 필자는 이 점을 이미 헌법 총강에 관련된 부분에서 충분히 강조해 두었다.

1) 노동권

노동권은 인간이 노동을 한다는 사실에서 비롯되는 권리들이다. 노동자들은 노동을 하지 않을 때에도 자유로운 행위 주체이고, 노동을 할 때에도 자유로운 행위 주체여야 하지만, 노동 현실은 그렇지 않다. 시장경제의 역사적 조건들 아래서 생계를 위하여 노동하는 사람들은 자본의 노동 포섭 아래서 노동을 한다. 이처럼 자본의 권력에 예속되는 현실을 타개하기 위해 노동자들은 단결하여 투쟁하였고, 단결권을 위시한 노동자들의 권리들을 국가가 인정하고 보장할 것을 요구하였다.

노동권은 대체로 단결권, 단체교섭권, 단체행동권으로 구성되는 하나의 집합으로 여겨지지만, 노동3권은 각기 다른 성격과 위상을 갖고 있다는 것을 주목할 필요가 있다. 노동3권에 대한 헌법 규정은 병렬적으로 명문화하는 것이 옳다. 노동3권 가운데 가장 본원적인 권리는 단결권이고, 그것은 결사의 자유라는 자유권적 권리에 바탕

Soziale Theorie des Kapitalismus: Theorie der Sozialpolitik (1929) (Frankfurt am Main: Suhrkamp, 1980), 180, 각주 1.

을 두고 있다. 따라서 단결권은 국가나 기업에 의해 침해될 수 없고 제한될 수 없다. 단결권을 제한하는 법률이나 법률 해석, 기업 정관 등은 모두 무효이다. 단결권은 노동자들이 자본의 권력에 대항하고 사회권력들 사이의 균형을 이루기 위하여 노동의 권력을 자주적으로 형성할 권리이다. 우리나라에서는 노동하는 사람들의 단결권이 여전히 전면적으로 실현되지 못하고, 국가와 기업에 의해 온갖 구실로 침해되고 있기에 단결권의 자유권적 성격을 헌법 규범에 명료하게 표현하는 것보다 더 중요한 것은 없다.[23]

단체교섭은 사회세력들의 자치 영역이고, 책임 있는 사회적 파트너관계를 전제한다. 따라서 국가가 사회적 자치에 개입하는 일은 원칙적으로 배제된다. 국가가 할 일은 단체교섭의 제도적인 틀을 만드는 것이다. 이에 관련하여 고려할 사항은 두 가지이다. 첫째, 단체교섭의 전제인 사회적 파트너관계는 오직 사회세력들 사이에 힘의 균형이 제도적으로 확보되어야 제대로 구축된다는 것이다. 둘째, 단체교섭은 주로 노동조건과 임금을 둘러싼 합의를 목표로 하고, 그 합의는 개별 사업장의 경영 여건만이 아니라 국민경제적 발전에 적합하여야 한다. 바로 이 두 가지 이유 때문에 단체교섭은 산업별로 경영자단체와 노동자단체 사이에서 체결되는 것이 바람직하고, 기업 차원에서는 경영자와 노동자의 공동결정을 제도화하여 기업의 인사정책, 사회정책, 경제정책을 조율하는 것이 적절하다. 기업 차원의 노사 공동결정은 임금과 노동조건 등을 정하는 기업의 사회정책 차원

---

[23] 이런 점에서 국회헌법개정특별위원회 자문위원회가 단결권 규정을 "노동자는 자주적으로 단결할 자유를 가진다"고 정식화할 것을 제안한 것은 의미가 있다. 「국회헌법개정특별위원회 자문위원회 보고서」, 89.

에서는 지금도 이미 제도적으로 실현되어 있다. 인사정책 역시 경영자가 노동자들을 대상으로 해서 일방적으로 수립하고 관철시킬 수 없다. 해고방지법이 작동하고 있고, 노동자들이 받아들일 수 없는 인사는 기업조직의 효과적인 작동을 어렵게 만들기 때문이다. 생산수단의 운용에 관련된 경제정책은 자본의 사회적 성격이 뚜렷한 만큼 노동과 자본의 공동결정이나 최소한 노동자 측의 용인을 필요로 하는 일이다. 따라서 기업은 사회정책, 인사정책, 경제정책 등 기업 경영의 모든 영역에서 노사 공동결정에 입각하여 운영하는 것이 사리에 부합한다.[24] 이런 점들을 감안할 때, 단체교섭에 관한 헌법 규정에 산별 단체교섭 제도와 노사 공동결정제도의 도입을 포함시키는 데 머뭇거릴 까닭이 없다.

단체행동권은 단체교섭이 성사되지 않고 사용자의 성실 의무를 강제할 다른 방도가 없을 때 노동자들이 노동 소득을 포기할 것을 전제하고 사용자에 대해 취하는 최후의 압력 수단이다. 한 마디로, 그것은 노동자들의 합법적인 투쟁권이다. 단체행동권의 행사는 노동자 자신뿐만 아니라 기업과 국민경제에 엄청난 손실을 가져 올 수 있기 때문에 신중성과 평화적 행위의 계명을 지키도록 법적으로 규율되는 것이 바람직하다. 그러나 단체행동권의 본질을 훼손하는 입법이나 법률 해석은 무효이다. 바로 이 점이 단체행동권에 대한 헌법 규범에서 반드시 확인되어야 한다. 예컨대, 사용자가 불법으로 판정된 파업으로 인한 손해를 배상받기 위해 민사소송에 호소하는 일은 민사법원에 의해 대물권으로 좁게 해석되어 온 재산권 행사로 사회

---

24 이에 대해서는 졸고 "노동과 자본의 공동결정 제도에 대한 독일 사회적 개신교의 논의," 『지구화 시대의 사회윤리』, 152f.를 보라.

적 권리인 단체행동권에 대응하고 이를 억압하는 효과를 가질 것이므로 어떤 경우에도 허용되어서는 안 될 것이다. 단체행동권이 목표로 삼고 있는 사회세력들 사이의 신실 관계의 회복은 재산권 행사에 호소해서 얻어질 수 있는 것이 아니다.

2) 복지권

사회권의 또 한 측면은 사회생활을 하는 모든 사람들이 인간다운 삶을 연대적으로 형성하고 향유할 권리이며, 국가는 그 권리를 보장하고 적극적으로 실현할 수 있게 할 책무를 진다. 사회권에 관한 헌법 규정은 사회경제적 여건과 발전 추이를 반영하기 마련이다. 오늘의 한국 사회는 인공지능의 발전을 위시하여 기술 능력의 획기적인 발전으로 인하여 사회적으로 필요한 노동시간이 큰 폭으로 줄어드는 상황에 처해 있다. 고용 없는 성장이 자리 잡은 한국 사회에서 완전 고용이나 정규직 중심의 노동시장 육성을 기대하기는 이미 어렵게 되었다. 노동기회와 생활소득을 연계하는 노동사회 모델의 시효가 다 된 것이다. 이러한 상황에서 헌법은 노동 업적과 무관하게 인간의 존엄한 삶을 연대적으로 보장하는 국가의 책무를 사회권 규정의 맨 처음에 올려놓는 것이 사리에 맞는다. 헌법은 노동사회 이후의 사회를 형성하는 것이 국가의 책무임을 전제로 하고서 노동 의무를 폐지하여, 노동연계복지 개념의 헌법적 근거를 제거하는 것이 마땅하다. 인간의 존엄성에 부합하고 사회적인 삶을 꾸려나가는 데 충분한 물질적 보상을 할 수 있는 일자리가 없는데도 사람들에게 노동 의무를 부과하는 것이 어떻게 문명사회의 규범일 수 있겠는가?

이러한 기본 원칙을 분명히 한 뒤에 비로소 노동 능력이 있고 노동 의사가 있는 사람이 노동기회를 요구할 권리를 인정하고, 노동기회를 얻지 못한 사람에게 기회비용의 지급을 요구할 권리를 승인하는 것이 문명사회의 원칙일 것이다. 시장경제에서 일자리는 생계 소득의 한 주요원천이기에 노동할 권리와 실업으로 인해 발생하는 기회비용을 청구할 권리는 생존권 주장의 성격을 띠며, 이 권리는 원칙적으로 제한될 수 없다. 고용 없는 성장으로 인해 대량 실업과 미취업이 일상적인 의제로 자리를 잡고 있는 오늘의 상황에서 헌법이 이 두 가지 권리를 사회 규범으로 명문화하는 것은 큰 의미를 갖는다.

이러한 헌법 규범이 마련된다면, 돈벌이 노동은 반드시 정규직 노동일 필요가 없다. 그러나 이 경우에도, 정규직 노동과 비정규직 노동이 동일노동인 한에서는 임금과 노동조건의 차별이 허용될 수 없다. 모든 노동은 노동하는 사람과 그 가족을 부양하기에 충분한 금전적 보상을 받는 것이 원칙이고, 정규직 노동자의 법정 노동 시간보다 더 적은 노동을 하는 비정규직 노동자들에게는 생계를 꾸려가는 데 필요한 소득을 확보할 수 있도록 국가로부터 급부를 받을 권리를 인정하는 것이 사회적 연대의 원칙에 부합한다. 노동하는 사람이 노동하는 시간과 생활하고 휴식하는 시간을 자주적으로 배치할 수 있는 시간 주권이 우리 사회에 자리를 잡는다면 노동 형태는 매우 다양하게 형성될 수 있을 것이다. 새 헌법에 이러한 사회적 권리들을 명문화한다면, 그 규범들은 우리 사회가 노동사회를 넘어가는 데 필요한 법제들을 만드는 일을 촉진시킬 것이다.

사회보장에 대한 국가의 최종적 책임과 그 책무를 명문화하는 것에 대해서는 이 정도로 그친다. 다만, '무조건적 기본소득'의 도입에 대해 한 두 마디 덧붙이고 싶다. 한국 사회에서는 전면적이고 보편적인 최대한의 복지 제도의 도입조차 시대착오적인 과도한 업적 지상주의로 인해 금기시되고 있으니, '무조건적 기본소득'을 제도화하자는 주장은 시기상조일 것이다. 그러나 노동사회 이후의 복지 개념을 구상할 것을 요청하는 사회권 규범들이 헌법에 자리를 잡는다면, 그 규범들은 우리나라에서 완전시민이나 제한적 시민이 그 누구도 예외 없이 인간다운 삶의 기회를 연대적으로 실현할 수 있는 방안을 모색하도록 자극할 것이고, 그 연장선상에서 결국에는 '무조건적 기본소득'의 제도화가 진행될 것이다.

5. 환경권

현행 헌법에서 환경권 규정은 가장 취약한 부분이며, 생태계 위기의 심각성과 그로 인한 생존 기회의 위협을 고려할 때 대폭 강화되어야 마땅하다. 우선 헌법 차원에서 '환경보전'이라는 인간중심적 개념을 떨쳐내고, 인간이 그 구성부분으로 참여하고 있는 생태계의 보전이라는 개념을 쓸 것을 제안하고 싶다. 헌법 개정에 자문역을 맡은 사람들은 '지속가능한 개발'이라는 개념을 헌법에 도입할 것을 제안하고 있는데, 생태계 보전은 생태계의 온전성을 보존한다는 뜻을 담고 있으므로, '지속가능한 개발'보다 훨씬 더 심원하고 철저한 개념이다. 만일 헌법이 생태계 보전과 향유의 권리를 만인의 권리로 명문화한다면, 우리나라는 자유국가와 사회국가의 문턱을 넘어서서 자연국가로 진입하게 될 것이다. 왜냐하면 생태계의 온전성을 보존하겠다는 헌법적 의지는 생태계 안에서 생명체들과 무생명체들이 맺고 있는 상호 의존과 상호 연관의 네트워크를 유지할 책무를 국가에 부여하고, 그 당연한 전제로서 생명체들과 무생명체들이 생태계의 복잡한 네트워크 안에서 자신의 고유한 자리를 유지할 권리를 인정할 것을 국가에 요구할 것이기 때문이다.

1) 생태계 보전의 권리

생태계의 보전은 인간의 권리만이 아니라 자연의 권리이기도 하다. 모든 인간이 건강하고 안정적인 생태계 안에서 살 권리를 인정받을 때, 그 권리는 생태계 향유의 권리로 발현한다. 그런데 그 권리는 논리적으로 생태계를 구성하는 생명체들과 무생명체들이 생태계의 네트워크 안에서 제 자리를 지킬 권리를 인정받는다는 것을 전제하는 것이니, 바로 이 권리가 생태계 보전의 핵심인 자연의 권리이다. 자연의 권리는 생태계의 안정성과 건강성을 유지할 권리, 생태계를 구성하는 하천, 호수, 강, 지하수, 습지, 산, 산림, 해안, 해양, 대기권 등 생태계의 공간적 배치의 유지를 요구할 권리, 그 공간적 배치 안에서 생명체의 종 다양성의 보존을 요구할 권리, 재산권 행사와 개발에 대항하여 생태계의 미학적 배치와 구성을 보존하고 생태계의 복원력 유지를 요구할 권리 등등으로 표현된다.

이러한 권리들이 자연에 부여된다고 하더라도, 자연은 말을 통하여 의사를 표현하지 못하기 때문에, 자연의 권리는 결국 자연의 대리인을 통하여 실현되는 권리일 수밖에 없다. 자연의 권리를 창설하는 것도 쉽지 않지만, 그 대리인을 법률적으로 구성하는 것은 전인미답의 길을 개척하는 작업이다.[25]

자연의 권리를 대리하는 행위 주체는 헌법에 근거한 공법상의 법인이 바람직하고, 그 공법상 법인은 국가인권위원회처럼 행정권력, 입법권력, 사법권력으로부터 독립적인 위상을 갖는 것이 사리에 맞다. 자연의 권리와 그 대리인의 권능은 사람들의 욕망을 가장 강력한 권력의 형태로 표현하는 국가에 의해 침해되어서는 안 될 것이기 때문이다. 자연의 권리대리인은 생태계의 안정성과 건강성을 유지하는 데 필요한 자연의 권리들을 실현하는 법제화 방안을 제시하고, 그 권리들이 침해되지 않도록 예찬 활동을 하고, 자연의 권리들이 침해될 경우에는 이를 조사하여 검찰에 고발하고, 침해된 권리들의 회복과 이에 따르는 보상 혹은 배상을 요구하는 등의 책무를 수행한다.

위에서 말한 자연의 권리와 그 대리인의 구성 및 책무는 헌법에 규정될 사항이다. 자연의 권리와 그 대리인 구성의 근거는 헌법의 기본권 부분에 명기하고, 자연의 권리를 대리하는 기구의 구성과 책무에 대한 규정은 별도의 장을 마련하여 그곳에 새겨 넣으면 될 것이다.

2) 생태계의 안정성과 건강성을 보장하는 헌법적 규범

생태계의 안정성과 건강성에 관련해서 헌법에 반드시 명기할 규범들이 몇 가지 더 있다. 하나는 생태계를 구성하는 하천, 호수, 강, 지하수, 습지, 산, 산림, 해안, 해양, 대기권 등에 대한 소유 주체와

---

25 K. M. Michael-Abich, *Wege zum Frieden mit der Natur: praktische Naturphilosophie für die Umweltpolitik*(Munchen/Wien: Hanser,1984), 164f.; Klaus Bosselmann, *Ökologische Grundrechte: zum Verhältnis zwischen individueller Freiheit und Natur* (Baden- Baden: Nomos-Verl. -Ges., 1998), 351ff.

관리 주체의 교체에 관련된 규범이다. 생태계의 공간을 구성하는 주요 대상물들은 주거, 영농, 목축, 임업, 기업 활동과 산업 활동, 도로 등 경제활동에 필수적인 부분들을 제외하고는 국가소유와 사적 소유로부터 공적 소유로 전환시키고, 그 공적 소유권을 행사하는 주체를 국가로부터 독립적인 공법상의 단체로 구성하여 자연의 권리를 최대한 존중하는 방식으로 재산권을 행사하도록 하고, 그 단체가 중앙과 지역자치 단위에서 활동하도록 하는 방안을 마련하는 것이 바람직하다. 이러한 소유권 전환은 재산권에 과한 헌법 규범 ③항의 규정에 의해 촉진될 수 있다.

또 다른 하나의 규범은 경제활동을 생태학적으로 규율하는 일에 관련된다. 경제활동은 생태계로부터 에너지와 물질을 끌어들여 이를 소비하기 용이한 형태로 변화시켜 이를 사용한 뒤에 폐기 에너지와 폐기 물질을 생태계에 배출하는 과정이다. 대량생산과 대량소비가 서로 맞물리면서 경제활동은 생태계에 전면적이고 치명적인 위기를 가져온 장본인이 되었다. 이 문제를 해결하기 위해서는 경제활동이 생태계의 안정성과 건강성을 더 이상 훼손하지 않도록 철저하게 규율되어야 한다. 생태학적 규율 방식은 다양하게 고려될 수 있다. 예를 들면, 생태계의 에너지·물질 결산을 중심으로 생태학적 효율성을 높이도록 경제주체들을 경쟁시키는 제도적인 장치를 만들 수도 있고, 경제활동이 생태계에 부정적인 효과를 발생시켰을 경우에 그 경제활동의 주체가 외부효과를 제거하는 비용을 반드시 지불하도록 하여 외부효과를 내부화할 수도 있다. 헌법에는 "경제활동은 생태계의 안정성과 건강성을 지속적으로 유지하는 데 기여하여야 한다"는 정도로 명문화해서 국가와 경제 주체들이 생태학적 관점에서 경제활동을 제도적으로 규율할 수 있는 방안을 다양하게 마련하도록 자유로운 활동여지를 남겨두면 좋을 것이다.

생태학적 소유권 개혁에 관한 헌법적 규범은 자연의 권리를 보장하는 국가의 책무를 명시하는 대목에 명기할 수 있을 것이다. 경제활동의 생태학적 규율에 관한 규범은 경제활동의 자유, 경제권력 형성의 억제, 경제 민주주의 등 경제활동을 규율하는 헌법적 원칙을 천명하는 조항(현행 헌법 제119조)에 병기하는 방식을 취할 수 있을 것이다.

IV. 맺음말

이 글에서 필자는 헌법의 전문과 총강 그리고 기본권의 체계를 검토하면서 사회적이고 생태학적 지향을 갖는 민주공화국을 형성하기 위해 명료하게 재규정되어야 할 인간의 시민의 권리들을 검토하고, 자연의 권리를 창설하는 방안을 논했다.

이와 관련해서 필자는 첫째 주권재민의 원칙에서 직접 도출되는 참정권을 기본권의 체계로부터 독립시켜 그 위상을 기본권의 체계 바깥에 두었고, 대의제의 실패를 극복할 수 있는 직접 민주주의의 가능성을 최대한 실험할 수 있도록 헌법이 개정되어야 한다는 점을 역설했다.

둘째, 부르주아 국가들에서 고착된 재산권의 자유권적 성격에 대해서 필자는 국가의 간섭과 침해로부터 벗어나 자연인의 자유를 지키고 자주적인 삶을 형성하는 데 필요한 물적 기반의 확보라는 한정된 의미에서 이를 인정하였을 뿐이고, 재산권의 본질과 실체에 대한 분석을 통하여 재산권의 행사가 사회규범과 법률의 규율을 받아야 하고, 공공복리에 기여하고 사회적 책임과 생태학적 책임을 다하여야 한다는 점을 부각시켰고, 이러한 내용을 새 헌법에 담아야 한다는 점을 역설했다.

셋째, 필자는 사회세력들의 제도적인 권력 균형을 보장하는 국가의 책무를 강조하고, 새 헌법이 노동3권 가운데 단결권의 자유권적 성격을 분명히 명문화하고, 단체교섭이 산별 수준의 단체교섭과 기업 차원의 노사 공동결정의 두 가지 방식으로 제도화하도록 규정하고, 단체행동권의 본질을 침해하는 법률의 제정이나 법률의 해석을 무효로 선언하고, 사회권의 행사를 억압하고 무력화시키는 재산권 행사를 금지하여야 한다는 것을 강조했다. 또한 사회생활을 하는 사람들의 존엄하고 자유로운 삶을 연대적으로 보장하는 것과 관련해서는 노동 업적과 복지급부의 연계를 해체하여 노동사회 이후의 사회에 대비하는 헌법 규범을 마련하고, 정규직 노동과 비정규직 노동의 차별을 금지하고, 노동소득이 생계비를 충당하지 못할 경우에는 국가로부터 소득보전급부를 청구할 권리를 보장하고, 노동자의 시간주권을 존중하는 헌법 규범을 마련할 것을 강조하였다.

끝으로 넷째, 필자는 생태계의 안정성과 건강성을 보전하고 향유하는 권리를 실질적으로 보장하기 위하여 생태계의 공간적 배치를 유지하고 그 안에서 복합적인 관계망을 형성하고 있는 생명체들과 무생명체들이 자신의 존속을 요구할 권리를 핵심으로 하는 자연의 권리들을 창설하고 그 권리를 실현하는 방법을 새 헌법에 명문화할 것을 제안했다.

글을 마치며 필자는 개헌 과정이 민중 주도적으로 전개되어야 한다는 점을 강조하고 싶다. 87년 헌정질서가 기존 정파들의 특권을 보장하는 장치로 작동하는 한, 사회적이고 생태학적 지향을 갖는 민주공화국을 향한 개헌은 민중의 힘으로 87년 체제를 해체하거나 의회권력을 재편하는 과정을 거치지 않고서는 이루어질 수 없을 것이다.

만일 민중의 힘에 의해 뒷받침되는 공론 과정이 조직된다면, 계급·계층, 성, 연령, 정체성 등에서 비롯되는 다양한 욕망들과 의견들이 표현되고 수렴되는 절차를 거쳐 새 헌법이 정교하게 가다듬어질 수 있을 것이다. 이와 같이 조직되는 개헌 논의 과정에서 인간과 시민의 권리들에 대한 검토와 재규정이 이루어지고, 새로운 권리들이 창설되고, 국가의 가치체계와 목표가 설정되고, 국가와 사회의 운영 원리에 대한 국민적 합의가 이루어져서 나라다운 나라가 제대로 세워지는 날이 곧 올 것이다.

한국교회 세습 문제와 그 여성신학적 성찰

임희숙*

I. 머리말

서울의 한 대형 교회를 둘러싼 '담임목사직 세습' 논란은 2018년 한국 교계와 사회에서 소용돌이를 일으켰다. 그 교회가 속한 교단은 '담임목사직 세습'을 금지하는 총회 헌법 규정을 이미 마련해 두고 있었던 터라 '담임목사직 세습' 논란은 그 교단의 총회적 관심사로 떠올랐다.

사실 기독교대한감리회, 대한예수교장로회(통합), 한국 기독교장로회 등 유수 교단들은 '담임목사직 세습'의 심각성을 인식하고, 몇 년 전부터 교단 총회 차원에서 '담임목사직 세습' 방지법을 제정해 왔지만,[1] '담임목사직 세습'은 암암리에 일어나고 있다. 따라서 '담임

---

* 기독여성살림문화원 원장
1 '담임목사직 세습'에 대한 교회법적 대응을 살펴보면, 기독교대한감리회가 2012년 입법의회에서 세습 방지법을 제정하고, 한국 기독교장로회는 2013년 제98회 정기총회

목사직 세습'은 어느 특정한 교회나 교단의 문제가 아니라 여전히 한국 개신교의 현안 문제로 남아있다고 볼 수 있다.

교단 총회가 '담임목사직 세습'을 교회법으로 금지하고 있음에도 불구하고, 이 문제가 좀처럼 해결되지 않는 것은 '담임목사직 세습'을 교회법의 차원에서 다루는 데 그쳐서는 안 되고, 이에 관한 보다 철저한 신학적 성찰과 비판 그리고 평신도들의 깨어 있는 의식이 필요하다는 것을 의미한다.

한국교회에서 오래 전부터 많은 논란을 일으킨 '담임목사식 세습'에 관해 필자는 지난 2000년 소논문을 작성하여 이 문제를 여성신학적 관점에서 성찰한 바 있다.[2] 하지만 앞에서 보는 바와 같이, '담임목사직 세습'은 현재진행형이기에 필자는 2000년에 작성한 "한국교회 세습 문제에 대한 여성신학적 성찰"이 아직도 유효하다고 판단하고 일부 수정하여 이 문집을 통해 발표하고자 한다.

2000년 교계에서는 일부 대형교회를 중심으로 담임 목사직이 아버지에게서 아들에게로 이어지는 현상을 '세습'이라고 명명할 수 있는가를 놓고 논란이 일어나고 있었다.[3] 어떤 사람들은 아버지의 목

에서 담임목사직 대물림 방지법(교회세습 방지법)을 압도적 지지로 통과시켰다. 예장 통합도 2013년 제98회 정기총회에서 총대 84%의 찬성으로 '세습방지법'을 제정하였다.

2 임희숙, "한국교회 세습문제와 그 여성신학적 성찰," 『한국여성신학』 43(2000), 93-107: Hee Sook Lim, "A Hereditary Transmission of the Ministry in Some Korean Churches from the Perspective of a Feminist Theology," Ewha Uni. *Doing Theology from Korean Women' Perspective* 3(2005), 113-127. 추후 임희숙, 『한국 사회와 교회 여성교육』(서울: 동연, 2018), 148-164에 재수록됨.

3 이 논란에 대해서는 2000년 8월 21일 한국교회100주년기념관에서 사단법인 한국 기독교총연합회가 주최한 "목회자 후임(소위 '세습') 문제에 관한 포럼"에 실린 자료들을 참조하라. 이 포럼에서는 차종률 목사의 "후임자론"과 박득훈 목사의 "세습론"이 서로

사직을 이어받은 아들도 자격을 갖춘 목사이고 적법한 절차를 거쳐 그 직책을 맡게 된 만큼 이는 어디까지나 '담임목사 후계자 문제'이지 세습 문제로 보는 것은 지나치다고 펄쩍 뛰고 있다. 이와 같은 주장에 대하여 다른 사람들은 대형교회에서 이루어지는 청빙이 비록 합법적인 절차에 의한 것이라는 겉모습을 띤다고 해도 전임 목사의 카리스마적 지도력이 관철되고 교인들의 민주적 참여와 의사결정이 실제로 보장되지 못하는 조건 아래서 전임 목사가 자기 아들을 후임자로 선정하도록 영향력을 행사할 수 있다는 점을 들어 그 주장이 아예 허구적이라고 생각하고 있다. 그들은 '담임목사직 세습'이 교회를 멍들게 하고 있다고 흥분을 감추지 못한다.

직계 혈통의 담임목사 승계를 둘러싼 논란은 요즈음 교계나 기독교인들만의 관심에 그치지 않고 있다. 이 문제는 매스컴의 보도를 통해서 이미 일반 사회의 이목을 끌게 되었고, 교회에 대한 여론은 극히 악화되고 있다. 한국 사회에서 교회의 비중이 적지 않고 기독교인들의 인구 분포 또한 무시할 수 없는 상황에서 불거져 나온 이 문제는 교회의 사회적 신인성(信認性)을 크게 위협하고 있다.

이러한 정황을 놓고 볼 때, 필자는 '담임목사직 세습'을 둘러싼 논쟁을 논쟁 쌍방의 감정 대립의 소산으로 보거나 지엽적인 화제 거리로 다루기보다는 교회의 사회적 신인성과 관련된 중대한 문제로 인식하고, 이에 대해 냉정하게 검토하는 일이 필요하다고 본다. 이 글에서 필자는 우선 '담임목사직 세습' 논쟁의 쟁점들을 살피며 문제의 핵심을 추리고, 그 다음에는 '세습'이라는 개념으로 지칭되기까지 하

날카롭게 대립되었다.

는 이 현상이 한국교회의 어떤 교회사회학적, 종교심리학적 요인들을 매개로 하여 나타나는가를 분석해 보고자 한다. 분석의 초점은 한국교회에 지배적인 권위주의 멘탈리티와 가부장주의에 맞추어질 것이다. 끝으로 필자는 '담임목사직 세습' 현상을 극복하기 위하여 한국교회가 앞으로 어떤 점에 유념하여야 할 것인가를 밝혀 보고자 한다.

II. '담임목사직 세습' 문제에서 핵심이 되는 것은 무엇인가?

교회에 대한 성서적, 조직신학적, 교회사적 설명을 늘어놓지 않고, 교회를 신도들의 자발적 결사에 바탕을 둔 공적 기구로 상식적으로 이해한다고 해도, 교회지도부의 핵심을 이루는 담임목사직이 '세습'된다는 것은 사실 상상할 수 없는 일이다. '담임목사직 세습' 문제로 시끄러운 교회들이 서로 다른 교파에 속해 있어서 담임목사직 부여 절차가 교회법적으로 조금씩 다르기는 하지만, 청빙제도를 실질적으로 채택하고 있다는 점을 생각해 보면, '세습'이라는 개념은 사단의 성격을 드러내는 데에는 전혀 어울리지 않는 개념인 것처럼 보인다. 청빙제도를 실제로 채택하는 교회에서 담임목사의 청빙은 엄연히 교인총회(장로교회에서는 '공동의회')의 결정을 거쳐야 하고, 이 결정이 개교회 치리기관(장로회에서는 '당회')을 통해 한 심급 더 높은 교회 치리기관(장로교회에서는 '노회')에 전달되면 반드시 그 치리기관의 심의와 허락을 거쳐야 하는 것이기에 '세습'이라는 말이 적용될 여지는 없다.

무릇 세습이라 함은 자기 것을 자기 마음대로 제 자식에게 넘겨준다는 것인데, 이러한 세습은 엄연히 세습물에 대한 사적 소유권을 전제하기 마련이다. 로마 물권법 이래로 소유권은 소유물에 대한 소유자의 배타적이고 절대적인 처분권[4]을 의미하기 때문에 재물의 '세습'이 정당한가를 시비하는 것은 이러한 소유권이 확립되어 있는 사회에서는 아무 의미도 없었다. 프랑스 혁명 이후 로마의 물권법을 다투어 받아들여 소유의 신성불가침을 법제화한 부르주아 국가들에서도 '세습' 그 자체가 문제가 되지는 않았다. 재산의 세습은 어디까지나 그 재산을 소유한 자의 의지에 달린 문제였기 때문이다. 그러나 이 경우에 세습의 대상이 되는 것은 습득한 물건, 혹은 벌어들인 물건에 한정되었다.

이런 의미에서 담임목사직은 세습의 대상일 수 없다. 담임목사의 직책이 한 교회의 영적 지도력과 관련된 것이라고 할 때, 그 지도력은 교회에 의해 인정(認定)되고 확립되는 불가시적인 것이어서, 이것은 소유의 대상이 될 수 없다. 교회 역시 예수 그리스도를 주로 고백하는 사람들의 자발적인 결사체이기에 어떤 특정한 인사의 담임목사직과 그 지도력을 인정하라고 강제할 수 없다. 인정은 자발적인 동의를 전제로 하기 때문이다.[5] 그렇다면 담임목사직의 '세습'이라는 개념은 세습의 법제사적 의미에 비추어 보거나 그 직책의 교회법적 구성원리에 비추어 볼 때 성립될 수 없는 것이라 하겠다.

그럼에도 불구하고 담임목사직 '세습'이라는 용어가 비판가들이

---

[4] Franz Klueber, *Eigentumstheorie und Eigentumspolitik* (Osnabrueck, 1963), 257ff., 261.
[5] 이에 대해서는 Joachim Mattes, *Kirche und Gesellschaft. Einfuehrung in die Religionssoziologie,* Bd. II. (Reinbeck bei Hamburg, 1969)를 보라.

나 매스컴에 의해 사용되는 것은 요즈음 일부 교회에서 일어나는 후임 담임목사 선출 과정이 공교롭게도 '세습'의 외양을 띠고 있는 것처럼 보이기 때문일 것이다. 전임자가 마치 담임목사직을 자기의 소유물로 여기고, 이를 자기 의지에 따라 자기가 원하는 사람에게 물려줄 수 있는 것처럼 생각하지 않았다면, 하늘의 별처럼 수많은 목사들 가운데 어떻게 자기의 아들에게 그 직책을 넘겨주는 일이 일어날 수 있단 말인가? 교인들의 자발적인 동의가 교회에서 이루어지는 의사결정의 핵심일 텐데, 이것이 완전히 허구화되거나 왜곡되지 않고서야 어떻게 전임자의 '세습' 의지가 교회에서 관철될 수 있단 말인가?

많은 비판자들이 추정하고 있는 것처럼 정말로 담임목사직 '세습'이 담임목사직의 의사 사유화(擬似私有化)와 교회 내 의사결정 구조의 왜곡에 의해 가능한 것이었다면, 이것은 매우 심각한 문제가 아닐 수 없다. 필자가 보기에 담임목사직 '세습' 논쟁의 핵심은 바로 이것이다. 따라서 담임목사직의 의사 사유화와 교회 내 의사결정 구조의 왜곡이 어떤 조건들 아래서 나타나는가를 분석하는 것은 담임목사직 '세습' 논쟁을 보다 생산적으로 전개할 수 있게 할 것이며, 한국교회를 어떤 방향으로 개혁할 것인가를 시사할 것이다.

III. 카리스마의 오용이 담임목사직을 사유물처럼 만든다

교회를 그리스도의 몸으로 보는 성서의 가르침은 그리스도인이 교회의 지체이며 그 지체들이 서로 연합해 한 몸을 이룬다는 것을 강조한다.[6] 각 지체는 서로 다른 모양으로, 서로 다른 분량으로 은사를 받지만, 그 은사들이 서로 어우러져 교회의 덕을 이루고 모두 유익을 얻는다는 것이다.7 담임목사직은 말씀과 치리를 전적으로 담당하는 직책으로서 교회의 한 지체이다. 교회사회학적으로 볼 때, 교회는 이 세상에서 하나의 제도로서 존재하고 그 제도는 특정한 조직과 질서를 필요로 한다. 담임목사는 교회의 조직을 관리하고 운영하는 치리기관의 대표성과 책임을 부여받는다. 이렇게 보면 교회에서 담임목사직은 교회를 형성하는 여러 지체 가운데 하나로서 특수한 임무를 수행하는 직책이다.

그러나 한국 교회의 현실에서 담임목사의 카리스마가 차지하는 비중은 이보다 훨씬 지대하다. 그것은 무엇보다도 개교회의 성장이 담임목사의 역량에 의해 좌우되는 관행에서 비롯된다. 담임목사의 남다른 카리스마가 능력을 발휘함으로써 선교 현장에서 많은 사람들의 호응과 인정을 받게 되면 그것은 자연히 교회의 외형적 성장과 부흥에 연결되었다. 따라서 개교회 간의 경쟁구조 속에서 존립해야만 하는 한국교회 현실에서 담임목사의 카리스마적 능력은 그 무엇보다도 큰 권위를 인정받아 왔다.8

하나님으로부터 소명을 받은 목회자의 카리스마적 능력은 성령의 선물로 부여받은 은사로서 마땅히 공동의 유익을 위한 선교를 위해 사용되어야 하고 그에 합당하게 인정받아야 한다. 그렇다고 해서

---

6 고전 12:12-31.
7 고전 12:1-11.
8 이에 관한 종교심리학적, 종교사회학적 분석에 대해서는 拙著 *Eine Analyse des protestantischen Fundamentalismus Koreas im Rahmen der kirchlichen Erwachsenenbildung. Mit einer Fallstudie zum "Handbuch fuer den Gottesdienst im Hauskreis" der Presbyterianischen Kirche Koreas zwischen 1975 und 1985* (Lottbeck bei Hamburg, 1999), 184ff.를 참조하라.

그것이 특별한 카리스마를 받은 목회자가 공동체에서 절대적인 권위를 행사할 수 있다는 뜻은 아니다. 오히려 그에게 허락된 카리스마를 사용하여 교회 공동체에 기여하는 바가 많은 사람일수록, 공동체가 그에게 허락하는 권위에는 한계가 있다는 것을 의식해야 한다. 왜냐하면 이 특별한 카리스마는 자신이 만들어 낸 것이 아니고 성령이 은혜의 선물로 주신 것이며, 공동체의 모든 구성원들에게 다양하게 부여하신 여러 은사들 가운데 하나이기 때문이다. 교회의 덕과 유익을 위해 주어진 성령의 다양한 은사를 염두에 두면, 어느 특정한 은사가 다른 은사들을 무시하거나 지배할 수 없다는 것은 자명하다.[9]

그러나 이와 같은 성서의 가르침이 교회에서 제대로 실현되려면 극복해야 할 과제들이 있다. 그 가운데 중요한 것은 권위를 인정받는 카리스마를 사용하는 사람이 갖기 쉬운 권력의지와 소유욕을 경계하는 것이다.[10] 제도로서의 교회는 통일성과 지속성을 유지하려는 속성 때문에 그 자체 내에 권력체제가 되기 쉬운 위험성을 지니고 있다. 이런 위험성은 그 제도가 자리 잡고 있는 사회의 시대적 상황이 급속한 변동이나 전환을 경험하게 될 때 가속화되는 경향이 있다. 또 한 번 구축된 제도의 권력체계는 시대적 조건이나 조직의 구성이 바뀐다고 해서 스스로 해체되거나 소멸하지 않고 계속 유지되는 속성이 있다. 이와 같은 점을 고려해 볼 때, 다양한 은사의 공동체로서

---

9 고전 12:21.
10 카리스마 개념과 그것의 상이한 형태에 대해서는 M. Hermanns, *Kirche als soziale Organisation. Zwischen Partizipation und Herrschaft* (Duesseldorf, 1979), 34-52; Vgl. E. Fromm, *Die Furcht vor der Freiheit*, 10. Aufl.(Frankfurt am Main, 1966), 163.

제도화된 교회 안에서는 위계구조와 권력관계를 방지하는 일과, 그것으로부터 파생되는 특권의 집중화와 특정인의 지배욕을 경계하는 일이 무엇보다도 필요하다.11

일반적으로 요즈음 '세습' 문제와 관련되어 있는 교회들은 담임목사의 카리스마를 중심으로 성장하였으며 아직까지도 그 카리스마의 영향력으로부터 벗어나지 않고 있다는 평가를 받고 있다. 이 교회들은 주로 지난 60, 70년대를 기점으로 일정 기간에 급성장하였는데, 그 하나의 원인으로 당시의 특수한 시대상황이 지적되고 있다.12 그때는 군부 독재 정권 아래서 경제개발을 위한 산업화와 도시화가 급속히 이루어지고 있었다. 그 과정에서 사회의 전통적인 소속감과 결속력이 급격하게 약화되고, 많은 사람들은 '내적인 고향을 상실'하는 경험을 하였다. 이와 같은 사회심리적 조건에서 한국교회는 이들에게 소속감과 내적 결속력을 제공하는 역할을 하였다. 교회는 전통적인 가족공동체를 대체하는 역할을 맡았던 것이다. 그뿐 아니라 당시 많은 교회들은 전환기적 시대의 위기의식에서 파생되는 불안과 불확실성을 근본주의적 확신과 성령 체험으로 대치시킴으로써, 많은 사람들로 하여금 교회를 찾고 그 공동체의 일원이 되는 데 기여하였다. 그 결과로 교회의 일반적인 양적 성장이 두드러지고, 담임목사의 카리스마적 능력이 널리 알려진 일부 교회들은 초대형교회로 변모하였다.

교회가 급속하게 외적으로 팽창함에 따라 시급히 요구되는 것 가운데 하나가 거대하고 복잡해진 교회 조직의 관리와 운영을 효율적

---

11 L. Boff, *Kirche: Charisma und Macht*, 5. Aufl.(Duesseldorf, 1985), 116.
12 이에 대해서는 拙著, a.a.O., 167ff.를 보라.

으로 감당하는 일이었다. 그런 필요에 따라 강력한 지배력과 통제력을 허용하는 권력체제가 무리 없이 교회 안에 형성되었고, 카리스마적 리더십을 발휘하여 교회성장에 결정적인 역할을 수행한 담임목사에게로 권력과 특권이 집중되었다.[13]

그러나 이미 지적한 것처럼, 한 번 형성된 권력체계는 그것에 대한 강력한 저항을 받지 않는 한 기존제도 속에서 계속 유지되는 경향이 일반적이고, 그 권력체제가 오랜 세월동안 공고화되는 만큼 특정인의 권력 집중화는 강력해진다. 이처럼 권력의 독점이 허용된 특정한 카리스마는 공동체 안의 은사 평등성을 깨뜨리고 다양한 다른 은사의 능력들을 사장시키거나 폐기하게 만든다. 그것은 동시에 그 카리스마를 사용하는 특정 개인을 우상화하고 그 권위를 절대화하는 위험을 동반한다. 이런 과정에서 카리스마를 인정받는 사람과 카리스마를 추종하는 사람들 사이에 양분법적인 지배·복종 관계가 나타나는 것은 너무도 자명하다.

결국 이상과 같은 카리스마의 오용이 장기간 체질화된 풍토에서 담임목사직을 사유화할 수 있다고 생각하게 된 것이다.

IV. 권위에 맹종하는 멘탈리티로 인해 교회 내 의사결정 구조는 왜곡되어 있다

이미 앞에서 설명된 것처럼 권력화된 카리스마는 그것을 보증하

---

[13] 이 메카니즘에 대한 자세한 종교심리학적, 종교사회학적 분석에 대해서는 拙著, a.a.O., 185를 보라.

고 계속 지속시킬 수 있는 제도적 뒷받침과 특정 권위에 대한 자발적인 승복과 동의를 유도해 내는 내면 구조가 있을 때 지속적으로 가능하다.

필자가 연구한 바에 따르면, 한국교회를 지배하는 근본주의적 성향은 한국 그리스도인으로 하여금 권위에 맹종하게 하는 멘탈리티를 빚어낸다.14 이 멘탈리티는 물론 기독교 근본주의에 의해서만 조성된 것은 아니다. 한국인의 의식구조를 형성하는 데 결정적인 영향을 미쳤던 문화 전통과 종교 전통도 한국 기독교인들의 의식 형성에 직접·간접적인 영향을 미쳐 권위주의 멘탈리티를 형성하는 데 이바지했다는 것을 부정할 수는 없다.15 오랫동안 한국 사회가 권위주의에 의해 지배되어 왔고, 특히 경제개발 과정에서 권위주의 정치가 지배적이었던 점도 권위주의 멘탈리티를 강화하는 데 도움이 되었다는 것을 부인할 수 없다.16 그러나 한국 기독교인들에게 두드러지게 나타나는 권위주의 멘탈리티는 이러한 상황적 조건들 이외에도 근본주의 신앙양태 안에 깃들어 있는 권위에 대한 독특한 이해에 의해 강화되어 왔음을 놓쳐서는 안 된다. 권위에 대한 맹종은 삶의 불안을 제거하고 확고한 안정을 추구하는 사람들의 의식 구조 안에 준비되어 있는 것이라고 볼 수 있지만, 안정의 기반이 되는 확신은, 그 확신을 추구하는 사람이 더 이상 뒤를 캐물을 수 없는 진리 앞에 서 있고, 그 진리를 전달하는 목회자를 권위의 화신으로 받아들여질 때, 의심

---

14 권위주의 멘탈리티의 특성에 대해서는 T. Adorno, *Studien zum autoritaeren Charakter* (Frankfurt am Main, 1973), 12; S. H. Pfuertner, *Fundamentalismus. Die Flucht ins Radikale* (Freiburg, 1991), 168을 보라.
15 이에 대해서는 拙著, a.a.O., 102ff.를 보라.
16 이에 대해서는 拙著, a.a.O., 167ff.를 보라.

의 여지없이 주어지는 것이다.17

이러한 현상은, 앞에서 간략하게 짚고 넘어간 바와 같이, 1960년 대 중반 이후 한국교회가 개교회 중심의 대교회주의를 추구하는 과정에서 강화되고 가속화되었다. 양적 팽창 위주의 선교전략과 신앙의 내적 확신을 추구하는 교인들의 열망이 서로 결합될 때, 카리스마의 권력 집중화와 권위에 맹종하는 멘탈리티는 상호 결합되어 같이 발전해 나갔던 것이다.

이러한 상황에서 목회자의 카리스마가 목회자 자신의 특질인 섯처럼 오해될 수 있다는 것은 이미 지적한 바와 같지만, 정작 더 날카롭게 주목해야 할 것은 구원의 확신을 목말라 하는 평신도들이 카리스마적 목회자의 권위에 굴종하고 이 굴종을 통해 편안함과 안정을 느끼게 된다는 것이다. 이렇게 되면 교회의 일에 대한 평신도들의 관심은 권위 있는 목회자에 대한 맹신과 굴종으로 대체되고, 목회자에 대한 충성이 이 세상에서 교회가 마땅히 할 일에 대한 헌신을 대체한다. 이제 목회자와 평신도의 관계는 명령과 복종의 관계로 단순화되고, 목회자의 의지는 평신도들에게 절대적인 명법으로 주어진다.18

바로 이것이 카리스마적 목회자의 '목사직 세습'을 가능하게 하는 요인이다. 목사직 세습이 교회법상 있을 수 없는 일이고, 공교회의 성격과 정면으로 부딪치는 데도, 카리스마적 목회자를 위요(圍繞)하는 추종자들은 이 비판적 지적에 귀를 기울이지 않는다. 그들은 카리스마적 목회자가 교회의 발전과 덕을 위하여 자기 아들에게 그 직

---

17 근본주의의 이와 같은 특성들에 대해서는 T. Meyer, *Fundamentalismus. Aufstand gegen die Moderne* (Reinbeck bei Hamburg, 1989), 157을 보라.
18 이에 대해서는 S. H. Pfuertner, a.a.O., 168을 보라.

책을 넘겨주기로 하였고, 그 아버지와 아들의 핏줄을 통해 거룩한 카리스마의 승계가 이루어지는 것처럼 이야기한다 해도 그것이 과연 성서적 가르침과 부합하는가를 묻지 않는다. 거기에 더하여 거룩한 교회법의 절차에 따라 그 승계가 이루어졌다고 할 때, 그 누가 이 거룩한 혈통의 보전에 도사린 추잡한 특권주의를 한번쯤 의심해 볼 수 있으랴!

그러나 이와 같은 '담임목사직 세습' 현상은 평신도의 권위주의 멘탈리티와 관련된 거대한 문제덩어리의 일각에 지나지 않는다. 권위에 대한 맹종이 비판적 성찰 능력을 제거하고, 비판적 담론 능력을 퇴화시키면, 비록 교회 내의 의사결정 과정이 형식적으로 보장되는 경우라 하더라도, 그 과정은 평신도들의 의사를 아래로부터 결집시켜 자발적인 동의를 이루는 과정일 수 없는 것이니, 거기서는 오직 위로부터 아래로 위계적으로 전달되는 교회지도부의 의사를 수용하거나 추인하는 일 이외에 달리 도모할 것이 없는 것이다.

V. '담임목사직 세습'을 극복하지 않고서는 한국교회에서 성차별과 가부장제의 폐해는 사라지지 않는다

한국 교회의 '담임목사직 세습' 문제에 내포되어 있는 또 다른 문제는 그것이 한국 사회에 뿌리 깊은 부계 혈통을 강화하고 계승하는 일과 맞물려 있다는 것이다. '담임목사직 세습'은, 그 문제의 근원을 파헤쳐 보면, 한국 사회와 한국교회에 깊이 도사려 있는 성차별과 가부장제 문화와 긴밀하게 결부되어 있다.

역사를 되돌아보면, 한국 사회에서 가부장제는 철저히 모계 혈통을 배제하면서 부계 혈통에 따라 재산을 상속하고 가부장의 특권을 승계하는 제도였고, 그 결과 오늘에 이르기까지 남아선호 사상과 남성우월주의를 배태해 온 것이니, 그 본질이 성차별적이라고 해도 이를 부정할 길이 없다. 전통 사회에서도 그렇지만 천지가 개명되었다고 하는 오늘의 사회에서도 여성들은 남성중심 문화 속에 틈새를 찾아 끼어 들어가 가부장제의 요구에 순응할 때에만 생존 기회를 얻게 되어 있을 정도이니, 한국교회 역시 이러한 성차별과 가부장제 문화에서 조금도 벗어나 있지 못하다고 하는 것을 '담임목사직 세습'이 증거하고 있는 것이다.

가부장제 사회에서 세습은 부계 혈통에 귀속되어 있는 하나의 특권이다. 그 특권은 개개인의 선택이나 의지, 혹은 노력과는 아무 상관없이 혈연에 따라 주어진다고 하는 점에서 철저히 배타적이고 폐쇄적이다. 혈연에 의해 보장된 특권은 정당화의 노력조차 필요로 하지 않는다. 이 특권은 그것을 침해하거나 공격하는 것에 대해서 결코 용인의 아량을 보이지 않는다. 그리고 그 특권이 가부장제 사회에서 재화와 지위의 독점과 관련되어 있다는 점에서 그것은 그 특권을 향유하는 자와 그 특권으로부터 배제되는 자 사이의 날카로운 구별을 필요로 한다. 부계혈통 중심주의는 이 특권을 둘러싼 외부 방어와 내적 단속의 체계이다. 그런 만큼 그것은 그 특권의 무효를 주장하는 논거에 대해 언제나 무자비하다. 성차별에 대한 비판은 따라서 가부장제 사회에서는 금기로 남을 수밖에 없다.

그럼에도 불구하고 여성들이 혈연의 배타성을 앞장서서 주장해 온 것은 가부장제의 틈바구니에서 살아남지 않으면 안 되었던 여성들의 생존전략 가운데 하나로 이해되어야 할 것이다. 많은 경우, 여성들은 부계 가문의 대를 잇고 혈연 공동체를 운영·관리하는 일을 앞장서서 주장할 수밖에 없었고, 또 그것은 지금도 그러한데, 여성들의 이 생존전략은 본질적으로 가부장제에 의해 강제된 것으로 보아야 옳을 것이다. 설사 일부의 여성들이 가부장제에서의 여성의 역할로부터 상대적인 특권을 얻을 수 있다손 쳐도, 그것은 어디까지나 남성 지배 문화에 기생하는 것으로 주어졌을 뿐, 결코 여성들의 자주적인 삶의 형태로 받아들여질 수는 없는 것이었다. 남아선호사상과 가족 이기주의가 가부장제 문화의 파생물임에도 불구하고, 많은 여성들이 이에 순응하는 까닭도 여성들의 기생적인 특권 유지와 무관하지 않다. 한국교회에서 담임목사직이 부계 혈통을 통해 대를 물리는 데도 교회 여성들이 이에 저항하지 않고 도리어 순응하는 태도를 보이는 것도 이와 밀접한 관계가 있을 것이다.

한국 사회의 가부장제 문화와 성차별이 한국교회의 평신도들에 의해 알게 모르게 받아들여지고 있다는 것은 하등 이상한 일이 아니다. 그들은 한국 사회와 문화의 일원이고, 바로 그러한 사회적이고 문화적인 존재로서 교회 생활에 참여하고 있다. 만일 가부장제와 성차별이 예수 그리스도의 복음과 배치되고, 복음이 사람들을 그것으로부터 해방시켜 남자들과 여자들의 공동체로 이끈다는 것을 평신도들이 체득하고 또 그렇게 살고자 한다면 그리고 교회가 그러한 새로운 삶을 살도록 촉진하고자 한다고 한다면, 이제까지 무비판적으로 받아들여져 왔던 가부장제와 성차별을 매개로 해서 담임목사직의 특권을 직계혈통에게 물려주는 일이 한국교회에서 결코 일어나지 않았을 것이다.

하나님은 그의 백성을 혈연에 따라 선택하지 않았다. 그의 백성이 되는 특권은 결코 혈연에서 비롯된 것이 아니다. 하나님이 파라오의 종살이를 하던 사람들의 외침을 듣고 그들을 파라오에게서 해방시켜 하나님이 세계의 주임을 인식하게 한 다음, 그분은 그것을 고백한 사람들과 계약을 맺고 그들을 그의 백성으로 삼았다. 교회는 예수 그리스도를 주로 고백하는 사람들의 공동체이다. 바로 그런 의미에서 교회는 예수 그리스도 안에서 하나님의 백성이다. 그 백성은 이 세상에서 하나님의 선택을 받고 그분의 백성이 되었다. 교회를 이루는 한 사람 한 사람이 하나님에 의해 선택되었다는 이 고백은 하나님의 선택을 받은 사람들이 이 세상의 특권이나 지위나 혹은 혈연에 의해 그 지위를 차지하지 않았다는 것을 웅변한다. 하나님은 그것을 보지 않고 예수 그리스도 안에서 자유롭게 사람들을 부르고 그들과 계약을 맺어 교회를 이루어 가신다. 이 하나님의 개방성을 생각하는 사람들은 혈연에 따라 교회에 허락된 은사의 직무를 이어가고자 하는 것이 성서에나 하나님의 경륜에 아무런 근거도 갖지 않는 일임을 저절로 알게 될 것이다. 혈연과 혈통이 주인이 되는 교회는 예수 그리스도를 머리로 삼고 그분의 주권을 선포하는 교회일 수 없다. 교회는 오직 예수 그리스도를 머리로 삼는 몸으로서 존재하고, 그 몸은 갖가지 은사들을 받은 지체들이 서로 연합하여 교통하는 유기체로서만 존재한다.

교회에 대한 가르침이 이처럼 분명한데도, 오늘날 대형교회를 중심으로 해서 '담임목사직 세습'이 이루어지고 있다는 것은 수치스러운 일이다. 그러나 이 일의 수치스러움은 여기서 그치지 않는다. 지난날 엄청난 양적 성장을 통하여 한국교회의 지도에서 지워버릴 수 없는 위치를 점한 대형교회들은 한국교회 전체에 대해, 긍정적이든, 부정적이든, 커다란 영향을 미친다. 가부장제 문화와 성차별에 근거하여 '담임목사직 세습'을 결행한 교회들은 바로 그 가부장제와 성차별 문화를 극복하고자 헌신하여 왔던 사람들의 노력을 일거에 물거품으로 만들만큼 파괴력을 지닌다. 왜냐하면 이 교회들은 담임목사직의 대물림을 통해 성차별적 가부장제가 마치 교회의 부흥과 발전에 필요불가결한 것처럼 선전하는 역할을 하고, 또 그 교회들을 성공사례로 본받고자 하는 다른 많은 교회들에서 성차별적 가부장제 문화를 극복하고자 하는 평신도들의 사기를 저하시키고 그들의 연대를 방해할 것이기 때문이다. '담임목사직 세습'은 여성과 남성의 협력과 공동발전을 위해 평신도들과 목회자들이 그동안 싸워서 이룩해 온 성과를 무로 돌리고 역사의 시계바퀴를 수십 년 뒤로 돌리는 처사라 하지 않을 수 없다.

VI. 맺음말

'담임목사직 세습'은 한국교회에 뿌리 깊이 박힌 문제점들이 서로 응결되어 나타난 현상이다. 이 현상 배후에는 한편으로는 한국교회의 권위주의와 교회 권위를 행사하는 목회자들의 특권의식이 깔려 있고, 또 다른 한편으로는 그러한 특권의 행사를 용인하거나 거기에 굴종한 평신도들의 의식구조와 행태(行態)가 잠복되어 있다. '담임목사직 세습' 현상은 한국교회의 권위주의 구조와 평신도들의 권위주의 멘탈리티의 합작품이다. 이 현상이 한국교회의 사회적 신인성

(信認性)을 크게 훼손시켰다는 것은 더 말할 필요가 없다. 만일 건전한 의식을 가진 평신도들과 목회자들이 이 위기를 극복하기 위해서 노력하고자 한다면, 그들은 최소한 다음 몇 가지 사항들에 대해 깊이 생각해 보아야 할 것이다.

첫째, 교회가 예수 그리스도를 주로 고백하는 사람들의 자발적인 결사에 근거한 공동체라고 한다면, 성서의 가르침과 신앙 양심을 억누르고 권위적으로 주어지는 교회지도부의 요구는 단호하게 거부되어야 한다. 이 경우에는 공동체와 교회지도부 사이의 대립이 나타나고, 진리를 둘러싼 투쟁이 불가피하다.

둘째, 교회는 서로 다른 은사들을 받은 사람들이 유기적으로 결합하여 한 몸을 이루는 공동체이다. 어떤 은사도 특권을 요구할 수 없다. 만일 특권을 요구하고, 그 특권을 사유화하여 세습하고자 하는 기도가 있다고 한다면, 교회를 이루는 지체들은 그것이 과연 교회의 덕과 유익을 위해 쓰일 수 있는 은사인가를 물어야 하고, 그 은사가 과연 성령에서 비롯되었는가를 따져보아야 한다.

셋째, '담임목사직 세습'이 권위주의적인 교회 구조에서 비롯된 것이라고 한다면, 교회의 구조를 은사공동체의 수평적이고 민주적인 구조로 개편하여야 할 것이다. 그러나 이 구조개혁은 평신도들의 권위주의적 멘탈리티를 극복하지 않는다면 아무런 의미도 없을 것이다. 평신도들의 권위주의적 멘탈리티가 근본주의적 신앙과 카리스마 운동에 의해 덧씌워지고 또 내면화된 것이라고 본다면, 이 멘탈리티를 극복하기 위한 장기적인 교육 프로그램이 수립되고 힘 있게 추진되어야 할 것이다.

넷째, 이러한 반권위주의적 교육 프로그램에서 중요한 것은, 한국

사회와 교회의 문화를 감안할 때, 가부장제와 성차별과 권위주의의 논리적, 역사적, 심리적 연관을 밝혀내고 그것을 구체적으로 해결할 수 있는 교과과정을 조직하는 일이다.

쌍용자동차 사태를 통해 본 노동권과 경영권의 문제*

최형묵**

I. "해고는 살인이다" 그리고 이어진 죽음들

쌍용자동차 지부는 점거 파업투쟁 77일 동안 목숨을 걸고 투쟁했지만, 힘이 부족해 정리해고를 끝장내지 못했습니다. 강고한 투쟁을 이어 왔기에, 아쉬움이 진하게 남습니다. 특히 이명박 정부와 쌍용자동차 자본의 사람 죽이는 정리해고의 벽을 넘지 못하고 투쟁을 마무리하게 되어 더욱 그렇습니다. 전국의 연대 동지들에게 당부 드립니다.

---

* 이 글은 「신학사상」 166(2014, 가을)에 실린 것으로, 처음 발표 시점 이후 법원의 판결과 노사협의 등에서 변화가 있었고 2018년 9월 해고노동자들의 복직합의로 일단락되기는 했지만, 쌍용자동차 사태는 한국 사회의 노동문제와 관련하여 중요한 쟁점들을 제기하였고, 그 쟁점들은 여전히 한국 사회가 해결해야 할 과제로 남아 있기에 처음 발표 당시 논지를 그대로 유지하였다. 다만 처음 발표 당시 25번째 죽음 소식을 접했지만 2018년 6월 30번째 비보를 접하여 그 사항을 수정하였고, 일부 내용만 최소한으로 수정하였다.
** 천안살림교회 담임목사, 기독교윤리학 전공

남겨지고 부족한 몫은 채워주시길 바랍니다. 이후 쌍용자동차 지부의 투쟁이 역사적으로 어떠한 평가를 받을지 모르지만, '함께 살기' 위한 길을 만들어내는 데 소중한 밑거름이 되었으면 하는 바램입니다. 이 땅, 그 어느 곳에서도 죽음의 행진을 만드는 정리해고는 반드시 없어져야 합니다. (2009년 8월 6일 한상균 지부장 담화문 가운데서)[1]

이 땅 어디에서도 죽음의 행진이 이어져서는 안 된다는 간절한 염원에도 불구하고 죽음의 행진은 계속되었다. 2009년 4월 8일 2,646명의 정리해고안이 발표되던 날 첫 번째 죽음에 이어 파업투쟁이 한창이던 7월 20일에 이르기까지 여섯 번째 죽음이 이어졌다. 파업투쟁의 종료 이후에도 죽음의 행진은 계속되어 2012년 3월 30일에 이르기까지 무려 22명의 노동자가 죽음에 이르렀다. 2012년 8월 작가 공지영의 『의자놀이』가 출간되고, 이후 국정감사까지 이뤄져 새삼 쌍용자동차 문제에 대한 사회적 관심이 높아가면서부터 누구나 더 이상의 죽음이 없기를 바랐었다. 하지만 그 기대와 달리 죽음의 행렬은 계속되었고, 2014년 4월 23일 25번째 죽음이 알려졌다. 이 25번째 죽음은 노동자들의 죽음을 야기한 근본원인이었던 2009년의 정리해고가 무효라는 고등법원의 판결[2] 이후에 이뤄진 일이라 더욱 충격적이었다. 안타깝게도 그 죽음의 소식은 그것으로 끝이 아니었다. 2018년 6월 29일 30번째 죽음 소식이 전해졌다.

---

1 이현대, "쌍용자동차 투쟁과 향후 민중운동의 과제," 「진보평론」 41(2009, 가을), 192에서 재인용.
2 2014년 2월 7일 서울고등법원 민사2부는 쌍용자동차 노동자들의 해고무효확인 소송에서 1심의 재판결과를 뒤집고 2009년 해고가 무효라고 판결했다. 그러나 쌍용자동차가 그 판결을 이행하지 않고 대법원에 상고하였다. 25번째의 죽음은 그 상황과 관련되었다.

"다른 데도 다 해고되는데 왜 유독 여기 사람들만 이렇게 죽느냐는 거예요. 다른 노조도 다 깨지고 진압을 당하는데 왜 여기 사람들만 이렇게 죽어가느냐고요?" 시인 송경동의 탄식이었다.[3] 해고와 실직 또는 파산 등으로 인한 정신적 충격이 심대하리라는 것은 누구나 쉽게 예상할 수 있는 바다. 하지만 유독 사망률이 높은 쌍용자동차 노동자들의 경우 그 충격은 오늘 신자유주의 시대에 일상화되어 있는 해고와 실직으로 인한 충격의 정도를 훨씬 넘어선다. 쌍용자동차 노동자들의 높은 사망률은 77일이라는 장기간의 파업투쟁과 그에 대해 정도를 넘은 폭력적인 진압과 직결되어 있다. 정신과 의사 정혜신은 이들의 죽음이 전쟁이나 대형사고 같은 것을 겪고 난 후 모든 사람이 겪는 '외상 후 스트레스 증후군'과 관련되어 있다고 진단한다. 그렇게 다수의 사람들을 죽음에 이르게 한 심각한 스트레스의 핵심적인 요인은 "전쟁과 동일한, 아주 무자비한 폭력 진압"에 있다.[4]

그런데 유난히 높은 사망률도 놀랍지만 그 높은 사망률이 쌍용자동차 노동자들의 실상을 모두 말해 주는 것은 아니다. 한 노동단체가 쌍용자동차 해고자와 무급휴직자 등 회사에서 쫓겨난 2,646명 가운데 193명을 대상으로 조사한 바에 따르면, 30%가 우울증을 앓고 있으며, 50%가 고도의 우울증을 앓고 있다. 80%가 심각한 스트레스에 시달리고 있는 것이다.[5] 이들은 여전히 본래의 일자리에서 쫓겨난 상태로 있으며, 불안정한 생활을 이어가고 있다. 이미 자살을 시도한 경우도 있다. 그러니까 이들은 목숨은 부지하고 있지만 사는 것

---

3 공지영, 『의자놀이』 (서울: 휴머니스트, 2012), 8, 43.
4 위의 책, 22, 32-35.
5 위의 책, 24-25.

같지 않은 삶, 곧 죽음과 같은 삶을 이어가고 있는 것이다. "해고는 살인이다"라고 외쳤던 쌍용자동차 노동자들의 경고는 불행하게도 현실이 되고 말았다.

    이 글은 우리 사회에 노동문제와 관련하여 많은 과제를 던진 쌍용자동차 사태의 전말을 살펴보고, 그로부터 제기되는 쟁점들을 일별한 후 그 가운데 핵심적 쟁점 가운데 하나로서 노동권과 경영권의 문제에 대해 고찰하고자 한다. 쌍용자동차 사태는 우리 사회의 '노동문제 백화점'이라 할 만큼 노동권과 관련한 복합적인 문제들을 안고 있지만, 사용자의 경영권이 노동권을 제약하는 강력한 구실이 되고 있다는 점에서 노동권과 경영권의 관계는 매우 중요한 쟁점이 되고 있다. 이 글은 그 양자의 관계를 한국사회의 현실에서 재조명하고 그에 대한 신학적 성찰을 시도하고자 한다.

II. 쌍용자동차의 정리해고와 77일간의 파업투쟁에 이르기까지

    1986년 쌍용그룹에 인수된 동아자동차를 모체로 한 쌍용자동차는 1988년 그 이름을 바꾼 이래 독일 벤츠사와 기술제휴 및 자본합작 등 협력관계를 이루면서 국내 자동차업계에서 독보적인 사륜구동차 생산업체로 자리를 잡았다. 서서히 성장을 하던 쌍용자동차는 외환위기의 여파로 쌍용그룹의 사정이 악화되자 1998년 대우그룹에 매각되는데, 2000년 4월 대우그룹이 해체되면서 쌍용자동차는 계열에서 분리되어 법정관리에 들어간다. 2002년 2월 정부는 주채권은행인 조흥은행에 공적 자금 1조원과 금융지원 2,000억 원을 투입하도록 하였고, 그 이후 쌍용자동차는 3조 원이라는 막대한 매출 달성과 영업이익 당기 순이익의 흑자를 냈다. 2003년에는 당기 순이익이 5,897억 원일 정도였다.

    그러나 신자유주의적 경제개방 정책에 따라 정부는 잘 되는 기업을 매각해야 한다는 일종의 강박관념에 매여 매각 결정을 하였고, 결국 정부와 채권단은 노동조합의 반대에도 불구하고 2005년 1월 27일 중국기업 상하이기차에 매각한다.6 그 매각액은 출지 전환된 1조 2,000억 원의 절반에 해당하는 5,909억 원이었다. 상하이기차가 인수하면서 당시 실제로 지불한 돈은 1,200억 원에 지나지 않았고, 나머지 금액은 이후에 쌍용자동차 자체의 부채로 남기거나 쌍용자동차에서 번 돈으로 지불하였다. 노동조합은 초기 해외매각 자체를 반대하다가 결국 조건부 매각을 받아들이고 회사발전과 고용안정에 관한 협상에 주력하였다. 협상의 내용은, 상하이기차가 인수 후 쌍용자동차를 위한 투자이행 및 투자약속, 지속적인 쌍용자동차 발전 계획, 노동조합 단체협약을 포함한 당시 근무하는 직원의 고용을 승계하고 보장하는 것을 주 내용으로 하였다. 처음 금속노조와 쌍용자동차지부 그리고 민주노총의 반대에 부딪히자 상하이기차가 10억 달러 이상을 투자하겠다고 공언한 것을 포함하여, 총 네 차례에 걸친

---

6 당시 상하이기차는 쌍용자동차를 필요로 하는 이유로 기술이전과 원천기술 확보의 용이성, 브랜드전략, SUV시장의 증가와 경쟁력 있는 국내메이커로 생산능력이 적음에 있다는 것을 밝혔고, 노동조합은 중국매각에 대한 위험 요인으로 기술추격과 중국 자동차산업의 구조적 문제로 생산업체의 난립, 부품산업의 낙후, 과잉생산능력, 중국 정부의 산업정책 등을 들어 매각에 반대하였다. 금속노조쌍용자동차지부 · 노동자역사 한내 저, 『해고는 살인이다 - 금속노조쌍용자동차지부 77일 옥쇄파업 투쟁백서』(서울: 한내, 2010), 17.

합의의 내용 가운데 2005년에는 4,000억 원 투자, 평택공장 30만대 생산설비 증설, 2006년에는 2009년까지 매년 3,000억 원의 투자 약속 등이 포함되었다. 하지만 이 약속은 단 하나도 지켜지지 않았다. 노동조합은 합의사항의 이행을 촉구하는 한편 정부에 기술유출에 대한 진정과 고발을 했지만, 상하이기차는 노동조합과의 합의사항을 이행하지 않았고 정부 또한 아무런 제재나 어떤 조치도 취하지 않았다. 신규투자나 신제품 개발이 없는 상태에서 쌍용자동차는 2005년부터 곧바로 적자를 기록하기 시작했고 경영악화를 거듭하다가, 마침내 2009년 1월 상하이기차의 법정관리 신청 결의와 2009년 2월 이에 대한 한국 법원의 수용 결정으로 법정관리 상태에 들어가게 되었다.

이 법정관리 신청이 두고두고 논란거리가 되는 대목이다. 신규투자와 신제품 개발이 전혀 없는 상태로 경영악화를 거듭하다가 최대주주 스스로 법정관리를 신청한 것은, 채권자가 부도위기에 처한 기업으로부터 빚을 돌려받기 위한 조치로서 취하는 법정관리 신청의 상례를 벗어난다. 그것도 아직 자금을 동원할 여력이 있는 것으로 알려져 있을 뿐 아니라[7] 부도를 맞지도 않은 상태에서 신청했다. 게다가 법정관리인으로 선임된 인사 가운데 부실경영의 책임이 있는 당사자가 선임되었다는 것도 상궤를 벗어난다. 모종의 흑막이 있다는 것을 시사하는 대목이다.

더욱 결정적인 것은 법정관리를 신청할 수밖에 없다고 판단한 근거가 되는 회계보고서의 내용이다.[8] 사실상 법정관리 신청을 하기

---

[7] 사회진보연대 노동자운동연구소, 「쌍용차 정리해고 사태의 원상회복을 위한 보고서」, 2012. 5. 21 참조, 공지영, 앞의 책, 67에서 재인용.

위한 준비였다고 볼 수밖에 없는 2008년말 안진회계법인의 쌍용자동차 감사보고서는 두 가지 점에서 중대한 의혹을 안고 있었다. 첫째는 쌍용자동차의 2008년 매출이 2007년도에 견주어 20% 줄었는데 그 매출하락 요인에 대한 진단, 둘째는 2008년 영업손실이 2,274억 원인데 여기에 영업손실의 2배가 넘는 4,823의 추가손실이 더해져 당기 순손실이 7,097억 원이 된 이유다.[9] 우선 안진회계법인은 매출하락 요인으로 2008년 세계적인 금융위기로 꼽고 있고, 이는 쌍용자동차 경영진의 진단과 일치한다. 그러나 같은 기간 현대차와 기아차의 경우 매출액이 오히려 늘었고, GM대우차의 경우는 전년도와 거의 동일한 수준을 유지했다는 점에서 금융위기라는 거시적인 배경을 매출하락의 요인으로 보기는 어렵고 그보다는 쌍용차 수출의 주력시장인 유럽에서의 부적절한 경영방침이 그 주된 요인이라고 보는 것이 적절하다는 의견이 제기되기도 했다.[10] 다음으로 더 결정적인 문제로서 당기 순손실액이 7,097억 원으로 급격히 늘어난 요인인데, 이는 유형자산 손상차손이 '비정상적'으로 과대계상되었기 때문이다. 2008년 유형자산 손상차손액은 5,177억 원으로 과거 4년 동안의 연평균 금액인 167억 원에 견주어 약 30배 늘어난 것이며, 이는 2007년 유형자산 총액의 36.56%에 해당한다. 회계감사 보고서에 의하면, 유형자산의 여러 항목들 가운데서는 전년도에 비해 65%, 69%까지 하락한 것도 있으며, 전체적으로 2008년도 유형자산의 장

---

8 지난 2014년 2월 7일 서울고등법원 민사2부의 해고무효 판결은 이 회계보고서가 지닌 문제점을 인정한 결과라 할 수 있다.
9 한형성, "비판회계학의 마르크스주의 시각에서 본 쌍용자동차(주) 사례연구," 『마르크주의 연구』 9/2(2012), 91.
10 위의 책, 92-93.

부가액 총액이 5,749억 원으로 2007년도의 1조 1,363억 원에 비해 49.41%로 하락한 것으로 되어 있다.11 이러한 회계 덕분에 2008년 9월까지는 168%였던 기업 부채율이 무려 561%로 증가하게 된다.12 이러한 상황은 그야말로 천재지변이 있지 않고서는 불가능한 회계처리라는 점에서 심각한 문제를 안고 있다. 법정관리 신청 요건을 갖추기 위해 고의적으로 짜맞추었다는 의혹을 충분히 살 만한 것이다. 2,646명의 대량 정리해고를 불러일으킨 사태는 바로 그와 같은 회계감사 보고서를 근거로 한 것이었다. 쌍용자동차가 법정관리 상태에 들어가자 회계법인 삼정KPMG는 경영자문보고서를 작성하게 되는데, 문제가 되는 안진회계법인의 감사보고서 내용을 고스란히 받아들여 그에 근거하여 2,646명의 정리해고를 포함한 회생방안을 제시한다.

2008년 12월 예상을 뒤엎고 당선된 한상균 지부장을 중심으로 하는 금속노조 쌍용자동차지부는 이러한 사태에 대해 적극 대응하였다. 노조는 기본적으로 상하이기차의 먹튀행각을 제기하며 정부의 무분별한 해외매각정책으로 쌍용자동차 사태가 발생하였다는 것을 지적하고, 인력감축을 위주로 하는 구조조정 방식에 문제를 제기하며 산업은행의 공적 자금 투입을 통해 우선 회생시켜야 한다는 것을 분명히 하였다. 더불어서 노동조합은 "함께 살자!"는 기치 아래 인력감축을 하지 않고 쌍용자동차를 회생시킬 수 있는 자구안을 적극적으로 제시하였다.13 그러나 법정관리인은 이를 받아들이지 않은

---

11 위의 책, 94-95.
12 공지영, 앞의 책, 75.
13 쌍용자동차 노조가 제시한 자구책의 구체적인 내용으로는, 첫째 부실경영의 책임을 지고 상하이기차가 갖고 있는 51.33%의 지분소각, 둘째 일자리 나누기로 총고용 보

채 인력감축 시도로 일관하였고, 2009년 5월 8일 최종적으로 2,405명에 대한 정리해고 신청서를 노동부에 제출하였다. 정리해고안이 강행되자 5월 13일 정리해고철회를 요구하며 비정규직 노조원을 포함한 세 사람의 노조원이 평택공장 70미터 굴뚝 농성을 시작하였고, 노동조합의 결의를 따라 5월 21일부터 1,000여 명이 공장을 점거하고 총파업 투쟁에 돌입하였다. 파업 초기에 쌍용자동차 노조와 연대 세력들은 인력감축 구조조정에 대한 반대 여론 형성과 공적 자금 투입의 필요성을 제기하는 노력을 펼쳤고, 가족대책위 또한 결성되어 여론 확산을 시도하였다.[14] 이즈음 법정관리인은 용역깡패를 동원하여 폭력사용을 준비하는 한편 해고되지 않은 노동자들을 동원하여 공장진입을 시도하고 관제데모를 조장하였다. 그 과정에서 민주당 등 의원 등의 중재로 협상의 시도가 이뤄지기도 했지만 노사 간의 협상은 아무런 성과 없이 대치국면이 지속되었다. 7월 11일부터 경찰병력이 공장의 출입문들을 통제하기 시작했고 단수와 의료인출입의 통제마저 이뤄졌다. 그 상황에서 재차 시도된 노사협상이 결렬되고 나면서부터는 단전조치까지 취해졌다. 결국 3일에 걸쳐 대테러전을 방불케 하는 경찰의 본격적인 폭력진압 작전이 계속되면서 노조가 더 이상 버티기 어려운 상황에서 8월 6일 노사합의로 77일간의 파업사태가 종결되었다. 노사합의 결과, 정리해고를 거부한 최종인원 974명 가운데 52%에 해당하는 504명은 희망퇴직 또는 분사 후

장, 셋째 비정규직 고용안정기금으로 노조가 12억 원 출연, 넷째 C-200 긴급자금, R&D 개발자금으로 노조가 1,000억 원 담보 제공, 다섯째 산업은행이 우선회생 긴급자금 투입할 것을 요청하는 것 등이 포함되었다. 공지영, 앞의 책, 86-87, 183; 금속노조쌍용자동차지부·노동자역사 한내 저, 앞의 책, 103-104.

14 가족대책위 활동 상황은 홍새라·쌍용차가족대책위원회, 『연두색 여름 - 쌍용자동차 가족대책위 이야기』(서울: 한내, 2009), 참조.

고용 등의 형태로 사실상 해고되었고, 48%에 해당하는 468명은 쌍용자동차와의 고용관계를 유지하는 영업직 전직과 무급휴직으로 처리되었다.15

III. 쌍용자동차 사태가 제기한 쟁점들과 주요쟁점으로서 노동권과 경영권의 문제

쌍용자동차 사태는 기본적으로 세계적인 경제위기의 상황에서 발생한 경영부실의 문제를 전적으로 노동자들에게 전가시키려는 과정에서 발생한 사태로서 성격을 지니고 있다. 그 사태의 발생과 전개과정에는 우리 사회가 합의하고 해결해야 할 중요한 과제들이 노정되었다. 마치 우리 사회의 '노동문제 백화점'과도 같은 양상을 띤 쌍용자동차 사태는 점검해야 해야 할 숱한 문제들을 안고 있는데, 몇 가지 두드러진 쟁점들을 집약해보면 대략 다음과 같은 것들을 꼽을 수 있다.

첫째, 쌍용자동차 사태는 해외매각의 문제를 분명하게 보여 주었다. 자본의 국경이 무색해진 오늘의 상황에서 국내자본과 해외자본을 나누는 것 자체가 과연 의미 있는 것인지 되물을 수도 있지만, 국민경제의 틀이 여전히 중요한 의미를 지니는 현실에서 국내 산업에 대한 기여 및 고용보장의 문제는 중요한 고려의 사항이 되어야 한다.

---

15 이상의 경위에 대해서는, 금속노조쌍용자동차지부・노동자역사 한내 저, 앞의 책; 공지영, 앞의 책; 이종탁, "쌍용차 투쟁의 전개과정과 의의,"「진보평론」41(2009. 가을) 등 참조.

해외매각의 문제는 그런 사항을 신중히 고려하지 않음으로써 폐해를 막아내지 못한다는 데 있다. 쌍용자동차 사태의 경우, 투자약속 불이행은 물론 고용안정의 심각한 훼손, 게다가 국민의 공적 자금 투입으로 개발된 기술의 유출, 뿐만 아니라 해외자본의 하청생산기지화 문제 등이 야기되는 상황에서도 이에 대한 어떤 조처나 대책이 강구되지 않았다. 이 점에서 쌍용자동차 문제는 해외매각 정책의 근본적 문제점을 단적으로 드러내주었다.

둘째, 쌍용자동차 사태는 공적 자금의 투입 문제와 기업의 소유형태에 관한 중요한 문제를 제기하였다. 쌍용자동차 사태가 발생하였을 당시 노동조합의 자구책 가운데 중요한 대안으로 기업의 회생을 위한 긴급한 공적 자금의 투입 안이 제기되었고, 이 안은 기업의 소유형태와 관련된 대안적 논의를 불러일으켰다.16 공적 자금의 투입은 쌍용자동차 자체로서도 이미 전례가 있거니와, 국내 산업의 기여와 고용안정의 보장이라는 측면에서 상당한 공감을 얻고 있는 대안이었다. 물론 공적 자금의 투입 자체가 곧바로 소유형태를 전환시키는 것을 뜻하는 것은 아니었다. 전례처럼 일시적으로 공적 자금을 투입하여 회생시킨 후 제3자에게 매각하는 방안도 있고, 아니면 사실상 국유화 또는 사회화의 방안이 있다. 쌍용자동차 노동조합과 연대하는 세력들 사이에서는 국유화 또는 사회화의 방안에 대한 의견제시가 있었지만, 정부와 산업은행은 '매각'에만 방점을 두고 사실상 국가적·사회적 해결의 의지를 보이지 않았다. 결국 대량해고라는

---

16 쌍용자동차 공기업화 논의에 대해서는 정종남, "쌍용차 대안과 공기업화 논쟁,"「마르크스21」4(2009. 12); 김어진, "쌍용자동차 투쟁, 평가와 교훈,"「마르크스주의 연구」16(2009. 11) 등 참조.

최악의 사태는 막을 수 없었고, 쌍용자동차는 다른 해외자본인 인도의 마힌드라사에 넘어간 상황이 되었다. 그 이후 벼랑 끝의 상황에서 노동조합이 경영진과 합의한 사항마저 전혀 이행되지 않았다.

셋째, 쌍용자동차 사태는 노동권과 경영권이 첨예하게 대립하는 가운데서도 노동조합이 기업의 회생방안을 적극적으로 제기하였다는 점에서 노동자의 경영 참여의 범위와 한계에 관한 중요한 문제를 제기하였다. 77일간의 장기간의 파업투쟁 과정에서 벼랑 끝으로 몰린 노동조합은 결국 고용보장의 과제에만 매달릴 수밖에 없었지만, 법정관리에 들어간 초기 노동조합은 기업의 회생을 위한 자구책으로서 매우 중요한 대안들을 제시하였다. 경영부실의 책임이 있는 상하이기차의 지분 소각과 일자리 나누기를 통한 총고용보장, 공적 자금 투입 요구는 물론, 신차종 개발에 소요될 긴급자금 1,000억 원 조달을 위한 노조의 담보 제공, 비정규직 고용안정 기금 12억 원의 노조 출연 등과 같은 대안까지 제시하였다. 노동조합의 이와 같은 대안 제시는 수세적인 고용안정 보장의 차원을 넘어 기업의 회생을 위한 사실상의 경영 참여 의지를 보인 것으로 볼 수 있고, 이는 노동권과 경영권의 관계에 관한 근본적인 문제를 제기한다. 노동조합의 대안 제시는 일방적으로 묵살되었지만, 노동과 자본이 공존하는 현실에서 노동권과 경영권의 관계를 어떻게 설정해야 할 것인가 하는 문제는 매우 중요한 문제라 할 수 있다.

넷째, 쌍용자동차 사태는 우리 사회의 노동권 보장의 현주소를 적나라하게 보여주었다. 앞서 말한 노동권과 경영권의 관계 문제는 기본적인 노동권의 보호를 전제로 하여 그것이 소유권에 기반한 경영권과 충돌할 때 어떤 한계선을 설정할 것인가를 따지는 문제로서 성격을 지니고 있다. 그러기에 노동권과 경영권의 관계 문제를 따지는 일은 우선 기본적인 노동권 보장의 범위를 어떻게 설정할 것인가 하는 것부터 분명히 해야 한다. 물론 역사적으로 볼 때 자본의 소유권으로부터 노동권을 보장하는 문제는 그 자체로 투쟁의 산물이었고, 그런 만큼 양자의 역관계를 반영한 것이었다. 결국 우리 사회에서도 노동권과 경영권의 관계 문제는 현실적으로 그 양자의 역관계를 반영할 수밖에 없지만, 오늘날 국제적으로 기본적인 노동권의 규범은 비교적 뚜렷하게 확립되어 있다. 예건대 노동삼권은 국세적으로 노동자의 기본권리로 보장되고 있고, 이는 대한민국 헌법에서도 분명하게 보장되어 있다. 그러나 우리 사회에서 그 기본적인 노동권이 실제로 보장되고 있는지는 심각한 회의의 대상이 되고 있다. 쌍용자동차 노동자들에 대한 진압과 사후 법적 문책은 오늘 우리 사회의 노동권 보호의 현실을 분명하게 보여주었다. 헌법에 보장된 노동삼권의 하나로서 정당한 파업행위가 사실상 위법행위로 간주되었다. 다른 노동쟁의에 대한 대처에서와 마찬가지로 쌍용자동차 노동자들의 파업행위는 국가 공권력에 의해 범죄행위로 다뤄졌고, 따라서 그 '주모자'들은 범죄자로서 형사처벌을 받았다. 뿐만 아니라 민사상의 책임까지 안게 되었다. 더욱이 쌍용자동차 파업에 대한 국가 공권력의 진압은 사실상 대테러전을 방불케 할 만큼 강도 높은 것이었고, 그 과정에서 노동권 보호 차원 이전의 기본적인 인권마저도 유린하는 참혹한 사태를 야기하였다.

앞서 지적한 대로 쌍용자동차 사태의 핵심적인 사안인 대량 정리해고의 문제는 거시적인 경제위기 상황에서 경영부실로 인한 기업의 위기를 전적으로 노동자들에게 전가시키는 것 외에 다름 아닌 사태로서, 이는 우리 사회의 노동권 보호가 얼마나 취약한 것인지를 단적으로 드러내 주었다. 동시에 이 사태는 현저한 힘의 불균형 가운데서 노동권의 제약이 정리해고를 당한 노동자들과 그 가족은 물론 우리 사회 전반에 얼마나 큰 부담을 안겨주는지를 뚜렷하게 보여주기도 하였다. 바로 그 점에서 쌍용자동차 사태는 우리 사회의 노동권 보장 문제를 재삼 제기하였다. 1987년 민주화항쟁과 노동자대투쟁을 거치면서 우리 사회에서 노동권의 보장이 상당부분 진척된 것이 사실이지만, 여전히 노동삼권이 온전하게 보장되고 있다고 할 수 없다. 특별히 1997년 외환위기 이후에는 경영권을 침해하는 파업은 위법한 것이라는 법리가 적용되는 등 노동권의 제약 상황이 오히려 1987년 이전보다 더 악화된 측면마저 있다.17 이런 현실에서 노동권의 문제는 기본적 권리의 차원에서 나아가 소유권에 기반한 경영권과의 관계 차원에서 새삼 검토하지 않을 수 없다. 쌍용자동차 사태가 노정한 여러 문제들은 사실상 바로 그 노동권과 경영권의 관계 문제와 직·간접으로 연결되어 있다고 할 수 있다.

IV. 노동권과 경영권의 관계에 대한 검토

1. 기본적인 노동권의 확립과정과 그 의의

근대 서구사회의 정치적 혁명과 함께 형성된 인권의 개념은 이후

---

17 도재형, "파업과 업무방해죄 – 한국에서 단결 금지 법리의 정립 과정," 「노동법학」 34 (2010. 6) 참조.

여러 계기들을 통해 확대되고 심화되는 과정을 거쳐 왔는데, 기본권으로서 노동권에 대한 인식은 본격적인 자본주의적 산업화와 더불어 노동계급의 성장과 함께 싹트기 시작하였다. 성장하는 노동계급의 권리 요구는 여러 가지 차원에서 진전되었는데, 노동시간의 제한은 노동자들의 생존이 걸려 있는 문제였다. 가장 먼저 산업화를 이룬 영국에서는 1847년 어린이 청소년 여성의 노동이 하루 10시간으로 제한되었고, 이후 남성의 노동도 10시간으로 제한되었다. 프랑스에서는 1848년 2월 혁명과 1871년 3월에서 5월에 이르는 파리콤뮌에 이르기까지 반동과 혁명의 와중에서 꾸준히 노동자의 권리 요구가 확대되었다. 이 기간 동안 노동계급의 권리, 노동협동조합 결성, 노동시간 단축, 어린이 청소년의 무상 공립교육, 젊은 노동자의 직업교육, 주거권, 동일노동 동일임금에 대한 여성의 권리가 옹호되었고, 미혼모에 대한 보조금 지급 및 아동을 위한 탁아시설 제공을 규정한 법 또한 제정되었다. 이러한 사태의 진전에 위협을 느낀 프랑스 국민의회의 보수파가 국민방위군을 투입하여 유혈 진압하였음에도 불구하고, 파리콤뮌의 경험은 유럽 전역에서 노동운동을 점화시키고 노동자계급의 권리에 대한 이정표가 되었다.[18]

영국에서 노동자들의 권리확보운동은 참정권확보를 위한 투쟁으로 발전하였다. 「인민헌장」(1838)을 기초로 한 차티스트운동은 보통선거권, 무기명비밀투표, 출마자의 재산자격 철폐, 의원의 세비 지급, 인구수가 균등한 선거구제 설정, 매년 의원선거 시행을 요구하였다. 여기서 문제가 된 것이 재산권과 참정권을 연결시킨 부르주아

---

[18] 미셸린 이샤이/조효제 옮김, 『세계인권사상사』 한국어개정판(서울: 길, 2005), 222.

적 권리였다. 따라서 보통선거권의 요구는 재산권에 대한 이의제기를 수반하였다. 푸르동은 "재산은 절도다!"[19]라고 선언하였는가 하면, 마르크스는 만일 재산 소유권이 재산이 사회 전체에 어떤 영향을 미치는지 상관하지 않고 재산을 마음대로 향유하고 처분할 수 있는 권리만을 의미한다면 그런 권리는 자기 이익을 위한 권리에 지나지 않는다고 보았다.[20] 자유주의적 인권의 중요한 요건에 해당하는 재산 소유권이 사회주의자들의 이와 같은 비판에 직면하게 된 것은 본격적인 산업화와 함께 자본주의적 시장경제가 확고하게 자리잡게 된 역사적 상황과 밀접하게 관련되어 있다.[21] 본래 로마의 물권법에서 유래하는 재산 소유권은 물건에 대한 소유자의 절대적 처분권을 뜻하는 것이었을 뿐 인간에 대한 소유 및 지배를 뜻하는 것은 아니었다. 하지만 자본주의적 시장경제 체제에서 노동시장이 그 구성 요소가 되면서 재산 소유권은 물건에 대한 지배에 그치지 않고 사실상 인간에 대한 지배까지 포함하기에 이른다. 그것은 자본주의적 시장경제 법칙 안에서 자본의 소유자가 노동력을 구매하고 구매한 노동력을 지배하는 것이 허용되지만 노동력과 그것을 지닌 사람이 분리될 수 없다는 데서 비롯된다. 자본 소유자가 사실상 노동자를 지배하기에 이른 것이다. 그것은 본래 재산 소유권의 범위를 넘어선 것이기 때문에, 노동자의 권리를 보호하기 위한 차원에서 재산 소유권은 엄격하게 물건에 대한 권리로만 한정되어야 할 필요가 제기되었다.

---

19 Pierre-Joseph Proudhon, *What Is Property? Or an Inquiry into the Principle of Right and Government*, 2 vols. ed. and trans., Benjamine R. Tucker (London: New Temple Press, 1902); 미셸린 이샤이, 앞의 책, 241.
20 Karl Marx, "On the Jewish Question," in David McLellan, ed., *Karl Marx: Selected Writings* (London: Oxford University Press, 1977_, 54.
21 이하 내용은 강원돈, 『지구화 시대의 사회윤리』(서울: 한울, 2005), 242 이하 참조.

오늘날 노동자들의 권리요구는 매우 광범위하게 인정되고 있거니와, 그에 관한 국제적 규범 역할을 하는 「세계인권선언」은 제22~27조에 걸쳐 사회적·경제적 권리의 내용으로 사회보장, 노동, 자유로운 직업선택, 동일노동에 대한 동일임금, 정당한 보수, 노동조합의 결성과 가입, 휴식과 여가, 적정 생활수준(의료, 음식, 의복, 주택, 무상교육 등을 포함)에 대한 권리를 규정하고 있다. 이 가운데서 특별히 기본적인 노동권으로서 이른바 노동삼권(단결, 단체교섭, 단체행동)은 가장 핵심적인 권리로서 국제적으로 인정되고 있다. 이것은 근대 사법의 기본 원리인 자유·사적 소유권에 대항하여 노동계급이 스스로 단결을 통한 생존의 방법으로 노동삼권이 인정되고 있다는 것을 말하는 것으로, 이에 따라 기존의 자유권과는 구별되는 생존권적 기본권 개념이 확립되었다.[22] 대한민국 헌법 또한 제23조의 재산권 보장 및 제32조의 노동권 보장과 함께 제33조에서 노동삼권을 명문화하고 하고 있다.

2. 노동권과 경영권의 충돌

앞서 살펴본 바와 같이 기본권으로서 노동권의 보장은 노동자가 인간으로서의 존엄에 상응하는 생존조건을 확보하는 데 그 근본 의의가 있다. 여기서 구체적인 노동삼권의 보장의 의의는 노동자가 바로 그것을 통해서만 사용자와의 관계에서 계약의 실질적 자유와 평등 그리고 노사대등 결정을 실현할 수 있다는 데 있다.[23] 이것은 재

---

[22] 이희성, "사용자의 경영권과 근로자의 노동3권의 충돌에 관한 연구," 「산업관계연구」 17/1(2006. 6), 116.

산의 소유권에 의해 노동자의 인간 존엄성이 제약될 수 없다는 것을 분명히 한 것이다.

그러나 또 다른 한편 기본권으로서 사적 재산의 소유권이 보장되고 있는 현실에서 양자의 기본권은 충돌을 빚는 사태가 발생한다. 애초 노동권의 형성 자체가 소유권의 행사가 인신을 제약하는 노동시장의 상황에서 이뤄진 만큼 노자관계 자체가 지양되지 않은 조건에서는 두 가지 기본권이 항시적으로 충돌할 수밖에 없는 조건에 있는 것이다. 결국 노자관계의 지양이 이뤄지지 않는 한 충돌 자체를 회피할 수 없지만, 두 가지 기본권을 동시에 인정하고 있는 현대 자본주의국가의 법체계 안에서는 두 권리주체가 법적으로 동등한 관계를 형성하여 평형을 이루는 것이 가장 이상적인 관계로 설정되어 있다고 할 수 있다. 그런데 오늘날 두 가지 기본권의 충돌이 새삼 문제가 되는 것은, 한편으로는 노동권 보장의 중요성이 강조되는 추세에서 비롯되기도 하지만, 또 다른 한편으로는 노동권이 제기되는 기업의 현장에서 소유권에 기반한 경영권 행사의 배타성을 내세우는 경향에서 비롯된다. 특히 경영권의 행사가 단지 재산의 처분과 관련된 고유한 소유권의 행사 차원에 한정되지 않고 인사관리의 영역까지 포함하고 있다는 점에서 경영권과 노동권은 충돌할 수 있는 조건에 있다. 이 때문에 오늘날 노동권과 소유권의 충돌 문제는 노동권과 경영권의 충돌 문제로 구체화하고 있다.

여기서 우리는 통상적으로 사용되는 '경영권'이 어떤 의미를 지니고 있는지 살펴볼 필요가 있다. 관용적으로 사용되는 경영권은 기업

---

23 위의 책, 126.

의 운영에 관한 사용자, 곧 소유권자의 고유한 권리를 말하는 것으로 이해되고 있지만, 그에 대한 이해는 나라마다 다르고 그 실체를 확정하기 어렵다. 영국이나 미국의 경우 사용자의 전권(prerogative)이라는 표현이 공공연하게 사용되고 있음에도 불구하고 노동조건과 관련된 사항에서는 그 배타성이 인정되고 있지 않는 편이며, 일본의 경우 역시 경영권을 독립적 권리로 인정하기보다는 노사간 협의과정에서 구체적 사안별로 노동조건과 관련된 문제 여부를 판단하는 경향으로 영국이나 미국과 크게 다르지 않다.24 독일의 경우에는 기업경영법(Betriebsverfassungsgesetz: BetrVG)에 의거해 경영참여노동자대표협의회(Betriebsraete)를 구성하고 있다는 점에서 소유권에 기반한 경영권의 배타성을 인정하기는커녕 오히려 노동자의 경영참여를 법적으로 보장하고 있다.25 발전한 국가들 사이에서는 전반적으로 오늘날 노동자의 경영참여가 확대되는 보편적 추세를 보이고 있다고 할 수 있으며,26 그러한 상황 가운데서 경영권의 배타적 경계 설정은 결코 자명한 것이 아니라는 것을 알 수 있다.

그러나 한국의 경우는 사정이 다르다. 경영권이 헌법이나 노동관계법 등에 명시되어 있지 않음에도 불구하고 그것을 헌법상 소유권 보장 조항에 근거한 법적 개념으로 확립하려는 법리가 실질적인 위력을 발휘하고 있다. 2003년 대법원은 경영권이 헌법 제119조 제1항, 제23조 제1항 및 제 15조를 기초로 한 실체성을 가진 권리라고

---

24 송강직, "한국에서 근로자의 경영참가 법리의 향방," 「동아법학」 50(2011. 2), 493 참조.
25 귄터 브라켈만/백용기 옮김, 『기독교 노동윤리』(서울: 한들출판사, 2004), 166-190 참조.
26 송강직, 앞의 책, 493-494 참조.

판시하였다. 이 판례는 "모든 기업은 그가 선택한 사업 또는 영업을 자유롭게 경영하고 이를 위한 의사결정의 자유를 가지며, 기업 또는 영업을 변경하거나 처분할 수 있는 자유를 가지고 있고 이는 헌법에 의해 보장"되고 있다고 함으로써 경영권의 법적 실체성을 인정하였다.27 이 법리는 경영권의 법적 실체성을 바탕으로 하여, 재산의 처분과 관련된 사항만이 아니라 인적 조직과 관련된 사업 또는 영업에 관한 사항까지 포함하고 있어 직접적으로 노동조건과 관련된 것까지 고유한 경영권 범위로 확정하고 있다. 헌법상 노동권을 보장하고 있을 뿐 아니라 노동관계법들에서 인사관련 사항을 단체교섭 범위로 인정하고 있는 점에서, 사용자의 배타적 권리로서 경영권의 법적 실체성을 인정하는 법리는 노동권과 충돌할 소지를 안고 있다. 물론 평화적인 노사협의회와 단체교섭을 통해 노사 간 합의가 이뤄질 경우 그 충돌은 현실적으로 야기되지 않고, 따라서 노동자들의 실질적인 경영참여는 이뤄질 수 있다.

그러나 사용자의 배타적 권리로서 경영권의 법적 실체성을 인정하는 법리가 현실적으로 노동권과 충돌하는 경우는 원만한 단체교섭의 결렬로 파업과 같은 단체행동으로 이어질 때이다. 법원의 판례를 통해 볼 것 같으면, 경영권의 법적 실체성을 인정하는 법리는 실제로 파업을 불법시하는 일련의 법리의 완성으로서 의도되었다는 것을 알 수 있다. 노동자들의 단체행동의 전형으로서 파업은 형법상 업무방해죄에 해당하는 것으로 불법시되고 있다. 다른 나라들의 경우 노동자들의 단체행동을 불법시하는 법률은 대개 19세기말 또는

---

27 대판 2003. 7. 22, 2002도7225; 대판 2003. 11. 13, 2003도687. 이희성, op.cit, 117-118에서 인용 및 재인용.

늦어도 20세기 초반에는 폐지되었는데28 반해, 일본 형법을 모체로 한 대한민국 형법에는 위력업무방해죄라는 형벌규정이 있어 이를 통해 사실상 노동자들의 단체행동을 범죄로 처벌하고 있다.29 한국의 법원에서 노동자들의 노동쟁의에 대해 업무방해죄를 적용한 것은 1971년 5월 대법원 판결이 처음이었지만, 이후 20년 동안 그러한 판결은 이뤄지지 않다가 1990년에 이르러 다시 등장하게 된다. 그것은 그간 노동운동에 대해 물리력으로 통제한 것만으로 충분했던 상황에서 법률적으로 규율해야만 하는 상황으로 변화된 사정을 반영한다. 곧 주로 여성노동자를 중심으로 했던 과거 노동운동과 달리 1980년대 이후, 특별히 1987년 이후 급성장한 남성노동자 중심의 노동운동이 물리력에 대응한 자위력을 갖추게 된 사정과 관련이 있는 것이다. 노동자들의 파업에 대해 업무방해죄를 본격적으로 적용하기 시작한 1990년 한 해 동안 대법원은 파업 노동자들이 기업에 대해 주로 물리력을 행사한 행위에 한정해 업무방해죄를 적용했다. 그러다가 1991년부터는 노동자들이 물리력을 행사하지 않았더라도 단지 노무를 집단적으로 거부한 행위 자체를 업무방해죄로 적용하기 시작하였다.30 그것은 노동자들의 단체행동의 전형인 파업 자체

---

28 영국의 경우 노동자들의 쟁의행위를 사실상 금지하는 여러 법률들은 1875년 최종 폐지된 이래 노동자의 단결과 쟁의행위가 형사상으로 완전히 면책되고 있으며, 역시 유사한 법률들을 갖고 있던 프랑스의 경우 1864년 법률에 의한 노동자의 단결금지가 폐지되었고, 이후 1884년 개정 형법으로 노동자의 단결권이 온전하게 인정되었다. 독일의 경우에는 1918년 11월 혁명 이후 바이마르 헌법에서 단결권이 규정되면서 쟁의권이 보장되었으며, 특별히 쟁의 기간 중 개별 참가자가 저지른 모욕, 상해, 기물손괴 등에 한정해 형사처벌의 대상이 될 뿐 쟁의행위 자체는 형사처벌 대상이 되지 않는다. 도재형, 앞의 책, 69-70 참조.
29 김순태, "파업과 위력업무방해죄의 관계," 「법학논총」 12(2000. 2), 362. 김순태는 이를 태생적 본래적으로 노동운동을 탄압하기 위해 특별히 고안된 것으로 평가한다.
30 도재형, 앞의 책, 76-78 참조.

를 불법시하는 것으로 사실상 노동자들의 단결금지를 뜻하는 것이었다. 뿐만 아니라 이러한 법리는 일을 하지 않는 행위를 처벌하는 것으로서, 강제로 일하지 않을 권리를 침해한다는 점에서도 심각성을 안고 있다. 다시 말해 일을 하지 않는 행위를 처벌하는 것은, 노동을 형벌로써 강제하는 효과를 지니고 있는 것이다.[31] 노동자들의 파업 행위를 불법시하는 법리는 파업 노동자들에게만 한정되지 않는다. 이른바 공모공동정범 법리에 의해 파업 노동자들을 지원하고 연대하는 세력에게까지 적용되고 있다. 이러한 법리는 1980년대 노동운동에 대한 효과적인 통제방법이었던 제삼자 개입금지가 더 이상 가능하지 않게 된 사정을 반영한다.

이처럼 강화된 사실상 노동자들의 단결금지 법리는 1997년 외환위기를 겪고 난 후 더욱 강화된다. 외환위기 이후 기업의 경쟁력 강화를 위한 대규모 구조조정이 실시되었는데, 그 구조조정은 사실상 인원감축과 동일시되었다. 이것은 중소규모 사업장은 물론 대규모 사업장 및 공공부문에 이르기까지 전반적으로 나타난 현상이었다. 이에 대항해 노동자들은 인력감축으로 곧바로 동일시되는 구조조정에 항의하는 파업을 시도하였고, 그 파업의 양상은 사업장 밖으로까지 번져나가는 양상을 띠었다. 기업의 경쟁력을 강화하는 것이 경제를 살리는 길이라 믿는 자본과 권력의 입장에서는 이에 대한 대응방법을 찾고자 하였고, 그에 따라 전형적인 파업을 불법으로 규정하는 법리가 등장하게 되었다. 경영권 보장의 법리가 그것이었다. 2000년대 초반까지만 하더라도 대법원은 "구조조정의 실시 권한은 경영

---

31 김순태, 앞의 책, 369 참조.

권에 속한다"는 추상적 언명으로 대응하다가, 2003년 한국가스공사 사건에서 결정적으로 이른바 경영권을 헌법상 기본권으로 인정하고 그에 대항하는 파업권의 행사를 전면 부정하는 법리를 채택하였다.32 한국 법원의 경영권 보장의 법리는 이러한 과정을 통해 확립되었고 그것은 명백히 노동권을 제약하고자 하는 의도를 띠고 있다. 뿐만 아니라 노동자들의 단체행동의 전형인 파업을 형법상 범죄로 간주하는 법리에 더하여 민법상의 손해배상 책임까지 부과하는 현실은 노동권을 극도로 제약하고 있는 실정이다.

쌍용자동차 파업 직후 당시 구속자는 외부 관련인사 2명을 포함 총64명으로, 1997년 한총련 5기 출범식 때 195명이 구속된 이래 최대 규모를 기록하였다. 이들에게 적용된 주요 죄목은 역시 업무방해죄 및 공무방해죄였다. 또한 구속되지 않은 노동자들을 포함하여 무려 473명에 대한 민사상 손해배상 청구까지 이뤄졌다. 나중에 민사상 손해배상 청구 대상 가운데 395명에 대한 소가 취소되기는 하였지만, 지난 2012년 10월 29일 발표된 서울변호사회의 「쌍용차 사태 특별조사 보고서」에 의하면, 회사가 쌍용자동차 노동조합과 개별 노동자들에게 제기한 손해배상 청구액은 250억 원, 경찰을 비롯한 정부가 제기한 청구액은 42억 원에 이르는 것으로 알려져 있다.33 앞서 살펴본 바와 같이 헌법상 보장된 노동권에 근거한 정당한 파업을 법적으로 논란의 대상이 되는 경영권을 근거로 하여 형사처벌의 대상으로 삼는 것 자체도 문제려니와 거기에 더해 가혹한 민사상 책임까지 묻는 현실은 노동자의 단결과 단체행동을 극도로 제약하고 있으

---

32 도재형, 앞의 책, 92.
33 「한겨레신문」, 2012. 10. 30.

며, 이는 오늘 우리 사회의 노동권 보장이 얼마나 취약한지 그 현실을 적나라하게 보여 주고 있다.[34]

V. 노동권과 경영권에 대한 신학적 성찰

앞서 살펴본 바와 같이 노동권과 소유권은 국제적 규범상으로나 그 규범을 수용하는 국가들의 법체계 안에서 분명한 기본권으로 보장되고 있다. 따라서 노동권과 소유권의 관계에 대한 검토는 비교적 분명하게 다룰 수 있는 성격을 지니고 있다. 이 글은 노동권의 형성을 다루는 대목에서 그 관계에 대해 간략하게 다뤘다. 그 요체는 소유권이 기본권으로 보장된다 하더라도 그것은 엄격히 물건 및 재산에 대한 처분권을 뜻하는 것일 뿐 인신에 대한 지배권으로까지 확장될 수 없다는 것이다. 생존권적 기본권으로 인정되는 노동권은 소유권에 의해 노동자의 인간 존엄성이 제약될 수 없다는 법적 규정이다.

하지만 경영권의 문제는 간단하지 않다는 것을 앞에서 어느 정도 가늠하였다. 한국의 현실에서는 법원의 판례상 그것이 소유권에 기반한 자명한 권리로서 법적 실체성을 갖고 있는 것으로 이해되고 있지만, 다른 여러 나라들의 실례를 통해 볼 때 그것은 법적 실체성을 갖는 것인지는 논란의 여지가 있다. 문제를 더 정확히 하자면, 통상적으로 사용자의 경영권에 관한 사항을 범주화할 수 있다 하더라도

---

[34] 국제노동기구(ILO)는 OECD회원국 중 유일하게 한국을 노동조합 활동가의 체포와 구속이 이뤄지고 있는 대표적인 시민적 자유 및 노동권 침해 국가로 분류하고 있으며, 한국 정부에 형법상 업무방해죄에 대해 결사의 자유 원칙과 부합하도록 조치를 취하도록 지속적으로 요청하고 있다. 도재형, 앞의 책, 71-75 참조.

그것이 사용자의 배타적 권리인가 하는 점에서 중대한 논란의 소지를 안고 있다. 다시 말하면 소유권과 마찬가지로 경영권이 노동권과 원천적으로 배치되는 것인지 따져야 할 문제를 안고 있다. 많은 나라들에서 경영권을 배타적인 법적 실체성을 갖는 것으로 간주하지 않을 뿐 아니라 가능한 한 노동자의 참여 기회를 확대하는 방향으로 그 충돌의 소지를 줄여나가고 있는 보편적 추세를 확인하였다.35

이제 이러한 문제들에 대해 신학적으로 검토할 차례이다. 신학적 성찰을 시도하는 데서 우선 근대 국가의 법체계 안에서 분명한 기본권으로 확립되어 있는 노동권과 소유권의 관계를 검토하고, 이어 경영권에 대해 검토하려고 한다.

1. 노동권에 대한 신학적 성찰

노동권에 대한 신학적 성찰은 우선 창조 이야기를 그 전거로 삼을 수 있다. 창조 이야기는 하느님의 '일'과 인간의 '일'을 유비적으로 이해함으로써 하느님과 인간이 동반자적 관계임을 보여 준다. 성서 자체에서 이를 분명하게 재해석하고 있는 출애굽기 20장 8절 이하에 나오는 안식일 계명은 하느님께서 쉬셨으니 너희들도 쉬라고 함으로써 창조 이야기의 의미를 환기시킨다. 바꾸어 말하면 하느님이 일하셨으니 너희도 일하라는 것이요, 하느님께서 쉬셨으니 너희도 쉬

---

35 사실 한국에서 노동자의 경영참가 권리에 관한 발상은 전혀 낯선 것이 아니다. 제헌헌법 제정 당시 이익균점권과 함께 노동자의 경영참가를 보장해야 한다는 논의가 있었다. 노동자의 경영참가 권리는 끝내 채택되지 않았지만, 이익균점권은 제헌헌법에서 노동기본권 조항의 하나로 명문화되었다. 그것이 사라진 것은 1962년 12월 제3공화국헌법에서였다. 송강직, 앞의 책, 489 참조.

라는 이야기이다. 이 유비의 관계는 창세기 2장의 창조 이야기에 분명하게 제시된다. 이 본문의 기자는 땅에 아직 식물이 존재하지 않는 이유를 이렇게 해명한다. "야훼 하느님께서 아직 땅에 비를 내리지 않으셨고 땅을 갈 사람도 아직 없었다". 하느님께서 '비를 내리는 것'과 인간이 '땅을 경작하는 것'은 상호 조응하는 관계다. 그리고 이 관계로 말미암아 세상의 만물이 생성된다. 그러므로 여기에서 하느님과 인간은 동반자적 협력관계에 있다. 이 협력관계를 매개시키는 것이 '노동'이다. 하느님은 인간의 노동을 통해 자신을 펼치시며 인간은 그 노동을 통해 하느님의 창조사역에 동참하는 것이다. 노동을 통해 결합된 이 관계는 하느님과 인간 사이의 관계로만 머물지 않는다. 그것은 만물을 생성시키고 그 생성된 것들의 생명까지도 온전히 보존시키는 역할을 한다.36 창세기 3장이 전하는 노동의 고통은 노동조건이 악화되었음을 말하는 것이지 노동 그 자체가 저주받았다는 것을 말하는 것은 아니다. 저주받은 것은 땅이지 노동 자체가 아니다. 그 땅이 '엉겅퀴와 가시덤불'을 낸다는 것은 노동조건이 악화되었음을 말하는 것이다. 그 조건에서도 하느님과의 동반자적 관계를 형성하는 노동의 성격이 달라지지 않았다는 것을 주목할 필요가 있다.37

성서는 하느님에 의해 긍정된 노동을 보호하기 위한 여러 규정들을 제시하고 있다. 기본적으로 강제노동의 상태에서 해방된 출애굽 사건의 경험을 바탕으로 하는 구약성서의 여러 법전들에서는 노동

---

36 최형묵, 『보이지 않는 손이 보이지 않는 것은 그 손이 없기 때문이다 - 민중신학과 정치경제』 (서울: 다산글방, 1999), 334.
37 강원돈, 『지구화 시대의 사회윤리』, 249; 『인간과 노동 - 노동윤리의 신학적 근거』 (서울: 민들레책방, 2005), 제1장 참조.

과 휴식의 엄격한 규정과 함께 사회적 약자들을 보호하기 위한 여러 규정들을 두었다. 강제노역과 과중한 조세의 부담으로부터의 해방, 노임의 정시 지급, 노동소득을 강탈하여 자유인을 노예화할 수 있는 이자의 금지 등은 자신의 몸으로 일하며 살아가는 노동자들을 보호하기 위한 조치로서 의의를 지니고 있다.[38]

구약성서의 법정신은 예언자들을 통해 예수에게도 계승되었다. 예수가 스스로의 몸으로 노동하며 살아가는 가난한 사람들의 처지에 기본적인 관심을 두고 있다는 사실은 세삼 강조할 필요도 없거니와, 수고하고 무거운 짐 진 자들에게 참된 안식을 선포함으로써 육체를 소진하는 노동에 시달리는 이들에게 해방을 선포하였다. 그것은 자발적 의사와 상관없이 고된 노동의 조건에 시달리는 이들의 상황을 염두에 둔 것이다.[39] 하지만 그것이 창조적 활동으로서 생명을 살리는 노동의 근본적 의의를 부정하는 것은 아니었다. 역설적이게도 안식일 논쟁(마 12:1이하; 막 2:23이하; 눅 6:1이하)에서 예수는 인간의 존엄을 강조함과 동시에 생명을 살리는 노동의 참 뜻을 환기시킨다. 안식일에도 노동할 수밖에 없는 사람들이 안식일의 참뜻과는 상관없이 단지 율법을 어겼다는 이유만으로 죄인 취급받고 있을 때, 거꾸로 예수는 안식일에도 노동할 수 있다는 것을 보여줌으로써 생명을 살리는 노동의 근본적 의미를 환기시키고 있는 것이다.

---

38 강원돈, 『지구화 시대의 사회윤리』, 249.
39 위의 책, 249.

2. 소유권에 대한 신학적 성찰

다음으로 소유권의 문제를 살펴보자. 성서는 오늘날과 같은 배타적 소유권 개념이 희박하다. 성서는 기본적으로 고대사회에서 가장 중요한 생활수단이자 생산수단이었던 땅에 대해 소유권을 주장할 수 없는 것으로 간주한다. 땅은 인간에 의해 만들어진 것이 아니라 하느님에 의해 만들어진 것으로 하느님의 것이기 때문이다(레위 25:23). 그 땅에 사는 사람들은 땅에 대한 경작권만을 갖고 있었고, 그 경작권은 가문 단위로 세습되었다.[40] 그것은 점유권에 해당할 뿐 오늘과 같은 배타적 소유권과는 다른 것이었다. 땅이 하느님의 것이라는 성서의 정신은 비단 땅 자체에만 한정된 것이 아니라 땅 위에 있는 모든 물질에 해당하는 것이라 할 수 있다. 땅에 대한 소유권의 부정은 모든 물질이 하느님의 것으로 모든 피조물의 공유 대상이라는 정신의 구체적 표현인 것이다. 이러한 정신은 당연히 소유권에 기반한 인간의 지배에 대한 부정과 직결되어 있다. 세상 만물에 대한 하느님의 주권을 말하는 성서의 입장은 그 어떤 형태이든 인간에 의한 인간의 지배를 부정하는 것이다.[41] 성서가 노예제도에 관해 말하고 있기는 하지만 그것은 성서의 환경에서 비롯되고 있는 것일 뿐 성서가 그 자체를 옹호하고 있다는 것을 뜻하지는 않는다.[42]

성서가 배타적인 소유권을 부정하고 있다는 것은 성서의 중심 개념 가운데 하나이자 예언자들이 수없이 되풀이해서 강조하고 있는

---

40 위의 책, 251.
41 최형묵, 『한국 근대화에 대한 기독교윤리적 평가 - 산업화와 민주화의 모순관계에 주목하다』 (서울: 한울, 2015), 101-105.
42 강원돈, 앞의 책, 251-252.

'정의'(체다카) 개념에서도 분명히 확인된다. 성서가 말하는 정의는 "자신의 것이 아닌 것을 원상복귀시키는 행위"를 뜻하는 것으로,[43] 예언자들이 그것을 말할 때 그 의미는 구체적으로 가난한 사람들의 생존을 위하여 불의한 재물이 되돌려져야 한다는 것을 함축하였다. 불의한 재물이 되돌려져야 한다는 것은 차별적 소유에 의해 축적된 재산 그 자체가 불의하다는 것을 뜻하는 것이며, 이는 하느님의 것으로서 만물이 모든 사람의 생존을 위한 것으로 되돌려져야 한다는 것을 뜻한다. 이러한 정신은 예수가 말한 "불의한 재물"(눅 16:9)이라는 표현 가운데서도 그대로 지속되고 있다. 가난한 사람들을 축복하는(눅 6:20) 반면 부자들을 저주하고 있는(눅 6:24) 예수의 말씀 또한 같은 맥락에 있다. 여기서 말하는 축복과 저주는 재물의 소유 여부 그 자체를 두고 한 말이 아니라 재물의 소유 여부로 가난한 자와 부자가 갈리는 관계를 두고 한 말로서, 그러한 불의한 현실 관계에 대한 근본적 비판을 함축하고 있다.[44] 초대교회가 재산을 공유하는 공동체를 지향하였다는 것(행 2:43-47; 4:32-37)은 바로 그와 같은 성서의 일관된 정신을 따른 것이었다.

　물론 성서 자체에 전적으로 사적 소유 관념이 없다고 말할 수는 없다. 예컨대 십계명의 도둑질 금지 조항은 모종의 소유권을 전제하고 있는 것으로 볼 수밖에 없다. 하지만 배타적 소유권을 인정하지 않는 성서 전반의 맥락에 비춰볼 때 여기서 전제하고 있는 소유권은 매우 제한된 것이라는 것을 알 수 있다. 노동을 통해 삶을 꾸려갈 것

---

43 호세 미란다/김쾌상 옮김, 『마르크스와 성서 - 억압의 철학 비판』(서울: 일월서각, 1987), 36.
44 위의 책, 21-55 참조.

을 명시하고 있는 성서의 입장에서 최소한 자신의 삶을 책임 있게 꾸려가기 위한 조건으로서 노동을 통해 얻은 소산에 대한 처분의 권리를 인정하였다고 보는 것은 매우 자연스럽다.[45] 예언자들이 강조하듯이 자기가 거둔 곡식과 포도주를 빼앗기지 아니하고 자기가 누릴 것이라는 선포(이사 62:6-12)는 그러한 뜻을 함축하고 있다. 그런데 성서에서는 그 노동소득에 대한 자유로운 처분권도 공동체의 이익과 사회적 약자를 위해 본질적으로 제한을 받는다. 십일조 규정은 바로 그 정신을 반영하고 있다.[46] 결국 성서 전반을 통해 볼 때 제한적으로 인정되는 소유권마저도 공동체의 보존과 사회적 약자의 생존권을 보장하는 데 근본 의의가 있는 것이지 배타적 소유권을 옹호하는 데 있는 것은 결코 아니다.

3. 경영권에 대한 신학적 성찰

성서의 입장에서 소유권은 제한적으로 인정될 뿐 배타적으로 인정되지 않는 것이 분명하다. 게다가 제한적으로 인정되는 소유권마저도 노동소득에 대한 처분의 범위 내에서 인정되고 있고 또한 그것이 생존의 기본권을 보장하는 의의를 지니고 있다는 점에서 오히려 노동권을 보호하는 성격을 지니고 있다고 할 수 있다. 성서는 인간다운 삶을 누릴 권리를 소유권에 앞서는 권리로서 보장하고 있는 것이다.

그러한 관점에서 볼 때 경영권은 어떻게 평가할 수 있을까? 이미 앞서 살펴 본 바와 같이 경영권이 독립적 실체성을 갖는 것인지 확정

---

45 강원돈, 앞의 책, 250 참조.
46 강원돈, 앞의 책, 250-251.

하기는 상당한 난점을 지니고 있다. 한국의 현실에서는 그것이 소유권에 기반한 사용자의 고유한 권리로서 인정되고 있지만, 그것이 단지 재산의 처분권에 한정되지 않고 인적 조직과 관련된 사업 및 영업 등과 관련된다는 점에서 법체계 자체 안에서 노동권과 충돌할 소지를 안고 있다는 점 또한 분명하다. 성서의 입장, 곧 제한적으로 인정되는 소유권마저도 노동소득에 대한 처분의 범위 내에서 인정되고 있고 또한 그것이 생존의 기본권을 보장하는 데 있는 것으로 보는 입장에서 이러한 문제에 대해 평가한다면, 노동자의 인간다운 삶을 보장하는 노동권을 우선하여 경영권 행사에 제한을 가하고 이로써 충돌을 조정하는 것이 정당하다고 할 수 있다. 나아가 바로 그 성서적 입장에서 본다면, 경영권은 오히려 노동권에 귀속하는 것이지 소유권에 귀속하는 것은 아니라고까지 말할 수 있다.

물론 경영권에 대한 신학적 성찰은 더 충분히 이뤄져야 한다. 노동권 및 소유권에 비해 경영권은 그 실체를 분명히 확정지을 수 없는 난점을 안고 있는 만큼 그에 대한 신학적 성찰은 아직 낯선 작업이 될 수 있다. 하지만 가능한 한 신학적 성찰을 시도할 수 있다면, 성서가 일관되게 증언하는 공동체의 온전한 보전에 관한 여러 가르침들을 그 전거들로 삼을 수 있을 것이다. 여기서 재삼 확인할 수 있는 것으로, 공동체의 온전성을 보전하는 방법으로 사회적 약자들의 생존권 보장을 우선시하는 성서의 입장은 새삼 중요한 원칙으로 확인된다. 나아가 성서가 말하는 공동체의 온전한 보전이 배타적 집단의 생존 차원으로 한정되지 않고 피조세계 전체의 보전과 연관성을 가지고 있다는 점에서, 현대 기업의 경영에 관한 문제에 대해 접근할 수 있을 것이다. 오늘날 기업의 사회적 책임 및 환경적 책임은 낯선 개념이 아니거니와, 바로 그 점에서도 공동체의 온전한 보전이라는 문제의식으로 현대 기업 경영의 문제를 성찰할 수 있는 여지는 충분하다고 하겠다.

물론 신학적 입장과 현실 사이에 엄청난 간극이 있다는 것을 우리는 충분히 알고 있다. 그러나 우리의 신학적 입장이 분명하다면, 그에 따라 문제가 되는 현실의 법과 제도 그리고 여러 관행들에 대해 비판적으로 검토하는 것은 그 대안을 제시하는 데 기여할 수 있을 것이다. 오늘 우리 사회에서는 쌍용자동차 사태와 같은 일들이 지속적으로 반복될 가능성을 안고 있다. 아니, 그 규모와 양상은 다를지언정 사실상 지속적으로 반복되고 있다. 그 현실에서 인간의 인간다운 삶을 위한 기본권리 및 노동자의 기본권 보장을 위한 노력이 지속되어야 할 것이다.

메델린의 해방자 예수
— 제2차 라틴아메리카 주교회의가 라틴아메리카 그리스도론에 남긴 영향에 관하여

홍인식*

I. 50년

1968년 8월 26일부터 9월 7일까지 콜롬비아의 메델린(Medel-lin)에서 제2차 라틴아메리카 주교회의(CELAM)가 개최되었다. 콜롬비아의 메델린에서 개최된 주교회의는 1962년부터 1965년 사이에 개최된 제2차 바티칸 공의회의 신학에 영향을 받은 라틴아메리카 주교들이 대거 참여한다.

제2차 라틴아메리카 주교회의는 이 지역에서의 새로운 목회적 행위실천과 새로운 영성, 다시 말하면 라틴아메리카 고유의 신학운동

---
* 순천중앙교회 담임목사, 해방신학 전공

의 탄생을 의미하게 된다. 1960년대까지 라틴아메리카의 신학은 유럽 신학의 철저한 '복사판'이었음을 고려할 때 1968년의 제2차 라틴아메리카 주교회의는 이 지역에서의 고유한 '교회 됨'의 시작이었다고 평가 받을 수 있을 것이다.

라틴아메리카에서의 고유하면서도 독창적인 새로운 신학운동과 교회 됨[1]을 전 세계에 알리게 된 제2차 라틴아메리카 주교회의[2]가 개최된 지 올해로 50년을 맞이하였다. 나는 콜롬비아의 메델린의 제2차 CELAM 50주년을 맞이하면서 본 소고를 통하여 메델린 회의 문서가 라틴아메리카의 그리스도론 형성에 미친 영향에 대하여 간략하게 살펴보려고 한다.[3]

그러기 위해서 무엇보다도 먼저 제2차 CELAM 대회 직전에 콜롬비아의 수도 보고타에서 개최되었던 제39차 세계성체대회에서 발표된 교황 바오로 6세의 강론에 나타난 그리스도론으로부터 출발하여 메델린 문서의 그리스도론이 어떤 형태로 라틴 아메리카 신학과 교회에서 그리스도론 형성에 영향을 미치게 되었는가를 생각해 보고자 한다.

---

1 본 대회 이후 알려지게 된 라틴아메리카 신학은 점차 '해방신학'이라는 이름으로 불리게 된다.
2 본 글에서는 제2차 라틴아메리카 주교회의의 스페인어 약자인 'CELAM'을 사용하기로 한다.
3 해방신학의 신학방법론은 어떤 특정한 교회의 문서에 의해서 형성되어진 것은 아니다. 해방신학의 신학적 방법은 현장에서 실천적인 프랙시스를 통하여 형성되어진 것임을 분명히 한다. 다만 본 소고에서는 해방신학이 공교회의 문서에서 나타나는 공식적인 신학 입장과 어떤 관계를 형성하게 되었으며, 서로의 신학 형성에 어떤 영향을 주었는가를 살펴보고자 한다.

II. 교황 바오로 6세의 강론

제2차 라틴아메리카 주교회가 개최되기 직전에 콜롬비아의 수도 보고타에서 제39차 세계성체대회가 모인다. 이 대회에는 제2차 바티칸 공의회를 성공적으로 이끌었던 교황 바오로 6세가 참석한다. 그는 교황으로서는 최초로 라틴아메리카에 발을 내딛는다. 바오로 6세는 1968년 8월 22일부터 24일까지 세계성체대회에 머물면서 이틀 후인 26일부터 콜롬비아의 메델린 시에시 개최되는 세2차 라틴아메리카 주교회의가 주목할 만한 강론을 펼친다.

교황 바오로 6세는 1968년 8월 23일 콜롬비아의 농촌 모스께라(Mosquera)에서 개최된 미사에서 콜롬비아의 농민은 물론 라틴아메리카의 모든 농민들을 향하여 강론을 펼친다. 그는 강론을 통하여 성례식의 예수 그리스도의 존재와 라틴아메리카의 가난한 농민 가운데 현존하는 그리스도 현존을 연관시킨다.

그는 이 강론을 통하여 가난한 사람들을 위한 그리스도의 선택에 대하여 말한다. 그리스도는 가난한 농민들의 삶의 현장에 현존하고 있으며 가난한 사람들은 그리스도의 현존의 상징, 형상이며 신비라고 말한다. 교황 바오로 6세는 성체가 그리스도의 몸이듯이 가난한 사람들은 그리스도의 "성체성사"임을 주장한다. 그는 성체성사를 통하여 그리스도는 "실제적으로 살아있지만 숨겨져 있는" 형태로 우리에게 보이고 있지만, 그러나 가난한 사람들안에서 그리스도는 "행동하는" 형태로 나타난다고 말한다. 그의 말을 들어보자.

우리는 오늘 성체의 신비함 속에서 그리스도를 경배하기 위하여 보고

타에 모였습니다. 나는 무엇보다도 교회를 통하여 이 세계와 우리 안에 계신 그리스도의 현존을 경축하기 위하여 이곳에 와 있음을 기쁘게 생각합니다. 여러분들은 그리스도의 현존의 신비이며 형상이며 그리고 상징입니다. 그리스도의 성체성사는 우리에게 그리스도의 실제적이고 살아있는 실존을 숨겨져 있는 형태로 보여 줍니다. 여러분도 마찬가지로 성사(sacrament)입니다. 여러분은 이 세계 안에 계신 그리스도의 거룩한 형상입니다. 여러분은 거룩하면서 인간적인 그리스도의 얼굴을 대변하는 존재들입니다.

그는 강론을 통하여 지속적으로 가난한 사람들안에서 그리스도는 자신의 모습을 드러내고 있다고 말한다. "여러분들은 우리들에게 그리스도입니다"라는 말을 통하여 "성체성사"로 묘사되는 가난한 사람들안에서의 그리스도의 현존에 대한 최고의 표현을 한다.

교황 바오로 6세의 모스께라의 강론은 라틴아메리카에서의 그리스도론 형성에 지대한 영향을 미치게 되며 무엇보다도 해방신학의 "해방자 예수"라는 그리스도론을 결정하는 데 가장 큰 영향을 끼치게 된다.

바오로 6세에 의하면 "그리스도는 가난한 사람들 속에서 발견되어진다." 그 뿐만 아니라. 교황 6세는 그의 강론을 통하여 "가난한 사람들 속에서 발견되어지는 예수 그리스도를 경배하기 위하여 라틴아메리카 땅을 밟았다"라고 말한다. 그는 "나는 여러분들을 우선적으로(편애) 사랑합니다"라고 말한다.

이 표현은 제2차 메델린 회의를 거쳐 1979년 제3차 푸에블라 주교회의에서 "가난한 사람들을 위한 우선적 선택"이라는 신학적 명제로 발전하게 된다. 바오로 6세는 "가난한 사람들을 위한 우선적 선택"이라는 직접적인 표현을 사용하지는 않았지만 "가난한 사람들을 우선적으로 사랑(편애)한다"라는 표현을 통하여 해방신학의 핵심적인 신학전제의 기초를 놓았다라고 볼 수 있을 것이다.

마지막으로 교황 6세의 강론에서 우리는 당시의 라틴아메리카의 현실적 상황에 대한 언급을 발견할 수 있다. 그는 라틴 아메리카의 가난한 사람들이 처해 있는 현실에 대한 철저한 이해를 촉구한다. 그는 가난한 현실의 극복 과정에서 폭력을 배제할 것을 당부하면서도 가난 극복에 대한 현실적 참여를 촉구한다.

이를 위하여 가난의 원인을 철저히 파악하고 가난 극복을 위한 투쟁에 헌신할 것을 강조하기도 한다. 그는 이 지역의 토착민들이 당한 폭력과 억압의 현실을 지적하면서 교회가 가난한 현실 극복을 위한 실천적 사목행위를 할 것을 주장하였다.

교황 바오로 6세의 모스께리 강론이 메델린의 제2차 CELAM 내회 참여자들에게 어떤 영향을 미쳤을까에 대한 평가는 다양하다.

메델린 회의에 참가한 주교들의 바오로 6세의 강론에 대한 언급은 그리 많지 않다. 그럼에도 불구하고 교황이 그의 강론을 통하여 주창한 라틴아메리카에서의 그리스도론은 지속적으로 해방신학자들에 의하여 언급되어 지는 것을 볼 수 있다.

III. 메델린 문서에 나타난 그리스도론

콜롬비아의 메델린에서 개최되었던 제2차 CELAM 회의는 라틴아메리카 신학의 역사에서 획기적인 계기를 마련해주었다. 무엇보다도 메델린 회의는 지금까지의 라틴아메리카 신학의 유럽신학의 의존성을 극복하는 역사적 동기를 마련해주었다. 그 뿐만 아니라 철학에 의지하던 신학적 전개를 사회학으로 전환하게 만드는 계기가 되기도 하였다.

메델린 회의는 새로운 목회행위 실천의 탄생을 보여주는 회의로 기억될 것이다. 메델린 이후의 라틴아메리카 신학은 기존의 신학에서 탈피하여 차츰 고유한 모습을 형성하기에 이른다. 훼르난도 타피아 미란다(Fernando Tapia Miranda)는 메델린 회의의 결과로 나타난 라틴 아메리카 신학의 특징을 몇 가지로 소개한다.4

그에 의하면 메델린 회의는 무엇보다도 "하나님의 말씀의 빛에 비추어(말씀 성찰) 현실을 이해하고(관찰) 목회적 행위실천(행동)"의 전형적인 라틴아메리카 목회실천을 확정지었다. 그 뿐만 아니라 메델린 회의는 라틴아메리카 교회로 하여금 가난한 자들에 대한 선택에서부터 출발하는 성경읽기와 신학하기, 해방신학의 발생, 기초공동체를 비롯한 민중교회의 형성, 해방적 교육과 교회의 예언적 행위에 절대적인 영향을 미쳤다.

그러나 메델린 회의는 라틴아메리카 교회로 하여금 수많은 순교자들과 고난 받는 이들을 만들어 냄으로써 수난의 길을 걷게 만들기도 하였다. 이런 의미에서 메델린 회의는 라틴아메리카 교회의 새로운 탄생을 의미한다. 나는 본 소고에서 메델린 문서에 나타난 그리스

---

4 Fernando Tapia Miranda, "Algunos frutos de la conferencia de Medellín: a 50 años de su realización (24 de agosto al 6 de septiembre de 1968)"(메델린 50년이 남긴 몇 가지 열매에 대하여), *Cuaderno de Teologia* 10/1(2018. 6. 15.), 112-126.

도론을 분석함으로써 라틴아메리카의 그리스도론의 특징에 대하여 간략하게 살펴보려고 한다.

IV. 메델린 문서에서 보여지는 그리스도는 어떤 그리스도인가?

파올로 파리제(Paolo Parise)는 메델린 문서에서 확고힌 형태의 그리스도론은 나타나지 않다고 주장한다. 메델린 문서는 라틴아메리카 교회의 목회 방향을 보여주는 특정한 형태 그리고 독립적인 항목으로서 그리스도론을 전개하지는 않는다. 그럼에도 불구하고 파올로 파리제는 메델린 문서는 줄기차게 그리고 일관성을 가지고 특징적인 그리스도론을 그의 문서 전체를 통하여 전개하고 있다고 지적한다.

1. 메델린 문서는 전체적인 전개를 통하여 그리스도 안에서 이루어지고 실행되고 있는 하나님의 계획의 일관성을 보여준다.[5] 하나님의 계획은 그의 구원 사건을 통하여 보이고 있는데 구원은 인간 생명의 모든 분야에 걸쳐서 발생하는 사건이라는 것이다. 구원은 이 세계 안에서 시작되며 그리스도의 최종적인 승리로 인한 역사의 종말에서 완성된다. 그러므로 모든 인간의 발전과 성취 그리고 세계의 변화 등은 그리스도의 종말론적 현존의 전제이며 부분이다.

---

[5] 메델린 문서의 서론의 2, 4 그리고 5항, 정의 4항과 5항, 평신도 운동 8, 9, 12항, 교회의 가난의 6항.

2. 메델린 문서의 중요한 특징 중의 하나는 "예수 그리스도 안에서 창조된 인간"이다. 그러므로 그리스도는 인간의 존엄성의 출발점이며 종착점이기도 한다. 그리스도는 인간의 존엄성의 궁극적인 근거이며 진리 자체이다.6 이 점에서 메델린은 제2차 바티칸 공의회를 따르고 있다(Gaudium et spes, 22).

3. 메델린 문서에서 주목할 것은 구원에 대한 개념의 전개이다. 메델린 문서는 예수 그리스도 안에서의 구원을 해방으로 이해하고 있다는 것이다(Salvation in Christ Jesus as Liberation).7 해방으로서의 구원의 개념은 매우 성서적임에도 불구하고 메델린 회의 이후 마치 그것이 라틴아메리카의 고유한 이론인 것처럼 받아들여지고 있다는 것은 매우 흥미로운 현상이다.

그것은 아마도 "라틴아메리카의 목회실천의 출발점은 불의한 제도와 사회의 결과로서 대다수의 라틴아메리카 민중들이 당하고 있는 억압과 가난으로 얼룩져 있는 비참한 라틴아메리카 현실이 되어야 한다"라는 메델린 문서의 선언에 기인할 것이다.8

4. 메델린의 그리스도는 "가난한 사람들의 일상에서 현존하는 가난한 그리스도"이다. 메델린 문서는 "교회의 가난" 부분의 7항에서 이렇게 선언한다. "우리의 구원자 그리스도는 가난한 사람들을 사랑한 것뿐만 아니라 '부유한 자이면서도 스스로 가난한 자'가 되셔서 가난하게 사셨고 그의 선포의 핵심은 가난한 사람들의 해방이었다.

---

6 메델린 문서, 서론 1항, 정의 4항 교육 9항.
7 메델린 문서에서 구원의 의미로 사용되는 '해방'은 모두 27차례 나타나며 그중에 10차례는 그리스도와 직접적인 관련 속에서 언급되고 있다.
8 Parise Paolo, *Cristologie delle Conferenze generali dell'episcopato dell'America Latina e Caraibi da Rio de Janeiro ad Aparecida* (Roma: Pontificia Universidad Gregoriana, 2010), 70.

그는 사람들의 가난의 상징으로서 교회를 세우셨다"라고 말한다.

이런 의미에서 그리스도의 성육신은 두 가지 의미를 가진다. "말씀이 단지 사람이 되었을 뿐만 아니라 말씀은 가난한 자가 되었다."

5. 예수 사역의 중심으로서의 하나님 나라의 주제는 메델린 문서에서 빈번하게 나타나고 있지만 않지만 그러나 문서 전체를 통하여 그의 확고한 모습을 드러내고 있다.[9] 하나님의 나라는 종말론적인 관점에서 고려되고 있다. 하나님 나라는 미래적인 측면이 강하나 그러나 분명하게 현재에서 시작되고 있다. 기독교인들은 하나님 나라를 고난의 사역 안에서 그리스도와 동일시해야 한다.

그러나 하나님 나라는 온전하게 이루어진 것은 아니다. 그러므로 하나님 나라의 실현을 위한 교회와 기독교인들의 헌신과 노력은 계속되어져야한다.

6. 메델린 문서는 예수의 사역은 복음 선포임을 분명히 하고 있다. 그리고 그것은 교회가 수행해야 할 핵심적인 사역이다. 교회의 사역의 중심은 예수가 그랬던 것처럼 가난한 자들에게 기쁜 소식을 전하는 것에 있다. 예수는 하나님 아버지의 기쁜 소식 자체이다. 라틴아메리카의 가난한 현실은 이러한 예수 사역의 정당성을 확고히 해주고 있다.[10]

---

[9] 메델린 문서 정의 5항, 예식과 예배 2항, 사제들에 관하여 27항과 30항, 수도사들에 관하여 2, 3 그리고 4항.
[10] 메델린 문서 정의 3항, 교육 6항, 청년 5항 민중 목회 12, 15항, 평신도 운동 14항, 사제에 관하여 28항, 교회의 가난 9항.

V. 메델린 문서와 라틴아메리카 신학

라틴아메리카의 여러 신학자들은 메델린 문서가 직접적으로 그리스도론을 전개하지는 않았음에도 불구하고 자신들의 그리스도론을 전개하는데 있어서 메델린 문서에서 보이고 있는 그리스도에 대한 생각을 중요시 여긴다.

이들 신학자들 가운데 존 소브리노(Jon Sobrino)를 언급할 수 있다. 소브리노는 그리스도의 "형상"의 전망으로부터 메델린 문서의 그리스도를 해석한다. 소브리노는 라틴아메리카 카톨릭 교회 내에서 전개되고 있는 왜곡된 그리스도에 대하여 비판한다.11 그는 라틴아메리카 가톨릭교회가 소홀히 취급했던 "해방자로서의 예수"를 회복한다. 그는 메델린 문서가 구원을 해방으로 이해하는 것을 높이 평가한다.12

소브리노는 메델린 문서가 라틴 아메리카의 상황을 "무지, 배고픔 억압과 가난"으로 뒤덮여 있는 대륙임을 지적하고 이러한 모든 악한 상황은 인간의 이기주의에서 비롯된 불의와 증오의 결과라고 인정하는 것을 매우 중요시 여긴다. 왜냐하면 메델린 문서의 지적은 해방으로서의 구원이 어떤 의미를 가지고 있는가를 구체적으로 보여주고 있기 때문이다.

이러한 의미에서 해방으로서의 구원은 "죄로부터의 구원"만을 주

---

11 Jon Sobrino, *Jesucristo liberador*(해방자 예수) (Madrid: Trotta, 1991), 29-33.
12 메델린 문서는 정의 3항에서 이렇게 선언한다. "하나님의 아들은 인간들을 모든 노예됨으로부터 해방하기 위하여 육신으로 오셨다".

장했던 라틴아메리카 가톨릭교회의 목회 사역이 어떤 방향으로 변화되어야 함을 확실하게 보여주고 있다. 그러므로 그리스도의 사역은 단순한 '자비 베풂'에 있지 않다. 그의 사역은 해방을 향한다.

소브리노는 메델린 문서에서 "편파성의 원리"(principle of partiality)를 발견한다. 그에게 있어서 그리스도의 성육신은 하나님이 인간이 되었다는 단순한 사실을 말하고자 하는 것이 아니다. 그리스도는 가난한 자가 됨으로써 가난한 사람들과 자신을 동일시한 것이다. 그리스도의 우주성이 반드시 그의 '공정성'(impartiality)을 의미하는 것만은 아니다.

그 반대로 성육신에 대한 신앙은 오히려 그의 '편파성' 다시 말하면 '가난한 사람들을 위한 그리스도의 선택적 행위'(편파성, partiality)를 의미한다. 그럼에도 불구하고 소브리노는 메델린 문서가 라틴 아메리카 현실에서 파괴되고 있는 그리스도의 '형상'에 대하여 더 이상 깊은 언급을 하시 않고 있음을 지적한다. 그는 메델린 문서가 불의의 피해자 안에서 현존하는 그리스도에 대하여 좀 더 분명하게 언급하지 않음에 대하여 아쉬움을 표하기도 한다. 13

이에 반해 구스타보 구띠에레스(Gustavo Gutierrez)는 메델린 문서의 '그리스도론'에 대하여 큰 관심을 보이지 않고 있다. 그에 의하면 메델린 문서는 라틴아메리카의 그리스도론 형성에 큰 영향을 미치지 않는다. 그는 단지 '죄로부터의 해방자 예수'에 대하여 언급할 때 메델린 문서의 내용을 인용한다. 그는 메델린 문서는 죄를 개인적인 차원만이 아니라 사회적 차원으로 이해하는 데 있어서 유용하다

---

13 존 소브리노, *Jesucristo liberador* (해방자 예수), 36.

고 지적한다.

    메델린 문서는 라틴아메리카의 상황을 '죄의 상황'으로 이해하고 있다. 14 메델린 문서는 '죄의 상황'은 억압적인 구조와 '인간에 의한 인간의 착취 구조'로부터 비롯되는 역사적인 사회적 악을 의미한다. 그것은 '민중을 억압하고 노예로 삼는 사회적 악'을 의미한다. 죄는 '근본적인 소외'이다 그러므로 죄로부터의 해방은 정치적 해방을 의미한다. 15

    구스타보 구띠에레스에 의하면 그리스도는 우리를 모든 죄로부터 그리고 모든 죄의 결과로부터 급진적인 차원에서 우리를 해방한다. "근본적인 해방은 그리스도가 우리에게 주는 선물이다." 그는 이러한 의미에서 메델린 문서를 인용한다.

> 때가 이르자 하나님은 인간들을 모든 죄악의 굴레와 노예 됨, 다시 말하면 인간의 이기주의에서 비롯된 불의와 증오의 결과로서의 무지와 배고픔, 가난과 비참함 그리고 억압으로부터 해방하려고 그의 아들을 사람이 되게 하셨다(정의 3항. 요 8:32-35와 비교해보라).

    그리스도의 사랑 안에 거하게 될 때 우리는 비로소 죄를 극복한다. 해방은 우리의 모든 기대와 상상을 초월하는 그리스도의 선물이다.16

---

14 메델린 문서, 평화 65항과 71항.
15 그는 해방의 3가지 차원에 대하여 언급한다. 정치적 해방, 인간의 역사 안에서의 해방 그리고 죄로부터의 해방과 하나님과의 온전한 소통이 그것이다. Gustavo Gutiérrez, *Teología de la liberación. Perspectivas* (Sígueme: Salamanca, 1990), 224.
16 위의 책, 223-224.

구띠에레스에 의하면 하나님 나라의 온전한 실현은 종말론적 차원에서 이루어지는 것이기는 하지만 정치적 해방은 역사 안에서 실현되는 하나님 나라의 구체적인 표현이다. 그에게 있어서 하나님 나라는 하나님이 주시는 은사이며 선물이다. 역사 안에서의 해방의 과정이 모든 억압과 인간에 의한 인간의 착취의 죄악의 뿌리를 완벽하게 제거하지는 못한다. 그것은 하나님 나라의 도래와 함께 이루어진다.

그러나 역사적 해방 사건 없이는 하나님 나라의 성장과 도래는 기대할 수 없다. 그러기에 온전한 해방은 하나님의 선물이다. 현실 정치와 오늘의 역사 안에서 보이는 모든 해방적 행위는 하나님 나라의 성장을 의미하며 구원의 사역이다. 그러나 그것이 온전한 하나님 나라의 도래와 온전한 구원을 의미하지는 않는다.[17]

바닐도 루이스 주뇨(Vanildo Luiz Zugno)는 라틴아메리카 그리스도론의 출발점을 역사적 예수에 대한 추구에서 발견한다. 그에게 있어서 역사적 예수로부터의 출발은 하나님 나라를 이해하는 데 핵심적이다. 그런 의미에서 그는 메델린 문서가 "구원을 해방으로 이해"하는 것에 대하여 높게 평가한다. 구원을 해방으로 이해하는 것은 "라틴아메리카 대륙이 경험하고 있는 가난한 현실로부터의 해방을 의미하는 것이다. 그것은 예수 그리스도 안에서 나타나는 결정적인 구원의 전제적인 실현을 의미한다."[18]

바닐도 주뇨는 "메델린 문서는 특정한 사회적 상황에서부터 출발하는 그리스도론을 전개하고 있다. 그것은 비참한 현실로부터의 가

---

17 같은 책, 225.
18 Vanildo Luiz Zugno, "Sobre la cristología en los documentos de las cuatro conferencias," *Cadernos da ESTEF* (2009), 23-51.

난한 사람들의 해방의 그리스도론이다"라고 말한다. 이런 의미에서 주뇨에 의하면 메델린 문서의 그리스도론의 특징은 그리스도의 현존을 예배 안에서 그리고 믿음의 공동체의 증언 속에서 그리고 불의하게 소외되고 착취당하는 가난한 사람들안에서 발견하는 데 있다(메델린 문서, 평화 3항).

주뇨에 의하면 메델린 문서는 가난한 사람들의 삶의 현장을 그리스도를 만나는 현장으로 이해한다. 가난한 삶의 현장은 그리스도의 현존을 분별하는 가장 핵심적인 원리이다. 왜냐하면 그리스도는 가난한 사람을 우선적으로 선택하기 때문이다.[19]

까를로스 이그나시오 곤살레스(Carlos Ignacio Gonzalez)는 메델린 문서는 예수 그리스도에 대하여 언급하기 위하여 시대의 징표들을 해석하고자 하였다고 평가하고 있다. 그럼에도 불구하고 우리는 메델린 문서에서 시대의 징표에 대한 해석을 분명하게 발견하지는 못하고 있다. 메델린 문서는 이에 대하여 산발적인 해석을 시도하고 있으며 어떤 의미에서는 시대적 징표에 대한 해석에 중요한 의미를 부여하지 않고 있다는 인상을 받기도 한다.

그럼에도 불구하고 이그나시오 곤살레스에게 있어서 메델린 문서는 산발적이기는 하지만 시대의 징표를 분별하고 해석함으로써 라틴아메리카의 그리스도론을 형성하는 데 있어서 긍정적인 영향을 주고 있다고 분석한다.[20]

---

[19] 위의 책, 51.
[20] Carlos Ignacio González, *Seguir a Jesús en América Latina. Rutas de las cuatro Conferencias generales del Episcopado Latinoamericano* (México D.F.: Obra Nacional de la Buena Prensa, 2006), 30.

위에 언급한 수명의 라틴아메리카 신학자들의 메델린 문서에 대한 언급에서 드러났듯이 메델린 문서의 그리스도론에서 가장 두드러지는 특징은 해방적 그리스도론이다. 전통적인 가톨릭 교회의 구원론과 그리스도론이 인간을 죄로부터 구원하는 것이라고 한다면 메델린 문서는 오늘의 상황에서 진정한 죄는 무엇인가를 묻는다.

메델린 문서는 죄는 가난하고 비참한 라틴아메리카의 현실과 노예의 삶을 살아가고 있는 가난한 사람들의 삶의 현장을 외면한 채 이해될 수 없다는 것을 분명하게 밝히고 있다. 이처럼 죄에 대한 진정한 이해로부터 그리스도의 구원의 사역은 해방적 방향을 가질 수밖에 없게 된다.

메델린의 그리스도는 인간의 역사에 의미를 부여한다. 인간의 역사 안에는 분명한 '하나님의 계획'이 존재한다. 그것은 시대의 징조 속에서 해방의 구원이라는 구체적인 사역으로 나타난다. 그리스도는 인간의 역사 안에 현존하며 역사 안에서 활동하고 계신다. 메델린 문서가 말하는 그리스도는 해방자 예수이다. 그는 가난한 사람들과 자신을 동일시하는 분이시다. 가난한 사람들을 해방하는 그리스도이다.

VI. 메델린 문서와 해방신학의 그리스도론

위에서 우리는 메델린 문서의 그리스도론은 "해방으로서의 구원"의 이해로부터 출발되었음은 언급하였다. 의심할 여지없이 해방신학의 그리스도론도 메델린 문서의 구원의 이해로부터 출발하여 그리스도를 해방자로 이해하고 있다. 해방신학의 해방자로서의 그리스도 이해는 무엇보다도 예수 그리스도를 따라 사는 실천적 행위로부터 출발하고 있다. 가난한 사람들을 우선적으로 선택한 그리스도의 발자취를 따라 살아가는 삶의 실천으로부터 해방신학의 그리스도론은 출발한다.

즉 해방신학의 그리스도론은 억압받는 가난한 사람들의 삶의 자리와 가난한 라틴아메리카 대륙의 현실 안에서 그리스도에 대한 신앙으로 인해 발생한다. '해방자 예수'는 교리적인 주석학의 노력으로 도달한 것이 아니다. 그것은 삶의 현장에서 발생하는 다음과 같은 해석학적 노력의 결과로 나타난다.

1. 자신의 삶의 현장에서 다양한 억압의 현실로부터 가난한 사람들을 해방하는 그리스도의 사역이 오늘의 삶의 현장에서 가난한 사람들을 위한 교회의 해방적 사역에 영감을 준다.

2. 이러한 교회의 해방적 프랙시스는 교회로 하여금 신약성서의 예수의 프랙시스에 대하여 성찰하도록 돕는다.

3. 해방신학의 그리스도론은 그의 '역사에 대한 관심'을 공개적으로 선언한다. 그리스도는 중립적인 태도를 보이지 않는다.

4. 해방신학의 그리스도론은 종교의 오용을 고발한다. 종교의 오용은 가난한 사람들로 하여금 가난과 억압 앞에서 민중들에게 발생하는 자괴감과 또 다른 한편 저항에 대한 포기를 유도함을 경고한다. 이러한 종교의 오용은 라틴아메리카 가톨릭교회 내에서의 '성자 형상'의 사용에서 두드러지게 나타나고 있다.

성자들을 향한 라틴 아메리카 민중의 종교심은 대단하다. 성자숭배 사상은 이들 민중 사이에서 대단한 인기와 영향력을 발휘하고 있는데 이에 따라 예수 그리스도에 대한 숭배심은 상대적으로 약화 되어 있다.

현실적으로 예수는 성자들 중의 하나일 뿐이다. 토착민들과 농촌 사람들만이 성자 앞에 촛불을 밝히고 있는 것은 아니다. 지식층들도 상당수가 이러한 성자 숭배사상에 젖어 있다. 그래서 기적의 마리아 상이나 혹은 파두아의 성 안토니오상 앞에 초를 밝히고 경배하는 모습을 어디서나 쉽사리 찾아볼 수 있다.

각 도시는 도시마다 그들을 지켜 주는 수호성자를 모시고 있다 그래서 그 해당 성자의 축일에는 온 마을이 성대한 잔치를 벌이고 그 성자의 상을 메고 온 마을로 순례의 행렬을 가지기도 한다. 태어나는 아이들은 그 생일에 따라 그 날에 해당하는 성자의 이름으로 작명을 하기도 한다. 1932년과 1935년 사이에 파라과이에서 출생한 1,101명의 사람들의 이름을 조사한 결과 872명(79 %)이 성자의 이름을 그리고 112명이 마리아와 관계된 이름 그리고 나머지가 기타 이름을 가지고 있었다.

성자들의 기도는 가장 효과적인 기도로 알려져 있다. 사탄과의 싸움에서 그리고 자신들의 일상적인 삶속에서 일어나는 문제의 해결을 위하여 성자들의 중재기도는 가장 큰 효력을 가지고 있다고 믿는다. 물론 성자는 하나님과 예수에 비하여 능력이 떨어지나 인간과 인간의 필요에 더욱 친근하게 있다고 믿고 있는 것이다.

훌륭한 성자란 그의 능력으로 기적을 자주 베푸는 성자이다. 성자로 하여금 기적을 일으키게 하기 위하여 성자의 상 앞에 헌물을 하여야 한다. 혹은 성자의 상을 만지거나 하는 신체적인 접촉을 가져야 한다. 유명한 성자의 상의 경우 사람들이 너무나도 많이 만져 어느 부분은 거의 닳아 있을 정도이다.

이에 대하여 소브리노는 가톨릭교회의 고난 받는 그리스도의 형상과 성자의 형상 숭배 및 순례 행사는 가난한 사람들을 소외시키는 행위라고 지적한다. 왜냐하면 그러한 종교적 행사는 매우 추상적이고 비역사적인 그리스도에 대한 이해를 조장하기 때문이다.[21]

또 다른 한편으로, 십자가에 달린 예수 그리스도 숭배는 라틴아메리카 가톨릭교회의 가장 전통적인 신앙예식이다. 십자가의 고난의 예수 그리스도 숭배는 라틴 아메리카 대륙에서 정복 초기부터 그 모습을 보여 왔다. 스페인 정복자들이 라틴 아메리카에서 선포한 예수 그리스도는 탄압받는 그리스도였다. 십자가에 달리신 예수, 고통당하는 예수만을 소개함으로서 토착민들로 하여금 초라한 모습의 예수와 자신들의 처지를 동일시하게끔 만들었다.

스페인 정복자들이 소개한 예수 그리스도의 모습 가운데는 부활한 예수, 우리를 권고 해방시키는 예수, 승리하는 예수, 모든 만물의 주인이 되시는 예수 그리고 자신을 따르는 자들에게 급격한 삶의 변화, 윤리의 변화를 요구하는 예수의 모습은 상실되어 있었다. 성서의 통전적인 예수 그리스도의 모습은 아직까지도 대부분의 라틴 아메리카 민중들에게는 생소하게 받아들여지고 있다. 십자가의 고난의 예수는 고난 받는 가난한 사람들에게 위로의 예수로서의 기능을 한다.

십자가의 예수는 가난한 사람들에게 가난과 억압의 현실 속에서 그들에게 생존할 수 있는 힘을 제공해 준다. 그러나 그 예수는 가난

---

21 Jon Sobrino, *Jesucristo liberador*(해방자 예수), 26-33.

한 사람들로 하여금 억압의 현실을 대항하여 저항하도록 하지는 못한다. 라틴아메리카의 많은 해방 신학자들은 이러한 예수의 모습에 동의하지 않는다.

이런 의미에서 해방신학의 그리스도론은 환 루이스 세군도(Juan Luis Segundo)의 하나님을 믿는 신앙에 대한 분석에서 영감을 찾는다. 세군도는 '우상적 신앙'과 '무신론적 신앙'의 위험에 대하여 경고한다. '우상적 신앙'은 '무신론적 신앙'보다 더 위험하다. 세군도는 우리에게 실질적인 질문을 던진다. "하나님에 대하여 말할 때 우리는 어떤 하나님에 대하여 말하고 있는 것인가?", "우리는 하나님에 대하여 어떤 이미지를 갖고 있는가?"[22]

세군도의 질문은 많은 해방 신학자들에게 깊은 영향을 미쳤다. 그의 질문은 해방신학의 그리스도의 형상에 대하여 물음을 던졌다. 우리는 어떤 그리스도를 따르고자 하는 것일까? 이런 의미에서 해방자 예수의 형상은 우리로 하여금 어떤 형태의 그리스도를 따름이 진정한 따름일까를 가늠해 준다. 그런 의미에서 해방신학의 그리스도론은 역사적 예수의 삶을 중요시 여긴다.

역사적 예수, 특히 예수의 프랙시스와 관련된 탐구는 해방신학의 그리스도론 형성에 있어서 방법론적으로 가장 큰 영향을 미쳤다. 이런 의미에서 해방신학의 그리스도론은 예수의 역사와 오늘의 현실의 예수공동체의 역사를 연결함으로써, 다시 말하면 두 개의 이야기의 만남으로부터 출발되어진다고 말할 수 있다.

해방 신학자는 가난한 자들과 그의 해방을 향하는 신앙 없이 그의

---

[22] Juan Luis Segundo, *Nuestra idea de Dios*(하나님에 대한 우리의 생각) (Buenos Aires: Carlos Lohlé, 1969), 22.

신학을 전개할 수 없다. 또 다른 한편으로 작은 자들을 사랑하고 가난한 사람들을 향한 우선적 선택을 하는 하나님에 대한 신앙을 간직하고 있었던 예수를 따르는 교회에 대한 신앙 없이는 신학을 전개할 수 없다. 해방 신학자들은 예수의 프랙시스와 관련하여 역사적 예수에 대한 연구 업적들을 면밀히 참조한다.

이런 의미에서 하나님의 나라는 해방 신학자들에게 매우 중요하고 핵심적인 신학적 주제이다. 가난한 사람들과 억압받는 별 볼일 없는 작은이들에게 선포된 하나님의 나라는 해방신학의 그리스도론 형성에 있어서 가장 핵심적인 가치판단 기준이 된다. 이들에게 교회 혹은 역사가 예수에게 덧붙였던 다양한 이름들은 그다지 중요하지 않다.

예수의 삶은 하나님이 그에게 맡겨 주신 사명, 즉 하나님 나라의 건설이라는 측면에서 해석되어진다. 하나님을 아바라 지칭했던 예수의 영적인 경험이 핵심이다. 예수는 하나님을 아버지라 경험한다. 자신만의 개인적인 아버지가 아니다. 많은 사람들의 아버지로 경험한다. 그는 제자들에게 하나님을 '우리 아버지'라고 부르도록 가르쳤고 하늘의 아버지가 그랬듯이 병든 사람들, 소외된 사람들 그리고 죄인들을 사랑하고 돌볼 것을 가르쳤다.

우상적 신앙의 사람들과는 다른 참 하나님의 계시로서의 예수의 가르침과 삶은 결국 바리새파 사람들을 비롯한 당시의 종교기득권 층들과 갈등관계를 만들어 냈으며 정면으로 충돌할 수밖에 없었다.

해방신학의 그리스도론은 종말론적으로 형성되어진다. 예수가 그의 프랙시스를 통하여 선포했던 하나님 나라는 '예수 따름'에 있어서 가장 중요한 역사적 지평선으로 작동한다. 역사의 종말의 때에 우리는 심판에 직면할 것이다. 종말의 때는 영원한 나라가 회복되는 시기이다. 그때는 고통 받았던 사람들과 가난한 사람들이 회복되는 때이다(마태 25:31-46). 부활은 억울하게 그리고 불법적으로 심판 받았던 사람들에게 정의가 회복되는 것을 의미한다.

해방 신학자들에게 십자가는 하나님을 향한 질문으로 해석되기도 한다. 예수의 십자가상의 하나님을 향한 외침과 역사 안에서 고난 받았던 사람들의 하나님의 자비에 대한 질문은 매우 밀접하게 연결되어 있다. 이러한 질문은 레오나르도 보프(Leonardo Boff)에 의해서 제기된다. 보프는 "십자가에 못 박힌 사람들에게 어떻게 십자가에 대해서 말할 수 있을까?"라는 질문을 던진다.[23]

해방신학은 오늘의 가난한 사람들 안에서 그리스도를 발견한다. 가난한 사람들 안에서 십자가에 달린 예수를 발견한다. 가난한 사람들 안에서 고통 받는 종을 본다. 십자가를 지고 고통 받는 그는 진정한 우리의 구원자이다. 해방신학의 그리스도론은 "십자가에 못 박힌 민중"에서 그의 해석학적 위치를 발견한다.[24] "십자가에 못 박힌 민중" 안에서 비로소 십자가의 예수를 이해한다.

하나님의 가난한 예수와의 완전한 동일화는 해방(구원)을 해석하는 가장 중요한 해석학적 원리이다. 예수의 개인적인 죄를 넘어서 사회적인 악에 의해 억압받고 고통 받는 피해자들과 자신을 동일시함에서 출발하여 해방(구원)은 역사적 구원의 지평을 시작한다. 이것이 기독교적 신앙의 핵심이다. 예수는 인간, 즉 "우주적 형제인간"

---

[23] Boff, Leonardo, "Cómo predicar la Cruz hoy en una sociedad de Crucificados," *Nuevo Mundo* (1998), 81-96.
[24] Jon Sobrino, 앞의 책, 321.

으로 왔다. 그리고 가난한 사람들의 자리에서부터 인간과 하나님 그리고 인간과 자연, 전 우주적 화해의 사역을 시도한다.

VII. 나가면서

메델린 문서와 해방신학의 그리스도론의 관계에 대하여 우리는 적어도 두 가지 결론에 이르게 된다.

1. 메델린 문서와 해방 신학이 말하고자 하는 그리스도론의 중심은 "예수는 해방자"라는 것이다. 메델린 문서가 비록 '해방자 예수'라는 단어를 분명하게 사용하고 있지는 않지만 구원을 해방으로 이해함으로서 '해방자 예수'에 대한 해석을 시도하고 있다. 메델린 문서와 해방 신학은 구원을 종말론적이며 동시에 역사 내부에서 이루어지는 최종적인 해방으로 이해하고 있다. 메델린 문서와 해방신학이 예수에게 부여하고 있는 가장 핵심적인 호칭은 '해방자 예수'이다. 예수는 우리에게 '해방자'이다.

2. 해방으로서의 구원사역의 첫 번째 그리고 우선적인 수혜자는 '가난한 사람들'이다. 메델린 문서와 해방 신학은 예수를 우선적으로 가난한 사람들과 동일시한다. 성육신은 단순하게 하나님이 인간의 몸을 입었다는 것을 의미하지 않는다. 성육신은 구체적으로 하나님이 가난하게 되었음을 의미한다. 예수는 사람, 가난한 사람으로 이 땅에 왔다. 그리고 가난한 사람들과 함께 살았다. 그는 우선적으로 가난한 사람들을 선택했다. 그리고 자신의 교회를 향하여 가난한 교

회가 되라고 말한다.

흥미로운 것은 메델린 문서가 예수 그리스도의 지상에서의 삶을 언급하는 유일한 지점이 예수가 가난하게 살았다는 부분이다. 메델린 문서에서 중요한 것은 예수의 가난한 삶이다. 예수는 인간으로서 가난하게 살았다. 해방신학의 그리스도론에서 예수의 가난과 예수가 가난한 사람들과 함께 가난하게 살았다는 사실은 해방신학의 모든 신학적 전제와 내용들을 형성하는 구조적 원리로 작용한다.

여기서 우리는 해방신학의 그리스도론이 우리로 하여금 '예수 따름'에 대한 의미와 내용을 새롭게 강조했다는 것을 말하고자 한다. 인식론적으로 '예수 따름!' 없이 진정한 예수에 대한 이해는 불가능하다.

메델린 문서가 발표된 지 올해로 만 50주년이 되었다. 메델린에서 개최되었던 제2차 라틴아메리카 주교회의를 통하여 발표된 메델린 문서는 해방 신학의 출발을 알렸다. 메델린 회의는 무엇보다도 새로운 목회적 실천행위(pastoral practice)의 새로운 여정을 열었다는 데 그 역사적 의미를 가지고 있다.

하나님의 말씀에 빛에 비추어서 라틴 아메리카의 어두운 현실에 대하여 눈을 뜨게 하고 가난한 역사적 현실에 발을 디디고 해방을 향한 목회행위를 실천하도록 촉구하였다. 메델린의 새로운 목회적 프랙시스의 전통은 그 후 개최된 푸에블라(Puebla), 산토 도밍고(Santo Domingo) 그리고 아파레시다(Aparecida) 주교회의를 통하여 이어져 갔다. 해방신학은 메델린의 전통을 이어 받아 가난한 삶의 역사의 현장에서 목회적 실천 행위를 지속해 오고 있다.

50년이 지난 지금 라틴아메리카는 다른 모습을 보이고 있다. 그러나 50년 전 메델린 문서가 지적했던 불의하고 억압적인 현실은 여전히 가난한 사람들의 삶을 위협하고 있다. 그리스도의 형상이 훼손되는 현실은 지속되고 있다. 오히려 오늘의 현실은 욕망과 소비의 모습으로 더욱 잔인하고 참혹하게 가난한 사람들의 삶에 해를 가하고 있다. 50년 전의 메델린의 '해방으로서의 구원'과 해방신학의 '해방자 그리스도'와 '가난한 사람들을 위한 우선적 선택'은 오늘도 유효하다.

Transforming Discipleship:
Seeking a Korean Way of Imitatio Missionis Christi*

Lee Hong-jung**

I. Transforming Missiological Paradigm

The nature of the *oikoumene* as the household of life in the whole inhabited earth has been constantly revealed and characterized as a religio-culturally and socio-ecologically interdependent pluralist communion of life, and it has challenged a Christendom-oriented lineal understanding of mission. As a result, paradigm of mission has been shifted from evangelization to shalom - the whole gospel, the whole world, the whole church, from *missio ecclesiae* to *missio Dei*, and from monologue to dialogue. Consequently, the environment of do-

---

* 이 논문은 *International Review of Mission*, Vol. 105, No. 2(2016)에 게재되었음.
** 이홍정: NCCK 총무, 선교신학 전공

ing theology of mission today has been radically changed, given the transition from the denominational age to the ecumenical age, from the Eurocentric age to the age of humanity as a whole, and from the mechanistic domination of the world to the age of ecological world-wide community.[1]

In a religio-culturally and socio-ecologically interdependent pluralist society, one may have been in struggling with an identity crisis which initiates a creative tension and opportunity to rethink and transform one's own hermeneutical and practical horizon in doing theology of mission. Since paradigms are not conceptual entities floating in some Platonic heaven, but entire constellations of beliefs, values and practices shared by a given community, the individual and collective identity crisis as an on-going self-negation and self-reflection may provide various motives for paradigm shift in spirituality and strategy of transforming the given community.

I myself, culturally as a Korean, religiously as a Christian minister of a particular denomination, and socio-ecologically as a people-oriented and life-centric thinker, am living with an on-going identity crisis which has troubled me to the point where I cannot submissively cross my arms in the face of certain allegedly 'Christian' attitudes and traditions. On the one hand, I am incapable of remaining impassive vis-a-vis several thousand million human beings in the South who suffer under the yoke of social system whose only purpose seems to be to fatten the bank accounts of a minority. On the other, nor am I

---

[1] Juergen Moltmann, "Theology in Transition – To What?," in Hans Kueng & David Tracy (eds), *Paradigm Change in Theology*, tr. Margaret Koehl (Edinburgh: T.&T. Clark, 1989), 220-223.

capable of hearing the absolute and superior 'gospel' claim to other realities.

Here I speak of the ugliness of the dominant milieu of the people, an ugliness of surroundings and of human relations that frequently becomes internalized into their very persons. The people and their society suffer the *han,* meaning a historically accumulated consciousness of anger, sorrow, resistance etc., both of physical oppression and of spiritual debasement. I cannot be romantic about the senseless suffering inflicted upon the people all over the world. As human history has shown, religion, on the one hand, has been the "sigh of the oppressed creature," the "heart of a heartless world," the "spirit of a spiritless situation" - the "opium of the people."[2] However, I also take a position that the reduction of religion to the "opium of the people" will have to be subjected to the tests of past and present history, and hence to be open to correction. I therefore have to take my station along the road of people's history, and see according to the filets whether the "heart of a heartless world" can become the motive power for transforming a heartless world into a world with a heart.

I am now doing theology of mission with new eyes of contemplation and praxis, discerning the socio-political and religio-cultural biographies of the people which I regard as the most important language of people- and life-centric *missio Dei*. Their voices of witness and critical reflection have not been heard in much modern Christian theological discourses. They call for a deeper and more

---

[2] Karl Marx, "Contribution to the Critique of Hegel's Philosophy of Right," Karl Marx and Friedrich Engels, *On Religion*, Introduction by Reinhold Niebuhr, (New York: Schocken, 1969[1957]), 42.

genuinely communal appropriation of the Gospel message and traditions. In the present mission context, the prior question is therefore not what God is doing with the church, but rather what God is doing with the people in the *oikoumene*. In the course of answering to this question, the church may discern where the Spirit is at work and how to respond to it.

Any Christ-talk cannot be genuinely discussed without invariably being linked to one's Christian identity which has been mediated through the prevailing paradigms of Christian church. Since the Korean church-in-mission has been strongly preoccupied with church-centric evangelistic concerns, it is true that Western theologies of *missio Dei* and thoughts of interreligious dialogue have seriously influenced some liberal and progressive Korean Christian communities and contributed them to make a missiological conversion from the church to the world, from the church-centrism to the triune God-centrism. The conventional notion of *missio Dei*, a western contextual theology of mission, has been, however, proved too limiting in an interdependent pluralist society: the church has been too tied to the ecclesiastical concern for church order and confessional formulas, and to Christocentric universalism as an 'illusion' of the Western Christian inclusivism, to be an incarnating community into the midst of the real life of the people.

II. Going Beyond Christocentric Universalism: A 'New' Oikoumene

In the light of Christian experiences of the 1970s and 1980s in Korea, *missio Dei* was differently experienced and explored as a guiding dynamic for the participation of Korean Christian communities in the history of the Korean people engaging in human rights movement, democratization movement, reunification movement etc. in the context of the military regimes and the cold war system-based national division. The concept of *missio Dei* is shifting from Christocentric universalism to a people- and life-centric *missio Dei*, and this is happening in the midst of the people's movement and their suffering life, rather than in institutional churches or academic theological seminaries. It goes beyond the boundary between the sacred and the secular, and Christianity and other religions. This has meant the overcoming of the dichotomy between Western Christianity and pagan Korea, and the embracing of all Korean people with their different socio-economic, political, religio-cultural backgrounds, thus cleansing any inclusivism motives. The ecumenism in this particular context of Korean people has meant a true catholicity of Christian communities in embracing the people of different cultures and religions in their diverse contexts.

A people- and life-centric *missio Dei* rather suggests that it is necessary to reshape the horizon of the ecumenical movement from that of a colonial extension of Western Christendom to that of the authentic ecumenical witness among the people in their own global inter-local context. When establishing an ecumenical paradigm of the Korean theology of mission, the Korean horizon which is religio-culturally and socio-ecologically a rainbow with many visible and invisible colors, has to be clearly and equally recognized along with the Western 'colonial' horizon, avoiding any reductionism and false universalism. The people, rather than any particular scriptural, theological, or ideological traditions, may provide the common ground which each tradition has to start its praxis from, and which it has to return to for its critical reflection.

In the context of the 'Great' 19th Century and the present globalization, the Christocentric universalism can be easily degraded to, or make a compromise with, a "closed system of domination and dependence," which can be "oppressive and paralyzing" in its effects. It can be said to parallel a critical perception of the imperial *oikoumene* of the *Pax Romana* as a threatening reality. In the light of the power structure of the "transnational oikoumene," today's enigmatic ambiguity of the oikoumene can be characterized as militarily secured, politically administered, economically organized, and scientifically planned. This closed system obeys the "logic of power aiming at total control" and increasingly stifles life, threatening to make the earth uninhabitable.[3]

On the contrary, the biblically based perception of the *oikoumene* proves to be a "liberating impulse" which is founded on the "totality of relationships," rather than structures. It can be characterized as a

---

3 Konrad Raiser, *Ecumenism in Transition: A Paradigm Shift in the Ecumenical Movement?* (Geneva: WCC, 1991), 86-87; cf. Klaus Wengst, *Pax Romana and the Peace of Jesus Christ* (London: SCM, 1987).

"living interaction" rather than "death-dealing autonomous laws." The *oikos* as space for living not only draws a boundary around itself but also enables relationships to be formed. The space of the living person is, on the one hand, enclosed space, and on the other, the "possibility of communication with neighboring beings and their environments" which evokes neighborliness. In this possibility, the "ownership of any given space" and the "community of the living in the universal cohesion of communication" are not mutually exclusive, but the very conditions that make one another possible.[4]

Human knowledge is accompanied by the "quest for connections," ever more comprehensively by the "original interconnectedness." In the ecological structure of the household of the *oikoumene* is always a harmonious duality between "boundary and openness, independence and relationship, rest and movement, the familiar and the alien, continuity and discontinuity." In this light, the concept of the *oikoumene* as an interconnected and interdependent household, the *oikos*, requires an ecological doctrine of creation which views creation as the space for living of all living things, a space created and protected by God. The *oikoumene* as the one household of life should therefore extend beyond the world of humankind to creation as a whole – as a living system composed of human beings and social organizations in continual interaction with the surrounding ecosystems.[5]

In this regard, the *oikoumene* is a matter of dynamic and real rela-

---

4 Ibid., 87-90: see also Juergen Moltmann, *God in Creation: An Ecological Doctrine of Creation* (London: SCM, 1985), 142-144.
5 Ibid., 86, 88.

tionships, i.e. the actual yet endangered connections and relationships between people and human societies in their infinite variety, and between the world of humankind and creation as a whole. There seems to be a profound connection between ecology and spirituality: a deep ecological awareness is spiritual in its very essence, and ecology, grounded in such spiritual awareness, may well become a global spirituality. "Being-in-relationship is as much a part of our nature as being-in-oneself." Accordingly, the interdependence among social, economic, political, and ecological dimensions indicate that the design of a sound ecological framework for the present economies, technologies, and governances is one of the most urgent tasks of the present time.[6]

In a post-modern ecumenical paradigm, the dimensions of time, past, present and future, are to be seen, not as a linear succession, but in their dialectical interlacing as a web of time. In this web of interconnections and relationships, history and nature must not be torn apart into a view of nature without history, and history without nature. The relationship between human beings and nature must not be regarded and practiced as if it were a relationship between master and slave. Human history must be synchronized with the history of nature, so that we may arrive at a new viable symbiosis of human society and the natural environment. In this sense, history can no longer be regarded as the central category of interpretation, because human history can be bound up only with the history of all living things. The human household is incapable of surviving without being re-

---

6 *Ibid.*, 86.

lated to the other households, i.e. its natural environment.[7]

With a faith in God who has established the covenant for the whole of creation, and by the hope that God will dwell with humankind and with God's people, it is convinced that the whole inhabited earth is the household of life. The biblical image of the "house of living stones," of the "house of Israel," and of the "house of God" includes the whole range of meanings of the root "*oikos*"(house/household) such as ecology, economy, ecumenism. Christian premise is always that Jesus Christ is the cornerstone, and that Christian community as a living house, as a sign of God's plan for salvation, *oikonomia*, will serves all peoples to be united in justice and peace in one human family.[8]

In these images, the inner-church ecumenism as a micro ecumenism is inextricably bound up with the struggle for the unity of humankind as a macro ecumenism, because the whole inhabited earth of human beings is thought to struggle to become what [the exclusively Christian] God intended them. This ecumenism needs a diverse understanding of the divine reality and of the relationship between God, the world, and humankind, which would make it possible to overcome the tendency to Christo-monism, giving a coherent understanding of the dynamism of history and the relative autonomy of the created world. The concentration on a "Christology from the top" does not give the humanity of Jesus Christ its full force.[9] In my view,

---

[7] Juergen Moltmann, "The Interlaced Times of History: Some Necessary Differentiations and Limitations of History as Concept," in Hans Kueng & David Tracy (eds), *Paradigm Change in Theology*, 334-339.
[8] Op. cit., 83-84.

only the people as the real center of the web of God's mission may provide the measurable criterion for the equilibrium and unity of the oikoumene.

III. People as the Pivot of God's Mission: a Korean Religio-Hermeneutical Horizon

From a Western hermeneutical perspective, humanity is open-ended to the world, and the world is open-ended to God, the Ground of Being. Thus the people are open-ended to God. God is the ontological power of the world-experience, the ontological ground of the historicity and linguisticality of existence, and the hermeneutical foundation for interreligious dialogue and praxis.[10] In the theology of the Korean minjung religions such as Tonghak[11] and Chungsan,[12] however, this is reversed: God and the world are open-ended to the people. The people are the pivot of God's encounter with and God's salvific action in the world, and of inter-ideo-

---

9 Jose Miguez Bonino, "The Concern for a Vital and Coherent Theology," in *Ecumenical Review*, Vol. 41. No.2(1989), 166-167.
10 Kim Kyungjae, *Christianity and the Encounter of Asian Religions* (Zoetermeer: Uitgeverij Boekencentrum. 1994), 44.
11 A people-centric liberating syncretic Korean national religion in a mutually critical correlation between the given Korean context in the end of the 19th century and the great religious traditions of the East which became the moving power of the Tonghak Peasant Revolution in 1894
12 A people-centric apocalyptic transformative Korean national religion which promotes the principle of *Haewon'gongsa*(work of resolving *han*) and Ch'onjigongsa(work of the heaven and the earth) as the principle of a total *han-puri*(resolving *han*).

logical and interreligious dialogue and praxis seeking the common ground for God-praxis.

The final result of fusion of horizons in Tonghak, a liberation/salvation-centered syncretism in a mutually critical correlation between the given social context of Tonghak and the great religious traditions of the East, was *innaech'on*, literally meaning "the people are Heaven." For Tonghak, the resolution of *han* only becomes possible when Heaven(God) is united with the people. It is the norm of egalitarian justice: the people and Heaven are identical. Justice and equality as essential to the nature of God reveal one of the central notions of Tonghak, *minsim ch'onsim*, meaning "People"s mind and Heaven's mind are identical." Heaven's mind is in the collectively integrated mind of the people, and therefore the people's mind is the channel for the heavenly mandate, *ch'onmyong*. As a result, "all people should be treated as God is treated," that is, *sainnoch'on*; in other word, doing harm to others is to do harm to the Heavenly Lord.[13]

The people are the pivotal locus in which innaech'on is realized, and where the apocalyptic transformation of the world, that is, *huch'on'gaebyok*, springs up. The logic of *innaech'on* therefore rightly implies that it is the people who are the direct medium through which *ch'onmyong* is revealed. The intermediaries between God and humans belong to the former age; in the present era the Spirit of Heaven directly descends to humankind and becomes one with us. The people see or find God face to face. The messianic vision and praxis of

---

13 See Ch'oe Che'u, *Tonggyong Taechon*(The Great Canon of Eastern Learning) (Seoul: Dong-A Publishing, 1961).

huch'on'gaebyok is realized in this concrete world by the people with the people, realizing the true meaning of the *oikoumene* as the household of life, the whole inhabited earth.

In Chungsan tradition, a people-centric *missio Dei* is addressed by a key notion, *chohwajongbu*, meaning "the governance realizing the harmony between the way of heaven and the affairs of human beings." The subjects of the building of *chohwajongbu* are the namjoson, meaning a collective symbolic image of the *minjung*, the lower and nameless people. Therefore strategy and method which will save all nations will come from the *namjoson*, and the pivotal locus of salvation - the salvation of the whole society, of the whole humankind, and of the whole universe - will be the locus of the *namjoson*, where the spirit world and human beings are unified in a concrete term. *Huch'onsongyong*, meaning "the paradise of the latter heaven," would therefore be the time and space of the *han-puri*(resolving han) of the *namjoson*. The *namjoson* will achieve the new life force through *haewon'gongsa,* meaning "the work of resolving *han*," and *ch'onjigongsa,* meaning "the work of the heaven and the earth."[14]

The locus of the people is the locus where the principle of *sangguk*, meaning "being mutually destructive,' is shifted to the principle of *sangsaeng*, meaning "being mutually constructive or living mutually," through *haewon'gongsa* and *ch'onjigongsa,* a total *han-puri*. This transformation, the core of *missio Dei,* is, in my view, a *kairos* event which happens in the midst of the people. In this light, the sub-

---

14 See Chang, Pyonggil, "Ch'onji kongsa-ui ponjil-tul"(The Essentials of Ch'onji kongsa), *Chungsan sasang,* Vol. 5 (Seoul: Society of Chungsan sasang, 1979).

jectivity of *huch'on'gaebyok* shifts from God to the people, *mosajaein songsajaech'on*, meaning "[Hu]man proposes, God disposes" to *mosajaech'on songsajaein*, meaning "God proposes, [hu]man disposes." The people arouse God's compassion, the people know God's will through compassion, and the people realize God's will with God's compassion.

The common ground of Wonhyo's ecumenism is the people. His Buddhist ecumenism, *T'ong Pulgyo*, meaning One Unified Buddhism, or *Ilsung Pulgyo*, meaning One Vehicle Buddhism, was concretized in the praxis of *minjung* Buddhism. Wonhyo experienced a conversion from a 'church'-ecumenism to a people-centric ecumenism. He embodied a *boddhisattva* through working for the liberation/salvation of the *minjung* because the people themselves are *boddhisattva*. The people are the pivot which interconnects and integrates the sacred and the secular.[15]

The Sirhak scholars' conversion from orthodoxy to orthopraxis made them concerned to illuminate the situation of the people. This was a transition from Chu Hi's metaphysics down to the concrete reality of the people. With painstaking scholarly inquiries and praxis in the midst of the people's reality, they advocated a form of proto-democracy, that is, *kyongse*, and the idea of administering the state to relieve the suffering of its people, that is, *chemin*; and they also investigated facts as a means of attaining truth, that is, *silsagusz*, and of

---

15 See Hong Chongsik, "Wonhyo-ui chinsok wonyung muae-ron"(A Theory of Wonhyo's Chinsok wonyung muae), Academy of Korean Studies (ed), *Ch'orhak Chong'gyo sasang-ui chemunje*(The Problems of Philosophical Religious Thought) II, 1984.

improving the living conditions of the people, that is, *yiyonghusaeng*.[16]

Missio Dei in the *oikoumene* forms an inseparably interconnected web of mission which takes as its pivotal knot the people who are the subjects. A web of mission embedded in the interdependent web of the *oikoumene* is premised upon the participation of the people in a life-giving mission to the death-sentenced *oikoumene* beyond their particular traditions. A web of mission is not innocently and neutrally organic and dialogical, but conflictive and dialectical. It is somehow often revealed as a confrontation between life-giving force and death-dealing power, even within the same particular tradition. The fragmented reality of the *oikoumene* bears an eschatological hope, not in a sense of futuristic but present, in *missio Dei*. This sympathized and shared hope for transformation sees that the historical center would be this present life, and is not limited to a particular tradition but open-ended to the people in the *oikoumene*. The household of life, the whole inhabited earth, is the present life-world actualizing itself through a people-centric life-giving life-transforming mission. The people fill the *oikoumene* with affirmative life starting from this present life in dialectically interlacing with the past and the future. For the people, the mutual interpenetrating living life of here and now is the beginning of religion, the center of faith-praxis, and the core of a web of mission.

The authentic memories of God's people were not completed two thousand years ago, and they cannot be imprisoned within the

---

16 See Ch'oe, Minhong, *A Modern History of Korean Philosophy* (Seoul: Seong moon sa, 1978), 149ff.

Christian canon. The text of God's revelation was, is, and will be constantly written in the people's life in their everyday struggle for survival and liberation. The location of God's ever-growing truth in history is the people's life itself. The people are the text of doing theology of mission, and the Bible and church traditions are a central horizon of the context which becomes the most indispensable reference for the people's own on-going search for God. Any Christological formulations that may alienate people from their own historical cultural heritage can be dangerous. More acceptable Christology might be those that adduce mutual criticism, mutual learning, and mutual well-being, both of humankind and of the ecological order.[17]

IV. A Korean Way of Imitatio Missionis Christi: Christological Transformation and Transforming Discipleship Seen in the Minjung Genealogy – the Story of Chang Ildam

The historical Jesus did not distance himself from the people's social realities and human problems: he rather took preferentially the side of the poor and championed their cause, and it was this cause that led to his rejection, humiliation, and to the scars and wounds on his body. *Imitatio missionis Christi* therefore inevitably involves the spirituality and lifestyle of Jesus Christ that reflects his incarnation to the bottom of the world and his identification with the people, and

---

17 R. S. Sugirtharajah, ed., *Asian Faces of Jesus* (New York: Orbis, 1993), 260.

his secularly powerlessness and vulnerability. It means that no Christological reconstruction will make any sense "unless the church as Christ's body is willing to demonstrate this powerlessness." Any proclamation of Jesus' powerlessness will be met with suspicion "unless the Christian church⋯is willing to exhibit the wounds and scars on her body." The true nature of Jesus Christ will shine forth "only when churches⋯ make the marks visible." People would like "to see the scars before they accept the presence of Jesus in their midst."[18]

I will here, instead of describing the normative *missio Christi*, revisit the Story of *Chang Iltam*[19], in which the poet Kim Chiha reflects his own *minjung* consciousness, spirituality of liberation, and thoughts on life. When he wrote this narrative in 1977, he was thirty-three years old, and when Chang Iltam is executed, he is thirty-three years old. Chang Iltam's birth and life as a priest of liberation, betrayal by a disciple, trial and execution, prophecy and resurrection are all reproduced from the life of Jesus Christ. The poet collectively identifies the Korean *minjung* with Jesus Christ and even himself with Chang Iltam in one composite image. In the story, he brings together the human rights movements of the Korean church and the event of the Exodus in the Hebrew Scriptures. And finally he juxtaposes Jesus Christ with the *minjung*, seeing the acts of Chang Iltam as an imitative repetition of the salvific event of Jesus Christ so that when one commits oneself to these acts, liberation/salvation is actualized. In my

---

18 *Ibid.*, p. 261.
19 See Kim, Chiha, *The Gold-Crowned Jesus and Other Writings*, tr. Kim Chungsun and Shelly Killen, Maryknoll (New York: Orbis, 1978).

view, Chang Iltam's story can be regarded as a Korean way of *imitatio missionis Christi* and of Christological transformation and transforming discipleship.

Chang Iltam's family background reflects a typical *minjung* genealogy, and this *han*-ridden lineage, i.e. the regeneration or reproduction of *han*, consists of the 'effective consciousness' of Chang Iltam who was a butcher and a thief, and the son of a prostitute and a butcher. His family of three generations of butchers and prostitutes, who were killed during the *Tonghak* revolution at the end of the 19th century, the liberation and independence movement during the Japanese colonial period in the first part of the 20th century, and the Korean War in the middle of the 20th century respectively, represents the suffering and struggle of the *minjung* in the liberation traditions of the Korean people. Chang's sudden enlightenment can only be explained in the dialectic between the genealogy of *han* and the lineage of liberation spirituality. As a preacher of liberation, Chang Iltam lives with the 'effective history' of liberators in the Korean minjung history. The Korean *minjung* liberators' revolutionary thoughts and strategies become Chang Iltam's hermeneutical resource for his own subjective contextualization. Like other revolutionary rebels, Chang Iltam is detached from the society, when he is thrown into the jail. The prison as the negation of freedom is the apex of the vicious circle of contradiction in the mechanistic view of revolution, but becomes the place to disillusion the 'ordinary' people with the *minjung* consciousness.

Chang Iltam escapes from the prison, is hunted by the police, and finally hides in a filthy back alley where some prostitutes are plying their trade. He happens to see one prostitute giving birth to a child. She is dying, her body is rotting with venereal disease, she has tuberculosis, and she is also mentally ill. Yet she is giving birth to a child. At the sight of this, he exclaims, "Ah, from a rotten body, new life comes out! It is God who is coming out!" He awakens himself to the truth of the world. He kneels down and says, "Oh, my mother, God is in your womb. God is at the very bottom!" Telling the prostitutes, "Oh, you all are my mother!" he kisses their feet and declares, "The soles of your feet are heaven."; "God is in your decaying wombs."; "God's place is with the lowest of the low." Chang Iltam depicts his escape as a road travelled by a wayfarer up to the top of heaven from the lowest depths, fighting against the dark stream of life. He perceives this journey as being in the reverse direction to that which most of the unhappy *minjung* are forced to take. This journey takes Chang Iltam through dramatic experiences, in which he meets various kinds of people, gains insights into life and gradually understands more deeply the truth of the Gospel. In other words, the people, the *minjung*, save Chang Iltam himself as *minjung*.

Kim Chiha"s play "*Kumgwan-ui Yesu*"(The Gold-Crowned Jesus) also shows the salvific and liberating power of the *minjung* themselves. In the play, a beggar hears a voice from the sculpture of the gold crowned Jesus: "Take it, please! For too long a time I have been imprisoned in this cement. Feeling choked in this dark and lonely prison of cement. I wish to talk with poor people like you share your suffering. How eagerly I've been waiting for this day to come – the day of my liberation when I could once again flare up like a candle and bring light to your misery. Eventually you have come and made me open my mouth. It is you who saved me." A leper asks Jesus, "What can be done to free you, Jesus, make you live again so that you can come to us?" Jesus answers, "My power alone is not enough. People like you must help to liberate me. Those who seek only the comforts, wealth, honor, and power of this world, who wish to enter into the kingdom of heaven for themselves only, and who ignore the poor and less fortunate, cannot give me life again. You helped give me my life again. You removed the gold crown from my head and so freed my lips to speak. People like you will be my liberator."[20]

For Kim Chiha, Jesus is a being who is unable to be touched as long as he has the gold crown on his head. There is a place where the poor cannot reach, and Jesus alone remains there without being able to converse with them. Jesus himself rejects this stereotyped position and tells the leper, "You removed the gold crown from my head and freed my lips to speak." Jesus proclaims the kingdom of God to the people at the bottom of society. The assemblies of people who surround him are revolutionary gatherings because the assembled people, the *minjung*, are the collective image of a living God. Therefore the proclamation of the kingdom of God and its great opening, and Jesus' journeys and the assemblies of the minjung who surrounded him were in themselves a *Taedong Kut*.[21] His being itself was the

---

[20] *Ibid.*, pp. xxi. See also a summary of the play in Chapter 10, "Jesus and People(Minjung)" by Ahn Byungmu in *Asian Faces of Jesus* edited by R. S. Sugirtharajah.

[21] A village shamanistic ritual which leads a broken and wounded village people to restore their collective healing and reconciliation, and a great solidarity.

Clown(not the Crown) and the 'shaman'.

To return to the story, Chang Iltam as a preacher of liberation on his pilgrimage meets and argues with various urban industrial mission pastors, Catholic priests, intellectuals, professors, trade union leaders, Buddhist monks, servicemen, and social workers, and criticizes their self-deception and easy life. However, he learns many things from these encounters which deepen his thoughts. His previously blunt and violent attitudes become more flexible, and they are sublimated into the philosophy of *dan*, meaning "cutting *han*," as he follows the path of a wayfarer. A creative fusion of horizons occurs, and this liberation/salvation-centered syncretism transforms Chang Iltam's life. At the transpersonal level one begins to love others not because they love, affirm, reflect, or secure the other in his/her illusions, but because they are identical with him/her. At this level one's relationship to one's environment is the same as one's relationship to one's own organism. Chang Iltam identifies himself with the *han*-ridden people who are inseparable from *missio Dei* in the *oikoumene*.

The spirituality of the *minjung* has risen out of deep feelings of *han*; its role is to overcome not only the individual *han* but also the collective *han* of the people; it is "the crying and moaning of the *han*-ridden spirits of the people to God," a liberating spirituality, a crying out and a struggle for liberation from the *han*-producing socio-political and economic structure. The *minjung* spirituality deeply embedded in the Korean shamanism is a struggling spirituality which will not give in to the oppressive feelings of *han* but will fight against the oppressive structure of *han*.[22]

Later, Chang Iltam leads his disciples to Kyeryong Mountain and forms a community to realize a 'costly' *koinonia*, training them all together. He teaches them the philosophy of *dan*, and interprets the theory of *innaech'on* as 'food is heaven' and 'the bottom is heaven' so that turning the bottom up is to realize the justice of heaven. Chang Iltam speaks of the unification of God and revolution, of acts and prayers, and of earthly and heavenly food. He establishes a system of thought in which he unifies individual spiritual renewal and social liberation based on the social sanctification of the life of the minjung.

The first stage in this process is *sich'onju*(receiving God in mind), the second stage *yangch'onju*(fostering the body of God), the third stage *haengch'onju*(practicing the will of God), and the fourth stage *saengch'onju*(living as one with God). He teaches his disciples to engage in self-reflection, and several times he predicts his impending death and resurrection and the coming of the next world. By remembering and consciously bearing *han*, Chang Iltam lifts the urge for vengeance into the realm of an action that frees people for renewal. His existence is both self-transcending and responsible to others. The essential demand of God has to do precisely with those dimensions of selfhood which the personal "I" cannot control. To accept those demands and responsibilities to live out in terms of them is to accept radical responsibility for oneself: and that is, at the same time, to transcend one's self.[23]

---

22 David Suh Kwangsun, "Shamanism and minjung Liberation," Virginia Fabella, Peter K.H. Lee, & David Kwangsun Suh (eds), *Asian Christian Spirituality: Reclaiming Traditions* (New York: Orbis, 1992), 33-4.

Finally, Chang Iltam and his disciples begin a march to Seoul, declaring *haedong kungna*(Heaven on Earth) as a vision of the coming of a new world. This is not a paradise for a few chosen bourgeois, but rather a millennium where the whole society is renewed and made righteous by the coming of the *Messiah*. He invades Seoul, which is filled with devils and corruption. Marching in the invasion is a group of starving farmers like during the *Tonghak* Revolution. As this big march gets near Seoul, the tyrannical ruling elite become confused and frightened. A reward is offered for the capture of Chang Iltam, and he is arrested through the betrayal of a disciple. At his trial, he says, "My paradise is not in this land. It is a single 'white' road which is like a wind moved by time, passing through Seoul towards the world, the universe, and the sky. This road is the paradise, and I am a wayfarer who follows the road." He is sentenced to death, and beheaded. Then a miracle happens. Chang Iltam is resurrected three days after his death, but a very strange thing occurs: Chang Iltam's head appears on the betrayer's body, and the betrayer's head on Chang Ildam's body. This is an expression of Chang Iltam's conflicting thought that this is revenge but at the same time also the salvation of vicious man. The head speaking justice and truth is attached to the body carrying injustice and falsehood; then the word of the resurrection becomes a storm and spreads to every corner of the nation.[24] The word is as follows: "Food is Heaven. As we eat, God enters us.

---

[23] John B. Cobb, *The Structure of Christian Existence* (New York: The Seabury Press, 1979), 124.

[24] Kim Chiha expressed this idea in his essay Sori naeryok(The Story of a Sound).

Food is Heaven. Oh, food should be shared and eaten by all."[25]

This biography of Chang Iltam portrays the Korean *minjung's* pain-taking process of overcoming *han*, that is, a hermeneutical practical process of *han-puri* as transformation. It is a paradigmatic process of achieving a transforming discipleship following the four steps of the Tonghak's discipleship training: *sich'onju*(receiving God in mind), *yangch'onju*(fostering the body of God), *haengch'onju*(practicing the will of God), and *saengch'onju*(living as one with God), finally testifying a way of integration between 'Food' and 'Heaven'.

In his note on Chang Iltam's story, Kim Chiha begins the contemplation on the word which is like the preface to John's Gospel. The contemplation on the word which seems to be the core of Chang Iltam's story is repeated in the prophecy before the execution, in the resurrection, and in the stories after that. Chang Iltam is not himself the word but a bitter memory of the word. According to Suh Namdong, through oppression the word has been reduced to silence, and then a rumor declares that the resurrection of the word will come like a storm. Here the storm is the people; the word is liberation and revolution; and it is prophesied that Chang Iltam will be resurrected in a storm. The basic theme is that human beings are originally the word, i.e. freedom. The truth in freedom is suppressed and silenced, then *han* arises, comes up and 'resurrects' as a rumor, and then becomes a storm, i.e. the revolution of the *minjung*.[26]

Through the poem and the word, "Food is Heaven," Kim Chiha ex-

---

25 Kim Chiha, op. cit., p. xv.
26 Suh Namdong, "Toward a Theology of *han*," CTC-CCA (ed), *Minjung Theology*, (1983), 65-6.

presses his conviction of the sanctity of life. The poet experiences the mysterious body of the deity within the food that people share in common. His human existence is fully non-orientable; that is, the human body is heaven and heaven is the human body. For him there is neither the upper nor the lower and neither the oppressor nor the oppressed and neither the body nor the spirit. This word corresponds to a symbol of the dwelling of God in the *oikoumene* in the form of the Eucharistic meal, i.e. the central image of the life of the world. In reality, the lack of daily bread, for which Christ taught us to pray, brings hunger, starvation and death to a world that is now unjustly divided between the rich and the poor. Here is the integration between 'ecumenics' and 'economics', ecology and economy, and history and nature. The "Eucharistic cup calls for a daily sharing of bread and of material and spiritual resources with the millions of hungry people in this world." Through them God, the Trinity, comes on a pilgrimage to us at every moment.[27]

---

27 Konrad Raiser, op. cit., 111. See also the meditation on Andrei Rublev's icons entitled *The Triune God: The Supreme Source of Life* (Geneva: WCC).

예배, 신학적 사고와 윤리적 행동이 형성되는 태(胎)*

박성원**

I. 예배는 교회의 존재 이유

예배는 교회의 존재 이유(raison d'être)이다. 예배는 교회의 숨결이며 생명이다. 예배는 교회의 현현(Epiphany of the Church)이며 교회는 예배로 말하고 예배로 행동한다. 예배는 교회의 가시성의 구체적 형태이며 행동이다. '정통'(Orthodox)이란 말이 '바른'(Ortho) '찬

---

* 김용복 박사님과 필자가 함께 일한 주요 영역은 세계개혁교회연맹(WARC, 현재는 WCRC)과 세계교회협의회(WCC) 등 세계 에큐메니칼 운동이다. 특히 세계개혁교회연맹(WCRC)이 아크라신앙고백(Accra Confession)을 선언하기까지 함께 헌신한 경험은 에큐메니칼 역사에서 기억될만한 노정이다. 그러나 김 박사님이 필자에게 가진 개인적인 신학적 호감은 예배 부분이다. 김 박사님은 예배의 힘이 신앙의 증언에서 얼마나 강력한 힘을 가지고 있는지를 잘 인식하고 계시고 필자의 예배에 대한 신학적 통찰에 대해 늘 깊이 공감하셨다. 그래서 신앙과 경제, 에큐메니칼 운동 등 공유할 수 있는 여러 주제가 있지만, '하나님의 주권을 선포하는 정치적 행위로서의 예배'에 대한 졸고로 그의 팔순 신학적 여정을 축하하고자 한다.
** 경안신학대학원대학교 총장

양'(Doxa)을 의미하듯이 예배가 바르게 드려지지 않으면 신앙인과 교회는 그 존재를 정당화할 수 없다. 바로 이 이유로 칼빈은 "교회는 말씀이 바로 선포되고 성례전이 바르게 집행되는 곳"이라며 예배를 기준으로 하여 교회의 정의를 내렸다.

교회의 신학과 윤리가 바로 예배에 의해 결정되기 때문에 예배는 교회의 정체성을 결정하는데 항상 기준이 되었다. 이 때문에 교회개혁의 절정과 결론은 항상 예배의 개혁이었다. 종교개혁의 핵심과 완성도 예배개혁을 통해서 이루어졌다. 중세 유럽도시들이 종교개혁을 채택했을 때 개혁과정의 종결로 "미사가 폐지되고 하나님의 말씀의 선포가 채택되었다"라고 선언한 것도 바로 이런 이유에서였다. 20세기 로마 카톨릭 교회 개혁의 분수령이었던 바티칸 제2차 공의회의 꽃이자 절정도 미사의 개혁이었다. 예배는 신앙과 교회의 기준이다.

II. 예배, 신학적 사고, 윤리적 인식과 행동

인간과 교회의 신앙적 행위는 세 가지 요소로 이루어진다. 첫 번째 요소는 하나님을 사고하는 지적 인식이다. 신학이나 성서, 교리 같은 것이 그 틀이다. 둘째는 신앙의 표현, 혹은 신앙의 나타냄(manifestation)이다. 이것의 틀은 예배이다. 셋째는 신앙의 삶과 증언 그리고 행동으로 바로 윤리적 행동으로 이어지는 부분이다. 선교나 봉사 등도 이 증언의 삶에 포함된다.

중요한 것은 이 중에서 예배가 신앙의 지적 인식과 실천적(윤리적)

행동을 연결하는 역할을 한다. 예배 속에서 하나님에 대한 신앙 고백적 인식이 형성되고 예배를 통해서 신앙인으로서의 윤리적 행동에 대한 결단이 일어난다. 이런 의미에서 예배는 신앙의 지적 인식과 실천적(윤리적) 행동을 이어주고 연결하며 발생시키는 역할을 한다.

물론 예배가 먼저이고 신앙의 지적 인식과 윤리적 행동 생성이 그 결과로 일어나는 순차의 구조만은 아니다. 신앙의 이 세 요소는 서로 분리되지 않고 유기적으로 연결된다. 이를테면 하나님에 대해 어떤 인식을 하느냐가 어떤 예배를 드리느냐를 규정할 수도 있고 어떤 윤리적 사고와 행동이 예배의 신학과 성격을 규정하기도 한다. 그러나 어떤 예배적 표현을 하느냐에 따라서 하나님에 대한 인식이 어떠한지 나타날 수도 있고 어떤 예배에 참여하느냐에 따라 예배자의 윤리적 사고와 행동이 규정될 수도 있다.

세 요소는 서로 긴밀히 연결되어 있으면서도 신앙의 지적 인식이 표현되는 곳이 예배이고 예배를 통해서 윤리적 틀이 형성되고 행동으로 이어지는 구조를 형성한다. 정교회는 사실 신앙의 전 과정을 예배의 행위로 본다. 심지어 신앙의 윤리적 행동, 선교나 봉사까지도 "예배후의 예배"(Liturgy after liturgy)로 명명할 정도이다. 예배는 그 속에서 신앙의 지적인식이 형성되고 윤리적 행동을 발생하게 하는 신앙행위의 태(胎)이다.

III. 성서에 나타난 예배신학

종교개혁자들이 미신화된 중세교회의 예배를 개혁하고자 했을 때 초대교회의 예배를 예배개혁의 표본으로 삼은 것은 잘 알려진 사실이다. 물론 그들이 바라던 대로 초대교회의 예배로까지 완벽하게 거슬러 올라가지는 못했지만, 예배개혁의 표본으로 지향한 것은 분명 성서적 예배였다.

성서에서는 예배를 어떻게 표현하고 있는가? 성서의 예배 성격과 신학은 무엇인가? 오늘의 예배신학을 설정할 성서적 예배는 과연 무엇인가? 물론 성서에서 나타나는 예배형식은 시간적, 공간적, 문화적, 역사적 차이가 있으므로 성서적 예배형식을 오늘에 적용하는 데는 무리가 있다. 그러나 예배의 철학적 사상과 신학은 기독교 예배를 규정하는데 중요한 기준이 된다. 과연 성서의 예배신학은 무엇인가? 혹은 예배신학적 관점은 무엇인가? 여기에서 세세한 논의까지는 불가능하지만, 성서에 나타난 예배와 관련된 몇몇 주요 사건에서 나타난 예배신학을 살펴본다.

구약신학에서 알려진 대로 창세기의 창조 이야기는 바벨론 포로 시대에 제사장들에 의해 초안되었다. 하나님의 백성으로서의 유대 민족은 하나님이 역사와 삶의 중심인 사실을 늘 인식하고 살도록 권고받았으나 계속 일탈을 하다가 바벨론 포로로 잡혀가 치욕적 수모를 당한 후 비로소 이 세상의 모든 존재와 하나님과의 관계성에 대해 코페르니쿠스적 시각의 전환을 일으킨다. 그리고 네 가지 중요한 대안적 결단을 한다. 첫째는 이 세상 모든 존재의 근원은 하나님이라는 "창조신학선언"을 하는 것이고 둘째는 이스라엘 역사를 하나님의 관점에서 다시 보는 역사 재해석 작업이고 셋째는 삶의 사이클을 하나님의 날(안식일)을 중심으로 재구성하는 것이었고 넷째는 하나님의 백성임을 물리적으로 인식하도록 할례를 제도화하는 것이었다.

이 중에서 창조신학선언은 세상의 질서를 완전히 혼돈(chaos)시키는 바벨론 제왕의 역사굴절에 맞서 천지와 만물의 창조자는 하나님이시라는 신학선언이다. 이 창조신학선언은 이 세상의 주권자는 제왕을 포함한 그 어떤 인간이나 다른 존재가 아닌, 오로지 하나님이시라는 정치적인 선언이다. 이 세상 모든 존재의 원인은 인간이 아니다. 하나님이 존재의 원인이다. 그러므로 하나님께 존재의 주권이 있다는 고백이다.

발터 브루그만(Walter Bruggemann)은 창조이야기를 창조 찬미(Creation doxology)로 보았다. 이 세상 주권자의 존재, 목적, 행위에 대한 예배적 선언이라고 보았다. 창조주가(존재) 피조물을(목적) 창조하셨다(행위)(The Creator creates creation). 창조 이야기는 우주 형성에 대한 설명이나 분석이 아니다. 그것은 선언이며 고백이다. 이것은 고백(Confession of faith)이자 신앙적 입장(faith stance)이다. 신앙고백과 신앙적 입장은 예배의 정치적 행위이다.

창조 찬미(creation doxology)는 창조주와 피조물간의 세 가지 리듬적 행위로 구성되어 있다. "하나님이 이르시되 빛이 있으라 하시매 빛이 있었고 빛이 하나님이 보시기에 좋았더라"(창1:3). 하나님이 이르시되 '무엇'이 있으라 하시매 그 '무엇'이 존재하게 되었고 그 '무엇'이 존재함을 하나님이 좋게 보셨다는 구조이다. ① 창조주의 행동과 ② 피조물의 응답과 ③ 창조주의 평가 구조이다. 피조물이 존재하고 그 생명의 풍성함(fullness of life)을 누리는 것이 하나님이 보시기에 좋았다는 이 상태가 하나님의 영광의 상태이고 창조주와 피조물 모두의 기쁨(delight)의 상태이다.

"하나님이 보시기에 좋았다"라는 창조의 평가는 이 선언으로 끝나지 않는다. 바벨론 포로 상황에서 제사장은 역사와 삶을 이 관점에서 폐었다. 이스라엘의 역사를 하나님의 관점에서 다시 썼고 할례로 인간은 하나님에게서 왔다는 신체적 흔적으로 표시했고 인간의 삶의 사이클을 하나님의 날인 안식일을 중심으로 구성했다. 안식일이 예배의 날인 것은 단순히 하루를 하나님께 드리는 것이 아니다. 근원에 대한 고백이고 확인이고 선언이다.

창조주의 창조(creation), 피조물의 풍성한 생명의 누림(life in fullness), 창조주와 피조물의 기쁨(good, delight)으로 구성되는 창조 찬미(creation doxology)는 성서 전체를 통해 나타나시는 하나님의 구원과 해방의 행위, 치유와 회복의 행위도 포함한다. 여기에서 '풍성한 생명의 누림'과 관련하여 꼭 짚어두어야 할 점이 두 가지가 있다. 첫째로 이 개념은 단순히 자본주의적 시각에서 풍부의 개념이 아니고 소수만이 아닌 모든 구성원이 필요한 것은 부족함이 없이 누리는 넉넉함의 경제(Economy of Enough for All)개념이 여기에 내포되어 있다. 둘째로 이 개념은 단순한 삶의 누림이 아닌 삶의 생존에서 시작하여 정의와 평화, 생명의 존엄과 삶의 의미 그리고 행복과 아름다움까지 포함되는 총체적 생명의 풍성함의 누림이란 포괄적인 개념이고 이 중심에는 생명의 사회 윤리적 권리 누림도 포함되어 있음을 주지할 필요가 있다.

창세기 3장의 비극적 사건을 시작으로 전개되는 하나님의 원칙으로부터의 인간의 일탈 과정에 대해 하나님이 치열하게 벌이시는 해방과 구원의 드라마는 모두가 이 창조 찬미를 회복시키기 위함이다.

아브라함, 이삭, 야곱 등 족장들은 자신들의 일상적 삶 속에서 나타나는 여러 가지 삶의 도전과 굴절 속에서 하나님의 보살피심과 돌보심이 지속적으로 나타나고 있음에서 마침내 자신의 삶은 하나님의 인도하심 아래 있다는 인식에 도달했을 때 돌단을 쌓고 기름을 붓고 하나님의 이름을 불렀다. 족장들의 풍성한 생명의 찬미(Life in Fullness Doxology)였다.

출애굽 이야기는 노예로 전락한 하나님 백성의 삶이 정치적, 경제적, 문화적, 사회적, 영적으로 해방되는 이야기이다. 출애굽 드라마의 지도자로 임명된 모세는 하나님으로부터 이 해방의 사명을 부여받고 애굽의 파라오에게 가서 다음과 같이 하나님의 해방 창조 명령을 전달한다. "그 후에 모세와 아론이 바로에게 가서 이르되 이스라엘의 하나님 여호와께서 이렇게 말씀하시기를 내 백성을 보내라! 그러면 그들이 광야에서 내 앞에 절기를 지킬 것이니라 하셨나이다"(출 5:1). 공교롭게도 '하나님이 말씀하시면 그대로 되는' 창세기의 창조선언의 패턴과 유사하다.

왕국 시대의 제사는 하나님이 역사와 삶의 중심임을 정치적으로 사회적으로 문화적으로 제도화하는 것이었다. 그러나 여기에는 창세기나 출애굽기의 드라마틱한 그런 찬미적 기쁨은 결여되어 있었다. 찬미의 제도화가 낳는 부작용이다. 그러나 제사 종교를 통해 개인과 공동체의 삶 전체가 하나님을 중심으로 구성되는 틀이 형성되게 되었고 하나님과의 관계가 개인과 공동체의 삶의 핵심이라는 인식을 사회통념으로 공유하게 되었다. 제사 종교는 이 인식을 제사, 즉 예배를 통해서 이루었다. 개인과 공동체가 하나님을 중심으로 관계되어야 한다는 지적 인식을 하게하고 거기에 따른 윤리적 행동을 하게 하는 중심에 제사, 예배가 존재했다.

제사종교전통의 예배는 경직되기 시작했다. 정치권력을 축복하는 상위 권력에 자리하면서 야웨종교의 본래 정신을 상실하기 시작했다. 특히 사회윤리적 기능을 상실했다. 뿐만 아니라 예배가 삶의 현실을 전혀 반영하지 못했고 삶과 유리되기 시작했다. 더 나아가서 하나님의 백성을 해방시키기보다는 오히려 권력자의 자리에서 하나님의 백성을 정치적으로 사회적으로 경제적으로 심지어 영적으로 착취했다. 여기에 예언자들의 서슬 퍼런 예언이 포효하기 시작했다.

예언자들은 하나님의 민족의 삶 전반에 걸친 반하나님적이고 비하나님적인 점을 신랄하게 비판했다. 그리고 하나님의 백성의 본연의 모습으로 돌아오도록 촉구했다. 예언은 예언자들의 신학적 비판이 아니었다. 그것은 예언자의 입을 이용한 하나님의 비판이었고 하나님의 개혁운동이었다.

예언자들을 통한 하나님의 비판과 회복의 부름은 삶의 전반에 걸쳐 이루어졌다. 그러나 종교에 대한 예언의 비판에서 주목할 부분은 비판의 논점이 당시 사회의 사회윤리였고 이 비판이 예배에 대한 비판과 연계되어 있다는 점이다. 예배가 일상의 삶과 유리된 점, 즉 민중의 일상의 삶, 경제적, 사회적, 정치적 삶 속에 엄청난 불의와 억압과 착취가 있는데도 이를 아랑곳하지 않고 예배가 화려하게 드려지고 있다는 점을 영적 모순으로 보았다. 그것은 참된 예배(authentic worship, ortho-doxa)가 아닌 거짓 예배(false worship)였다.

이사야 58장 1-11절은 예배와 사회윤리와의 관계성을 극명하게 보여주는 부분이다. 하나님은 사회정의란 내용이 없는 형식적 금식을 받기를 거부하고 계신다. 하나님은 "내가 기뻐하는 금식은 흉악의 결박을 풀어주고 멍에의 줄을 끌러 주며 압제당하는 자를 자유케 하며 모든 멍에를 꺾는 것"이라고 했다. 또 "주린 자에게 식물을 나눠주며 유리하는 빈민을 자기 집에 들이며 벗은 자를 보면 입히고 골육을 피하여 스스로 숨지 아니하는 것"(사 58:6)이 곧 하나님이 생각하시는 금식이라고 하셨다. 사회윤리가 결여된 예배는 하나님이 보시기에는 예배가 아니었다.

아모스 5장 21-22절에서의 예언자의 예배 비판은 극에 다다른다. 하나님은 예배자들의 거짓 절기를 미워하는 차원을 넘어 멸시한다고 했고 모임 자체를 기뻐하지 않는다고 했다. 더 나아가 제사 자체를 받지 않겠다고 했다. 찬송과 비파소리를 그치라고 했다. 그러면서 대안으로 제시한 것은 오직 공법을 물같이 정의를 하수같이 흘리라고 했다. 말하자면 사회정의가 전제되지 않는 예배는 거짓 예배, 하나님이 받으실 수 없는 예배로 지탄되고 있다.

미가 6장 6-8절은 예배와 정의의 우선순위가 무엇인지를 명확히 밝혀준다. 하나님은 일 년 된 송아지를 번제물로 드려도 기뻐하시지 않는다. 천천의 수양도, 만만의 강수 같은 기름도 기뻐하시지 않는다. 심지어 맏아들의 제물도, 자기 자신을 제물로 드려도 그것이 하나님이 원하시는 것은 아니라는 것이다. 하나님이 원하시는 것은 단 하나, 공의를 행하고 인자를 사랑하며 겸손히 하나님과 행하는 것이라는 것이다. 역시 사회정의가 하나님 예배의 콘텐츠라는 것이다.

이사야 6장 1-13절에 나타난 예배는 정치신학적 예배이다. 이 이야기에는 세 가지 중요한 논점이 전개된다. 첫째 이 자리는 지금 웃시야 이후의 새 왕이 등극하는 대관식인데 현실에는 왕이 등극하지만, 사실은 하나님이 등극하시며 하나님이 사실상의 통치자임을 고백하는 자리이고 둘째는 자기의 죄를 철저히 참회하고 그 다음에는 이 가치관이 혼란된 세상에 나가서 증인이 될 것을 서약하는 것이다.

이것은 가장 간결하게 예배의 요소를 요약해 놓은 것으로서 예배란 이 세상을 다스리시고 주권자로서 임재하시는 하나님의 영광을 찬양하고 우리의 죄를 그 앞에 참회하며 그리고 하나님의 축복과 격려로 가치관이 혼란된 세상에 나가서 하나님의 의를 선포하고 증인이 되는 것, 이것이 바로 예배의 본질인 것이다.

구약성서 예배의 발전을 보면 그 차원이 점점 광역화되는 것을 눈으로 볼 수 있다. 아브라함 등 족장들의 예배는 개인적이고 자기의 삶에 관계되는 예배였으나 출애굽의 예배에서 예배는 개인의 삶에만 관계되는 것이 아니라 민족적, 정치적, 사회적 차원까지로 그 영역이 확대되고 동시에 개인과 사회윤리로까지 확대된다. 그러다가 왕국시대에 와서는 민족의 해방 같은 정치적이고 사회적인 차원이 아니라, 국가의 통치권이 왕에게 있는 것이 아니라 하나님이 국가를 다스리시며 그 하나님의 의를 선포하는 의무가 예배하는 공동체에 있다는 데까지 이르게 된다.

그렇다고 개인의 삶은 전혀 배제된 것이 아니다. 시편 같은 것을 보면 거기에는 인간이 가지는 질병의 고뇌에서 개인의 영혼 구원에 이르기까지 한 개인이 가지는 모든 실존적인 삶이 다 기도의 제목이 되고 하나님께 간절한 간구로 드려지고 찬양으로 드려지는 것을 보면 민족적이고 사회적이고 정치적인 주제가 예배의 주제로 확대되어 가는 동시에 개인의 일상적 삶의 문제, 영혼의 문제도 깊이 예배의 주제가 되어 가는 것을 볼 수 있다. 그러나 분명한 것은 예배는 영적 차원에 머문 것이 아니라 삶의 전반, 특별히 사회적 정의와 평화의 의미가 결여된 것은 진정한 예배가 아님을 분명히 하고 있다.

예수의 예배는 두 가지 차원에서 생각해 볼 수 있다. 한 가지는 예수의 예배관을 중심으로 보는 접근방법이고 다른 한 가지는 바로 기독교 예배의 대상으로서의 예수를 중심으로 보는 접근방법이다.

예수의 예배관을 살펴보면 예수님의 예배는 철저히 하나님이 삶의 중심에 존재하는 관점이다. 마태복음 4장 1-11절, 광야의 시험 이야기에서 예수는 마귀의 시험에 대해 두 가지 차원에서 응답하였다. 이 모든 권세들과 하나님을 선택적 차원에 두지 말라는 것과 모든 가치들 위에 존재하는 하나님의 가치, 즉 하나님의 주권이 존재한다는 관점이다. 마태복음 6장 24절에서 예수님은 재물과 하나님이 나란히 섬김의 대상이 될 수 없음을 지적했다. 돈은 하나님의 주권 아래 통제될 때 은총의 수단이 된다. 마태복음 22장 17-22절에서 가이사의 것과 하나님의 것의 구분을 요청하는 바리새인의 질문에 대해 가이사의 것은 가이사에게 하나님의 것은 하나님에게 돌리라는 예수님의 대답은 선택의 문제가 아니었다. 가이사의 것과 하나님의 것에 대한 구분 자체가 모순이며 궁극적으로 가이사의 것도 하나님의 것 아래에서 인식되어야 함을 천명하는 것이다. 바로 이런 이유로 예배에서 헌금을 드리는 의식은 재물의 권세를 하나님의 권세 아래 굴복시키는 정치적 행위이다.

예수의 예배에 대한 태도를 볼 때 예수의 예배 관에는 다섯 가지 일관되는 원칙이 있다. 첫째 예수는 모든 삶의 가치를 하나님의 가치 아래에 두는 하나님의 주권중심의 가치체계를 가지고 있다. 둘째는 땅에서 하늘로 향하는 예배가 아닌 하늘에서 땅에 향하는, 즉 하나님의 뜻이 땅위에 이루어지는 것에 관심을 두고 있다. 셋째는 형식보다는 본질과 의미에 우선적 의미를 두는 예배를 드리고 있다. 넷째는 성(聖)과 속(俗)의 율법적 구분을 폐지했고 성전 안과 성전 밖의 예배의 구분 자체를 두지 않았다. 예배가 생활로 확대되었다. 다섯째 어떤 예배든지 행동으로 연계되는 예배와 행동의 윤리적 연계성을 강조하고 있다.

예수님이 예배의 대상으로서의 이야기의 가장 드라마틱한 모습은 마태복음 2장 1-12절, 동방박사의 경배 이야기에서 나타난다. 대부분 동방박사 이야기는 별을 관찰하는 학자들로서 아기 예수가 태어났을 때 황금, 유향, 몰약이란 값진 선물을 드려 왕의 탄생을 축하했다는 아름다운 이야기로 이해하고 있다. 그러나 동방박사의 이야기는 그렇게 아름답고 낭만적인 이야기만은 아니다. 동방박사의 이야기 속에는 기독교 예배의 가장 심각한 본질, 어떻게 보면 기독교 증언의 가장 분명한 내용이 숨어들어 있다. 예수께서 탄생하셨을 때는 헤롯왕이 유대의 왕으로 재임하고 있을 때였는데 동박 박사들이 헤롯왕에게 와서 유대인의 새 왕으로 나신 분을 경배하러 왔다고 했다. 이것은 지상의 권력은 영원한 권력이 아님을 천명하는 선언이었다. "이 말을 듣고 헤롯왕이 당황한 것은 물론 예루살렘이 온통 술렁거렸다"(마 2:3)라고 기록하고 있는 대로 이 동방박사의 의도는 헤롯왕에게 엄청난 충격이었고 당시 사회에 엄청난 파장을 일으켰다. 동방박사의 유다방문 목적은 진정한 왕을 경배하기 위해서였다.

예배는 단순히 교회에 와서 찬송 부르고 기도하고 설교 듣고 헌금하고 축도 받고 이런 것이 아니다. 예배란 이 세상의 진정한 우주적 통치자를 경배하는 것이다. 동방박사들의 경배를 보면 그냥 아기 예수에게 절하러 온 것이 아니다. 선물 주러 온 것은 더더욱 아니다. 동방박사의 경배는 아기 예수가 유다의 진정한 왕, 우주의 왕이신 것을 인정하고 고백하고 선언하러 온 것이다. 이 예배의 행동을 현재 엄연히 유다의 왕좌에 앉아있는 헤롯 앞을 지나오면서 했다는 데 의미가 있다. 현 왕의 통치력이 엄연히 살아있음에도 불구하고 그를 제치고 그리스도에게 통치력이 있다는 것을 인정하는 고백적 예배의 모습이다. 이사야 6장의 이야기와 비슷한 이야기이다. 예배는 세상의 진정한 주권자가 누구인가를 정치적으로 고백하는 것이다.

예수의 수되심은 옥타비아누스가 로마제국을 완성하고 자신을 "지극히 높으신 분"이라는 뜻을 가진 아우구스투스(Augustus)로 지칭하면서 자신을 세계를 평정하고 당시의 혼란된 세계에 새로운 질서를 가지고 온 구세주라고 각인시키며 새로운 시대의 메시아로 숭배하도록 강요했던 로마제국의 역사적 상황 속에서 발생했다. 아우구스투스는 자신을 신세계 질서를 실현한 메시아로 신격화시키면서 자기가 정복한 땅의 추종세력으로 하여금 황제에게 헌정하는 새 도시를 건설하게 하고 거기에 모여 황제를 메시아로 숭배하게 했다. 아우구스투스에게 혼돈 속에 질서를 가져온 구세주(Saviour), 새로운 시대를 여는 메시아(Messiah), 주님이란 뜻을 지닌 퀴리오스(Kurios) 등의 말들이 붙여졌다. 주전 9세기에 만들어진 소아시아 고대 비문(Orientis graei insriptiones selectae)에 보면 당시 아우구스티누스가 그 시대에 어떻게 숭배되고 있었는지 잘 나타나 있다. 비문 일부는 이렇게 적고 있다:

가장 높으신 신이신 씨이저(황제)… 우리는 그를 만물의 창조주와 동등한 존재로 간주해야 합니다. … 모든 것이 [무질서로] 붕괴되고 해체되고 있을 때 그가 이를 회복시키시고 전 세계에 새 시대를 여셨습니다. 황제… 만물의 공통선이여… 생명과 생명력의 기원이신 황제여… 모든 도시가 신성한 황제의 탄생일을 새로운 시대의 새날로 채택합니다. 우리 모두의 존재를 가능케 한 당신의 섭리가 우리의 생명을 온전케 해 아우구스투스[황제]에게 바치게 합니다. 모든 인생에게 복락을 허락하시며 황제는 우리와 우리 후손에게 전쟁을 끝내고 만물에 질서를 가져오게 하신 구세주로 오셨습니다. 황제는 [신으로] 현현하심으로 그의 이전에 온 모든 선지자들을 뛰어 넘어서 이전 시대의 모든 소망을 이루셨습니다. 드디어 신[아우구스투스]께서 모든 세계를 위하여 복음[유앙겔리온 euangelion]의 시작이 되셨고 그의 탄생을 기점으로 새로운 시대가 열리게 되었습니다.

초대교회가 예수를 주(Kurios)로 고백한 것, "주는 그리스도이요 살아계신 하나님의 아들이시니이다"란 베드로의 고백은 이렇게 예수의 사역이 로마제국이라는 역사 속에서 일어난 것임을 주지할 필요가 있다. 예수의 죽음의 역사적 의미는 예수의 주되심과 로마제국의 지배 사이의 충돌에서 왔다.

지상명령으로 알려진 마태복음 28장 19-20절도 이런 상황에서 이해될 필요가 있다. "모든 민족을 제자로 삼아 아버지와 아들과 성령의 이름으로 세례를 베풀고 내가 너희에게 분부한 모든 것을 가르쳐 지키게 하라"라는 사명의 위탁은 단순히 개인을 전도하여 세례를 주고 교인을 만들라는 미시담론적 전도와 세례가 아니라 로마제국에 식민지화된 모든 민족을 하나님의 민족으로 해방시키고 로마제국이 가르치는 윤리가 아닌 예수께서 가르친 윤리를 지켜 행하라는 거대담론적 선교와 세례를 의미한다.

이후 사도들의 선교와 예배는 예수 속에서 세상의 역사 속에 현존하러 오신 하나님을 우리의 하나님으로 인식하자는 것이며 그 신학적 인식이 예수가 하나님의 아들이며 예수가 그리스도(Jesus is Christ)라는 신앙고백적 선언의 요지로 전개되었다.

요한계시록 21장과 22장의 종말론적 비전은 만국이 치유되고 만물의 생명이 회복되는 창세기의 창조 찬미(creation doxology)가 다시 예배드려지고 축연 되는 비전을 담고 있다.

IV. 예배는 정치적 행위이다

예배는 우주의 존재와 삶에 대한 하나님의 주권을 인정하고 고백하는 신앙고백의 행위이기 때문에 거대담론적 차원에서 정치적 행위이다.

창조주 하나님이 이 세상의 역사 현실 속에 사는 당신의 백성들을 하나님의 날에 하나님 앞에 불러 모으는 예배의 부름의 행동은 우리가 이 세상의 역사 현실 속에 존재하지만, 우리의 정체성은 하나님의 백성이며 하나님의 가족임을 천명하는 정치적 행위이다.

하나님의 백성이 하나님의 부름을 받고 모여 "성부 성자와 성령 찬송과 영광 돌려보내세 태초로 지금까지 또 영원무궁토록 성 삼위께 영광 영광"하고 찬미를 드리는 순간 이 세상에 태초부터 영원까지 존재하는 분은 하나님이며 그에게만 영광을 돌린다는 정치적 찬미를 드리는 행위 속으로 몰입하는 것이다.

우리가 하나님 앞에서 "나는 전능하신 아버지 하나님, 천지의 창조주를 믿습니다. 나는 그의 유일하신 아들, 우리 주 예수 그리스도를 믿습니다"라고 선언하는 이 고백은 하나님의 주권에 대한 신앙고백으로서 종교적이고 신앙적인 성격을 지니고 있지만 역사 현실 속에서 이루어지는 결국 정치적인 선언인 셈이다.

우리는 예배 속에서 하나님의 말씀을 듣고 그 말씀에 근거하여 무수한 이 세상의 가르침들(mundane discourse)에 직면하며 예수께서 가르친 그 가르침(discourse)을 받고 이를 바탕으로 윤리적 사고를 하고 행동하도록 격려 받는다.

예배자들은 봉헌을 통해 내가 가진 것을 포함하여 이 세상의 모든 것은 하나님에게 속한 것임을 고백하며 헌금의 행위는 하나님의 것을 하나님께 드리는 단순 예배행위나 하나님의 은혜에 보답하는 나의 물질적 응답의 행위가 아니라 돈의 권세를 하나님의 권세에 복종시키는 정치신학적 의미를 지니고 있다.

예배 속에서의 교제(*koinonia*)는 단순한 관계 형성이 아니라 섬김과 나눔, 특별히 가난하고 소외된 자들과 하나님의 은총을 함께 나누고 섬기는 예배행위로서 강한 사회윤리적 성격을 내포하고 있다.

예배의 마지막은 단순한 회집의 산회가 아니다. 예배자는 하나님의 가치를 가지고 세상에 보냄을 받는다. 하나님의 복음으로 세상의 어두움을 밝히는 사명을 부여받고 세상에 보냄을 받는다. 하나님의 질서를 가지고 인간의 무질서 속으로 들어가도록 파송 받는다. 일주일 동안 전개되는 세상의 현실에서의 삶에 하나님의 가치를 구현하면서 살도록 보냄을 받는 것이다. 개인적인 삶뿐 아니라 우리가 몸담고 있는 사회의 삶에도 하나님의 가치를 구현하는 삶을 구성하도록 보냄을 받는 것이다. 따라서 예배가 사회윤리적 사고가 모자란다면 그야말로 공허한 삶이 되는 것이다.

V. 문제제기 - 결론을 대신하여

결론을 대신하여 몇 가지 문제를 제기하고자 한다.

첫째, 현 한국교회의 예배는 사회윤리적 성찰과 의미를 담고 있는가?
둘째, 한국교회 역사 속에서의 예배에는 정치윤리, 사회윤리가 어떻게 나타나고 있는가?
셋째, 앞으로 예배가 정치윤리, 사회윤리적 의미를 담은 예배가 되려면 어떠한 신학적 작업이 필요하고 교회의 모든 예배를 어떻게 재구성해야 하는가?

만약 한국교회 예배 속에 이런 의미가 함유되어 있지 않다면 또는 그런 방향으로 개혁적 변혁을 시도하지 않으면 한국교회가 드리는 모든 예배는 하나님에게는 전혀 의미 없는 헛예배가 될 수밖에 없지 않은가? 깊이 성찰할 문제이다.

〈4부〉

민중신학 현장과의 연대와 동행

차옥숭	천도교의 음식문화: 만사지 식일완(萬事知 食一碗)
	— 밥의 의미를 중심으로
임종한	협동조합을 통한 공동체 회복 활동 성과와 전망
	— 기독청년의료회의 의료협동조합 25년 경험과 성찰을 중심으로
진방주	총회 도시산업선교 60주년의 성찰과 반성 및 향후 방향
이종원	동아시아 지역 질서와 한일관계
	— 김대중 · 오부치 공동선언의 의미를 중심으로
헨리 폰 보제	통일 전(前) 동 · 서독 교류와 디아코니아에서의 경험
이남섭	민중신학자, 시골에서 세계적 수준의 기독교 민족대학을 꿈꾸다
	— 민중신학의 제도권 대학개혁 실천과 그 의미
이무성	김용복 목사의 교육철학
	— 아시아태평양 생명학대학원대학교 준비과정을 중심으로
김덕환 · 이경국	글로벌직업교육 특화 학교 육성사업 운영과 과제
	— 고산고 사례를 중심으로
이종구 · 심상완	반월 · 시화공단 노동자의 일 · 생활 능력, 사회자본과 삶의 질

천도교의 음식문화
: 만사지 식일완(萬事知 食一碗)
─ 밥의 의미를 중심으로*

차옥숭**

I. 들어가는 말

오늘날 동서양 학자들이 심각하게 받아들이는 문제는 생태와 관련된 것이다. 지구변화의 위기 속에서 사라져가는 숲, 지구 온난화의 위협, 생물다양성의 감소, 세계 빈곤의 증가 등 암울한 오늘의 현실에서, 하나의 통합적 공동체로서 지구를 소생시키기 위해서는 인간과 다른 생명 사이를 연속성의 토대 위에서 이해해야 한다.

생명 파괴의 바탕에는 모든 가치의 중심에 인간을 두고 자연과 인간의 불연속성을 전제로 한 세계관이 있다. 인간과, 우주의 나머지 존재들 사이에 커다란 격차가 있다는 생각은 인문학자들이나 과학

---
* 이 논문은 2017년 「종교문화비평」 32호에 게재된 논문임.
** 전 한일장신대학교 교수

자들 양편 모두에서 키워온 사상이다. 과학자들은 철두철미하게 우주의 나머지 존재들을 기계 혹은 객체라고 묘사함으로써 그런 사상을 부추겼고, 인문학자들은 인간의 정신과 영혼의 철저한 독특성을 강조함으로써 그렇게 했다.1

특히 근대의 데카르트는 인간의 육체와 동물을 기계라고 보아 격하하고, 생각하는 이성적 자아만을 확실한 기초라고 생각했는데, 이러한 이성 중심적 사고는 대상에 대해 냉혹한 자아를 형성하는 전통을 낳았다. 신체에 대한 경멸을 포함한 이성 중심적 사고가 갖는 폐해는 동양적 사고의 장점을 수용하지 못하게 하는 큰 장애 요인이 되었다. 근대 과학문명을 옹호하는 전통은 이성적 의지에 추동되는 그러한 데카르트적 인격과 결합하여 오늘에 이르고 있다.

그 결과 이원론적 사고방식이 널리 수용되었고, 자연과 인간의 경계 강화는 자연에 대한 폭력으로 이어졌다. 그러나 그 폭력은 그대로 인간에게 되돌아온다. 지구의 주요한 생명체계들이 지구 안에서 제대로 기능할 수 없는 최종점에 직면하고 나서야 비로소 인간의 윤리성에 문제가 있음을 알아차리게 된 것이다.2 따라서 오늘날 인류가 직면하고 있는 문제 해결을 위한 새로운 비전, 즉 모든 인류, 모든 생명체 그리고 미래를 위해 공정하며 형평성을 갖춘 방식으로 영구적인 번영을 제공할 수 있는 비전 창출을 위한 패러다임의 전환이 필요하다.3

자연과 인간의 경계를 허물고 소통하려는 새로운 패러다임 전환

---

1 찰스 버치·존 캅/양재섭·구미정 옮김, 『생명의 해방: 세포에서 공동체까지』(나남, 2010), 227.
2 위의 책, 107.
3 위의 책. 63.

의 요청에 직면한 지금 뭇 생명에 기대어 살아가는 인간이 할 수 있는 일은 무엇일까? 여러 종교전통들은 여기에 대한 해답을 찾기 위해 음식문화에 대한 진지한 성찰과 거기에 따른 여러 가지 대안들을 제시하고 있다.

예를 들면 여성신학자이며 생태주의 신학자이기도 한 셸리 맥페이그는 모든 생명의 안녕을 돕는 세계 내 방식으로 전환할 필요성을 강조하고, '세계는 하느님의 몸'이라는 메타포를 도입한다. 하느님은 자신의 몸을 구성하는 수십억의 다른 몸들에게 생명을 부어주는 영이고 숨결이기 때문이다.4 '세계가 하느님의 몸'이라는 메타포는 고통당하는 인간과 동물의 몸이 느끼는 아픔도 함께 겪는다는 것을 시사한다. 우주가 하느님의 몸이라면, 하느님은 한 장소에서만 우리에게 현존하는 것이 아니고 태양과 달, 나무와 강, 동물과 인간의 몸 등등 모든 몸들을 통해서 우리에게 현존한다.5 따라서 강과 산이 오염되고 파헤쳐서 고통당하면 하느님도 고통당한다. 하느님은 모든 고통 받는 몸들과 동일시하는 몸이 된 신이다.6 그렇다면, 하느님의 몸을 이루는 생명과 생명의 관계는 어떻게 설명될 수 있는가? 그들 사이에서 먹고 먹힘의 관계는 어떻게 설명될 수 있을까?

하비(Graham Harvey)는 인간이 생명을 유지하기 위해서는 다른 생명을 죽여야 하고, 여기서 벗어나기 위해 '나'를 죽이는 것은 '나'와 더불어 살고 있는 생명체에 잔인한 폭력을 행사하는 일이기에, 폭력의 사이클에서 벗어날 길이 없다고 말한다. 나의 삶을 지탱하기 위해

---

4 Sallie McFague, *The Body of God* (Minneapolis: Fortress,1993), p. xi.
5 위의 책, 132-133.
6 위의 책, 161.

'그들'에게 어쩔 수 없이 폭력을 저지른다고 해도, '그들'과 계속 관계를 맺을 수 있을까? 어떻게 하면 그럴 수 있을까? 이 질문에 대한 대답은 다른 종들과 관계를 맺을 때 절제와 되돌려줌, 한계 두기와 되갚기, 허용과 한도를 설정하는 데 있으며, 종교는 생명체에 대한 잔인한 폭력행위에 제동을 거는 장치로써 서로 다른 종들(persons) 사이에서 교섭(negotiation)하고 합의(deal)를 도출하는 역할을 맡아야 한다고 말한다.7

맥페이그는 "다른 몸들의 필요성을 채우기 위해 자신의 몸을 내놓음으로써 하느님을 만나는 일, 이것이 철저한 내재로서의 초월을 비추는 일이다. 우리는 우리 자신의 몸을 타자들을 위해 내려놓음으로써 타자의 몸 안에서 그리고 그 몸을 통해 하느님을 만난다"라고 말한다. 맥페이그는 '자기 비움'(케노시스), 곧 "자기를 제한하여 다른 이들이 성장하고 번창할 수 있도록 공간과 장소를 내어주는 것은 하느님이 세계를 향해 일하는 방식이고, 또한 우리가 서로를 향해 그리고 삼라만상을 향해 일하는 방식"이라고 말한다. 이 자기 비움은 역설적으로 참된 충만함의 길이기도 하다.8 따라서 "지구의 건강을 위한 윤리는 개인적이고 영적인 차원에서 자아와 물질적 필요를 스스로 제한하는 데서 시작할 수 있으며, 반드시 그렇게 되어야 한다"9라고 강조한다.

여기에서 제기 되는 의문점은 하비가 제시하는 생명체에 대한 폭

---

7 Graham Harvey, *Food, Sex, and Strangers: Understanding Religion as Everyday Life* (Acumen, 2013). 종교문화연구소에서 '책 한 권 프로젝트'로 2017년 4월 13일 장석만이 발표한 자료 참조.
8 Sallie McFague, 앞의 책, 219-220.
9 위의 책, 222.

력행위에 제동을 거는 종교의 역할이, 쌍방 간에 이루어져야 하는 서로 다른 종들 사이의 교섭과 합의 도출도 가능한가이다. 마찬가지로 맥페이그가 제시한 "다른 몸들의 필요성을 채워주기 위한 '자기 비움'" 역시 일방적으로 인간이 다른 생명체들에게 강요해오던 일이며 인간이 다른 생명체들을 위해 자기 몸을 내어주는 일이 가능한가 하는 점이다.

동학은 이러한 사상 전통을 극복하는 데에 좋은 대안 중의 하나라고 생각된다. 해월의 '이천식천'(以天食天)은 먹힘과 먹임의 관계를 잘 풀어내고 있다. 맥페이그나 하비는 지금도 살아서 활동하는 사람들이지만, 해월은 120여 년 전, 생태문제가 전혀 거론되지 않던 시기에 활동했던 사람이다. 해월이 말하는 '이천식천' 역시 하비의 주장처럼 폭력을 합리화하고 완화시키기 위한 고도의 장치에 불과할는지 모르지만, 그의 가르침에 바탕을 둔 동학 및 천도교의 음식문화는 오늘의 심각한 생태 문제와 음식 문제를 푸는 실마리를 제공할 수 있을 것이다.

해월은 '만사지 식일완'(萬事知 食一碗)이라는 말을 남겼다. 밥 한 그릇을 먹게 되는 이치만 알게 되면 모든 이치를 다 알게 된다는 뜻이다. 우주 만물을 유기체적인 생명공동체로 인식한 해월은 만물이 자기 안에 한울님을 모신 존재(侍天主者)로 보았다. 사물을 생명으로 보고 나아가 그 자발성과 우주적 연대성을 강조하는 동학사상이 갖는 혁명성은 민중들의 삶이 피폐(疲弊)해지고 식민화의 위기를 목전에 둔 19세기말의 역사적 상황에서 생명세계와의 상호 긍정적 관계를 첨예하게 주장했다는 데에 있다고 생각한다. 역사적 상황과의 연관을 무시하지 않고 인류의 미래까지도 살리려고 하는 동학의 이러한 역사의식은 오늘에도 큰 귀감이 된다고 하겠다. 인간의 신체와 그의 기억까지 산업화와 돈벌이의 수단으로 이용되는 오늘날 이러한 생태적 역사의식은 더욱 필요한 것이 아닐 수 없다. 이런 의미에서 동학의 주체성이 갖는 여러 성격들을 구명하는 것은 중요한 의미가 있다.

필자는 이 글에서 동학 및 천도교의 음식문화에 초점을 맞추어 먼저 그 음식문화의 이론적 근거를 수운 최제우(1824~1863)와 해월 최시형(1827~1898)의 가르침을 통해 분석할 것이다. 동학 및 천도교의 음식문화의 이론적 근거가 되는 가르침은 수운의 시천주(侍天主) 사상과 해월의 천지부모(天地父母), 경물(敬物), 물물천사사천(物物天事事天), 이천식천(以天食天), 내칙(內則), 내수도문(內修道文) 등에서 찾을 수 있다. 그 다음 그들의 가르침이 오늘의 천도교인들이 날마다 이어가는 식사에서 어떻게 구현되고 있는가를 살필 것이다. 마지막으로 동학 및 천도교의 음식문화에 담긴 사상이 오늘 우리가 직면한 생태 문제와 음식 문제를 해결하는 데 어떤 시사점을 던지는가를 한울연대의 빈 그릇 운동과 한살림운동 등을 통해 '만사지 식일완(萬事知 食一碗) - 밥의 의미'를 살필 것이다. 이를 통해 생태계가 위기에 처해 있는 현실에서 생명의 그물망과 생명의 다양성 그리고 만물의 내연관계가 존중되는 새로운 대안을 모색해 보도록 하겠다.10

---

10 천도교의 음식문화와 관련된 연구는 짧은 에세이 형식의 글로 김춘성, "만사를 안다는 것은 밥 한 그릇을 먹는 이치를 아는 데 있다," 『新人間』(신인간사, 2007]); 윤형근, "이천식천의 현재와 미래 그리고 세계사적 의미," 『新人間』(신인간사, 2007)이 있다. 발표문으로 전희식, "천도교와 음식문화," 「종교와 음식문화」 67차 평화포럼 (한국종교연합, 2013); 김용휘, "천도교의 밥과 영성," 「종교와 음식문화」 68차 평화포럼 (한국종교연합, 2013) 등이 있다. 본 논문은 천도교의 음식과 관련한 첫 논문으로서 의미가 있다고 생각한다.

II. 수운의 시천주(侍天主) 사상과 해월의
　　물물천사사천(物物天事事天), 이천식천(以天食天)

　　수운의 시천주 사상은 동학과 천도교의 종지(宗旨)이다. 서양의 주류 전통에서는 궁극적 실재를 절대타자로 받아드리고 내 밖의 초월의 경지에서 찾는다면 동양전통에서는 무한한 궁극적 실재를 유한한 개별자의 마음에서 찾고, 발견하고, 만나고, 하나가 되는 것이다. 수운의 시천주는 내 안에서 신령한 한울의 생명과 신성을 발견함과 동시에 내가 전체 우주의 뭇 생명들과 깊이 연결되어 하나를 이루고 있다는 생명의 존엄성과 연대성에 대한 자각이다(內有神靈, 外有氣化).

　　이규성에 의하면 '개체 속에 영적 본질이 있다'는 것은 개체의 절대성을 의미하며, 동시에 개체는 타자와의 우주적 소통 관계 속에 있다는 보편적 연대성을 의미한다.[11] 개체의 자각에서 우주의 궁극적 본질이 내부에 있다는 것(內有神靈)이 알려지고, 이 본질이 자기실현의 힘을 가지고 밖으로 작용하여 타인을 주체로서 공경하면서 변화시켜 나간다(外有氣化)고 수운과 해월은 보았다. 그리고 해월에서 동학의 윤리는 바로 성인적 인격의 심층적 지혜인 '자기성명'(自己性命)의 자각과 실현에서 '경천'(敬天)·'경인'(敬人)·'경물'(敬物)이 실현되는 공경의 세계가 펼쳐진다.[12]

　　해월은 수운의 시천주를 '우주일기'(宇宙一氣)의 존재로 이해하여 "나의 굴신동정이 우주일기의 조화이고, 나의 마음과 기운은 천지우

---

11 이규성,『한국현대철학사론』(이화여자대학교출판부, 2012), 114.
12 위의 책, 121.

주의 원기와 하나로 통해있는 것"이라 하였다.13 또한 사람만이 아니라 천지만물이 다 한울님을 자기 안에 모신 존재라고 보았다. 따라서 해월은 물물천사사천(物物天事事天), 이천식천(以天食天)을 다음과 같이 설명한다.

> 그러므로 내 항상 말할 때에 물건마다 한울이요 일마다 한울이라 하였나니, 만약 이 이치를 옳다고 인정한다면 모든 물건이 다 한울로써 한울을 먹는 것 아님이 없을지니, 한울로써 한울을 먹는 것은 어찌 생각하면 이치에 서로 맞지 않는 것 같으나, 그것은 편견이고 만일 한울 전체로 본다면 한울이 한울 전체를 키우기 위하여 같은 바탕이 된 자는 서로 도와줌으로써 서로 기운이 화함을 이루게 하고, 다른 바탕이 된 자는 한울로써 한울을 먹는 것으로써 서로 기운이 화함을 통하게 하는 것이니, 그러므로 한울은 한쪽 편에서 동질화는 종 내부의 상호부조를 이루게 하고 이질화는 종끼리 기화를 소통시켜 서로 연결된 성장발전을 도모하는 것이니, 합하여 말하면 한울로써 한울을 먹는 것은 곧 한울의 기화작용으로 볼 수 있는데, 대신사께서 모실 시자의 뜻을 풀어 밝히실 때에 안에 신령이 있다함은 한울을 이름이요, 밖에 기화가 있다함은 한울로써 한울을 먹는 것을 말씀한 것이니 지극히 묘한 천지의 묘법이 도무지 기운이 화하는데 있느니라.14

---

13 宇宙는 一氣의 所使며 一神의 所爲라, 眼前에 百千萬像이 비록 其形이 各殊하나 其理는 一이니라. 一은 卽 天이니 天이 物의 組織에 依하여 表顯이 各殊하도다. 我의 屈伸動靜이 是 鬼神이며 造化며 理氣니, 故로 人은 天의 靈이며 精이요 天은 萬物의 精이니, 萬物을 順함은 是 天道이며 天道를 體用함은 是 人道니, 天道 人道 其間에 一髮을 不容할 者니라.
我의 一氣 天地宇宙의 元氣와 一脈相通이며, 我의 一心이 造化鬼神의 所使와 一家活用이니, 故로 天卽我이며 我卽天이라. 『신사법설』, 「其他」.
14 "내 恒常 말할 때에 物物天이요 事事天이라 하였나니, 萬若 이 理致를 是認한다면

위의 글에서 해월은 물물천사사천, 이천식천을 설명하고 있다. 시천주자로서 모든 만물은 한울이다. 따라서 만물의 활동과 일은 한울의 활동이고 일이다. 풀 한 포기의 몸짓에서도 새의 울음소리에서도 한울의 활동과 한울의 소리를 들었던 해월이 경천, 경인, 경물을 말하는 것은 당연하다. 모든 만물을 유기체적 생명공동체로 인식한 해월은 일상의 식사행위를 한울이 한울을 먹는 이천식천으로 설명한다. 이천식천은 한울의 기화작용으로 한울전체를 성장 진화케 하는 원리라고 말한다.

즉 모든 만물이 서로를 먹이는 관계를 통해서 서로의 성장과 우주적 성장 진화를 도모한다는 것이다.

이돈화는 "천지만유(天地萬有)가 진화 연쇄적 직선상에 있는 동일체로서 그가 향상 발전하기 위하여 생명체가 비교적 하 단계에 있는 물건이 생명체가 비교적 상 단계에 있는 물건을 통하여 우주자체의 대생명을 위로 도와서 올라가게 하는 법칙이 곧 이천식천의 원리"15라고 설명한다. "갑물(甲物)로써 을물(乙物)을 내려다본다면 갑은 을을 먹고 자체를 키운다고 볼 수 있고 을로써 갑을 올려다본다면 을은 갑을 통하여 자체를 한 단계에 오르게 하는 행위라고 보게 되는

物物이 다 以天食天 아님이 없을지니, 以天食天은 어찌 생각하면 理에 相合치 않음과 같으나, 그러나 이것은 人心의 偏見으로 보는 말이요, 萬一 한울 全體로 본다하면 한울이 한울 全體를 키우기 爲하여 同質이 된 者는 相互扶助로써 서로 氣化를 이루게 하고, 異質이 된 者는 以天食天으로써 서로 氣化를 통하게 하는 것이니, 그러므로 한울은 一面에서 同質의 氣化로 種屬을 養케하고 一面에서 異質의 氣化로써 種屬과 種屬의 連帶的 成長發展을 圖謀하는 것이니, 總히 말하면 以天食天은 곧 한울의 氣化作用으로 볼 수 있는 데, 大神師께서 侍字를 解義할 때에 內有神靈이라 함은 한울을 이름이요, 外有氣化라 함은 以天食天을 말한 것이니 至妙한 天地의 妙法이 도무지 氣化에 있느니라."『해월신사법설(海月神師法說)』,「이천식천(以天食天)」.
15 이돈화,『水雲心法講義』(천도교중앙총부, 1968), 130.

것이며, 갑과 을을 동일한 우주체로 본다면 갑이 을을 먹는 것도 아니며 을이 갑에게 먹히는 것도 아니며 우주라는 대생명체가 자체의 성장을 스스로 하여 나가는 자율적 법칙이라 할 수 있는데 이것이 이천식천의 원리"16라는 것이다.

나아가 이돈화는 "어떤 종속(種屬)이 이천식천에 적당하다고 인정 되면 한편으로 그 종속을 먹게 되는 동시에 한편으로 그 종속을 보존 또는 성장하게 하는 의식적 기화작용(氣化作用)을 하게 되는 것이다. 목축과 농업이 여기에서 나온 것이다. 즉 사람은 한편에서는 자연을 이용하는 동시에 자연을 보호할 책임도 갖게 된다. 한울을 키우는데 천연적 기화작용뿐만 아니라 의식적 기화작용인 노동이 필요하다"17라고 설명하고 있다.

김지하에 의하면 '노동'이란 어떤 생명이 다른 생명과의 접촉을 통해서 또 하나의 생명을 창조해내는 과정을 말하는 것이다. 동시에 모든 생명체는 그 성장과정에서 자기의 종(種)을 유지 발전시키고 유지 보존할 수 있는 씨앗을 생산해내며 그 씨앗을 중심으로 해서 수많은 여백을 창출한다.18 따라서 다른 단위 생명체로 하여금 그 여백으로부터 그 생명체의 먹이를 획득하게 하도록 개방하는 '생명계의 질서'가 '생명이 생명을 먹는', '이천식천'이다. 이것은 약육강식이나 적자생존의 원리에 입각한 먹이사슬이 아니라 자연 본래의, 생명의 본성에 따른 이 생명이 저 생명의 형태로 전환하는 생명의 전환, '생명의 순환'의 원리에 따르는 공생의 원리이다.19

---

16 위의 책, 130-131.
17 이돈화, 『신인철학』(천도교중앙총부, 1968), 180.
18 김지하, 『밥』(솔 출판사, 1998), 68-69.
19 위의 책, 70.

1. 식사는 제사다

수운은 용담유사 교훈가에서 다음과 같이 말한다.

일일시시(日日時時) 먹는 음식
성경이자(誠敬二字) 지켜내어 한울님을 공경하면
자아시(自兒時) 있던 신병(身病) 물약자효(勿藥自效) 아닐런가

매일 먹는 음식을 거룩하게 그리고 공경하는 마음으로 한울님께 바친다면, 즉 자기 안에 모신 한울님께 스스로 지은 밥을 바쳐서 성실한 마음, 공경스러운 마음으로 먹는다면 어렸을 때 얻은 오랜 불치병도 약 없이도 나을 수 있다는 뜻이다.

여기에서 해월은 수운의 생각을 계승 확대하여 일상적인 밥과, 일상의 식사행위를 거룩한 제사로 승화시킨다. 해월은 내수도문(內修道文)에서 세끼 식사를 부모님 제사와 같이 받들라고 당부한다. 해월의 내수도문과 내칙의 내용은 오늘날에도 천도교인들 삶 속에 매일매일의 심고와 식고를 통해 현재화 되고 있다.

내수도문(內修道文)
3. 먹던 밥 새 밥에 섞지 말고, 먹던 국 새 국에 섞지 말고, 먹던 침채 새 침채에 섞지 말고, 먹던 반찬 새 반찬에 섞지 말고, 먹던 밥과 국과 침채와 장과 반찬 등절은 따로 두었다가 시장하거든 먹되, 고하지 말고 그저 "먹습니다" 하옵소서.
4. 조석 할 때에 새 물에다 쌀 다섯 번 씻어 안치고, 밥해서 풀 때에

국이나 장이나 침채나 한 그릇 놓고 고하옵소서.
5. 금난 그릇에 먹지 말고, 이 빠진 그릇에 먹지 말고, 살생하지 말고, 삼시를 부모님 제사와 같이 받드옵소서.

내칙(內則)

1. 포태하거든 육종(肉種)을 먹지 말며, 해어(海魚)도 먹지 말며, 논의 우렁도 먹지 말며, 거렁의 가재도 먹지 말며, 고기냄새도 맡지 말며, 무론 아무 고기라도 먹으면 그 고기기운을 따라 사람이 나면 모질고 탁하니, 일삭이 되거든 기운 자리에 앉지 말며, 잘 때에 반듯이 자고, 모로 눕지 말며, 침채와 채소와 떡이라도 기울게 썰어 먹지 말며, 울새 터 논 데로 다니지 말며, 남의 말 하지 말며, 담 무너진 데로 다니지 말며, 지름길로 다니지 말며, 성내지 말며, 무거운 것 들지 말며, 무거운 것 이지 말며, 가벼운 것이라도 무거운 듯이 들며, 방아 찧을 때에 너무 되게도 찧지 말며, 급하게도 먹지 말며, 너무 찬 음식도 먹지 말며, 너무 뜨거운 음식도 먹지 말며, 기대앉지 말며, 비껴서지 말며, 남의 눈을 속이지 말라.
5. 천지조화가 다 이 내칙과 내수도문 두 편에 들었으니, 부디 범연히 보지 말고 이대로만 밟아 봉행하옵소서.

천도교에서는 아이를 잉태했을 때 육식을 하면 기운이 탁하게 되므로 가급적 육식을 금하고 몸가짐을 단정하게 할 것을 권고하고 있다. 또 특별기도나 수련 때에도 어육주초를 금하고 있다. 일상적인 것 안에 거룩함이 들어 있다. 내수도문에서 보면 천도교인들은 매일 세 번의 제사를 지낸다. 따라서 일 년 열두 달 내내 매일 세 번씩 제사를 지낸다. 매일의 식사가 거룩한 제사이다.

제사가 바로 식사가 되고, 식사가 바로 제사가 되는 것은 '밥'을 통해서이다. 밥은 우주 생명의 창조적 활동을 뜻하는 것이며, 동시에 그 생명의 결실을 생명활동의 주체인 생명 자신이 먹는다는 것을 뜻한다. '식사'는 똑같은 의미에서 대지와 인간 속에서 활동하는 생명의 적극적인 창조 활동인 노동을 통해서 창조한 생명을 수렴해서 먹고 다시 생명력을 확장하는 능동적이고 역동적인 생명의 순환을 의미한다. 따라서 식사는 바로 제사요, 제사는 바로 식사이다.[20]

해월은 1897년 4월 5일 '향아설위'(向我設位)를 아래와 같이 발표한다. 여기에서 식사가 제사가 되는 의미를 알 수 있다.

> 나의 부모는 첫 조상으로부터 몇 만대에 이르도록 혈기를 계승하여 나에게 이른 것이요, 또 부모의 심령은 한울님으로부터 몇 만대를 이어 나에게 이른 것이니 부모가 죽은 뒤에도 혈기는 나에게 남아있는 것이요, 심령과 정신도 나에게 남아있는 것이니라. 그러므로 제사를 받들고 위를 베푸는 것은 그 자손을 위하는 것이 본위이니, 평상시에 식사를 하듯이 위를 베푼 뒤에 지극한 정성을 다하여 심고하고 부모가 살아계실 때의 교훈과 남기신 사업의 뜻을 생각하면서 맹세하는 것이 옳으니라.[21]

---

20 김지하, 『동학 이야기』 (솔 출판사, 1994), 250-251.
21 我之父母 自始祖以至於幾萬代 繼承血氣而至我也 又父母之心靈 自天主幾萬代繼承而至我也 父母之死後血氣 存遺於我也 心靈與精神 存遺於我也 故奉祀設位爲其子孫而本位也 平時食事樣 設位以後 致極誠心告 父母生存時教訓 遺業之情 思而誓之可也),『해월신사법설(海月神師法說)』,「向我設位」(향아설위).

'향아설위'(向我設位)는 오랜 동안 벽을 향해서 제사상을 차리는 '향벽설위'(向壁設位)를 뒤바꾼 사건이다. 김지하는 향아설위를 동서 고금의 제사양식을 뒤집어버린 '혁명적인 사건'이고 '개벽적인 사건' 으로 간주하며 그 의미를 다음과 같이 밝히고 있다.

향벽설위는, 한울님은 '미래에 있다', '앞에 있다', '위에 있다' 즉 '하늘에 있다'-이렇게 끊임없이 이야기해왔던 인류의 수만 년 문명사 전체의 지배적인 문화양식이었다. '미래에 있고 앞에 있고 위에 있는 한울님', '벽 쪽에서 활동하는 한울님', '시선 방향의 저편에 있는 한울님', '피안에 있는 한울님', '천당', '극락정토', '부처님', '자유의 왕국', '목적의 왕국', '풍요한 사회' - 그것을 향해서 지금 여기에서의 모든 사람들의 정신적 내지 육체적, 단독적 내지 사회적 집단적인 모든 창조활동 생명활동 노동활동의 총체와 그 결과로서의 생산적 가치총체를 '벽쪽으로 갖다놓아라'하는 말이다. 그러나 진정한 한울님은 지금 여기 살아 있는 한울님인 사람 속에서 일하고 밥 먹고 자고 또다시 일어나 일하고 창조하는 바로 그런 분이다. 따라서 한울님은 벽 쪽에 있는 것이 아니라 벽을 향해서 절을 하고 있는 상제, 즉 나 사람 노동주체 생명주체인 이쪽에, 내 속에 살아 계신 것이다.[22]

이처럼 향아설위에서는 나를 통해서 한울님, 부모님, 스승님이 모두 먹고 마시고 활동하며 뜻을 이루어 가는 것이며, 식사가 제사이며 제사가 곧 식사이니 정성을 다해 행하라는 것이다.

---

22 김지하, 『밥』, 54-55.

2. 식고(食告)와 청수봉전(淸水奉奠)

1) 식고(食告)

천도교에서는 음식 역시 한울이다. 따라서 음식을 먹는 행위는 지극한 한울모심이 된다. 따라서 식고는 이천식천(以天食天), 이천화천(以天化天)과도 연결된다.[23]

한편 천도교는 감응의 종교이다. 향아설위에서 살펴보았듯이 감응의 주체는 나고 대상은 한울님이고 조상님이고 스승님이다. 주체와 대상을 편의상 나눴을 뿐 천도교에서는 이를 일체된 하나로 본다. 심고는 분리된 나, 분리된 조상님, 스승님, 한울님이 하나 되는 과정이기도 하다. 감응을 통해서 하나 되는 것이다. 그래서 심고는 "감응하소서"로 마무리된다. 심고는 한울(신)과의 소통이다. 심고는 한울된 자가 한울이 되어가는 과정이기도 하다. 한울이 한울을 먹고(이천식천 以天植天), 한울이 한울이 되고(이천화천 以天化天), 한울이 한울을 모시는(以天奉天) 것은 심고를 통해 감응되어 가는 과정을 뜻한다.

해월은 천지의 젖인 오곡을 먹고 영력을 발휘하는 사람이 천지만물과 서로 화합하고 감응하는 것은 심고를 통해 가능함을 밝히고 있다.

한울은 만물을 지으시고 만물 안에 계시나니, 그러므로 만물의 정기는 한울이니라. 만물 중 가장 신령한 것은 사람이니 그러므로 사람은 만물의 주인이니라. 사람은 태어나는 것으로만 사람이 되지 못하고 오곡백과의 영양을 받아서 사는 것이니라. 오곡은 천지의 젖이니 사

---

23 전희식, "천도교와 음식문화," 13.

람이 이 천지의 젖을 먹고 영력을 발휘케 하는 것이라. 그러므로 한울은 사람에 의지하고 사람은 먹는데 의지하니, 이 한울로써 한울을 먹는 원리에 따라 사는 우리 사람은 심고로써 천지만물의 서로 화합하고 통함을 얻는 것이 어찌 옳지 아니하랴. 24

식고(食告)는 음식 앞에서 하는 심고이다. 생활 속에서 신적 합일을 중요시하는 동학은 가장 적나라하고 구체적인 합일의 생명행위가 먹는 것에 있기 때문에 심고의 세분화된 행위로 식고를 한다.25 해월은 천지부모(天地父母) 편에서 식고에 대해 다음과 같이 설명하고 있다.

사람은 오행의 빼어난 기운이요 곡식은 오행의 으뜸가는 기운이니, 젖이란 것은 사람의 몸에서 나는 곡식이요, 곡식이란 것은 천지의 젖이니라. 부모의 포태가 곧 천지의 포태니, 사람이 어렸을 때에 그 어머니 젖을 먹고, 자라서 오곡을 먹는 것은 천지의 녹을 먹는 것이니 식고는 도로 먹임의 이치요, 은덕을 갚는 도리이니, 음식을 대하면 반드시 천지에 고하여 그 은덕을 잊지 않는 것이 근본이 되는 것이니라.26

---

24 "天은 萬物을 造하시고 萬物의 內에 居하시나니, 故로 萬物의 精은 天이니라. 萬物 中 最靈한 者 人이니, 故로 人은 萬物의 主니라. 人은 生함으로만 人이 되지 못하고 五穀百果의 滋養을 受하여 活하는 것이라. 五穀은 天地의 腴니 人이 此天地의 腴를 食 하고 靈力을 發揮케 하는 것이라. 故로 天은 人에 依하고 人은 食에 依하니, 此 以天食天의 下에 立한 吾人은 心告로써 天地萬物의 融和相通을 得함이 어찌 可치 아니하랴". 『해월신사법설(海月神師法說)』, 「其他」.
25 전희식, 14.
26 "人是五行之秀氣也 穀是五行之元氣也 乳也者 人身之穀也 穀也者天地之乳也 父母之胞胎 卽天地之胞胎 人之幼孩時 喫其母乳 卽天地之乳也 長而食五穀 亦是天地之乳也 幼而哺者非母之乳而何也 長而食者非天地之穀而何也 乳與穀者是天地之祿也 人知天地之祿則 必知食告之理也 知母之乳而長之則 必生孝養之心也 食

대부분의 천도교에서는 해월 선생의「내수도문」에 따라 삼시 세 끼를 부모님 제사와 같이 받들면서 식사 때마다 새 밥을 정성껏 지어 서 올린다. 밥은 내 안에 모신 한울님과 조상님을 봉양하는 것이기도 하다. 그러므로 정성을 다해 감사와 함께 감응의 식고(食告)를 드린 다. 식사는 곡식을 주신 천지 부모님께 다시 봉양하는 것이다. 한울 님의 은덕에 보답하는 마음으로 식고하고 식고 후에 감사하는 마음 으로 먹는다. 따라서 식사 전에 '감응하소서'라는 감응식고를, 식사 후에 감사식고를 한다. 내수도문에서 밝히고 있듯이 밥과 반찬은 먹 을 만큼만 덜고 남기지 않는다. 부득이 남은 음식은 따로 두었다가 먹되, 한번 먹었던 음식에는 식고를 하지 않는다. 한울님과 조상님을 청하는 것이 아니기 때문이다.

2) 청수봉전(清水奉奠)

해월은 포덕 16년(1875년) 8월 15일 설법에서 다음과 같이 말한다.

내가 과거 다년간에 각종 음식물로써 기도의식의 준비를 행하였으나, 이는 아직 시대의 관계로부터 나온 소이(所以)니 日後는 一切 의식에 但히 清水 一器만 用하는 日이 有하리라.27

해월은 "일체의 의식에 번거로운 예절을 사용하지 말라"는 강화

告反哺之理也 報恩之道也 對食必告于天地 不忘其恩爲本也".『해월신사법설(海月神師法說)』,「천지부모편」.
27 윤석산 역주,『초기 동학의 역사 道源記書』(도서출판 신서원, 2000), 230.

(降話)의 가르침을 얻고 설법하기를 "앞으로 일체의 의식에 청수 한 그릇만 사용하는 날이 있으리라"라고 하였다. 그 당시 쫓겨 다니는 어려움 속에서 제물을 마련하기도 힘들었을 것이고 어려운 서민들 형편을 헤아리면서 그런 결단을 했을 거라는 추측을 해본다.

그러나 『초기 동학의 역사 도원기서』를 보면 바로 제사 음식이 청수 일기로 행해진 것 같지는 않다. 포덕 16년 이후에도 해월선생과 동행하는 사람들이 제의에 쓰일 제물을 어렵게 정성껏 준비하는 것을 볼 수 있다.

포덕 47년(1906년)에 와서 중앙총부가 시일(侍日)에 청수봉전을 규칙으로 하는 종령을 발표 했고, 포덕 51년(1910년)에는 전교식, 참회식, 시일식, 기념식, 기도식, 기타예식에 청수봉전을 하도록 '천도교의절'을 제정했다. 천도교에서 청수봉전은 물이 생명의 근원이라는 의미가 있다. 또한 수운이 1864년 3월 10일 대구장대(大邱將臺)에서 처형 직전에 '청수일기'(淸水一器)를 앞에 놓고 묵도를 한 뒤에 순도를 한 것을 기념하는 의미도 있다. 해월은 법설 '향아설위' 편에서 청수봉전의 의미를 다음과 같이 설명한다.

만 가지를 차리어 벌려 놓는 것이 정성이 되는 것이 아니요, 다만 청수 한 그릇이라도 지극한 정성을 다하는 것이 옳으니라. 제물을 차릴 때에 값이 비싸고 싼 것을 말하지 말고, 물품이 많고 적은 것을 말하지 말라. 제사지낼 시기에 이르러 흉한 빛을 보지 말고, 음란한 소리를 듣지 말고, 나쁜 말을 하지 말고, 서로 다투고 물건 빼앗기를 하지 말라. 만일 그렇게 하면 제사를 지내지 않는 것이 옳으니라. 굴건과 제복이 필요치 않고 평상시에 입던 옷을 입더라도 지극한 정성이 옳으

니라.28

III. 밥의 의미와 천도교 여성회와 한 살림의 실천적 음식문화운동

해월은 밥은 한울이라고 했다. 천지의 젖인 밥은 나누는 것이고 함께 먹는 것이고 그냥 먹는 것이 아니라 감사하는 마음으로 모시는 것이라고 했다. "만사지 식일완(萬事知 食一碗), 즉 밥 한 그릇의 이치를 알면 세상만사를 다 아는 것"이라고 했다.

밥은 하늘과 땅과 사람이 서로 함께 협동해서 만드는 것이다. 풀·벌레·흙·공기·바람·눈·서리·천둥·햇빛과 볍씨와 사람의 정신 및 육체적인 모든 일이 다 같이 협동해서 만들어내는 것이 쌀이요 밥이다. 밥은 육체의 밥이요, 물질의 밥이며, 동시에 정신의 밥이요, 영의 밥이다. 그래서 밥을 우리는 '생명'이라고 부른다.29 밥은 공동체적으로 생산하고 수렴해서 나누는 것을 특징으로 한다. 밥은 밥상에서 나누어 먹게 되어 있다. 그래서 '밥상 공동체'라고 말한다. 밥이란 본래 공동체적으로 함께 놀고 다시금 공동체적으로 밥을 만든다. 밥이란 생산 활동과 또한 그 결과를 수렴하는 활동전체에서 거대한 힘의 원천이다. 자기가 일해서 얻은 것을 남에게 흔쾌히 내어주는

---

28 萬般陣需 非爲精誠 但淸水一器 極誠致誠可也 祭需之時莫論價格之高廉 莫論物品之多寡 臨致祭之期 勿見凶色 勿聽淫聲 勿發惡言 勿爲爭論爭奪 若然之則不致祭而亦可也 不要屈巾祭服 以常平服而至誠可也.『해월신사법설(海月神師法說)』,「向我設位 (향아설위)」.
29 김지하,『밥』, 77-78.

것, 내어주기 위해서 피땀 흘려서 일을 하는 것, 근원적인 의미에서 서로 나누기 위해서 일하고 또 일해서 나누는 것, 이것이 한울님의 '일'이다.30

노동에 의해서 생산된 밥은 생명활동의 결과이다. 이러한 생명운동의 결과인 밥이, 생명인 음식물이 쓰레기로 버려진다. 버려진 음식물이 연간 15조 원이고 처리비용이 수 천 억 원이 낭비되고 있다. 이러한 상황에서 천도교 여성회와 한살림의 실천운동을 살펴보도록 하겠다.

1. 천도교 여성회의 활동

2000년 '천도교 여성회'에서는 여성회본부 조직부에 '한울타리'라는 이름으로 환경단체를 만들어 비닐봉투 사용 안 하는 운동을 전개했다. 2001년부터는 '환경보호실천 한울타리'를 결성하여 폐형광등 분리수거, 음식물 쓰레기 줄이기, 친환경 가정 식단 개발에 참여하고, 농산물 직거래 사업도 진행했다.

2002년 3월에는 여성회 창립 78주년을 맞이하여 '건강한 먹거리로 우리와 한울님을 서로 살리자'는 선언을 하고 해월의 이천식천을 성찰하며 궁극적으로 경천(敬天), 경인(敬人), 경물(敬物)의 새문화가 주류문화가 되는 세상을 구축해 나가기로 다짐을 하고 건강한 음식 소비운동을 전개했다.31 2003년에는 생활환경 여성단체연합이

---

30 위의 책, 79.
31 환경단체 환경정책실천협의회, 『환경, 더불어 살기II 2010 천지부모(天地父母)』(2010), 21-22.

주최한 '매월 첫째 수요일 음식물 쓰레기 없는 날' 캠페인에 적극적으로 참여하여 천도교 내에서 운동을 전개했다.32

'천도교 수련과 영성에 바탕을 둔 생명평화 실천'을 목적으로 시천주의 가르침을 생활 속에서 실천하기 위해 결성된 한울연대가 음식과 관련해서 전개한 운동이 2011년부터 시작된 '시천주 빈 그릇 운동'이다. 이 운동은 "물 한 방울, 밥 한 숟갈도 천지부모 젖인 양 고맙게 받아 공손하게 씹어 감사히 삼키겠습니다. 내 안의 한울님 모시는 마음으로 다음과 같이 '시천주 빈 그릇'운동에 참여합니다"라는 다짐을 하고 아래의 7가지 규칙을 지킨다.

1) 먹을 만큼만 담고 음식을 남기지 않는다.
2) 음식 앞에서 식고를 하고 꼭꼭 오래 씹어 먹는다.
3) 음식점에서는 안 먹을 반찬은 반납하고 밥이 많으면 미리 덜어낸다.
4) 남은 반찬이 있는 이상 빈 반찬그릇을 추가 시키지 않는다.
5) 육식보다는 채식을, 천천히 먹고 소식을 한다.
6) 튀기거나 굽기보다 자연식과 전체식을 즐긴다.
7) 냅킨을 함부로 쓰지 않고 주머니 손수건을 꺼내 쓴다.33

한울연대에서는 보다 근본적으로 소박한 밥상이야말로 나를 공경하고 생명을 공경하고 한울을 공경하는 첫걸음이라는 차원에서 접근하고 있다.34

---

32 위의 책, 24.
33 김용휘, "천도교의 밥과 영성," 49, 50.

2. 한살림 운동

한울연대운동이 천도교 내에서 전개된 것인 반면에 '한살림 운동'은 천도교 밖에서 일어난 운동이다.

천지는 부모와 마찬가지로 곡식을 키워서 우리가 먹을 수 있게 하므로 그 은덕에 감사하고 부모처럼 공경해야 하며, 밥이 나에게 오기까지 수고한 모든 사람들의 노고를 알고 감사해야 하며, 생명의 순환이치를 알고 그에 순응하는 삶을 살아야 한다는 뜻이 담겨있는 '萬事知는 食一碗'이라는 해월선생의 말씀은 무릇 사람의 도리를 말씀하고 있는 것이겠지만, 아이들은 정성껏 차려진 밥을 매일같이 먹으면서 한 그릇의 밥 속에 담겨있는 이치를, 굳이 그것을 말로 가르치지 않아도 저절로 몸이 익히고 마음이 알아가는 것임을, 그 밥 속의 기운이 무너진 몸과 마음의 균형을 잡아줄 수 있다는 믿음을 갖게 되었습니다.35

위의 글은 한살림 운동을 하는 세 아이를 키우는 어머니의 고백이다.

한살림 운동은 밥상 살림으로 세상을 바꾸려는 뜻을 담고 있다. "밥 한 그릇을 통해 몸과 마음을 살리고, 농민과 땅을 살리고, 밥을 생산하는 가운데 협동적 생산 공동체를 되살리고, 밥을 짓고 차리는 가운데 밥상 공동체를 되살리고자 했으며, 밥 한 그릇을 모시는 태도에서부

---

34 위의 글, 51.
35 이은경, "한살림의 음식문화," 「종교와 음식문화」 67차 종교포럼 (한국종교연합, 2013), 25.

터 이웃과 자연, 온 생명에 대한 '모심'으로 나아가고자 하는 뜻을 담고 있다. 즉 밥 한 그릇을 바꾸어 몸과 마음을 바꾸고 생활을 바꾸어 생산양식과 노동양식의 변화, 나아가 세상을 바꾸고자 한 '밥 운동'이다."[36]

또한 2008년에 정리한 「한살림 생활문화운동」 가운데 식사와 관련된 아래 내용에는 '밥'을 대하는 태도가 어떠해야 하는지가 구체적인 표현으로 나타나 있다.

밥을 먹을 때

밥을 먹기 전에 잠시 동안 모시는 마음으로 묵상합니다.
한 그릇 밥에 담긴 천지만물의 크신 은혜를 생각합니다.
이 밥이 나에게 오기까지 애쓴 수많은 이의 정성에 깊이 감사드립니다.
밥을 정성껏 받아 모시면서 꼭꼭 씹어 먹습니다.
밥에 담긴 생명과 배고픈 이를 생각하며 남기지 않고 먹습니다.
생명의 밥을 받아먹음으로써 다른 생명을 살리는 일에 힘쓸 것을 다짐합니다.[37]

건강한 밥상을 차리기 위해서는 우리가 발 딛고 사는 땅과 물, 우리를 둘러싼 환경을 건강하게 하는 것이 선행되어야 한다는 문제의식은 한살림운동의 밑바탕에 늘 존재해 왔다.[38]
한편 밥상의 안전은 농촌과 지역사회, 자연생태계 전체가 건강할

---

[36] 위의 글, 25.
[37] 위의 글, 26.
[38] 위의 글, 32.

때 가능한 일이기도 하다. 한살림은 소비자 조합원의 밥상의 안전을 책임지는 노력은 물론 사회 전체의 먹을거리 안전을 위해 함께 고민하고 해결하기 위한 활동들을 해왔다. 그 예로 1990년 후반에 한살림은 '유전자조작식품반대 생명운동연대' 결성해 의식하지 못하는 사이 우리 집 밥상을 순식간에 점령해버릴 수도 있는 유전자조작식품의 위험성을 알리는 교육 자료와 홍보물을 제작하여 매장에서 조합원 및 그 이웃들과 공유해왔다.[39] 2008년에는 미국산 광우병 소 수입 반대활동, 후쿠시마 사고 이후에는 밥상을 근본적으로 위협하는 방사능에 의한 먹을거리 오염문제에도 관심을 가지고 대응하고 있다.[40]

지금까지 천도교 여성회와 한살림 활동을 통해 미약하지만 수운 선생과 해월 선생의 가르침이 삶의 현장에서 어떻게 살아서 가시화되고 있는지 살펴보았다.

IV. 나오는 말

이 글에서 필자는 자본주의 포식문화에 대한 대안으로 절제된 동학 및 천도교의 음식문화와 그것의 바탕을 이루는 사상들을 살펴보았다.

요즈음 TV나 인터넷방송에서는 '먹방', '쿡방' 등 음식에 관한 프로그램이 범람한다. 이러한 현상은 다양하게 분석되고 있다.[41] 주로

---

[39] 위의 글, 32-33.
[40] 위의 글, 33.

젊은 세대의 결핍된 욕망분출이 먹방 유행의 주요인으로, 삼포(연애, 결혼, 출산을 포기)세대가 스스로를 위로할 마지막 탈출구로 요리를 즐긴다고 한다. 또 다른 요인은 독신가구의 증가로 식탁공동체가 깨어지면서 혼자 먹을 때 덜 외롭기 위해서 '먹방'을 찾는다는 것이다. 요즈음은 삼포세대뿐만이 아니라 가족들이 뿔뿔이 흩어져 혼자 식사하는 어린이들이 많다고 한다. 심한 경우에는 아침에 일어나면 부모는 출근하고 없고, 차려진 밥상에서 혼자 먹고, 학교에 갔다 돌아와서는 짜인 스케줄대로 학원에 가고, 가족이 모두 모여 저녁식사를 하는 경우조차 드물다고 한다. OECD 국가 중에서 한국이 자살률 1위다. 여러 가지 원인이 있겠지만 밥상공동체가 깨어진 이유가 크다고 생각한다. 사람이 밥을 먹기 위해서는 입이 필요지만, 입은 밥을 먹는 데에만 필요한 것이 아니다. 말을 하기 위해서도 입이 필요하다. 먹기 위해 둘러앉은 식탁은 서로 다른 이해관계를 갖고 충돌하는 타인들의 식탁이 아니라, 평등하게 나누어 먹고 평등하게 말하는 가족이나 형제들의 식탁이다. 그런 식탁이 바로 밥상공동체이다. 우리는 식사를 하는 가운데 서로를 안다. 서로 사랑을 나누고 소통할 수

---

41 그 가운데 눈길을 끄는 분석을 보면, "음식 미디어는 고용 불안과 임금 불평등 및 소득격차 등 더 거시적인 경제 상황 속에서 발생하는 것으로, 정서적, 현실적 결핍이 "먹방의 대리충족으로 이어진다는" 지적이다. 나은경, "먹는 방송과 "요리하는 방송" 음식 미디어에 대한 커뮤니케이션학적 탐색: 텔레비전 먹방/쿡방 유행의 사회문화적 배경과 뉴미디어 이용 요인", 「사회과학연구」 28/1(2015), 208. 거기에 김혜진은 먹방은 단순히 한때 유행하는 인터넷 문화 현상으로, 자본주의의 상술로 가볍게 버려서는 안 된다고 지적한다. 왜냐하면 "인터넷 먹방이 열어놓은 장(場) 내에서 읽을 수 있는 시청자들의 선호와 심리가 지배질서에 대한 시청자들의 무의식 수준에서 일어나는 반발, 저항 또는 결탁, 공모의 등의 복합적인 사회적 모순 양상을 분명하게 드러내고 있기 때문이라는 것이다." 김혜진, "문화학: 하위문화로서의 푸드 포르노 (Food Porno) 연구: 아프리카TV의 인터넷 먹방을 중심으로," 「인문학연구」 50, 451-452.

있는 말하는 입이 없고 먹는 입만 있는 혼자만의 식탁에서는 아이도 어른도 병들어 간다.

따뜻한 음식문화 가치가 사라져가고 상품화된 음식문화가 범람하는 오늘날, 동학 및 천도교의 음식문화에 담긴 사상 그리고 천도교 여성회 운동과 한살림의 실천운동은 우리에게 많은 반성과 성찰을 하게 한다. 동학 및 천도교의 음식문화는 환경과 대립하기보다 조화하여 환경을 보존하면서 후손에게 물려준다는 미래의식에 연관되어 있다. 환경을 파괴하면서 포만을 추구하는 것이 아니라, 전체의 생명을 긍정하는 관점에서 자연을 보존하고, 문화의 역사적 연속성을 추구한다는 것이다. 후천 개벽이라는 것은 바로 과학기술 문명을 수용하면서도, 생태계에 대한 이러한 역사적 관점을 기본적 인생관으로 유지하는 것이라고 생각한다.

자기 안에는 신령하고 무궁한 우주생명이 살아 있다는 것을 인식하고, 그 우주생명을 공경하여, 거기에 자신을 일치하는 것이 바로 자기실현이다. 자기 안에 우주 생명이 살아 있다면 이웃 안에도 살아 있음을 인정할 수 있고, 이웃을 공경함으로써 새로운 공동체를 창조할 수도 있다. 나아가 동식물과 무기물 안에도, 기계에까지도 우주생명이 살아 있음을 인정하고 공경함으로써 생태계의 균형을 새롭게 회복할 수 있다.[42]

이규성에 따르면, 세계와 함께하는 정신이 동학을 단순한 주관적 해탈주의에 빠지지 않게 함으로써 영성주의적 부패를 방지하게 할 수 있었다고 본다. "타인의 존재 의미를 평등하게 공경하는 동학의

---

[42] 김지하, 『틈』, 23-24.

원리는 사물 내부의 보이지 않는 심층적 실재를 향해 우리의 의식이 자신의 표층을 깨고 나와 확장해 가는 활동"이라는 것이다. 서로 다른 개체들의 평등한 연대를 인정하고 타자에게 공감하고 그 존재를 긍정하는 것은 추상적인 법칙에 따르는 데서 이루어지는 일이 아니라, 타자의 심층과 교류하는 사랑의 능력에서 비롯되는 일이다.[43]

이성적 의지에 의해 구성되는 냉정한 주체성은 잔인한 공격성과 연계하여 발전되어 왔다고 할 것이다. 그러나 논문에서 말한 감응의 주체성은 그와 달리 신체성이 긍정되지만 이기적 쾌락주의로 전락하는 것이 아니며, 이성이 과학을 수용한다하더라도 이를 생태적 관점에 조화시키는 통찰의 주체성이기도 하다. 자연과의 화해는 생명과 감응하는 감성과 전체를 통찰하는 이성과 우주로 나타난 신을 섬기는 종교성을 겸비한다. 이 종교성에 생명본능이라 할 수 있는 감응적 감정이 결부되어 있고, 미래 후손의 생태적 삶의 공간을 인정하는 역사의식이 결합되어 있다. 과학적 세계관을 선호하는 마르크스 조차도 자연과 인간의 모순을 무조건 확대하는 것이 아니라 그 모순의 통일을 통해 인간의 자연적 본성과 우주 자연에 대한 긍정적 이해를 말하고 있다. 감응의 주체성은 대립적 관계가 아니라 화해의 관계를 확장해 나아가는 확충(擴充)의 주체성이기도 하다.

동학 및 천도교의 음식문화는 일종의 유기체적 세계상을 전제하고, 개인과 개인의 화해적 관계를 진정한 사회성으로, 먹고 먹히는 권력관계를 극복하는 도덕으로 삼는 것이다. 음식을 통한 공동체적 관계는 그 밖의 사회적 관계를 화평의 관계로 전환하는 출발점이자

---

[43] 이규성, 96-97.

종착점이 될 것이다. 끝으로 "무궁한 이 울 속에 무궁한 내 아닌가?" 하는 수운의 말의 의미에서, 타인의 얼굴과 몸짓을 통해 생명의 자기 긍정으로 나타나는 신의 생성 과정을 통찰할 수 있을 것이다.

협동조합을 통한 공동체 회복 활동 성과와 전망
― 기독청년의료회의 의료협동조합 25년 경험과 성찰을 중심으로

임종한[*]

I. 산업화 이후 급속한 고령화 진행되며 건강에 대한 요구 증가

사회 모든 이들이 인간의 존엄을 지킬 수 있고, 서로를 존중해 공동체로 삶을 공유하고, 그 사회의 물질적인 풍요가 사회 전반에 흐를 수 있을 때, 그 사회는 사람 살만한 사회라고 할 수 있다. 특별히 인간의 기본적인 권리인 건강권은 사회적으로 보장되어야 권리에 속하나, 그렇지 못한 경우가 많다.

우리나라 국민들의 건강은 소득수준의 증가, 생활환경의 개선, 보

---
[*] 한국의료복지사회적협동조합연합회 회장, 인하대학교 의대교수

건의료자원의 확충에 힘입어 짧은 기간 동안 평균 수명, 영아사망률 등의 지수 등을 볼 때 크게 향상되었다. 그러나 아직도 우리나라 국민들의 건강수준과 삶의 질 수준은 선진국에 비해 미흡한 상태이며 국민들의 요구 충족에 부족하다.

만성질환이 증가하고 있음에도 현행 보건의료체계에서는 치료위주의 공급구조를 가지고 있어, 새로운 보건의료수요에 적절한 대응이 이루어지고 있지 못하다. 의사인력이 증가하고 있으나 단과 전문의가 양산되고, 도시지역에 자원이 집중되는 불균형 현상이 지속되고 있다. 특히, 의사의 경우 주치의역할을 할 수 있는 인력이 20%에 불과해 의료체계의 계속성을 위한 인력 운용상의 문제점이 나타나고 있다.

또한 3차 의료기관등 대형병원으로의 환자 집중현상이 여전하고 의료기관 간 기능 및 역할이 미분화되어 국민들의 의료기간 이용상 불편 가중 및 불필요한 의료비의 상승 현상이 지속되고 있고, OECD 국가 중 의료비 상승률이 8.7%로 지난 10년간 1위를 차지해오고 있다. 지난 수십 년간 한국에서 의료에 대한 공적 부담이 증가되어 왔으나, OECD 72.5%에 여전히 못 미치고 있다. 비교적 높은 개인 부담은 실질적인 본인부담으로 이어지고 있다.

우리나라는 지난 2000년 7월 65세 이상 노인 인구가 전체 인구의 7%를 넘어 '고령화'에 진입했다. 또한 2017년 노인인구가 14%를 넘어 '고령사회' 진입했다. 일본은 고령화사회에서 고령사회로의 진입이 24년 소요된 한편, 우리나라는 고령화사회에서 고령사회로의 진전이 단지 17년 만에 이루어지는 전 세계에서도 유래를 찾아보기 힘든 빠른 고령화가 진행되고 있다. 평균 수명은 탄생시를 기준으로 하여 평균적으로 생존하는 수명 즉, 0세 기준 평균 여명이다. 평균 여명은 그 인구 집단의 건강이나 복지를 포함한 삶의 질의 수준을 나타내는 종합적인 지표로 널리 활용되고 있다. 예를 들어 국제기관인 UNDP(유엔개발계획)에서는 매년 「인간개발보고서」를 발간하면서, 인간 개발의 수준을 국제 비교하여 그 순위를 발표하고 있는데, 그 순위를 매김에 있어서 크게 고려되는 것이 평균 수명이다.

1960년에서 2000년까지의 40년간 OECD 회원국들의 평균수명이 어느 정도 늘었는지를 비교해보면, 대부분의 시빙 신진국들의 경우, 10년 이상 늘지 않았으나, 한국은 동기간 중의 평균 수명의 상승폭이 가장 높은 국가이며 23.1년이나 높아졌다. 우리 사회는 고령인구의 급증, 출산율의 감소 등으로 급격한 인구구조의 변화를 겪고 있다. 특별히 고령인구의 증가는 다가올 사회에 보건의료비용의 급증을 가져와 우리 사회에 큰 부담을 작용할 것임에 틀림이 없다. 사회적으로 이를 감당할 수 있는 체계와 자원을 충분히 준비해 두지 않으면, 사회전체에 생산력의 저하와 삶의 질 저하라는 큰 질곡으로 작용할 가능성도 안고 있다.

국민의료비 지출의 증가는 한국에서 매우 두드러진 현상이다. 의료비 증가 중에서도 노인의료비의 증가는 전체 의료비 증가를 가져다주는 큰 원인이기도 하다. 현재 65세 이상 노인의 1인당 의료비는 지난해 426만 원에 달한다. 노인 의료비는 1990년에는 10.8%에 불과하였으나 2000년 17.4%, 2002년에는 19.3%, 지난해 2017년에는 40.9%로 상승하였다. 그리고 그동안 노인의료비는 꾸준히 증가해 2017년에는 27조 1,357억 원에 이르렀다. 특히 치매나 신체장애로 인하여 치료 및 간호를 필요로 하는 노인 수가 2003년 83만 명에서 2020년에는 159만 명으로 증가할 것으로 보이며, 동 기간 중에 노인의료비는 4배로 되어 8조 3,000억 원에 이를 것으로 보인다.

국내에서는 급속히 진행되는 고령화로 취약한 고령층이 급증하고 있으며, 사회양극화의 진행과 더불어 지역 및 계층 간의 건강 불평등 역시 증가하고 있다. 소득 수준의 향상과 생활조건의 개선으로 앞으로도 건강수준이 향상될 것은 명확하다. 그러나 사회경제적 양극화, 특히 소득과 교육, 고용의 불평등이 심화되는 것과 계층 간의 의료 이용과 건강수준의 차이가 심화될 것으로 보인다.[1]

현재 의료체계의 근간인 일차의료는 취약해진 상태이고, 질병 예방 및 관리 능력의 상실, 비효율적인 구조로 사회적인 부담은 증가되고 있다. 이에 반하여 현 정부는 사회적인 요구와는 상반되게 의료민영화에 대한 정책 기조를 유지하고 있어, 이에 대한 우려도 높다.

사회 환경의 급변하는 환경 속에서, 시민들의 건강과 의료복지에 대한 요구는 높아지고 있지만, 일차의료기관의 의료의 질은 낮고 왜곡되어있다. 의료기관의 경영여건은 악화되면서도 소비자들의 의료비 부담은 늘어가고 있다. 한국의 보건 의료가 위기에 봉착해 있다는 것은 여러 형태로 감지되고 있는데, 이러한 고비용 저효율의 의료 구조,[2] 의료의 왜곡의 심각한 문제가 문제로서 아직 인식되지 못하고 있다. 이러한 현실 속에서 지역주민들의 신뢰를 기반으로 지역주민들과 의료인들이 함께 세운 의료기관이 바로 의료생활협동조합(의료협동조합)이다. 지역주민들의 건강을 지키는데 지역주민들과 의료인이 머리를 맞대고, 지역에서 지역주민들의 건강을 지키는데 필요한

---

1 신영전·김창엽, 『보건의료 개혁의 모색』 (한울아카데미, 2006), 19-34.
2 김창엽, 「고비용, 저효율의 의료보장제도」, 참여연대 정책강좌자료집.

진료사업의 내용을 정해서 진료가 이루어진다는 점에서 지역주민들을 위한 서비스 개발, 의료기관의 투명한 운영과 의료 질 관리의 획기적인 발전모델이라고 할 수 있다.

II. 향후 의료개혁의 방향

아직도 많은 사람들(특히 개업 전문의들)은 우리나라 현실에서 이루어지고 있는 의원급 의료기관의 치료 중심 진료활동(일차진료)을 일차의료와 혼동하고 있다. 증상이나 상병을 가지고 동네의원을 찾아오는 환자를 단지 치료하는 일차진료는 일차의료와 개념적으로 다른 것이다. 지금 우리나라 의료제도가 필요로 하는 것은 현재와 같이 파편적으로 치료서비스를 제공하는 일차진료가 아니라 제대로 된 포괄적인 일차의료체계이다. 일차의료는 단순한 일차진료(primary medical care)만을 의미하는 것이 아니고, 개인, 가족 및 지역사회를 위하여 건강증진, 예방, 치료 및 재활 등의 서비스가 통합된 기능으로서, 제도적으로 주민이 보건의료 체계에 처음 접하는 관문(first contact care)이며, 기술적으로는 예방과 치료가 통합된 포괄적 보건의료(comprehensive health care)를 의미한다.[3] 일차의료 강화를 통해서 점차 심각해지는 건강불평등, 건강의 양극화 문제, 건강증진과 예방적인 개입을 통한 의료체계의 효율성 제고가 비로소 가능해진다. 그래서 일차의료는 그 나라의 의료서비스의 질, 비용, 접근

---

3 Hannu Vuori, "The role of the schools of public health in the development of primary health care," *Health Policy* 4/3 (1985), 221-230.

도를 좌우한다. 선진국에서 각 나라의 특성이 체계 형태, 재정조달, 일차의료제공형태, 세부전공전문의 비율, 전문가 수입, 비용 분담 등 9개의 보건의료 특성과 의료관행의 특성: 첫 방문, 연속성, 포괄성, 조정능력, 가족·중심, 지역사회 중심 등 6개의 의료관행에 따라 0점에서 2점의 점수가 매겨졌다. 각 국가는 일차의료의 견실함에 따라 3개의 그룹으로 나뉘어져 점수가 높을수록, 일차의료가 강했다.4 일차의료가 강한 나라일수록 의료비용이 적게 들며, 출생기 저체중 비율, 영아사망률의 저하 등 건강지표가 좋게 나타났다.5

여러 증거가 살펴보면, 미국은 수십 년의 일차의료의 쇠퇴의 결과로 국민의 건강수준이 다른 선진국에 비해 뒤처져 있다. 오마바 정부도 의료개혁을 국가의 중요 개혁과제로 삼았었다.6 쿠바의 보건의료 체계는 개발도상국의 경제여건 속에서도 선진화된 건강 수준을 보여준다는 점에서 주목을 받고 있다.7 우리나라는 다른 나라에 비해 일차의료 점수가 매우 낮으나,8 GDP 대비 보건 의료비용 지출 비용은 7.6%로(2017년 기준), 일본의 8.0%, 영국의 8.1%, 프랑스의 10.5%, 독일의 10.6%, 미국의 15.3%에 해 낮은 편이라고 할 수 있

---

4 B. Starfield, "Primary care visits and health policy," *CMAJ* 159/7(1998 Oct 6), 795-796.
5 Barbara Starfield, Leiyu Shi, "Policy relevant determinants of health: an international perspective," *Health Policy* 60/3 (2002 Jun), 201-218.
6 Lewis G. Sandy, Thomas Bodenheimer, L. Gregory Pawlson, and Barbara Starfield, "The political economy of U.S. primary care," *Health Affairs* 28/4 (2009 Jul-Aug), 1136-1145.
7 Lee T. Dresang, et al., "Family Medicine in Cuba: Community-Oriented Primary Care and Complementary and Alternative Medicine". *Journal of the American Board of Family Medicine* 18 (2005), 297-303.
8 안상훈, "우리나라 일차의료 수준의 평가 및 선진국들과의 비교 분석,"「가정의학회지」22/4 (2001), 483-497.

다. 비용 대비 건강수준을 고려하면, 국내 의료체계가 그나마 효율적인 체계를 구축하고 있다고 할 수 있겠으나, 국가적으로 지나치게 낮은 보건의료비용은 의료서비스 제공에 있어서 국민들의 안전과 의료서비스의 질 저하를 초래하는 원인으로도 작용한다. 민간주도의 현 의료체계는 일부 종합병원으로 인해 상업화, 고급화 방향으로 치닫고 있으며, 일차의료 등에서 의료의 질 저하, 의료의 형평성의 문제가 점차 심각하게 제기되고 있다.9

그러므로 이러한 상황에서 국민들이 받는 의료서비스 수준을 선진국 수준으로 향상시키려면, 국가의 책임을 강화해 공공재정 지출의 확대를 통한 의료서비스의 향상이 불가피하다고 하겠다.

의료개혁에 있어 그 핵심적인 것은 의료체계의 근간인 일차의료의 역할과 기능을 강화하는 것이다. 그러므로 향후의 보건의료 개혁 방향으로는 첫째, 의료기관에서 제공되는 의료서비스가 치료에 국한되지 않고 질병예방, 치료, 재활 등으로 포괄적이어야 한다. 둘째, 병원급 의료기관과 동네의원은 현재와 같이 환자를 더 유치하기 위해 경쟁하는 관계가 아니라, 서로 협력하는 관계가 되도록 해야 한다. 셋째, 의사 인력의 교육과 양성과정이 전면적으로 개혁될 필요가 있다. 넷째, 공급되는 의료서비스의 질적 수준이 보장되어야 한다. 다섯째, 민간 소유의 병원이라고 비영리법인에 대해서는 국가와 사회가 지원할 수 있어야 한다. 여섯째, 민간 병원을 중심으로 벌어지고 있는 무분별한 경쟁을 관리해 공공의료시설이 더욱 확충되어야 한다.

---

9 이상이, "한국보건의료체계의 진단과 과제," 「보건과 사회과학」 제12집(2002).

III. 왜 의료협동조합인가?

의료협동조합이란 지역주민들이 각자의 건강, 의료, 생활과 관련된 문제를 이웃과 함께 해결하기 위해 만든 모임으로 협동조합의 원칙을 따르는 조직이다. 의료기관을 포함한 건강과 관련한 시설을 설립, 운영하며 그 기관에서 일하는 의료전문가와 협력하여 건강과 관련된 문제를 해결하기 위해 노력하는 주민자치조직이다.

의료협동조합의 특성을 살펴보면, 첫째, 건강한 사람이 다수를 차지하는 주민단체 둘째, 예방보건사업과 이것을 보장하는 제도 확충을 중요시 한다. 셋째, 주민의 민주적 참여를 보장하는 의료기관을 가지고 있다. 넷째, 조합원이 주인으로서 일할 수 있는 구조를 만들기 위해 다양한 소모임, 반모임을 구성한다. 다섯째, 환자를 찾아가는 의료기관이다.

성낙진의 연구(2007)에 의하면 생협의원, 개인의원, 대학병원, 보건소등에서 일차의료 기능을 평가해보았을 때, 평생건강관리척도, 지역사회 기반척도, 일차의료접근성척도, 전화상담과 왕진에 의한 접근성척도에서는 생협의원의 점수가 제일 높았으며, 생협의원에서 일차의료기능을 잘 수행하고 있음을 보고하였다.[10]

의료협동조합에서는 의료분야의 시민참여가 의료개혁에의 핵심적인 요소로 보고, 지역단위별로 시민들의 참여를 조직화하고, 투명한 운영구조와 더불어 사회의 요구에 맞게 주치의제도, 지역보건사업 등 일차의료를 강화하기 위한 여러 노력을 기울여 왔다. 이러한

---

10 성낙진, "가정의학전문의가 근무하는 기관 구조가 일차의료 수행에 미치는 영향," 「가정의학회지」 28/11(2007), Suppl. 26.

노력은 향후 의료개혁에의 중요한 동력이 될 것이다. 현재의 보고가 완전하지는 않지만 보건과 사회 부조를 위한 300개 이상의 의료협동조합이 존재한다. 의료협동조합은 세 가지 형태로 나뉘는데, 소비자 생협, 의료제공자의 생협, 주체가 협동한 형태의 의료협동조합이 유럽에는 의료 제공자 생협이, 한국, 일본을 포함한 아시아 지역 국가들에서는 소비자 중심의 의료협동조합이 주류를 형성하고 있다. 세계의 많은 의료협동조합에서는 조합원들은 오직 출자자와 이용자로만 남으려고 한다. 한국과 일본의 의료협동조합이 협동조합의 가치를 명백하게 발전시켜가는 협동체로 부각되고 있다.

우리나라 협동조합의 발달사와 기독교 사회운동은 밀접하게 연관되어있다. 그 효시가 되는 것이 1920년대 일제 식민지 시절 기독교계가 농촌 사회와 농민의 재건을 위한 중심적 운동으로 농촌 협동조합운동을 펼친 것이다.

1928년 이후에는 YMCA를 중심으로 한 기독교 농촌 협동조합 운동이 본격적으로 전개됐다. 1929년 장로교 총회 농촌부에서는 공동구매와 공동판매까지 포함된 중앙신용조합이 설립됐다. 이밖에도 감리교회는 1928년 10월 농촌사업위원회를 구성하고 농촌사업부를 설치해 농촌운동을 전개했고, YWCA도 농촌부를 설립했다. 이러한 협동조합 운동은 1930년대 중반 이후 기독교계가 대내외적으로 어려움에 처하게 되면서 심각한 동요현상이 일어났다. 안으로는 장로교회 내 보수적 인사들이 농촌운동의 참여가 교회의 본분이 아니라는 비판으로 농촌부 폐지를 촉구했다. 밖으로는 농촌 협동조합 운동을 반일운동으로 본 일제의 대대적인 탄압이 시작됐다. 이후 농촌협동운동을 전개하던 대부분의 인사들은 체포, 투옥으로 농촌협동운동은 더 이상의 발전을 이루지 못하게 됐다. 그때 이후 오늘날 기독교계에서 협동조합이라는 이름이 거세된 후, 기독교는 지역사회와 동떨어진 섬처럼 지역공동체로서의 정체성을 잃고, 양적 성장에 매몰된 기형적인 모습을 보이게 된다.

1920-30년대 식민지 조선의 각종 사회단체와 지식인들은 농촌사회와 농민들의 재건과 구제를 주장했고, 이 과정에서 중심적 대안운동으로 농촌 협동조합 운동이 대두했다. 당시 기독교는 농촌사회가 가진 문제를 개인의 문제로 보지 않고, 식민지배가 가진 구조적 문제로 인식했으며 구체적 대안으로 협동조합운동을 제시한 것이다. 이러한 기독교 농촌 협동조합 운동은 식민지 민족현실을 직시하며 복음주의 실천론으로서 '기독교사회주의', '사회복음주의'와 같은 진보적인 사회사상을 적극 수용한 것과도 깊은 관련이 있다. 초대교회 공동체 전통을 모델로 사회주의 자체보다는 기독교 본래의 사회적 약자를 품는 사회적 실천으로 전개되었다.

부산에서 1968년 5월 13일 장기려 박사 등에 의해 청십자의료보험조합이 초량동 복음의원에서 창립되었다. 1980년 들어 상호 부조적 의료협동조합 제도의 필요를 느낀 시민들의 자발적인 참여로 매년 지부 1개씩을 늘려 모두 5개의 지부를 설치했다. 기독의사회의 참여로 청십자의료협동조합은 지속적인 발전을 이루다가, 1989년 7월 1일 정부 주도의 도시지역 의료보험이 시작되자 청십자의료협동조합은 6월 30일 자진해산하였다. 1960년 대 이후 군사정권이 추진한 경제정책에 의해 농촌에서 쫓겨난 농민들, 재개발로 강제철거당한 철거민들에게 아팠을 때 지원을 받을 수 있는 의료보험은 절박한 요구였다. 서울의대 가톨릭학생회 학생들과 몇몇 종교인들에 의해 자원봉사로 이루어지던 주말진료소가 지역주민들의 참여로 1976년 난곡희망의료협동조합이 설립되기도 했다.

1980년대 군사독재에 대항한 기독교, 천주교의 민주화운동은 보건의료분야 학생들에게도 영향을 미쳤다. 한국의료협동조합의 태동에는 기독청년의료인회라는 평신도 사회선교단체가 큰 역할을 수행했다.

서남동 목사가 지은『민중신학의 탐구』(한길사), 안병무 박사가 지은『민중신학 이야기』(한국신학연구소), 김용복 박사가 지은『한국민중과 기독교』(형성사) 등이 그 당시 민중신학의 태동에 이론적 기반이 되고, 기독교사회운동의 활력을 불러일으킨 책들이다. 특히나 김용복 박사는 성서를 '민중의 사회 전기'라고 규정했다.

연세대, 서울대, 가톨릭대, 이대 기독학생회를 거쳐 사회에 진출한 기독교의료인들은 사회적약자의 건강권을 지켜주는 일을 기독교사회운동의 중요과제로 삼았고, 건강권을 박탈당한 소외받은 이들과 협동하여 건강권을 되찾는 사회운동을 의료협동조합을 결성해서 추진해왔다. 이러한 기독의료인들의 사회운동에는 김용복 박사의 민중신학이 크게 영향을 미쳤다. 최초의 의료협동조합인 안성의료협동조합, 최초 도시형의 의료협동조합인 인천평화의료협동조합은 기독청년의료인회가 기획하고, 지역에서 지역주민들과 만나면서 태동된 의료협동조합이다.

한국 의료협동조합의 설립은 1994년 안성의료협동조합을 시작으로 인천평화(1996년), 안산(2000년), 원주(2002년), 서울(2002년), 대전민들레(2002년), 전주(2003년), 함께걸음(2005년), 용인해바라기(2007년), 성남(2008년), 수원새날(2009년), 시흥희망(2009년), 순천(2011년), 살림(2012년), 행복한마을(2012년), 건강한(2013년), 마포(2013년), 느티나무(2014년), 홍성우리마을(2016년), 부천(2017년) 등으로 이어져 한국에서도 의료협동조합활동이 본격화하고 있다.[11] 안성의료협동조합은 안성농민회와 연대기독학생회의 오랜 지역활동의 성과 속에 탄생된 우리나라 최초의 의료협동조합인 반면, 인천평화의료협동조합은 기독청년의료인회에서 평화의원을 먼저 만들어 지역기반을 만든 후, 지역주민들과 함께 의료협동조합을 세웠고, 안산의료협동조합은 안산 시민의 모임, 동의학민방연구회 등에서 의료협동조합을 만든 사례이고, 원주의료협동조합은 원주지역 신협과 생협 등 지역협동조합이 힘을 합해 원주 의료협동조합을 설립했고, 대전의료협동조합은 한밭렛츠라고 하는 지역품앗이 공동체와 대전 인의협(인도주의실천의사협의회)을 통해 태동되었고, 전주, 의료협동조합은 전주보건의료인운동과 지역공동체운동이 기반이 되어, 함께걸음의료협동조합은 장애우연구소 회원들이 지역에서 장애우들을 위한 의료복지 네트워크를 힘을 꾸며 만든 협동조합이다. 용인해바라기의료협동조합은 장애아동 부모모임에서, 성남과 수원새날의료협동조합은 지역 시민단체와 생협 조합원의 힘으로 창립되었다. 만들어진 의료협동조합 하나하나가 조합원들의 땀과 피로서 만들어졌으며, 또한 참여하는 의료인들의 헌신적인 노력이 있었기에 한국에서도 의료협동조합이 뿌리를 내리고 성장할 수 있었다. 현재까지 만들어진 의료협동조합의 설립 주체들을 보면, 지역에서 오랫동안 활동을 해온 농민과 지역주민공동체, 보건의료인운동, 협동조

---

11 한국의료사협 홈페이지, http://hwsocoop.or.kr/ 접속 2018. 9.25.

합운동 등으로 여러 형태의 지역사회운동이 의료협동조합을 통해서 지역 내 의료복지기관의 경영주체로 성장하고 있음을 알 수 있다.

우리 사회에 의료복지의 요구가 높아지면서, 안성, 인천평화, 안산, 원주, 서울, 대전, 전주, 함께걸음, 용인해바라기, 성남, 수원새날, 시흥희망, 순천, 살림, 행복한마을, 건강한, 마포, 느티나무, 홍성우리마을, 부천 등을 통해 축척된 의료협동조합의 경험이 다양한 시민, 지역사회 운동체로 확산되어, 지역사회 내에 새로운 보건의료 및 복지의 네트워크를 구축하고 있는 것으로 파악된다. 소비자생활협동으로 출발한 의료협동조합은 의료협동조합으로 처음 불렸으나, 소위 사무장병원으로 상업적인 이익을 목표로 한 의료협동조합이 2012년 이후 급격히 증가되면서, 기존의 주민참여형 의료협동조합은 의료복지사회적협동조합(의료사협)으로 거의 전환되었다. 이글에서 언급하는 의료협동조합은 모두 주민참여형 의료사협을 가르킨다. 다만, 성남, 순천, 홍성우리마을만 아직 의료사협으로 전환을 하지 못한 상태이다.

IV. 의료협동조합을 통한 건강사회로의 전망 및 향후 과제

고령사회로의 진입, 어린이와 노약자에게 집중되는 건강피해, 늘어나는 의료복지요구 등을 감안할 때, 의료복지 분야는 협동운동이 절실히 필요한 분야이다. 향후 한국의 미래는 건강한 풀뿌리민주주의를 정착시키는데 있다. 의료협동조합은 의료인과 지역주민들이 자발적인 참여를 기반으로 시민들의 건강할 권리를 확대해온 귀한 전통을 이룩해나가고 있으며, 이는 우리 사회의 민주화의 진전과 선진의료복지체계 구축에 큰 밑거름이 되고 있다. 의료인과 시민들이 만든 이러한 공익적인 의료복지체계가 뿌리를 내릴 수 있느냐 하는 것은 궁극적으로는 시민사회의 발전과 그 역량에 달려있다.

현 고비용 저효율의 의료체계를 시민들의 건강에 대한 요구를 수용하지 못할 뿐만 아니라, 고령화에 따른 의료비 증가 때문에 의료비용은 지속적으로 상승될 것이다. 이러한 의료비 상승, 의료이용의 양극화는 현 의료체계를 개혁하지 않을 수 없게 만드는 동력으로 작업할 것이다.

건강에 대한 사회적인 요구를 잘 조직해 간다면, 국가의 책임성을 강화해 의료보장의 수준을 높이려는 시도는 시민들의 지시를 받아 성공할 가능성이 높다.

시민들의 참여하에 새롭게 만들어지는 보건의료조직으로 의료협동조합은 분명 기존의 민간, 공공부분과 구별되어 제 3부분으로서의 자리를 차지하고 있다. 현 시점에서 우리 사회에 제 3부분으로서 의료협동조합에 요구되는 과제는 다음의 다섯 가지로 요약될 수 있다.

첫째, 시민 참여가 중시되는 보건의료체계 구축

보건의료문제를 해결함에 있어 시민들의 참여를 중시하고, 이러한 자원을 활용하는 의료 모델을 개발하는 일이다. 병원에서 의료서비스의 질 향상(quality assurance)에 있어 시민들의 평가와 참여는 이제 필수적이고 여겨진다. 일차의료부문에서 지속적으로 포괄적인 의료서비스를 제공하는 의료체계가 비용 절감과 의료서비스의 질 향상에 기여한다는 것이 널리 인정되어지고 있다. 우리나라에서도 지역의료 시범사업, 주치의제, 최근에는 단골의사제 등으로 시도가 되어 지고 있지만, 이것을 추진할 의료조직, 주민의 참여가 확보되지 못하여 성공적인 결실을 못하고 있다. 하지만 이는 한 나라의 의료체계의 근간을 이루는 일차의료모델, 지역예방보건사업 모델을 만드는 일로 의료개혁에 있어 핵심 과제이기도 하다. 의료생활협동조합은 지역주민의 협동과 자치를 중시하고, 그 자체가 주치의 제도, 시민참여의 지역보건의료사업을 할 수 있는 구조를 가지고 있기 때문에 의료협동조합이 우리나라에서 일차의료의 강화, 지역보건사업의 활성화를 추진하는데 상당한 역할을 해야 할 것으로 기대가 된다.

지역사회에서의 정신질환자들을 위한 정신보건서비스, 장애인들을 위한 재활서비스, 지역사회에서의 영세 사업장 건강관리를 위한 지역산업보건서비스를 제공하는 등 치료중심의 대형종합병원에서 수용하기 힘든 예방과 재활 중심의 의료서비스를 개발하여 지역사회 의료서비스의 질을 높여 가는 것도 의료협동조합의 과제의 하나이다.

둘째, 지역사회에 예방보건관리체계 구축

과거 건강의 문제가 단순히 영양부족이라든가 경제적 어려움으로 병원을 이용하지 못했던 것에 기인된 것에 비하여, 오늘의 건강 문제는 산업화 과정에서 파생된 여러 유해 물질에 노출될 가능성이 높아졌고, 고령 인구의 증가에 따라 만성질환이 증가가 두드러지게 나타남에 따라 질병 예방과 예방체계의 구축이 우리 사회의 중요한 현안으로 대두하고 있다. 노인의료비의 급증으로 의료보험의 재정이 불안정하게 되는 것을 막으려면, 가장 효과적인 것은 각종 만성질환의 합병증 발생을 줄여 줄 수 있게 만성질환의 여러 위험인자 등을 사전에 줄여주는 것이 가장 비용·효과적이라고 보고를 하고 있다. 또한 유해물질에 대한 안전관리체계를 구축하려는 노력을 적극적으로 벌이지 않는다면, 우리 사회도 유해화학물질의 위협으로부터 결코 안전하지 않다. 만약 유해물질의 피해가 발생한다면, 공단 인근 열악한 주거환경의 서민들, 영세사업장 근로자, 여성, 어린이 등 사회경제적, 생물학적인 약자들이 우선적인 피해대상이 될 가능성이 높다. 이것은 기존의 사회경제적인 불평등 구조 속에서 사회적인 약자에게서 오염되지 않는 환경에서 살 권리마저 빼앗는다는 것을 의미한다. 의료협동조합은 지역사회 내에서 지역주민들의 건강을 추적 모니터링을 시행하여 지역주민들의 건강에 위협할 원인들을 사전에 찾아 제거하고, 또 지역주민들에게 건강한 생활습관에 대한 교육을 꾸준하게 진행함으로써 지역사회가 과도한 질병부담을 지지 않도록 하는 예방관리체계를 구축해 가야 할 것이다.

셋째, 고령사회에 대비한 의료-복지체계 구축

그 유래를 찾아보기 힘든 빠른 고령화도 우리 사회가 넘어야 할 큰 산이다. 고령화 사회에 이미 우리 사회에 진입해있으면서도 노인들을 위한 사회복지 및 의료 안전망이 제대로 안 갖추어진 것이 우리 사회의 중요 사회이슈로 부각되고 있다. 의료협동조합에서 가정간호센타, 데이케어서비스 운영 등 지역사회 노인들을 위한 활동을 전개하면서 이들 시설간의 네트워크를 구축하여 노인들을 위한 사회의료복지안전망 개발에 힘을 쏟아야 한다. 일본의료생협이 개호보험 도입에 적극적인 노력을 한 것처럼, 우리 사회에서도 의료협동조합이 개호보험도입, 노인들을 위한 재활 및 치료시설 구축, 자원봉사체계 구축 등 커뮤니티케어 정착에 적극적인 노력을 기울이도록 해야 한다.

넷째는 고비용 저효율의 의료구조의 개혁

현재의 의료체계가 고비용 저효율의 의료 구조를 가지고 있고, 의료의 왜곡의 심각한 문제를 지니고 있어 이를 개혁하려는 노력이 사회적으로 일어나지 않는 한 의료협동조합 역시 이 구조 안에 어려움을 겪을 수밖에 없다. 의료체계가 건강해 질 수 있도록 여러 시민, 의료인단체와 힘을 모아야 한다. 우선 낭비적인 의료 구조를 없애기 위해선 의료의 본격적인 구조와 연관되어 진료비 지불제도를 개혁해야 할 것이다. 지금과 같은 행위별 수가제를 유지하는 한 불필요한 의료서비스 제공을 적절히 통제할 다른 방도가 없다. 일차의료에서는 인두제나 봉급제 등을 도입하도록 하고, 입원에서는 대안들(DRG 등)이 개발 적용할 수 있도록 요구해야 할 것이다. 보건의료체계를 정비하는 것도 시급한 과제이다.

보건의료기관과 복지기관이 분리되어 효율적인 통합 서비스를 제공하지 못하고 있는 것이 문제이다. 지역사회 내에서 재활서비스, 노인수발서비스를 필요로 하는 지역주민들이 통합된 적절한 서비스를 받을 수 있도록 노인수발보험의 도입, 의료복지 연계체계 구축을 위해 의료복지체계의 개혁 작업에 의료협동조합이 여러 시민, 의료인단체와 더불어 적극 참여해야한다.

기존 공공의료부문의 경직성과 비효율성을 감시하고, 공공의료부문 의료 개혁을 촉진하도록 하는 역할이다. 공공의료부문은 세금으로 운영되는 병원이고, 당연히 시민들을 위한 의료서비스를 제공해야함에도 불구하고 공공부문은 마치 개혁의 사각지대로 방치되어 있다. 공공의료부문이 개혁될 수 있도록 공공의료개혁모임을 구성하고, 시민들의 목소리를 지방자치단체와 중앙 정부에 알리는 역할을 해야 한다. 시민단체가 이 부문에 관심을 가지도록 연계하고, 또 전문성의 뒷받침을 하는 것이 의료협동조합의 역할로 중요하다.

다섯째는 건강한 마을 만들기

일상생활을 같이 하는 가까운 사람들이 힘을 합쳐서 생활의 재검토와 재정립, 건강한 동네 만들기에 참여하는 것이 중요하다. 건강한 마을 만들기, 깨끗한 삶터 만들기의 형태로 여러 시민, 지역주민단체와의 연대를 통하여 건강한 동네를 만들기 위한 구체적인 활동을 전개할 수 있다. 각 지역에서 의료협동조합들이 이러한 활동이 전개하고 있는 만큼, 환경, 건강, 교통, 복지. 문화 문제 등 구체적인 현안에 대하여 주민자치와 협동의 원칙 속에 지역의 현안을 해결하기 위한 구체적인 대안을 마련해나가고 있다. 가령, 인근 환경오염시설로 인해 천식 등 어린이 건강 피해 발생의 구체적인 현안이 발생했다고 하자. 이럴 때는 조합원들을 중심으로 관련 조사위원회 구성, 전문가의 자문을 통한 구체적인 분석 자료 수집, 지역주민들의 의견 수렴,

구체적인 해결 방안 도출, 지역주민들의 조직화와 실천 역량 구축 및 해결 등으로 주민자치에 의한 힘으로 지역현안을 하나하나 해결하는 경험 등을 축척해나가야 한다.

V. 맺음말

재벌중심의 성장제일주의가 이끈 승자독식체제로 인해 현재 우리 사회는 심각한 양극화의 병폐 속에 있다. 우리 사회에 몰아치는 '경제민주화'의 바람도 이 같은 맥락에서다. 경제민주화에 대한 요구와 함께 '협동조합'이 새로운 대안으로 떠오르고 있다. 대표적으로 2008년 국제 금융위기와 유럽 재정위기 속에서도 유럽연합(EU)의 25만개 협동조합은 540만 개의 일자리를 만듦으로 충분히 스스로의 생명력을 입증했다.

2012년 12월부터 발효된 「협동조합기본법」을 통해 우리나라에서도 5명만 모이면 금융업을 제외한 모든 분야에서 법인 자격을 지닌 협동조합을 주식회사처럼 자유롭게 설립할 수 있게 됐다. 그러나 주식회사와 다른 점이 있다면 영리추구뿐만이 아닌 공동 사업의 발전을 목표로 한다는 것. 모든 조합원은 1인 1표의 의결권을 가지며 기업의 대표를 선출하고 경영을 감독하며 배당금도 출자금의 10%를 넘길 수 없다.

협동조합은 농민이나 중·소 상공업자, 일반 소비대중들이 상부상조의 정신으로 경제 이익을 추구하기 위해 구매·생산·판매·소비 등의 일부 또는 전부를 협동으로 영위하는 조직단체를 말한다. 이러한 협동조합의 발상은 보편적인 인간의 권리와 평등을 강조한 기독교 정신과도 맥락을 같이한다.

우리 역사에서 협동조합 운동은 기독교 정신을 바탕으로 전개됐으며 공동체자본주의는 자본주의체제에 대한 성경적, 시대적 대안으로 경제정의를 지향하고 있다. 청교도 윤리에서 유래된 근대 자본주의 정신을 되찾고, 왜곡된 자본주의로 인해 피폐화된 현대인들에게 민주적인 협동을 통해 공동체를 제공해줄 수 있는 것은 기독교인의 일이다. 이러한 협동조합에 대한 성경적인 의미부여로 ▲ 창조질서의 회복과 생명가치의 보존 ▲ 초대교회 공동체의 나눔과 섬김의 실천 ▲ 온전한 인간회복을 이뤄가는 희년 사상 등을 예로 들 수 있다. 특히 "자본 중심이 아닌, 사람 중심으로" 운영되는 협동조합 정신은 경쟁적인 인간관계를 극복하고 상호존중, 공존을 도모하는데 유용한 도구가 될 수 있을 것이다. 공동체성이 붕괴되고 있는 이때, 협동조합 운동은 새로운 공동체적 마을을 만들어 나가는 일이라며 이를 위한 신앙공동체의 역할이 중요하다. 사회적 기업이나 협동조합이 정부의 주도로 신속히 도입되는 것은 긍정적이나 역량이 부족한 상황에서 초기에는 많은 시행착오를 겪을 수 있다. 이러한 일에 많은 시민들이 관심을 가지고 참여해야 한다.

삶과 괴리된 대형교회는 향후 사회의 교회(신앙공동체)의 참모습일 수 없다. 교회는 사회를 섬기고 변화시키는 역할을 수행해야 하는데, 일부 교회는 세상과 담을 쌓고 그들만의 세계에 빠져있는 듯하다. 세상은 빠르게 변하고 엄청난 지식을 쌓아 가는데, 자기 울타리에 갇혀 있다면, 이성적이고 합리적인 사고를 가진 그룹과 젊은 세대의 버림을 받게 될 것이다. 서구의 경험을 보아도 교회가 사회를 섬기는 자기 역할을 상실하게 되면, 교회는 시민들의 외면을 받게 된다. 이는 순식간에 일어날 수 있으며, 교회는 텅텅 비고 관광지가 될 것이다. 하나님의 나라는 교회와 동일시되어선 안 된다. 교회가 자기 정체성을 잃으면, 사회에서 설 자리가 없어진다.

다가오는 하나님의 나라를 선취하는 공동체로서 그 사회에서 하나님의 사랑과 정의를 드러내는 공동체여야 한다. 세상 속에서 하나님의 정의를 드러내는 공동체로서 협동조합은 넓게 보아 기독교공동체의 특성을 가지고 있다. 교회라는 간판을 내걸지 않았어도 하나님의 정의와 선하심을 드러내는 데 열심인 개인들과 그 공동체에 의해, 기독교의 보편주의와 평등의 가치가 살아 움직인다면, 이 역시 하나님 나라가 실현되어가는 모습일 것이다. 신 없이 신 앞에, 세속 사회에서 하나님은 다양한 방식으로 개입하시고 하나님의 정의를 드러내신다.

기독청년의료인회에 의해 우리 사회에 뿌리를 내린 의료협동조합운동은 기독교의 사회 참여 방식과 지향, 그 정체성을 잘 드러낸 운동이라고 평가할 수 있다. 기독청년의료인회 활동에 영감을 받아 신앙공동체가 사회 각 영역에서 민주주의의 확대, 건강권을 포함한 제반 인권 보장, 전쟁 종식과 평화 정착등 사회선교를 통한 성령의 열매를 더 맺기를 기대한다.

총회 도시산업선교 60주년의
성찰과 반성 및 향후 방향*

진방주**

I. 서론

 제42회 총회에서 전도부 내에 산업전도위원회를 설치하고 산업 부문에 전도하라는 명령에 따라 1957년 4월 12일 총회가 임명한 산업전도 위원 5명이 회집하여 산업전도에 대한 안건을 토의하고 산업전도위원회를 조직함으로 시작되고, 1959년 9월 총회에서 규칙을 인준 받음으로 선교 70주년 기념을 위한 새로운 선교 사업으로 전개된 도시산업선교는 60주년을 맞이하게 되었다.

 총회 도시산업선교는 지난 60년 동안 한국 산업사회 환경의 변화에 따라 선교 목표와 선교 대상 및 방법의 변화를 가져왔다. 1950년

---

* 위의 글은 대한예수교장로회총회 도시산업선교 60주년 기념세미나(2017.4.27)에서 발표된 글입니다.
** 영등포산업선교회 총무, 목사

대 말부터 시작된 한국사회의 산업화 과정은 지난 60년 동안 획기적인 발전을 가져왔다.

초기에는 공장, 광산, 항만, 교통, 통신 등 산업인들에게 복음을 전하는 것을 목적[1]으로 하여 선교 사업을 전개하였다.

총회 도시산업선교 60년을 총회의 위원회 명칭에 따라 시기를 구분해 보면, 첫 번째가 1971년 9월 56회 총회 때 "산업전도위원회" 명칭을 "도시산업선교위원회"로 개칭하였던 시기가 하나의 전환점을 이루고 있다. 두 번째는 박정희외 전두환 군사독재징권의 선교탄압으로 총회 내에서의 논란이 되어 1983년 총회에서 "도시산업선교위원회"를 "도시산업전도위원회"로 개칭하여 활동하였던 시기이다. 이때 특별한 것은 1985년 70회 총회에서 산업전도위원회 산하로 "노동문제상담소"를 허락하고, 1986년 제 71회 총회에서 도시산업전도위원회 사업으로 "인권위원회"를 조직하여 활동하였다는 점이다. 세 번째는 1987년 72회 총회에서 "도시산업전도위원회"를 또 다시 "도시산업선교위원회"로 개칭을 허락받은 시기이다. 1987년 2월 7일부터 노동 상담소에 "희망의 전화"를 개통함으로 본격적인 노동 상담을 시작하였다. 또한 지역노회별로 노동 상담소를 개설해 나갔다. 이 당시 산업선교 훈련을 받은 목회자들이 지역사회를 섬기는 선교중심의 민중교회들을 개척해 나가면서 지역사회를 섬기는 교회로서 탁아소와 아동, 청소년 공부방 및 노동 상담활동을 하며 예배공동체를 실천해 나갔다. 1995년 80회 총회에서는 총회 전도부 외국인 근로자 선교 후원회를 조직을 허락하고 1996년부터 산업선교위원

---

1 제44회(1959년) 총회에서 인준된 산업전도위원회 규칙 제2조.

회 선교 사업으로 외국인 근로자 선교를 시작하였다. 1997년 IMF와 신자유주의 경제의 세계화에 따라 실업의 문제와 노숙인 선교 및 비정규 노동의 문제가 산업선교 영역에서 다루게 되었다.

한편 총회차원의 1999년 제 84차 총회에서는 직장선교후원회 조직을 허락하였고, 2001년 제 86회 총회에서는 상담학교 및 정보통신시대의 산업선교를 위한 인터넷선교후원회 조직을 허락함으로 변화하는 시대 속에서 산업사회 복음화를 위한 노력을 경주하여 왔다. 급변하는 산업사회 속에서 포괄적이고 통전적인 선교 이해 속에 총회의 생명살리기운동 10년(2002-2012)운동에 발맞추어 "생명을 살리는 선교"를 위하여 다양한 접근을 시도 하였다. 네 번째는 2004년 총회 기구개혁으로 총회의 전도부, 농어촌부, 군선교부가 국내선교부로 통합됨으로써 국내선교부내에 "도시산업. 이주민선교위원회"로 활동하게 되었고, 생명살림 선교 차원에서 산업 문명에 대한 비판적 고찰을 통해 도시산업선교 및 농어촌선교가 하나로 연결되어 하나님의 생명이 풍성한 상생의 사회를 형성하는 "생명선교", "생명목회", "생명교회"를 지향하며, 2007년 도시산업선교 50주년 및 농민목회자 협의회 20주년 기념으로 "총회도시농어촌 선교대회"를 가지게 되었다.

이 글에서는 "총회 도시산업선교 50주년(2017년)부터 60주년까지 10년의 성찰과 반성"을 하기 위해 먼저 지난 2017년 "총회 도시산업선교 50주년"에서 무엇을 결의하였는가를 살펴보고, 지난 10년 동안 한국 사회는 어떠한 변화가 있었는가를 간략히 고찰하고자 한다. 또한 총회 도시산업선교는 지난 10년 동안 무엇을 하였는가를 살펴본 다음 10년의 성찰과 반성에 따른 도시산업선교의 방향은 무엇인가를 찾아보고자 한다.

II. 총회 도시산업선교 50주년 무엇을 결의하였는가?

총회 도시산업선교 50주년 대회에서는 지난 50년 동안의 도시산업선교 역사와 신학 및 세계사회경제 상황 변화와 21세기 상황 속에서 세계교회의 대응을 살펴보고, 아시아교회의 선교적 과제 및 21세기 한국사회 경제 상황변화에 따른 새로운 전망을 모색하며 도시산업선교의 나아갈 전망을 모색하였다. 심포지엄과 선교대회를 통해 도시농어촌선교 목회자들과 실무자들은 "대한예수교장로회 도시농어촌선교(URM)대회 선언문"을 발표하였다.

이 선언문에서 "한국교회의 도시농어촌 선교는 1950년 이후 한국사회 질곡의 역사 속에서, 법과 정의와 인권이 무시되어지고 경제성장만이 최우선의 가치로 여겨지던 암울했던 시대의 어둠을 뚫고 하나님의 정의를 실천하며 여기에 이르렀다. 오늘 우리는 도시농어촌선교의 역사를 정리하고 매듭지으며 새로운 시대를 통한 하나님의 역사를 열어가는 선교적 사명을 새로운 마음으로 감당하고자 한다"라고 천명하였다.

산업선교 실무자들은 다음을 선언하였다.

첫째, 생명과 평화의 가치를 지향하는 시대정신으로 우리에게 주어진 선교적 사명을 감당해 나갈 것이다. 생명의 가치를 회복하고, 노동의 가치를 회복하며, 화해와 조화를 이루며, 상생의 가치를 통한 공동체성을 회복하고, 이를 토대로 21세기 한국사회가 나아가야 할 길 위에서 한국교회에 요청되는 선교적 역할을 충실히 감당할 것이다.

둘째, 신자유주의 세계화 시대 양극화의 현실을 살아가는 가난한 이웃들과 함께 변함없는 하나님의 복음을 전할 것이다. 급변하는 시대 여전한 어려움에 처해있는 이 땅의 비정규직 노동형제와 자매들을 위해 우리는 하나님의 정의를 실천해갈 것이다.

셋째, 국제 연대의 강화를 통해서 아시아적 차원으로 선교적 지평을 확대해 나갈 것이다. 과거 한국교회는 특히 도시농어촌 선교 현장은 형제교회의 도움을 입었다. 이제는 한국교회가 그 빚을 돌려주어야 할 때이다. 이주노동자와 아시아의 고난당하는 노동현장의 이웃들과 연대하며 아시아적 차원의 생명 공동체를 이루어가는 역할을 감당할 것이다.

또한 농어촌선교 실무자들은 다음을 선언하였다.

첫째, 하나님께서 주신 농촌선교의 사명을 다시금 인식하고 농촌목회에 헌신하고자 한다.

둘째, 하나님의 선교(Missio Dei)로서의 선교적 방향성과 농촌생명신학으로서의 신학적 성찰을 통해 다원화된 세계와 농촌에서 생명살림의 목회를 수행해 나갈 것이다.

셋째, 오늘의 농촌에서 소외되고 고통당하는 이웃으로서의 농민과 이주민들 그리고 삶에서 지친 영혼들의 전인적인 구원을 위해 노력하고자 한다.

넷째, 민족과 인류의 가치인 생명과 사랑의 정신으로 새로운 농촌선교의 현장을 개척하고 예수그리스도의 정신과 사랑의 마음으로 최선을 다하고자 한다.

이상의 선언문에서 보는 대로 도시산업선교 50주년에서는 생명살림선교로의 지향을 가지고 도시 농어촌에서 생명살림선교와 생명목회의 실천을 통한 생명교회의 형성을 목표로 하며 신자유주의시대속에서 양극화 해소를 위한 선교사업과 아시아교회와의 연대와 협력 속에 아시아 생명공동체를 이루어 나가는 것으로 결의하였다.

III. 총회 도시산업선교 50주년 이후 한국 사회는 어떻게 변화하였는가?

2008년의 미국의 리먼 브라더스의 파산으로 촉발된 국제금융위기 속에서 미국은 월가를 점령하라는 시위 속에 휩싸이고, 유럽은 재정위기와 유로존의 붕괴를 가져오며 신자유주의의 종언을 고하는 계기가 되었지만, 2007년 이후 한국사회는 신자유주의의 정책이 실제화 되면서, 노동의 유연화전략 속에 비정규노동이 일반화됨으로 고용의 불안이 심화 되었다. 2012년 다보스 포럼에서는 클라우스 슈바프 세계경제포럼 회장이 "지금의 자본주의 시스템에 기반에 기반을 둔 경제학은 위기에 도달했다. 우리는 새로운 모델을 제시해 줄 수 있는 사람을 절실히 원하고 있다"라고 말했다.[2] 그렇지만 한국사

---

2 매일경제 세계지식포럼 사무국, 『다보스포럼, 자본주의를 버리다』(매경출판, 2012), 8-9.

회에는 신자유주의 폐해가 더 심화되었다. 이명박 정부와 박근혜 정부를 거치면서 재벌중심의 자본 활동에 대한 탈규제와 공공기관의 민영화가 가속화됨으로 경제적 양극화가 더욱 심화되었다. 비정규 노동의 확산과 청년실업의 확대가 고착화 되었다. 신자유주의 세계화는 경제영역 뿐만 아니라 정치 사회 문화 교육의 영역 아니 종교영역까지 파고들었다. 가정과 개인의 사고까지도 파고들어 '맘몬' 중심의 1:99 사회로 변화시켰다.

최순실 사태로 나타난 박근혜 정부의 민낯이 적나라하게 파헤쳐지고 있는 점은 정치권력과 재벌의 정경유착에 의해 한국 사회와 국민을 어떻게 유린하였는가가 적나라하게 파헤쳐 지고 있고, 국가 권력기관들과 그 하수인들이 어떻게 작동되고 국가와 국민이 농락당하였는가를 여실히 보여 주고 있다. 더 나아가 이에 편승한 교회와 종교는 어떤 역할을 하였는가를 성찰해야 할 시기이다.

IV. 총회 도시산업선교 50주년 이후 총회 산업선교는 무엇을 하였는가?

1. 총회 국내선교부 도시산업선교의 선교사업

총회 도시농어촌선교 50주년 기념대회 이후 총회 국내선교부에서는 도시농어촌 선교 사업을 도시농어촌 생명선교영역으로 편성하여 농어촌, 도시산업, 외국인노동자 선교 사업을 진행하였다. 농어촌선교 영역에서 주요한 사업은 총회 농촌선교센터를 건립하여 농촌선교 훈련의 요람이 되도록 하는 사업이었다. 또한 지역 및 권역별로 농어촌 선교협의회를 조직3하여 지역과 노회 중심의 농촌선교활성화를 도모하였고, 이 사업을 선도하는 역할로써 예장 농촌목회자협의회가 감당 하도록 하였다.

한편 도시산업선교분야는 신자유주의 시장경제와 미국의 서브프라임 모기지론으로 촉발된 세계경제의 위기 가운데서 100만 실업자와 비정규직 노동자, 기형적 지역개발로 인한 지방경제의 침체와 지역의 공동체성 해체의 문제를 직시하면서 실업의 문제와 생명을 살리는 지역공동체 회복을 위한 교회의 역할을 다루었다.4 이 세미나에서는 "실업극복과 지역 공동체 살리기 세미나"(2009.5.15)를 진행하면서 주제 발제로 "교회 공동체의 실업문제 극복방안(함께일하는 재단 상임이사 안재웅 목사)"과 "사회적 기업을 통한 지역사회 공동체 섬김(숭실대 정무성 교수)"을 발표하고 토론 하였다.

한편 도시농어촌선교의 경험을 아시아교회와의 나눔과 연대를 위해 한일 도시농어촌선교(URM) 정책협의회에 참석하였으며, 아시아기독교협의회(CCA)의 메콩강 개발 프로젝트 현장을 방문(2008.11.3-7.)하고 협력을 논의 하였고, CCA 여성 활동가지도력훈련도 지원하며 참여하였다(2009.6.9.-15.).

외국인근로자선교분야는 지역별 다문화선교협의회를 조직하는데 중점을 두고 선교사업을 진행하였다. 그 일례로 호남지역 다문화선교 정책세미나를 진행하고 호남지역 다문화선교협의회 준비위원

---

3 광주 전남 9개 노회 농어촌선교협의회 임원 조직(2009.2.17), 충청 강원 7개 노회 농어촌 선교협의회 임원조직(2009.4.2), 대구 경북 농어촌 선교세미나(2009.4.30) 제94회 총회 보고서.
4 실업극복과 지역공동체 살리기 세미나 자료집 인사말 참조 (2009.5.15.).

회를 조직하였다(2009.4.7, 광주 서남교회). 또한 지속적인 사업이었던 필리핀교회(UCCP)와의 연대 협력 강화를 위한 UCCP-PCK-RCA 간의 외국인 근로자선교정책 협의회도 진행하였다(2009.6.22-25, 필리핀). 선교 동역자로는 Rev. Frederick Quilates Camelo와 Mr. Pastor E, Galang이 동역하였다.

그러나 안타깝게도 94회 총회(2009.9)부터 군농어촌 선교부가 분리됨으로 도시농어촌선교틀이 무너지게 되었다. 농어촌선교가 분리된 이후 총회 국내선교부에서는 도시산업 외국인근로자선교 영역이 하나의 위원회로 편성되어 선교사업을 진행하였다.

제 94회 총회 산업선교 워크숍(2010.6.15)에서는 "경제위기 이후 산업구조와 노동시장체제의 변화(황덕순 박사)" 주제 강의를 하고, "변화하는 경제체제 속에서 교회의 선교적 대응(장윤재 교수)특강과 사례발표로 도시공동체 마을 만들기(이원돈 목사)와 산업선교(안하원 목사)를 발표하였다. 한편 총회 산업선교실무자협의회 조직을(2010. 2.23, 회장: 안하원 목사, 총무: 손은정 목사)하였다.

외국인 근로자 선교분야는 호남지역 다문화선교협의회 창립총회 및 기념세미나(2009.11.24, 광주 월광교회)를 가졌고, 영남지역 다문화선교세미나(2010.5.27, 효목제일교회)를 하고, 외국인 근로자 및 결혼이주여성선교워크숍(2009.12.15)을 가지면서 "결혼 이주여성 선교"의 문제를 중요하게 다루었다.

제 95회기에는 "변화하는 사회 속에서 산업선교와 경제정의"라는 주제 아래 산업선교 워크숍(2011.4.15)을 하였다. 주제 강의로 "산업선교와 경제정의"(장윤재 교수) 사례발표로 "협동조합운동을 통한 지역공동체 형성"(손은정 목사)과 "사회적기업의 운영을 통한 선교전망"(유해근 목사)이 발표 되었다.

한편 영등포산업선교회가 총회 역사유적지로 선정되어 감사예배 및 민주화 기념비 제막식이 진행 되었다(2010.11.25.).

외국인 근로자선교분야는 1996년 총회외국인 근로자선교 후원회 중심 활동에서 총회 이주민 선교협의회를 조직(2010.12.2,한국교회100주년기념관)함으로써 외국인 노동자 및 이주민선교를 실천하는 현장 목회자들이 총회차원으로 정책을 제안을 하고, 실천을 도모할 수 있는 역할을 하게 되었다. 한편 새터민 선교 문제를 남·북한 선교문제에서 이주민선교 영역으로 새롭게 설정하여 선교워크숍을 갖고 (2011.5.26, 백주년 기념관) "새터민의 정착과 교회의 역할"에 대해 주제 강의를 하고 사례발표로 "새터민의 직업교육 훈련과 사회정착", "지역사회에서 새터민의 사회정착을 위한 선교과제", "사회적 기업을 통한 새터민의 사회정착"을 발표하고 토론을 하였다.

96회기에는 산업선교워크숍(2012.3.22)의 주제가 "지역마을공동체 형성을 통한 대안적 목회와 선교의 새로운 패러다임"이었다. 주제 강의로 "지역마을공동체 형성을 통한 대안적 선교 패러다임 - 지역사회조직운동을 중심으로"(신철영), 사례발표로 "협동조합을 통한 지역공동체 형성과 교회"(김성훈 이사)와 "지역 마을 만들기 운동을 통한 지역공동체 형성과 교회의 역할"(이원돈 목사)이 발표되고, "지역공동체 형성을 위한 선교적 실천방안"에 대해 종합토론을 하였다. 특별히 96회기 산업선교 워크숍 연장선에서 2012년이 UN이 정한 "협동조합의 해"임을 인식하고, 2012년 1월 26일 제정되어 12월 1일 시행 예정이었던 협동조합법을 염두해 두면서 협동조합을 통한 새로운 협동목회와 선교의 가능성을 모색하기 위해 "지역마을공동체 형성을 위한 목회자 신학생 워크숍"을 홍성 환경농업마을인 문당리에서 총회국내선교부와 영등포산업선교회가 공동으로 주최하여 진행하였다(2012.8.20-23). 워크숍에서는 "세계경제 흐름 속에서 대안적 경제로써 협동경제"(홍인식 목사)가 발표되고, 스페인 몬드라곤 협동조합(김성오 소장)과 문당리를 중심으로 한 농촌 협동공동체 마을(주형로 선생)및 보령 시온교회를 중심으로 한 마을 만들기(김영진 목사)와 영등포산업선교회의 협동조합운동 역사와 사례(손은정 목사)와 방글라데시 그라민뱅크(박성철 팀장)등이 발표되었다.

한편 영등포산업선교회의 비정규노동자선교센터 개소(2011.11.24)를 협력 지원하였고, 이주민 선교 분야에서는 워크숍(2011.12.8)에서 주제 강의로 "경제의 세계화에 다른 노동의 이동과 국제결혼 증가에 대한 분석과 전망"(이규용 박사)이, 사례발표로는 "다문화 자녀2세를 위한 씨앗캠프"(오현선 교수)가 발표 되었다. 특별한 사업으로는 이주민선교의 활성화를 위한 다문화 선교 지도자학교가 장로회 신학대학교 및 호남신학대학교와 협력하여 진행되었다. 또한 영남지역 17개 노회 다문화선교 협의회가 조직(2012.5.8)되었으며, 더 나아가 "이주민선교와 신학"(2011.9.5)을 출판하고 감사예배를 드렸다. 새터민 선교 활성화를 위한 "새터민 종합상담센터"도 창립(2012.5.31) 되었다.

97회기에는 노동주일을 맞이하여 총회주제에 맞추어 "그리스도인, 작은이들의 벗·노동자들의 벗"으로 정하고, 쌍룡자동차 노동자들을 위한 기도회(2013년 3월 8일, 쌍룡자동차 철탑농성장, 총회장 설교)를 한 후에 해고 노동자들 및 회사 측(전 노무인사담당)의견을 청취하였다. 이주민 선교와 새터민 선교분야는 이전회기의 연속선상에서 사업이 진행 되었다. 특별한 점은 이주민선교협의회가 주관하여 작은이들의 벗 캠페인으로 "2012 이주민 사랑 나눔 한마당"(2012.12.8, 동숭교회)행사를 총회적으로 펼치고, 호남지역 다문화선교협의회를 호남지역 다문화선교회로 명칭을 변경하였다(2012.11.13).

98회기에는 96회기의 연속성에서 도시산업선교 워크숍을 지역마을공동체 형성 워크숍(2014. 4. 3, 여전도회관)으로 "지역마을 공동체 네트워크를 통한 선교의 활성화 방안"에 대해 논의 하였다. 주제강의로 "협동조합운동과 지역사회"(김선기 국장, 원주협동사회경제 네트워크)와 "마을 만들기와 지역교회의 역할"(정재영 교수)이 빌표 되고, "마을 만들기의 이해및 사례"(유창복 서울시 마을공동체 종합지원센터장) 발표 후에 "지역마을 공동체 형성을 위한 선교적 실천방안"을 주제로 종합토론이 진행되었다. 이주민선교 분야는 호남 다문화사역자 양성 초급 단기과정을 실시(2013.7.15-16, 호남신학대학교)하였고, 이주민선교협의회 주관으로 "2013 이주민사랑 나눔 한마당"(2013. 12.8, 일산승리 다문화비전센터) 행사를 가졌다. 새터민 선교에서는 새터민 대학생 희망캠프(2014.2.17-19, 제주 이기풍선교기념관)를 가졌다.

99회기에는 산업선교 실무자협의회 세미나(2015.6.25, 영등포산업선교회)를 가졌다. 이 세미나에서는 "비정규직 노동운동의 현황과 과제"(박점규, 비정규직없는세상 집행위원)가 발표 되고, "세월호 유가족 상처치유와 회복을 위한 교회의 실천"(오상열 목사)이 발표되고, 공동실천제안으로 "아시아 URM 어떻게 할 것인가?"(황남덕 목사)와 "예장 마을 만들기 네트워크 활동"(이원돈 목사)이 제안 되고 토론되었다.

100회기에는 총회 노동주일이 3월10일 직전주일에서 5월 1일(국가 노동절) 직전주일로 변경 허락되어 "총회 노동주일기념 세미나 및 세계노동절 126주년기념 토크 콘서트"(2016년 4.29, 한국교회 백주년기념관)가 영등포산업선교회가 주최하고 총회국내선교부가 후원하여 진행되었다. 한편 총회 산업선교 60주년을 맞이하여 준비위원회가 조직(2016.6.30, 위원장:이근복 목사, 총무:손은정 목사)되었다. 또한 지역마을 목회를 위한 워크숍이 개최 되었다(2016.3.10,백주년기념관). 사례발표로 도시형교회로 부천새롬교회와 한남제일교회 사례가 발표되고, 농촌형교회로 신동리교회와 시온교회가 발표되었으며, 주제 강의로 "지역마을목회의 선교 신학적 고찰"(한국일 교수) 발표되고, 토의주제로는 "이 시대에 왜 마을 목회이어야 하는가?", "마을목회를 통해 무엇을 해야 하는가?" "어떤 유형의 마을 목회를 개발할 것인가?"에 대해 토의하였다.

2. 영등포 산업선교회의 선교사업

영등포산업선교회는 2008년에 50주년(총무: 신승원 목사)을 맞이하여 "지역 협동으로 아시아와 연대하라"를 표어로 정하고 진행하였다. 1997년 이후 영등포지역 노숙인 선교를 시작하여 계속 진행하였고, 지역 주민들과 함께 경제세계화에 대한 대안 운동으로써 의료생활 협동조합운동과, 서로살림 소비생활 협동조합운동을 전개한 결과로써 지역 협동이 주요한 선교적 과제로 진행 되었다. 2009년(총무: 손은정 목사)부터 노동자 정서지원 프로그램 지원 사업을 활성화하기 위한 일환으로 비정규노동선교센터(2011.11.24)를 개소하고, 노동자 "품" 교육을 진행하였으며, 비정규노동선교 핸드북으로 "나중에 온 이 사람에게도"(장로교출판사,2013.9)를 펴내면서 비정규 노동자의 문제를 본격적으로 다루게 되었다.

2014년(3월 1일 부임, 총무:진방주 목사)부터는 신자유주의의 최대 피해자가 노동자와 노숙인 및 가난한 사람들임을 직시하고, 생명 죽임이 일상화 되고 만연화 되어 있는 현실 속에서 영등포산업선교회의 전체 목표를 "생명살림선교"로 정하였다. 지난 56년 동안의 영등포산업선교 역사와 전통을 이어 받아 노동생명살림선교, 도시지역생명살림선교, 아시아생명살림선교를 3개 주요 실천방향을 정하고, 생명살림선교를 실천할 신학생 및 기독청년과 목회자를 위한 신교 실무자 훈련을 위한 선교교육훈련을 중요한 과제로 설정하고 있다. "영등포산업선교 57주년 및 세계노동절 125주년기념 감사예배 및 어울림마당"(2015.4.26, 영등포산업선교회)에서는 이러한 방향을 생각하면서 "2015년 영등포산업선교회 57주년 사명선언문"을 발표 하였다. 오늘의 할 일과 갈 길(출18:20)로서 ① 생명살림 선교공동체 형성을 위한 영등포산업선교회, ② 생명을 살리는 노동선교로서 영등포산업선교회, ③ 지역생명살림 선교공동체운동 으로서 영등포 산업선교회, ④ 생명살림운동을 통한 국제연대를 실천하는 영등포산업선교회를 선언하였다. 이 선언의 실천으로서 노동 생명살림선교 분야에서는 비정규 노동선교센터와 아울러 쉼 힐링센터를 새롭게 출발하여 노동자의 심리치유 활동 및 힐링 프로그램을 통한 전인건강과 회복을 목표로 하고 있고, 도시지역생명살림선교분야는 도시사회문제의 결과로써 발생하는 도시 노숙인 선교의 문제를 집중적으로 다루면서 도시 노숙인 선교구조의 체계화 및 신학화와 선교실무자 육성 및 민/관 협력 사업으로서의 노숙인 복지시설의 의미와 역할을 정립해 나가고 있다. 또한 서울시는 사회적 경제 실천으로서

각 구청마다 사회적경제협의회와 협동조합협의회가 조직되어 활동하고 있다. 이와 발맞추어 도시 지역주민 생활 협동운동과 농촌교회 및 소농 살리기 운동을 목표로 한 서로살림 농도소비생활 협동조합운동을 펼치고 있으며, 노숙인 자립자활을 위한 협동운동으로써 마을기업 협동조합을 통한 재활용센터 운영과 이를 토대로 사회적 기업으로 변화 발전을 통한 지역차원의 사회적 경제형성을 추진해 나가고 있다. 또한 상호부조활동으로 시작한 신용협동조합 형태인 다람쥐를 기초로 하여 사회적 금융운동의 대안 모색을 위한 지역 사회적 경제운동을 지역교회, 노회 및 지역주민운동과 연대하여 적극적인 모색을 도모하고 있다. 아시아 생명살림운동은 영등포산업선교회의 아시아 및 세계 URM 운동 네트워크를 회복하고, 외국인 노동자및 다문화 가정과 새터민을 통한 연대 협력을 모색하고 있다. 1990년을 전후로 있었던 외자기업 철수 및 다국적기업 철수 투쟁 때 진출국교회와 연대하여 도시농어촌선교연대협력을 강화하였던 것처럼 아시아에 진출한 한국기업의 문제도 아시아 도시농어촌선교 차원에서 연대하고 함께 실천해야할 과제이다. 특별히 영등포산업선교회가 있는 영등포 노회지역은 강서구, 양천구, 영등포구, 구로구, 광명시지역을 포괄하고 있어 중국 동포 및 중국 노동자 및 이주가정들과 강서지역의 새터민 집단 주거지가 있음으로 인해 아시아 교회 연대를 위한 선교적 과제가 필연적으로 주어져 있다.

V. 총회 도시산업선교 50주년(2017년)부터 60주년까지 10년의 성찰과 반성은 무엇인가?

지난 10년을 성찰하고 반성할 점은 무엇인가? 무엇보다도 먼저 지난 10년을 돌이켜 보기 전에 지난 60년을 먼저 성찰하고 반성해 보아야 한다는 점이다.

1. 지난 60년의 성찰과 반성

1) 도시산업선교가 한국사회의 산업화에 따른 산업인에게 전도하는 것으로 시작되어 공장의 복음화에 목적을 두고 시작하였지만, 정치사회 경제의 변화 속에서 노동자에게 집중 되었다는 점이다. 물론 노동자의 권익향상과 자본주의 사회의 약자인 노동자의 자주적 조직인 노동조합을 통해 노동의 인간화와 민주화를 이루는 것은 매우 중요한 과제이다. 그러나 이지점에서 노동자 이기주의를 낳은 점이 없지 않은지 성찰해 보아야 한다. 노동자도 잘못하면 경제적 이익 집단화 될 수 있다는 점이다. 안타까운 것은 현재의 노동조합 조직률이 10.3%[5]로 낮고, 정규직 대기업 노동자 및 노동조합 중심으로 조직되어 있고, 고령화 되어 있다는 점이다. 비정규직 노동자와 아르바

---

[5] 고용노동부가 발표한 '2015년 전국 노동조합 조직현황'에 따르면 조합원 수가 1,939천명, 노동조합 조직대상 근로자수 19,027천명, 노동조합 조직률은 10.3%, 한국노총이 43.5%(843,442명), 민주노총 32.8%(636,249명), 미가맹 23.0%(445,603)로 나타났다. 노동조합 조직현황은 민간부문 9.1%, 공무원부문 66.3%, 교원부문 14.6%로 공무원부문 조직률이 높게 나타났고 노동조합 규모로는 조합원 1,000명 이상인 경우 노동조합 수는 4.2%에 불과하지만 조합원 수는 73.2%를 차지하며 사업장 규모별 조직률은 근로자 300명 이상 62.9%, 100-299명 12.3%, 30-99명 2.7% 등으로 사업장 규모가 클수록 노동조합 조직률이 높은 것으로 나타났다.

이트 노동자 및 청년 노동자, 소규모 사업장의 노동자들을 조직화하고 있지 못하며, 노동자 내에서도 계급분화가 이루어져 전체 노동자를 하나의 조직과 연대의 틀로 일으켜 세우고 있지 못하다는 점이다. 또한 사업장 중심의 노동조합조직 중심으로 노동조합 활동이 편향됨으로써 노동자 생활 협동운동(소비, 금융, 주거생활 등)에 대한 노력이 경주되지 못하였다.

또한 치열한 경쟁이 지속되는 세계경제 속에서 한반도의 경제 발전과 아시아의 경제 발전을 위한 바람직한 모델 설정에 대한 논의 및 지방자치시대가 된 현시점에서 지역경제 발전과 상생을 위한 협력 모델과 역할에 대한 논의가 진척되어야 한다. 여기에서 지역공동체 형성의 주요한 역할을 해야 할 노동조합 및 기업과 지방정부 및 지역사회단체와 교회의 사회 선교적 과제를 논의하고 발전 시켜야 한다.

2) 한국사회의 산업화 과정에서 산업화에 대한 근본적인 문제제기가 부족했다는 점이다. 물론 1990년대 이후 생명신학의 관점에서 산업화에 대한 문제가 제기 되고 지구생명공동체의 지속가능한 발전에 대해 논의를 전개 하였다. 1970년대부터 제기되었던 공해추방운동에서 환경운동으로 발전해 왔지만, 한국사회의 지속가능한 발전을 위한 발전적인 산업화정책에 대해 대안을 제시하지 못했다는 점이다. 석탄 석유등 화석에너지에 의존하는 화력발전 및 원자력 발전의 문제 등 핵에너지의 대체로써 태양광 발전 및 풍력과 지열 등 대체 에너지에 대한 논의도 대안적인 산업발전의 주요한 문제이다.

3) 자본주의 사회에 대한 성서적 관점에서 비판 성찰되지 못하였다는 점이다. 성서에서는 바람직한 경제체제로서 만나의 경제, 희년의 경제, 유무상통의 초대기독교공동체 경제에 대해 이야기 하고 있다. 그렇다면 성서에 근거하고 기독교세계관에 근거한 사회경제 체제는 무엇이고 이의 실현을 위한 국가 시스템은 무엇이며, 노동은 무엇이고, 노동자의 노동윤리는 무엇이며 바람직한 노사관계는 어떤 것인가에 대한 명료한 논의와 실천 과제를 설정하고 추진하였어야 한다. 최근에는 약육강식의 논리가 침예화 된 신자유주의 경제시스템의 종말을 고하며 새로운 대안으로써 사회적경제와 협동의 경제 및 공유경제에 대한 논의가 전개 되고 있다.

4) 도시산업선교의 영역이 분화되고 축소되었다. 총회 도시산업선교위원회의 선교 영역과 대상과 방법이 아래와 같이 변화해 왔다. 공장 복음화 및 공장예배와 성경공부 모임 및 기숙사 심방(공장교회 →지역교회)/산업인(노동자와 기업인) 전도/ 노동자 선교(노동의 인간화, 노동의 복음화, 노동자 협동운동, 노동조합운동)/도시빈민선교 및 도시지역 민중교회/ 지역 아동 탁아소 및 청소년 공부방/ 인권선교/ 노동상담소(노동자 권익상담, 노동조합지원)/ 외국인 노동자 선교 및 다문화선교/ 실업자 선교 및 노숙인 선교(자립자활사업)/ 사회복지의 확대에 따른 아동 및 청소년 복지센터/심리 치유 상담소/ 지역주민 공동체로써 작은 교회, 생명을 살리는 생명교회, 생명목회/ 직장인선교/ 새터민 선교/ 영농조합, 협동조합, 사회적 기업, 지역 마을공동체 만들기 등으로 분화 발전해 왔다.

물론 사회변화에 맞추어 선교 목표 및 방법과 대상이 변화할 수 있지만, 총회 차원에서 교회의 도시산업선교를 위한 냉철한 성찰과 반성이 매 시기마다 이루어지면서 분명한 목표와 방법에 대한 논의와 실천이 경주 되었어야 한다. 예를 들면 한국교회는 도시선교가 실종 되었다. 도시지역사회선교를 위한 도시지역사회문제에 대한 분석과 문제 발굴 및 공동의 실천을 위한 지역공동체운동이 이루어 지지 못하고 도시선교가 도시 빈민선교와 철거민 투쟁의 영역으로 축소되었다. 도시사회가 배태하는 제반문제(공해, 빈민, 노숙인, 교도소, 교통, 환경, 에너지, 교육, 문화, 의료, 노동자, 중소 상공인등)에 대한 총체적 대응과, 그에 다른 선교 실천 및 선교실무자 훈련이 종합적으로 이루어지지 못하였다. 그렇기에 우리가 지금 무엇을 목표로 어떻게 실천하고 있는지에 대한 집단적 총의가 모아지지 못하고, 지역교회 및 지역 노회와 지역사회 단체 및 지방정부와의 관계 속에서 어떻게 함께 할 것인가에 대한 공동체적 실천을 더욱 확대하지 못하였다.

5) 또한 기독교 가치를 실현하는 바람직한 기업에 대한 제시가 이루어지지 못함으로 이랜드와 같은 기독교의 외양만을 포장한 악덕 기업이 출현하게 되었다는 점이다. 성서가 말하는 경제, 자본주의 사회에서 바람직한 기독교 기업상, 기독인 기업가의 윤리, 바람직하고 좋은 기업가 운동을 선도하지 못하였다. 또한 각 기업에서 일하는 기독노동자의 신앙과 직장 생활 속에서의 갈등과 직장 생활 속에서 기독인의 역할 및 직장윤리 등을 제시하지 못하였다.

6) 그렇지만 지난 60년은 가난한 자와 강도 만난 자의 울음소리를 들으시는 하나님을 생각하며 우리 사회의 그늘진 곳에서 울부짖

고, 힘들어하고, 죽임당하는 사람들의 소리를 따라 함께하고, 함께 웃고, 함께 고함치며, 함께 울부짖으며 살아왔던 과정이었다. 이제 때 늦은 감이 있지만 그동안의 선교적 실천을 보다 면밀히 성찰하면서 실천적 대안을 모색하여야 할 때이다.

2. 10년의 성찰과 반성에 따른 도시산업선교의 방향

1) 지난 10년은 신자유주의의 가속화로 2008년 국제 금융위기가 파생되고, 이에 따라 빈익빈 부익부의 심화에 따라 20:80의 사회가 1:99의 사회로 경제양극화 현상이 심화 되었다. 총회 사회봉사부 차원에서 경제위기 극복을 위한 교회의 신앙 각서(제83회 총회), 경제와 생태정의를 위한 하나님의 부르심(94회 총회), 총회 비정규노동선교지침(98회 총회)등이 채택되었지만, 이의 구체적 시행을 위한 기독교인과 교회 및 노회의 선교적 실천이 뒤따르지 못하였다. 따라서 이후에는 총회 도시산업선교 차원에서 경제정의와 노사 간의 평화와 노동의 인간화와 민주화가 이루어지는 좋은 기업과 바른 노동조합 및 노동조합운동 지도력 개발을 위한 선교적 실천이 이루어져야 한다.

특별히 한국 경제의 고질적 병폐인 재벌기업의 문제가 본격적으로 다루어지고 이의 병폐 해소를 위한 바람직한 기업과 경제구조에 대한 논의가 촉발 되어야 한다. 예수를 그리스도로 믿는 교회 공동체의 일원인 노동자로서 기업가로서, 경제정의실현을 위한 노동조합과 기업의 역할에 대해서, 바람직한 노사관계에 대해서, 국가 및 민족의 발전과 아시아와 세계의 지속가능한 발전을 위한 사회경제체제에 대해 제시하여야 한다. 최근에 새롭게 논의가 이루어지고 있는 사회적 경제 및 공유경제에 대해서 검토하고, 이의 실천을 위한 좋은 노동조합, 좋은 기업, 좋은 노동자 및 기업가 운동이 함께 경주되어야 한다.

2) 지난 10년 도시산업선교에서 실천한 노동자의 문제는 비정규 노동의 문제와 노동자들의 상한 마음과 감정 및 정서치유를 위한 심리상담 치유 활동을 체계화하는 과정이었고, 노동자 협동운동에 대한 새로운 시도가 모색 되는 상황 이었다. 그러나 아직 한국사회는 헌법에 보장된 노동자의 기본권조차도 지켜지지 않는 노동조합으로 조직 되지 않는 노동자들이 너무나 많다. 따라서 민주사회 시민으로서 기본적 권리인 노동권이 보호될 수 있는 사회 환경을 조성하는 것이 급선무라 할 수 있다. 따라서 기독교인 노동자부터 기독교인 기업가부터 헌법에 보장된 노동기본권이 지켜지는 가운데 노동을 하고, 기업을 하는 노동이 존중되는 사회 형성을 위해 지역교회 공동체 및 지역 노회 차원에서 교육되고 신앙적 실천이 이루어질 수 있도록 교육되고 실천되도록 하여야 한다.

3) 아시아경제 차원에서 저임금을 좇아 더 많은 이익을 획득하기 위해 진출한 한국기업에 대한 감시와 견제가 이루어져야한다. 이미 오래 전부터 기업과 노동과 각 나라의 정부간의 3자 협약이 있다. 그럼에도 불구하고 저임금을 기반으로 한 저개발 국가에서는 노동권이 지켜지고 있지 못하다. 최소한의 노동권이 지켜질 수 있도록 교회가 선교적 역할을 하여야 한다.

4) 문제는 총회 차원의 제시가 있다 해도 이를 실천할 주체의 형성이 더욱 중요한 점이다. 그동안 역사적으로 실천주체가 형성되고 실천이 확대 강화 되면서 지역과 노회 및 총회차원으로 발전해 왔다. 그동안 각자가 처한 현장 속에서 각자도생하느라 전체차원에서 협력하여 발전적인 대안을 이루어 나오지 못하였다. 그런 점에서 이제는 교회공동체의 도시 및 농촌지역사회 선교차원에서 종합적인 선교적 전망과 과제를 설정하고 선교실천이 이루어지도록 하여야 한다. 따라서 총회 국내선교부차원에서 선교훈련학교를 설치하여 각 지역과 각 부문별 선교현장에서 실천할 선교실무자 훈련을 체계적으로 훈련하고 발전시켜 나가야 한다. 또한 선교실천을 안정적으로 할 수 있는 총회 및 노회 지역교회 차원의 선교체계를 형성하도록 하여야 한다. 교회의 본질은 선교에 있기에 선교를 위한 선교실무자 (목회자, 평신도) 육성훈련에 초점이 맞추어져야 한다.

5) 이러한 문제를 종합적으로 검토하고 그동안의 도시산업선교에 대한 역사를 평가하고, 60년을 넘어 100년을 향한 도시산업선교 정책과 선교방법을 개발하고 연구하는 전문위원회가 조직되고, 실천적인 노력이 경주 되어야 한다. 총회 도시산업선교 60주년 기념으로 총회 도시산업선교 역사 재평가 작업을 제안한다. 이는 한국교회 및 총회의 선교역사에 중요한 역할을 감당하게 될 것이다. 지난 100년간 총회는 전도와 개척 중심으로 교회의 형성에 중심을 두어왔다. 그러나 100년을 넘어 200년을 향해 나가는 교회의 역할은 교회 조직의 유지나 보존을 넘어, 지역사회와 국가 및 민족사회 나아가 아시아와 세계 속에서 어떠한 선교 공동체로써의 역할을 하느냐가 더욱

더 중요한 점이다. 한국사회의 최대 종교조직이 된 개신교로써 이 역할을 감당하지 못한다면 역사발전을 가로 막는 집단으로 전락할 우려가 있다. 지금까지는 교회중심의 목양활동에 치중되어 왔고, 교회공동체 유지와 발전을 위한 내부 지도력 육성에 힘을 기울여 왔고, 지역사회 및 각종 사회 분야별 지도력 개발을 위한 선교실천 지도자들에 대한 훈련이 소홀히 여겨져 왔다. 이제는 선교 전문가로서 지역교회 공동체와 협력하여 지역사회를 재형성하고 사회 각 분야에서 기독교적 가치를 실천해 나가며 생명, 평화 정의사회를 실현해 나갈 선교 전문 조직 활동가가 필요한 시점이다.

동아시아 지역 질서와 한일관계
— 김대중·오부치 공동선언의 의미를 중심으로*

이종원**

I. '과거 직시'와 '미래지향'

1998년 10월 8일 한국의 김대중 대통령과 일본의 오부치 게이조 수상은 역사적인 '한일공동선언-21세기를 향한 새로운 한일 파트너십'(이하 한일파트너십 공동선언)을 발표했다. 한일관계를 획기적으로 발전시킨 것으로 평가되는 이 선언으로부터 만 20년이 흘렀다. 20년은 한 세대를 의미한다. 한 세대가 경과한 지금 한일관계는 1998년 당시와 비교해서 대립과 마찰이 증대하고 있는 것이 사실이다. 국제회의나 다자회담 참석 이외에 한국 대통령의 일본 공식 방문도 2008년 4월의 이명박 대통령 이래 10년 넘게 중단되어 있다.

---

* 이 글은 2018년 10월 1일, 서울특별시청 본관 다목적홀에서 열린 '김대중·오부치 공동선언 20주년과 동아시아 미래비전' 국제학술대회에 제출한 발표문을 수정 가필한 것이다.
** 와세다대학교 교수

한일관계가 왜 악화되고 좀처럼 개선될 조짐을 보이지 않는가? 주된 요인으로 '과거' 즉 역사인식과 과거사 청산을 둘러싼 갈등이 지적된다. 그러나 잠시 생각해 보면 과거사 문제나 영토 분쟁의 원인이 최근에 발생한 것은 아니다. 70여 년 전부터 문제는 존재했다. 그것이 쟁점으로 부상하는가 어떤가가 시기에 따라 변화해 온 것이다. 즉 '과거' 그 자체가 분쟁의 대상이 아니라, 그것을 어떻게 처리하는가가 문제였던 것이다.

한일파트너십 공동선언에서는 '과거 직시'와 '미래지향'이 한일관계를 발전시키는 기본적인 틀로서 제시되었다. 그런데 이 두 원칙이 상호 배치되는 것으로 여겨지는 것이 문제라 생각된다. 예컨대 한국에서는 '과거 직시'가 중시되고, 일본에서는 '미래지향'을 강조하는 경향이 있다. 특히 일본에서는 '미래지향'은 과거를 되돌아보지 않는다는 의미로 해석되는 경우가 많다. 한국에서는 '미래지향'이 '과거 직시'와 일체라는 점이 강조되지만, 그 경우에도 '미래지향'이 예정조화적이라는 이해가 일반적일 것이다. 한국과 일본이 과거에 얽매이지 않고 '미래'를 지향하면 자연히 가까워지고 협력적이 될 것이라는 논리이다.

그러나 최근의 한일관계를 보면 오히려 '미래'를 둘러싼 갈등이 문제이며, 그 때문에 과거사 문제도 보다 대립적으로 되는 것이 아닌가 하는 느낌이 든다. 즉 한국과 일본이 각기 나아가고자 하는 방향이 어긋나 있어서 과거사 문제를 포함해 여러 가지 마찰이 증폭되고 있다고 할 수 있다.

역사가 E.H. 카는 명저 『역사란 무엇인가』에서 '과거와 현재의 대화'가 역사의 요체임을 설파한 적이 있다. 그런데 현재는 고정적인 것이 아니라 끊임없이 움직이고 있고, 움직이는 현재를 연결하면 그 방향이 미래가 된다. 카 자신도 위의 유명한 명제 조금 뒤에 "역사란 과거의 여러 사건들과 서서히 나타나는 미래의 여러 과제들 사이의 대화"라고 부연 설명하고 있다. 다시 말해서 지향하는 미래의 관점에서 과거가 끊임없이 재해석된다는 것이다. 어느 사회나 국가가 화해를 지향하면 대립과 갈등을 극복하려 했던 과거의 노력이 재조명된다. 반면 사회나 국가가 전쟁과 대립을 향하는 경우에는 그에 도움이 되는 기억이 소환된다.

지금 한국과 일본 사이에는 지향하는 지역 질서의 비전을 둘러싸고 점차 차이가 나타나고 있다. 한국은 한반도의 '탈냉전'을 추진하는 반면, 일본은 중국의 부상으로 인한 '신냉전' 체제의 대응에 중점을 두고 있다. 양국이 놓여진 지정학적 차이 등이 배경에 있지만, 이 같은 차이를 어떻게 극복하고 공통의 미래를 전망할 수 있는가가 중요한 과제가 된다.

이 글에서는 김대중 대통령과 오부치 수상이 동아시아 지역공동체 구축이라는 비전을 공유하고 있었으며, 이를 바탕으로 한일파트너십 공동선언에 집약되는 한일관계 발전을 이루어낼 수 있었다는 사실을 재조명함으로써 앞으로의 과제를 생각하는 데 일조하고자 한다.

II. 탈냉전과 지역통합의 선순환
— '유럽의 경험'과 동아시아·한반도

한일파트너십 공동선언 제4항에 "양국 정상은 양국의 파트너십을 단순히 양자 차원에 그치지 않고 아시아태평양 지역, 나아가 국제사회 전체의 평화와 번영을 위해, … 다양한 노력을 통해, 진전시켜 나가는 것이 매우 중요하다는 데 의견의 일치를 보았다"라는 구절이 있다. 외교적 수사라고 할 수도 있으며, "한일 양국은 아시아태평양 지역과 국제사회의 과제 해결에 협력한다"라는 식의 표현은 이후 한일 간의 외교문서에 자주 나타난다. 그러나 한일파트너십 공동선언은 한일 간 양자관계의 의미를 아시아태평양(또는 동아시아)이라는 '지역'(region)의 맥락에서 명시한 최초의 공식문서라고 할 수 있다. 또한 단순한 수사에 그치지 않고, 당시 한일 양국이 실제로 전개한 외교정책을 반영한 것이라는 점에도 주목할 필요가 있다.

또한 동 선언 제6항에서 두 정상은 "미국과의 안전보장체제를 견지"하는 동시에, 아시아태평양시역의 "다자간 대화 노력"을 강화할 것의 중요성을 강조했다. 나아가 동 선언의 '행동계획'에서는 "다자간 지역안보 대화에서의 협력"의 구체적 실례로 갓 창설된 아세안지역포럼(ARF)의 발전 강화를 제시하고, 또 아시아유럽회의(ASEM)에도 주목해서 "ASEM의 활동을 통해서, 아시아 국가 간의 활발한 교류와 협력을 모색한다"라고 명시했다. 관료에 의한 기술적인 문장이지만, 그 의미를 이해하기 위해서는 약간의 해설이 필요할 것 같다. 당시 일본에서는 호소카와 수상의 자문회의인 방위문제간담회(1994)가 냉전종결 이후의 일본의 안전보장에 관해 제안한 보고서(통칭 '히

구치 보고서'로 제출은 무라야마 내각)가 미일동맹보다 아시아태평양의 다자 지역안보기구를 우선하는 듯한 구성을 취한 것이 미국의 우려를 초래해, 소위 '나이 이니시어티브'를 통해서 미일동맹재정의(1996)로 귀결된 경위가 있었다. 그러나 그 이후에도 일본은 ARF와 같은 다자틀에도 지속적인 관심을 기울였던 것이다. "ASEM을 통한 아시아 국가간의 협력 모색"이라는 문구도 실제상황을 반영한 것이었다. 1996년 ASEM의 준비과정에서 유럽측(EU)의 카운터파트인 동아시아측 모임으로 아세안＋3(한중일)정상회담이 최초로 개최되었다. 1990년 말레이시아의 마하티르 수상이 제창했으나 미국의 반대로 무산된 '동아시아'라는 틀이 "ASEM이라는 뒷문"(다나카 아키히코)을 통해서 실현된 것이다.

이처럼 한일파트너십 공동선언에 내포된 한일 양국의 지역주의 외교(지역협력틀 구축을 지향하는 외교)가 가지는 의미를 보다 명확히 하기 위해, 제2차 세계대전 이후 유럽의 경험에 관해 한두 가지 점을 지적하고자 한다. 동아시아나 한반도와 관련해서 자주 거론되는 유럽의 경험은 크게 두 가지다. 그 하나는 EU에 이르는 지역통합의 과정이다. 두 번에 걸친 전쟁과 세계공황의 배경에는 근대 주권국가체계의 기능부전이 있다는 반성하에, 유럽에서는 국민국가의 좁은 한계를 뛰어 넘어 정치, 경제, 사회의 공동체(community)를 형성하고자 노력해 왔다. 동아시아의 다양한 지역협력 시도가 이 같은 유럽의 동향에 자극받고 촉진된 것은 잘 알려진 사실이다.

또 하나는 서독의 동방정책, 나아가 유럽안보협력회의(CSCE)에 의한 헬싱키 프로세스와 같은 탈냉전, 즉 평화공존을 통한 냉전대립의 극복이다. 냉전구도가 지속되고 있는 한반도와 동북아의 상황을 논의할 때 자주 참조되는 사례이다.

　주목할 것은 유럽에서 이 두 프로세스, 즉 국민국가의 한계를 극복하려는 지역통합과, 냉전대립의 해소를 지향하는 탈냉전의 노력이 상호 연동되면서 동시적으로 진행되었다는 사실이다. 양자는 상호보완적이며 선순환 관계에 있다고 할 수 있다. 특히 '국민국가의 극복'과 '냉전대립의 극복'이라는 이중적 과제에 직면해 있던 서독의 경우에 양자의 관계성은 한층 두드러진다. 최근의 역사연구가 보여주듯이 서독의 동방정책은 '서방정책'과 불가분의 관계에 있었다. 1963년의 독불우호조약(엘리제조약) 등으로 프랑스와의 화해를 이루고, 독불관계를 기축으로 유럽통합을 추진한 것이 1960년대 후반부터 동방정책을 본격화하는 토대를 이루었다. 프랑스를 비롯한 시유럽과의 화해와 통합이 없었더라면 서독이 단독으로 소련 동구권과 관계개선을 추진하는 것은 현실적으로 불가능했을 것이다. 보다 큰 틀에서는 유럽통합이 진전되어 국경의 장벽이 낮아지고 내셔널리즘의 틀이 완화된 것이 헬싱키 프로세스에서 보여지듯이 체제의 차이를 인정하는 평화공존의 발상을 통해 냉전대립을 극복하고 궁극적으로는 냉전을 평화적으로 종식시키는 데 기여했다.

　이 같은 유럽의 경험은 한반도와 동아시아가 놓여진 상황에 시사하는 바가 적지 않다. 한반도와 타이완해협은 동아시아에 남겨진 냉전대립의 두 현장이다. 또한 이 두개의 분단은 각기 통일국가를 지향하는 내전의 과정에서 탄생된 것이기도 하다. 통일국가를 염원하는 내셔널리즘이 냉전을 열전으로 격화시키고, 대립을 장기화시킨 요인이었다. 냉전체제를 평화적으로 해소하기 위해 국민국가와 내셔널리즘의 틀을 넘는 지역통합을 추진할 필요성은 동아시아에 있어

한층 크다고 하겠다.

III. 한일파트너십 공동선언과 '동아시아공동체' 구상

한일파트너십 공동선언을 탄생시킨 김대중 대통령과 오부치 수상의 외교에도 이러한 두 가지 프로세스의 관련성이 내포되어 있다. 특히 냉전대립의 최전선에 위치한 한국 김대중 정부의 외교에 그 구도는 명확히 나타나 있다. IMF위기와 북핵문제의 와중에 출범한 김대중 정부는 일종의 전방위외교를 전개했다. 우선 착수한 것은 삐걱거리던 미일과의 관계수복이었다. 경제와 안전보장 양면에서 발판을 굳히는 것이 선결과제였던 것이다. 취임 직후인 1998년 6월 미국을 방문해 클린턴 대통령과 회담한 것에 이어, 같은 해 7월에 탄생한 오부치 정권과 한일파트너십 공동선언을 실현시켰다. 오부치 수상이 하시모토 내각의 외상 시절부터 김대중 대통령과 친교를 깊여 온 것이 관계강화에 공헌했다.

미일과의 관계개선을 발판으로 김대중 외교는 눈을 북방으로 돌렸다. 일본 방문 직후인 1998년 11월 김대중 대통령은 중국을 국빈 방문해 장쩌민 국가주석과 정상회담을 하고 한중관계를 '협력동반자관계'로 격상시킬 것에 합의함과 동시에 군사분야 교류도 시작되었다. 1999년 5월에는 모스크바를 방문해 옐친 대통령과 5년만의 한러정상회담을 가졌다. 이 같은 주변 4개국과의 관계강화가 2000년에 최초의 남북정상회담을 실현시키는 토대가 되었다고 할 수 있다. 서독과 마찬가지로 '서방정책'의 발판을 다진 위에 '동방정책'(한국의 경우에는 북방정책)을 전개하는 구도이다.

김대중 외교의 특징은 전통적인 '4강외교'(미일중러)에 머무르지 않고, 넓게 동아시아를 시야에 넣은 지역주의 외교를 적극적으로 전개한 점에 있다. 김대중 대통령은 일본 및 러시아와의 정상회담에서도 동북아 6개국에 의한 다자 안보대화를 제안한 바 있다. 나아가 1997년 아시아 통화위기를 계기로 아세안+3(APT)가 창설되는 등 동아시아에 지역협력의 기운이 고조되자 이에 기민하게 대응했다. '동아시아공동체' 구상이 형성되는 과정에서는 김대중 대통령의 리더십이 두드러졌다. 1998년 베트남 하노이에서 열린 제2차 APT정상회담에서 김대중 대통령은 "동아시아 지역협력을 위한 중장기적 비전의 연구"를 임무로 하는 동아시아비전그룹(EAVG)을 설치할 것을 제안했고 그 좌장에는 한승주 전외무부장관이 선출되었다. 2년여의 논의를 거쳐 2001년 11월 APT정상회담에 제출된 EAVG 보고서의 제목이 "동아시아공동체를 향해서"였다. '동아시아공동체'의 창설을 목표로 그 실현을 위해서, 경제와 금융뿐만 아니라 정치 안전보장 분야까지 포괄한 야심적인 내용이었다. 민간전문가들의 모임인 EAVG의 제언은 각국 정부대표로 구성된 동아시아스타디그룹(EASG)에 의한 검토를 거쳐 2002년 APT정상회의에 최종보고서가 제출되었다. 동아시아공동체를 향한 조치로서 모두 26개 협력사업(단기 17개, 중장기 9개)이 제안되었고, 그중 중장기 과제 중 하나가 APT정상회의를 동아시아정상회의(EAS)로 격상시키는 것이었다. EASG도 2000년 정상회의에서 김대중 대통령의 제안으로 설치되었다.

당시 아시아 통화위기를 맞아 IMF 관리하에 놓여진 한국 경제의

회복을 위해서는 일본과 중국을 포함한 역내협력체제의 구축이 긴급하고 또 불가결한 과제였다. 그러나 김대중 대통령이 동아시아지역외교에 힘을 기울인 배경에는 이 같은 경제적 요인뿐만 아니라 지역협력을 진전시켜 남북관계 개선에도 박차를 가하고자 하는 전략적 발상도 있었다. 김 대통령은 2000년 및 2001년 APT정상회의에서 "한반도와 동아시아 평화는 하나"이며, "한반도의 번영과 동아시아의 번영도 긴밀한 관계에 있다"라고 역설했다. 한반도 문제를 해결하기 위해 지역협력틀을 강조하는 관점 자체는 새로운 것이 아니다. 1988년 노태우 대통령은 북방외교의 일환으로 남북과 미일중러 6개국으로 구성된 '동북아평화협의체'를 제창한 바 있다. 김대중 외교는 이에 머무르지 않고 종래에는 주로 경제협력의 대상으로 여겨 온 동남아를 포함한 동아시아 지역 전체에 정치 안전보장 분야까지 포괄하는 지역협력체제 구축을 추진했다는 점에 특징이 있다. 1998년 APT정상회의에서 동아시아 지역협력의 성격을 둘러싸고 논의가 있었을 때, 마하티르 수상이 자신의 지론인 '동아시아경제협의체'를 거론하자, 김 대통령은 "경제뿐 아니라 정보, 문화, 청소년, 학술교류 등 21세기를 향한 종합적인 발전 방향을 검토하자"고 제안했다. EAVG와 EASG에서 경제뿐만 아니라 정치 안전보장협력을 포함한 야심적인 동아시아공동체 구상을 제시하는 과정에서 김대중 외교는 중심적인 역할을 담당했다.

오부치 내각의 일본도 EAVG 회합 일부를 도쿄에서 개최하는 등 한국의 노력에 적극적으로 협력했다. APT정상회담을 토대로 해서 한중일 삼국협력틀도 탄생되었다. 이 과정에는 김대통령과 오부치 총리의 긴밀한 연계와 협력이 잘 나타나 있다. 오부치 수상의 외교

브레인이었던 후나바시 요이치에 따르면, 아세안회의에 한중일 정상이 모두 참석하는 기회를 이용해서 세 나라만의 정상회의를 따로 가지자는 아이디어는 오부치 수상과 가까운 자문그룹의 월례 조찬 모임에서 나왔다고 한다. 오부치 수상은 즉석에서 관심을 보였지만 "일본이 먼저 이야기를 꺼내면 중국이 거절할지 모른다"고 생각해서, 우선 김대중 대통령에게 은밀하게 타진했고, 김 대통령이 장쩌민 주석의 의사를 확인했다. 오부치 수상이 1998년 하노이 APT정상회의 때 한중일 정상의 회합을 제안했지만 중국의 소극적 반응으로 실현되지는 않았다. 그러나 이듬해인 1999년 마닐라에서 열린 APT정상회의에서 오부치 수상이 재차 제안한바 중국의 주룽지 수상이 막판에 동의해서, 정치문제를 꺼내지 않는 '조찬회' 형식이기는 하지만 사상 최초로 한중일정상회담이 열렸다. 이어 2000년 싱가포르 APT정상회의에서 김대중 대통령의 제안으로 한중일정상회의가 정례화되어 현재에 이르고 있다.

한중일정상회의가 누구의 제안으로 시작된 것인지에 관해 한일 간의 증언은 엇갈린다. 김대중 정부의 초대 총리에 임명된 김종필은 1998년 11월 일본을 방문했을 때, 같은 해 12월 APT정상회의를 이용해서 "세 정상이 그 곳에서 만나자고 오부치 수상에게 말했다"고 동행 기자단에게 밝혔다. 어느 쪽이 사실인지 확인할 수는 없지만 당시 한일 간에 다양한 의견 교환이 이루어졌다는 것을 보여준다. 오부치 수상은 하시모토 내각의 외상 시절부터 인간안보 등 외교 안전보장에 대한 협력적 접근에 관심을 보였으며, 수상 취임 이후에는 하시모토 수상의 '유라시아외교'를 다소 수정해서 '아시아외교'에 중점을 두었다. 오부치 수상의 자문기관인 '21세기 일본의 구상' 간담회는 정책제언 보고서에서 '열린 국익'과 '인교'(燐交, 근린 아시아와의 관계 심화)를 강조하는 등 김대중 외교의 지향성과 겹치는 부분이 많다. 일본과 한국이 같은 방향을 향하고, 양국관계의 개선뿐만이 아니라, 불안정 요인인 중국과 북한을 포함하는 지역 질서 구축이라는 목표를 공유한 시기였다.

그러나 이후 동아시아 지역주의 기운은 급속히 쇠퇴하기 시작했고 한일관계로 역사와 영토문제를 둘러싸고 격동을 거듭했다. 그 배경에는 중국의 급속한 대두로 인한 지정학적 불안정이라는 구조적 요인과 북한의 핵개발등 상황적 요인이 얽혀 있지만, 오부치 총리의 갑작스런 서거, 김대중 대통령의 퇴임, 미국 부시 정권의 성립 등 정치 리더십의 교체도 큰 영향을 미쳤다. 한반도 정세가 역사적 전환점을 맞고 있는 지금 상황에 대해. 한일관계의 의미를 지역 형성(region-building)이라는 보다 넓은 맥락에서 제시한 한일파트너십 공동선언은 많은 교훈을 주고 있다.

IV. 한반도의 '탈냉전'과 동아시아의 '신냉전'

올해 들어 70여 년간 지속된 한반도 분단과 대립 구조에 근본적인 변화의 가능성이 보이기 시작했다. 남북정상에 의한 판문점선언(4월 27일)과 '역사적'인 북미정상회담의 싱가포르선언(6월12일)에 공통되는 키워드는 '한반도의 항구적 평화체제'이다. 남북관계와 북미대화가 연계되면서 한국전쟁 휴전 이래 처음으로 한반도에 '탈냉전'의 기회가 구체적으로 다가오고 있다고 하겠다. 비핵화를 향한 과제가 많아 우여곡절이 예상되지만 특히 한국에 있어 냉전구조의 해체를 지향하는 움직임은 더욱 커질 것이다.

한반도의 군사적 긴장을 완화하고 평화체제를 구축하는 것은 한국뿐만 아니라 주변국들에게도 바람직한 변화일 것이다. 그러나 냉전체제가 일상화되고 일종의 기득권구조가 된 상황에서는 현상변화에 대한 불안감이 증폭되기 쉽다. 한반도에서 진행 중인 평화프로세스에 대해 일본에서는 우려의 시선이 많은 것이 사실이다. 핵과 미사일 개발에 따른 위협의식과 납치문제로 인한 북한에 대한 불신감이 직접적인 요인이지만, 보다 구조적으로는 '신냉전'의 위협의식, 즉 중국의 대두에 대한 경계감이 근저에 있다. 최근 일본에서는 '동아시아'에 대한 관심은 후퇴하고 대신에 중국 견제라는 의미가 짙은 '인도태평양'이 새로운 지역개념으로 등장하고 있다.

한반도의 '낡은 냉전'의 해체 프로세스를 어떻게 동아시아의 '새로운 냉전' 구도와 분리시킬 것인가? 나아가 한반도의 탈냉전과 평화체제 구축이 동아시아의 신냉전을 완화시키는 역할을 감당할 수 있는가? 동아시아의 지정학적 구도가 크게 변화하는 가운데 한일 양국의 전략적 이해관계에도 이전보다 마찰이 증대되고 있다. 그러나 미중 양국을 포함한 안정적인 지역 질서 형성이 바람직하다는 점에서는 공통점이 많다.

미 트럼프 정권의 불안정한 아시아정책에 직면해서 중일 간에 관계개선의 움직임이 활발해지고 있다. 한반도 정세의 변화에 따라 한일 간 협력이 필요하다는 인식도 높아지고 있다. 또한 신냉전의 군사적 긴장은, 중국의 해양진출을 둘러싸고 남중국해와 인도양 등이 주된 무대가 되고 있고, 한반도를 중심한 동북아에서는 북핵문제가 여전히 있는 한편 역내 각국이 '경제'에 역점을 두고 있는 상황에도 주목할 가치가 있다. 북한은 '경제중시'를 신노선으로 내걸기 시작했고, 중국은 동북3성의 경제 진흥, 러시아는 극동지역의 개발을 서두르고 있다. 일러양국도 경제협력을 통한 영토문제 해결을 모색 중이다. 한국 문재인 정부가 한반도 평화체제의 일환으로 제시하고 있는 '한반도 신경제지도' 구상은 남북뿐만 아니라 일본과 중국, 러시아 등 역내 국가들을 연결시켜 지역경제권 형성을 지향하는 내용이다. 한일 양국이 지역에서 어떠한 '미래'를 지향하는가가 향후 한일관계의 시금석이 될 것이다.

통일 전(前) 동·서독 교류와 디아코니아에서의 경험

헨리 폰 보제[*]

I. "함께 속해 있는 것은 함께 자라는 것이다"

독일의 전 총리, 헬무트 슈미트는 1979년 전 독일의 수도인 본의 총리 공원에 대형 청동 조각을 세워주도록 영국의 조각가 헨리 무어에게 의뢰하였다. 이 기념비적인 작품은 서로 가까이 있지만, 상대방과 접촉하지 않은 두 개의 추상적인 인물로 구성되어 있다. 이 조각품은 "큰 두 가지 형태"라는 명칭을 갖고 있다. 슈미트 총리는 세계적으로 유명한 조각가의 이 걸작에서 양분된 독일의 상징을 보았다. 국가는 분열되었지만 그럼에도 불구하고 함께 소속되어 있었다. 이 예술품 양도식에서 슈미트는 조각에서 "생명과 인간연대의 표상"을 알 수 있다고 강조하였다.

---

[*] Henry von Bose: 독일 개신교선교연대(Evangelical Mission in Solidarity) 이사

이 해석을 서독의 많은 사람들이 받아 들였다. 이것은 1980년대의 초반 소위 두 개의 독일 국가의 통일과 연관된 질문과 함께 새로운 자극이 되었다.

서독에서 세속어로 쓰이는 이 통일이라는 단어는 전혀 다른 두 개의 국가의 연합이 실제로는 가능치 않을 것으로 생각되는 개념이었다. 마찬가지로, 이것을 실현하는 방법과 관련된 아이디어 또한 애매하고 모호했다. 완전히 다른 사회체제와 역사적 편견을 가진 이 두 공화국을 어떻게 화합해야 하는가? 이전의 공통적인 것과 연결될 수 없으면 완전히 새로운 것이 있어야 했다.

10년 후인 1989년 11월에는 변화된 세계의 정세 때문에 이렇게 된 것은 기적이라고 말할 수 있다. 아무도 그것을 정말로 믿지 않았다. 1945년 독일제국과의 전쟁에서 승리한 세력이 지정학적 블록에서 그들의 사고를 극복하고, 두 개의 독일 국가를 새로운 자유를 위해 풀어 놓아 주었다는 사실은 여전히 역사적인 것으로 남는다.

1989년 11월 9일이 작전 실행 X의 날로 하등의 중요한 준비가 없었다는 것은 정치적 책임자들이 이 날을 아무도 예상하지 않았다는 것을 보아 알 수 있다. 1961년 이래 분단을 확고히 한 장벽이 다시 개통된다는 것에 대해서 시민과 정치인들은 준비를 하지 않았었다. 독일 정부의 흔히 지나칠 만큼 행해지고 있는 행정과 관료주의에 대한 독일의 경향을 잘 알고 있는 사람이라면 서독 국무위원들의 서랍에는 두 국가의 통일과 구조에 대한 하등의 계획서가 없었다는 사실에 놀랄 것이다. 아무도 그것을 기대하지 않았기 때문에, 거기에 대한 업무배분도 없었다. 사실, 하나의 독일 국가에 대한 기대와 통일에 대한 요구는 기본적인 정치 프로그램과 일요일 연설의 일부분이었다. 그러나 실현가능한 구체적 계획을 만들 이유는 없었다.

1989년 11월 9일 이후 전 총리인 빌리 브란트의 말이 유효하다는 것을 알게 되었다. 그는 이미 독일 전체의 미래에 대해 말했었지만, 이제야 우리는 그것에 대한 폭넓은 반응만을 발견할 수 있습니다: "함께 속한 것은, 함께 자라게 됩니다." 함께 속한다는 것은 공통의 역사적 정치적 유산을 갖는다는 것을 의미한다.

1949년 이래 수십 년 동안 분단된 후 두 독일은 통일이 되었는데, 이것은 서쪽으로 동독을 탈출하기를 원했던 자신의 동포들에게 동독 군인들이 명령을 내리지 않고 국가보위국이 자신의 백성들을 감시하지 않고 정권 비평가들의 생활 조건을 와해하지 않는, 경계선과 철조망이 없는 상태로 다시 통합되는 것을 의미한다. 독일과 폴란드 그리고 그 당시 바르샤바 협약의 다른 국가들과의 화해 정책에 대한 공로로 노벨 평화상을 수상한, 위대한, 동시에 논란의 여지가 많은 정치인인 빌리 브란트(Willy Brandt)는 통일된 독일의 미래에 대한 과제를 함께 성장함이라고 설명하였다.

'함께 소속되기 - 함께 자라기'라는 단어는 정교한 진실을 말하기 때문에 그것이 잘 표현된 이유이다. 성장은 수년이 걸리며, 유기체의 일부로는 오랜 세월이 소요됩니다. 성장은 빨리 되지 않으며 조급함을 동반해서는 안 된다. 이것이 적절한 휴식 속에 이루어지게 하기 위해서는 성장을 촉진하는 분위기가 필요하다.

II. 어려운 신뢰 구축

더 커진 독일의 새로운 정치 공간에서는 국민의 신뢰를 얻고 화합이 성공될 수 있도록 하는 것이 아마 가장 중요한 것은 과제였을 것이다. 강한 서부의 통화 D-Mark, 이와 함께 새로운 연방 국가에 편입된 사람들을 위한 여행의 자유와 같은 초기의 행복감은 점차 심오한 회의론으로 타격을 받게 되었다. 1년 동안 열려 있었던 국경을 가졌던 당시 동독의 독일 민주공화국은 독일연방공화국으로 서녹과 통일되기 이전에 마치 새로운 국가인 것처럼 존재했다. 이를 위한 토대는 몇 달 안에 마련된 통일 합의서였다.

대답하기 어려운 윤리적인 논쟁의 여지가 남아 있다. 두 주권 국가가 실제로 같은 눈높이에서 결합되었는가? 아니면 더 약한 파트너가 더 강한 파트너에 연결되었는가? 동독에게 자유롭게 선출된 정부와 새로운 권력이 창출될 수 있도록 더 많은 시간이 주어져야 하지 않았을까? 그렇다면 어쩌면 그는 통일에서 보다 강력하고 자신감 있는 파트너로서 협상할 수 있었을 것이다.

당시에 서구에서 자란 법치국가, 민주주의 및 시장 경제를 어떤 우선순위에 따라 이전의 동독에 전이시켜야 할지 많은 토론이 있었다. 바로 이점이 동부 지역에서 가장 부족한 부분이다. 이것은 추가적으로 영리한 사람들에 의해 법치국가와 민주주의라는 주장과 함께, 규제를 받지 않은 자본주의는 동독에 대단히 빨리 퍼졌다. 이는 동독 사람들의 사고에 가장 큰 부정적인 영향을 미쳤다. 그들은 서구의 기업들이 물건을 가져 왔지만, 일자리는 부족하다는 것을 깨달아야만 했다. 매일 필요로 하는 물품을 위해 창고는 지어졌지만 공장은 없었다.

기술적으로 비효율적인 산업시설이 현대화되기보다는 "처리"되었으므로 대단히 많은 일자리가 사라졌다. 독일신탁청이 동독의 국유 기업을 사유화하기 위해 1990년에 설립되었다. 그리고 이전에 있었던 동독의 많은 생산 현장이 쓸모없다는 인상을 받게 되었다. 많은 노동자들이 그들의 일에 대한 정체성과 자부심을 잃었다.

빨리 의미 있는 말들이 나타났는데, 그것은 동쪽에 있는 사람들에게 낯선, 동독의 새로운 시민들을 비교하여 폄하하는 단어로 서쪽사람들은 "베셔베시"(Besserwessi, 더 잘 아는 서독사람 – 똑돌이/똑순이)라고 불리어졌다. 모든 것을 더 잘 아는 서독 사람, 더 잘 안다고 생각하는 사람들은 서로를 잘 알 수 있는 시간이 없는 사람들에게 물어보는 것이 아니라, 참을성 없이 동독의 오래된 구조를 서독 구조로 빨리 대체하고 돈을 벌기를 원하는 사람들을 말한다. 사회주의에서 개발된 모든 것이 거부되어야하고 자본주의에서 생산되는 모든 것은 환영해야 하는 등 그들은 많은 상처를 입게 되었다. 불신은 확산되고, 다른 편견에 대한 편견은 키워졌다.

III. 서독과 동독 교회의 파트너십

이러한 모습은 서독과 동독 개신교회 디아코니아 직원들에게 상호 보다 더 적극적으로 가까워지는 계기를 불러 일으켰다. 1989년 가을 소위 통일로의 전환시점에 이르기까지 동·서독 교회의 파트너십은 이미 40년 동안 존재해왔었다.

1948년에 동·서독 주 교회의 연합체인 독일 개신교회(EKD)를 아이제나흐(Eisenach)에서 설립하였었다. 1949년에 두 개의 독일 국가가 형성되었다. 두 나라의 경계선이 철의 장막이 되었다. 1961년 450만 명의 동독 시민들이 서독으로 이주 및 망명한 후 장벽이 세워졌다. 동독에 있는 개신교 주 교회들은 특히 이로 인해 압력을 받았는데, 무신론 국가는 교회를 공격하였으며 여러 면에서 이들을 약화시키고, EKD 공동체에서 탈퇴시키려 하였다.

1969년에 "동독개신교연맹"이 설립되었다. 조직의 분리에도 불구하고 서독과의 연결은 적극적으로 추진되었다. 여기에는 이미 1949년에 이루어졌던 서독의 17개 주 교회와 동독 8개 주 교회 간에 교류가 결정적으로 도움이 되었다. 제가 이제 말씀드리려 하는 뷔르템베르크(Wuerttemberg)와 튀링엔(Thueringen)도 여기에 속한다.

물질적인 도움이 교류에서 가장 중요한 첫 번째 영역이라는 것을 알 수 있었다. 동독의 교회 및 디아코니아 종사자들은 다른 시민들보다 평균적으로 수입이 적었다. 국가의 건축예산 배정에서 교회와 디아코니아는 제일 늦은 순위로 고려되었다. 난민지역의 목회사역은 단지 자동차로서만 가능하였었다. 자동차 주문시 예정 배송 시간은 무려 18년에 달하였다. 이러한 지원들을 위해 개신교(EKD) 파트너들의 도움이 필요하였었는데 음식, 섬유, 건축 자재, 설비 그리고 많은 것이 서쪽에서 동쪽으로 운송되었다.

도움은 사적인 형태로 이루어졌다. 이러한 형태의 지원은 국가의 규정에 의해 강요되었다. 동독 정부는 우선 조직적 도움을 허용하지 않았는데, 일반적인 불충분한 공급 상황으로 인해 충족되지 않은 많은 개인적인 필요상황이 밝혀지는 것을 두려워하였다. 도움은 개인적인 차원에서만 승인되었다. 그러므로 뷔르템베르크와 튀링엔에 있는 교인들과 교회직원들 간에는 조직적인 원조를 하였지만, 조직적으로 보이지 않게 할 필요가 있었다.

이 조직업무를 디아코니아가 맡았다. 뷔르템베르크 디아코니아 봉사국에는 4,000명의 튀링엔 사람의 주소가 있었으며, 뷔르템베르크에도 그 만큼 많은 수의 파트너의 주소가 있었다. 그들은 모두 서로 연락하고 정기적으로 소포를 보냈다. 우송료는 디아코니아가 지불하였다. 튀링엔의 모든 700개 교회는 뷔르템베르크의 1,500개 교회 중 하나 이상의 파트너 교회와 연결되었다. 훈련 센터와 디아코니아 기관도 함께 참여하였다. 소위 1989년 통일 시점까지 여기에 관한 대부분의 정보는 엄격하게 기밀로 유지되었다.

1989년과 1990년에 이 수치가 처음으로 발표되었다. 1989년에 뷔르템베르크에서 튀링엔으로 총 280만 유로를 그리고 1990년에는 260만 유로를 송금하였다. 이들은 개인을 위한 원조(섬유 보조, 급여 보조, 의료 원조), 파트너 상봉지원, 업무 차량, 건설 장비, 사무용품 지원으로 구분되었다. 통일이 된 후, 중앙에서 주관한 교류 차원에서 독일의 동과 서 두 지역 간에 많은 새로운 관계가 형성되었다. 교회 지도자들은 이미 기존 관계가 형성된 주 교회 파트너십에 우선순위를 두었다.

IV 전문가의 조언을 통한 지원

통일 이후 튀링엔의 디아코니아는 전문가 조언을 필요로 하였다.

새로운 주에 연방사회부조법 및 기타 다른 연방법이 도입됨에 따라 디아코니아에서는 새로운 조직 구조가 필요하게 되었다. 튜링엔에서 긴급히 요청한 전문가 조언은 단기 및 중기 협력과 훈련이라는 세 가지 형태로 나누어졌다.

단기 전문가 자문은 디아코니아 시설의 직원과 뷔르템베르크 디아코니아 본부 직원들로부터 제공되었다. 그들은 동독 동료들을 위해 뷔르템베르크 동료들이 오랫동안 익숙해 있는 사회구조와 새로운 방법과 연관된 회의를 튜링엔에서 개척하고 교육과정도 개설하였다.

중기 협력은 뷔르템베르크의 여러 전문가들에 의해 수행되었다. 디아코니아 봉사국의 법률자문관은 튀링엔의 디아코니아법의 초안을 작성하고 튜링엔 디아코니아 봉사국의 업무구조를 만드는데 참여하였다. 그는 또한 노동법 문제의 이해를 도왔다. 유치원 교사 양성기관의 강사 한 사람은 아동 디아코니아 선생님들을 위한 세미나를 통하여, 필요한 교육구조 마련을 위한 자문을 하였다. 뷔르템베르크 장애인시설 기관장은 튜링엔 디아코니아 봉사국의 장애인을 위한 컨설턴트가 되었다.

튜링엔 디아코니아 직원의 교육수준을 새로운 법적 요구사항에 맞추기 위해 뷔르템베르크의 개신교 사회복지대학에서는 추가교육 과정을 개설하였다. 뷔르템베르크 디아코니아 본부에서는 튜링엔의 동료를 위하여 경영분야의 인턴십 자리를 마련하였다.

새로운 연방 주에서의 법적규제의 채택은 튜링엔의 디아코니아에게도 높은 재정적인 부담을 야기했다. 따라서 사회복지시설법은 시설이 특정한 최소 장비를 갖출 것을 요구했다. 그것들을 준수하기 위해, 특히 위생환경 영역에서 구조적인 변화가 이루어져야했다. 건축 가격이 급격히 상승했음에도 불구하고 수 년 동안 미루었던 공사 시공을 훨씬 더 시급히 시작해야만 하였다. 직원들의 급여는 인상되어야만 했다. 튀링엔 사람들은 뷔르템베르크의 디아코니아 친구들에게 이러한 재정문제에 대한 조언을 구했다. 뷔르템베르크 주교회는 승용차 및 컴퓨터 장비 조달을 위하여 많은 프로젝트 금액을 기부했다. 거의 1백만 유로에 해당하는 예산이 투입되었다. 독일 개신교회는 동독의 8개의 새로운 주 교회에 5년 동안 1억 3천만 유로의 인건비를 제공했으며, 이 중 1990년과 1991년에 2천 5백만 유로를 뷔르템베르크가 단독으로 부담했다. 이 높은 금액을 정확하게 평가할 수 있도록 하기 위해서는 동독과 서독의 소득과 재산 관계를 살펴볼 필요가 있다. 1990년 서독 시민권자는 소득이 12,000유로를 약간 넘었지만, 동독 사람은 5,500유로에 그쳤으며, 현금재산은 서독은 1인당 평균 25,000유로, 동독은 4,200유로에 달하였다. 수년 동안 임금과 급여는 조정되지 않았고 동부의 연금 또한 서부 지역의 연금보다 뒤떨어져 있었다. 남은 것은 불공정성과 박탈에 대한 광범위한 동부 사람들의 인식이다.

V. 교회의 여행 자유: 양측의 망설임

두 개의 주 교회 사이에 특별한 전환의 장이 열렸다. 디아코니아 전문가는 직업상 뷔르템베르크와 튀링겐 사이를 여행하였는데 전문가 회의에는 개인적인 대화가 신뢰감 속에 이루어져야 하기 때문이다. 1989년 봄, 저 자신은 튀링겐 디아코니아 봉사국 본부가 있는 아이젠나하에서 디아코니아 목회자들에게 강연을 하였다. 이를 위해 저는 난생처음으로 독일 - 독일 국경을 넘어서 운전을 하였다. 국경 담당 공무원은 그들의 도장을 찍기 위해 여권 두 장의 전체 페이지가 필요하였다. 국가안전부의 직원이 저를 끊임없이 동행했음으로 이 사실을 알지 못하였지만 나중에 여권을 보고 알게 되었다. 동독 교회 디아코니아의 동료들과 아이디어를 교환하는 것은 고무적이고, 대화는 신뢰속에 이루어졌다. 한 동료는 그의 오래된 트라반 자동차를 몰고 아이젠나하에 온 것을 분개했다. 이곳이 이 차의 가장 큰 생산 공장이 있는 곳이기 때문이다. 루터가 그의 보호를 위해 투옥되고 그의 성경 번역 작업을 했던 아이젠나하 도시 위의 높은 성이 바르테부르크(Warteburg)인데, 그 이름을 딴 바르테부르크는 동독 전체에서 최대의 규모로 생산되는 자동차 모델이었다. 그 동독 동료는 일반 상점에서 구할 수 없는 결함 있는 와이퍼용 예비 부품을 공장에서 직접 사고 싶어 했다. 그의 분노는 공장 측에서 부품을 판매하지 않는다는 거부에 기인하였다. 이러한 공급의 병목 현상은 시민들이 국가 경제 체제에 대하여 커다란 불만을 갖게 하였다.

이와 달리 서독과 동독 사람들 사이의 접촉은 지교회 파트너십의 맥락에서 이루어졌다. 수십 년 동안 서면 및 소포를 통해 연결이 유지되었다. 동쪽에서는 교인들은 대림절 및 크리스마스에 "스톨렌" 같은 손수 구운 과자로 서독에서 보낸 소포에 감사의 마음을 전달하였다. 그러나 지금 길은 열려 있고, 여행은 가능해졌다. 하지만 사람들은 거의 방문을 하지 않다. 이해하기 힘든 막힘의 장벽이 관찰되었다.

모두가 다른 사람이 먼저 출발하기를 기다리고 있는 것처럼 양 방향 방문에 대하여서는 매우 주저했다. 목사들은 여전히 가장 적극적이었다. 그때까지 활동적인 많은 파트너들은 그들의 직무상의 형제자매를 직접 만나는 것을 원했었고 실제로 방문이 이루어졌다.

VI. 두 사람이 함께 새로운 것을 시작할 때 서로를 찾다

이러한 개인적인 교류의 부진한 시작 도중 예기치 않은 변화가 일어났다. 새로운 기회가 열려졌다. 1990년 슬로바키아 루터 교회에서 뷔르템베르크 루터교인들이 슬로바키아 자매교회와 협력적인 관계를 시작하는 것을 원하는 지를 물었다. 슬로바키아의 소위 벨벳 혁명(Velvet Revolution)은 동독에서의 월요일 시위와 마찬가지로 사회주의 국가의 리더들에게도 전달되었다. "우리는 민중이다!" 이제 슬로바키아에는 서방을 향해 새로운 친구를 사귀겠다는 강한 열망이 있었다. 그래서 슈투트가르트에서는 슬로바키아 루터교회(Slovak Lutheran Church)의 본부인 브라티슬라바(Bratislava)부터 교류관계에 관해 질의를 받게된 것이다.

나는 이 문제를 아이젠나하에서 튜링엔 디아코니아의 동료들과 논의를 하였는데 그것은 제가 뷔르템베르크 디아코니아의 책임자로 선출되었기 때문이다. 튜링엔에서는 슬로바키아어 루터교회와 수많은 접촉이 있었다. 슬로바키아 목회자들은 라이프치히(Leipzig)에서 독일어를 배우고 신학을 공부하고 거기에서 튜링엔의 친구들을 알게 되었다.

슬로바키아 루터교회와의 새로운 파트너십에 관한 문제를 논의

하면서, 우리는 세 기관, 나중에는 세 교회 파트너십이라고 명명한 아이디어를 개발하였다. 뷔르템베르크와 튀링겐 교구 간의 관계는 동 중부 유럽의 슬로바키아 교회와의 공동 개방의 계기로 풍성한 새로운 차원의 자극을 받게 되었다. 이 구상은 커다란 파급효과를 가져왔고 거의 상상할 수 없는 새로운 관계가 형성되었다. 뷔르템베르크와 튀링엔에 있는 교회와 노회의 대표들은 새로운 슬로바키아 파트너와 접촉하기 시작했다. 세 교회 파트너십은 장기석이고 안정적인 관계를 수립 가능케 했으며, 루터교 에큐메니즘에서는 독특하다. 우리 디아코니아봉사국은 파트너십을 위한 행정작업을 대신했다. 왜냐하면 그것은 많은 돈과 사회복지적 지원구조의 형성에 관한 것이었기 때문이다.

수 년 전부터 우리 뷔르템베르크 주 교회는 교인들이 많이 방문하는 부활절 전 성 금요일과 크리스마스에 "튜링엔 교회의 디아코니아 사역의 재건"을 위한 특별헌금 예식을 드렸다. 3개 교회의 협력이 체결된 이후로는 그 이전과 동일한 헌금이 슬로바키아 파트너 교회에 전해졌다. 이것은 매년 약 330,000 유로에 달했다.

뷔르템베르크와 튀링엔 사이의 첫 번째 봉쇄는 1990년대 초에 새로운 자유를 찾게 되어 해제되었다. 많은 교회에서 수많은 슬로바키아와 중부 독일 사람들이 기쁨으로 만났다. 이렇게 하여 신뢰감이 생성되었다. 경험이 이야기되고, 동독과 체코 슬로바키아 사람들이 속박의 시대에서 받았던 고통이 사람과 사람을 통하여 전해졌다. 서구의 많은 사람들은 그것을 알지 못했다. 비밀 국가 기관이 답변을 해야 하는 침략과 박탈의 짐, 희생의 정도에 대해서는 많은 사람들은 알 수 없었다. 개인 배신, 반란, 교회에 다니는 가족을 방해하는 시도,

그들 자녀에 대한 특정 직업교육 및 대학교육의 선택 금지, 감옥에서 만행으로 인한 고통을 듣고 신뢰를 갖게 되는데, 이는 새로운 연대감과 소속감을 갖게 한다.

물론 모든 당사자들이 루터교 신앙 고백을 공유했음으로, 이러한 감정은 더욱 강화되었다. 이러한 것들이 빌리 브란트가 함께 성장해야 한다고 언급한 사례들이다. 성공적인 성장 과정을 동반하는 인간적 유익행위에는 많은 인내와 시간이 필요하다.

VII. 사회적 디아코니아를 위한 연대와 정의

반면에 1990년 이후 독일의 교회들은 얼마나 강하게 사회에서 연대와 정의감이 소멸되었는지 불평해야만 했다. 그리고 그들은 이러한 지속 가능한 경제 및 사회 정책의 수립을 위해 노력을 하였다. 연대와 정의는 인간 공동체를 위한 기독교 신앙의 관점에서 필수 불가결한 것이다. 그것은 1997년 "모든 기독교 윤리의 핵심"이 되었다. 1990년대 초반부터의 대량 실업과 동시에 부유층과 빈곤층 간의 격차가 커지면서, 이것이 특히 동독 지역에 영향을 미치고, 통일과정에 부담을 주었다.

교회는 철저한 사회학적 연구와 지 교회에서의 조사 후에 광범위한 분석과 개선을 위한 구체적인 제안을 하였다. 그들은 효율적인 빈곤퇴치를 위해 모든 수준의 정책을 촉구했다. 모든 독일 사회의 두 번째 주요 문제는 1990년대 특히 발칸 전쟁 이후에 많은 피난민들의 독일이주를 계기로 외국인에 대한 보다 커다란 두려움을 갖게 되었다는 것이다. 다시 교회들은 더욱 더 연대와 정의를 요구하였다. 특히 독일 동부의 주민들에게는 난민에 대한 수용력을 확대하기 위해 탈출 한 이유에 대한 효과적인 정보가 필요하였다.

그들은 사회적으로 불리한 독일인이 난민보다 적은 국가의 지원을 받는 것으로 생각을 하고 난민을 경쟁자로 간주한다. 이방인들의 사랑에 대한 성경적 계명에는 노동 이주 이전 수십 년 동안 독일의 두 나라에서 아주 작은 관심만을 기울였었다. 통합 개념은 개발되지 않았다. 이와 관련된 사회적 손실은 매우 명확해졌다. 우리는 교회의 사회구조의 변화에 대한 대응을 "사회 디아코니아"라고 말한다. 이러한 활동은 사회구조에 대해 정치적으로 책임이 있는 사람들과 협력할 때만 성공할 수 있다.

〈독일어 원문〉

Erfahrungen mit der Diakonie waehrend der deutsch - deutschen Vereinigung

Prof. Henry von Bose DD
번역: 김덕환*

I. "Es waechst zusammen, was zusammen gehoert."

Der fruehere Bundeskanzler der Bundesrepublik Deutschland, Helmut Schmidt, hat 1979 eine von ihm in Auftrag gegebene grosse Skulptur aus Bronze des britischen Bildhauers Henry Moore im Park des Bundeskanzleramts in der damaligen Bundeshauptstadt Bonn aufstellen lassen. Dieses monumentale Werk besteht aus zwei abstrakten Figuren, die sich aneinander zu schmiegen scheinen, sich nah sind, aber nicht beruehren. Die Skulptur traegt die Bezeichnung

---

* 법학박사(사회보장법), 철학박사(사회복지교육)

"Large two forms." Bundeskanzler Schmidt sah in diesem Meisterwek des weltberuehmten Bildhauers immer auch ein Symbol fuer das aus zwei Staaten bestehende Deutschland: Die Nation war geteilt, gehoerte aber doch zusammen.

Bei der Uebergabe durch den Kuenstler betonte Schmidt, er erkenne in der Skulptur "ein Zeichen fuer Leben und fuer menschliche Verbundenheit."

Diese Deutung ist von vielen unter der westdeutschen Bevoelkerung angenommen worden. Sie gab zu Beginn der 1980er Jahre einen neuen Impuls fuer die Fragen nach einer sogenannten Wiedervereinigung der beiden deutschen Staaten.

In der westdeutschen Umgangssprache stand dieser Begriff Wiedervereinigung fuer das eigentlich kaum fuer moeglich gehaltene Ereignis einer Vereinigung der beiden so unterschiedlichen Staaten.

Dabei blieben die damit verbundenen Vorstellungen, wie das zu realisieren sei, vage und unkonkret.

Wie sollten diese beiden Republiken mit ihren voellig voneinander verschiedenen gesellschaftlichen Systemen und historischen Praegungen, jemals zu einer Einheit finden? Es muesste etwas voellig Neues entstehen, ohne an frueher Gemeinsames anknuepfen zu koennen.

Dass es nur zehn Jahre spaeter, im November 1989 dann aufgrund einer weltpolitisch veraenderten Konstellation soweit kam, wirkte wie ein Wunder. Geglaubt hatte daran wohl kaum jemand wirklich. Dass die ehemaligen Siegermaechte ueber das Deutsche Reich von

1945 bereit waren, ihr Denken in geopolitischen Bloecken zu ueberwinden und die beiden deutschen Staaten in eine neue Freiheit zu entlassen, bleibt ein tiefer historischer Einschnitt.

Dass von den politisch Verantwortlichen nicht damit gerechnet worden war, zeigt, dass es keine nennenswerten Vorbereitungen auf diesen Tag X, den 9. November 1989 gegeben hat. Die Oeffnung der Mauer, die seit 1961 die Teilung fest zementiert hatte, kam fuer die Menschen im Volk und fuer ihre Politiker unvorbereitet. Wer etwas vom deutschen Hang zu oft uebertrieben wirkender Verwaltung und Buerokratie weiss, wird sich wundern, dass es in den Schubladen der westdeutschen Ministerien keine Placne fuer eine Vereinigung der beiden Staaten mit ihren Strukturen gab. Dafuer hatte es keine Arbeitsauftraege gegeben, weil niemand damit gerechnet hatte. Zwar gehoerte das Bekenntnis zu der einen deutschen Nation und der Ruf nach Wiedervereinigung zum festen Bestandteil politischer Grundsatzprogramme und Sonntagsreden. Zu konkreten Planungen einer moegliche Realisierung gab es aber keinen Anlass.

Nach dem 9.11.1989 kam ein Wort des ehemaligen Bundeskanzlers Willy Brandt zur Wirkung. Er hatte es fruecher bereits fuer die gesamt-deutsche Zukunft ausgesprochen, erst jetzt aber fand es ein breites Echo: "Es waechst zusammen, was zusammen gehoert." Zusammen gehoeren meint das politische Erbe aus der gemeinsamen Geschichte. Nach Jahrzehnten der Trennung seit 1949 gehoeren die beiden Deutschlands nun wieder zusammen – ohne innere Grenze, die Demarkationslinie, ohne Stacheldraht, Todesstreifen und Schiessbefehl der ostdeutschen Soldaten auf eigene Landsleute, die der DDR nach Westen entfliehen wollten, ohne Ueberwachung der Bevoelkerung durch die Stasi und ohne Zersetzung der Lebensverhaeltnisse von Regimekritikern.

Zusammen wachsen — so beschrieb er die Aufgaben der Zukunft des vereinten Deutschlands, Willy Brandt, der groβe und zugleich umstrittene Politiker, Traeger des Friedensnobelpreises in Anerkennung seiner Politik der Aussoehnung zwischen Deutschland und Polen und der anderen Staaten des damaligen Warschauer Paktes.

Zusammen gehoeren - zusammen wachsen: das Wort hat sich deshalb so gut eingepraegt, weil es eine anspruchsvolle Wahrheit ausspricht. achsen braucht Jahre, es gehoert zu einem Organismus auf lange Zeit hinzu. Wachen geht nicht schnell und darf nicht von Ungeduld begleitet sein. Damit es sich in angemessener Ruhe vollziehen kann, ist eine Atmosphaere noetig, die das Wachsen beguenstigt.

II. Schwierige Vertrauensbildung

In dem neuen politischen Raum des groesser gewordenen Deutschlands war wohl die wichtigste Aufgabe, das Vertrauen der Menschen zu wecken und zu staerken, dass die Einheit gelingen kann. Die Euphorie der ersten Zeit, besonders mit der harten West-Waehrung, der D-Mark, und der Reisefreiheit fuer die Menschen in den neuen Bundeslaendern wich allmaehlich tief sitzender Skepsis. Ein Jahr lang bestand die Deutsche Demokratische Republik mit offenen Grenzen als neuer Staat, ehe die Vereinigung mit Westdeutschland in der gesamtdeutschen Bundesrepublik vollzogen wurde. Die Grundlage dafuer war der in wenigen Monaten erarbeitete Vereinigungsvertrag.

Es bleibt eine schwer zu beantwortende, strittige Frage: war es wirklich die Vereinigung zweier souveraener Staaten auf Augenhoehe oder doch der Anschluss eines schwaecheren Partners an den staerkeren? Waere nicht mehr Zeit noetig gewesen, damit die DDR zunaechst mit einer frei gewaehlten Regierung neue Kraefte haette entwickeln koennen? Dann haette sie vielleicht als staerkerer, selbstbewussterer Partner die Vereinigung verhandeln koennen.

Es wurde damals viel diskutiert, in welcher Reihenfolge, mit welcher Prioritaet das im Westen

Gewachsene: Rechtsstaat, Demokratie und Marktwirtschaft auf das Staatsgebiet der frueheren

DDR uebertragen werden sollte. Gerade gier gab es im Osten die groessten Defizite. So nachdruecklich von klugen Koepfen auf Rechtsstaat und Demokratie gepocht wurde, so rasch griff ein ungeregelter Kapitalismus um sich; er hat sich hoechst negativ auf das Bewusstsein der Menschen in Ostdeutschland ausgewirkt. Sie mussten realisieren, dass Ihnen von Konzernen des Westens Waren gebracht wurden, aber nur wenige Arbeitsplaetze. Es wurden riesige Lager gebaut fuer die angebotenen Gueter des taeglichen Bedarfs, aber keine Fabriken. Sehr viele alte Arbeitsplaetze gingen verloren, weil technisch ueberholte, ineffektiv wirtschaftende Indurstrieanlagen "abgewickelt" wurden, statt modernisiert zu werden.

Die Treuhandanstalt wurde 1990 gegruendt, um die Volkseigenen

Betriebe der DDR zu privatisieren.

Sie vermittelte den Eindruck, viele Produktionsstaetten der ehemaligen DDR seien wertlos. Zahlreiche Arbeitskraefte verloren mit ihrer Arbeit auch ihre Identitaet und ihr Selbstwertgefuehl.

Schnell kam ein bedeutungsvolles Wort auf, welches das Befremden der Menschen im Osten gegenueber den neuen Mitbuergern aus der alten BRD erkennen lieβ : sie nannten sie die „Besserwessi". Die vom Westen, die alles besser wissen, besser zu wissen meinen, die bevormunden, statt zu fragen, die keine Zeit haben, sich gegenseitig gut kennen zu lernen, sondern voller Ungeduld die alten Strukturen der DDR durch die der BRD ersetzen und damit Geld verdienen wollen. Dabei wurden viele Entwickelte abzulehnen, alles im Kapitalismus Entstandene dagegen zu begruessen. Misstrauen griff um sich, Vorurteile der einen gegen die anderen wurden genaehrt.

III. Partnerschaften zwischen den Kirchen in West und Ost

Diese Wahnehmung war fuer die Mitarbeiter der Diakonie der evangelischen Landeskirchen in West und Ost Ansporn, verstaerkt aufeinander zu zugehen. Zur Zeit der sogenannten Wende im Herbst 1989 bestanden die kirchlichen Partnerschaften zwischen Ost- und Westdeutschland bereits seit 40 Jahren.

1948 wurde in Eisenach die Evangelische Kirche in Deutschland, die EKD gegruendet, — ein Bund aus allen einzelnen Landeskirchen in Ost und West. 1949 entstanden die beiden deutschen Staaten. Ihre Grenze, die Demarkationslinie wurde zum Eisernen Vorhang. 1961 wurde nach der Uebersiedlung und spaeter Flucht von 4,5 Millionen DDR-Buergern in den Westen die Mauer gebaut. Die evangelischen Landeskirchen im Osten wurden dadurch besonders belastet: Der atheistische Staat griff die Kirchen an und versuchte, sie auf vielerlei Weise zu schwaechen; er wollte sie aus der Gemeinschaft der EKD herauszureissen.

1969 wurde der "Bund der evangelischen Kirchen in der DDR" gegruendet.

Trotz der organisatorischen Trennung wurde die Verbindung zum Westen aber aktiv betrieben. Dabei half entscheidend, dass schon 1949 Patenschaften zwischen den 17 Landeskirchen im Westen und den acht im Osten entstanden sind. Auch die zwischen Wuerttemberg und Thueringen, von der ich jetzt spreche.

Die materielle Hilfe erwies sich rasch als erster, wichtiger Bereich dieser Patenschaften. Die Mitarbeiter in Kirche und Diakonie verdienten in der DDR im Durchschnitt wesentlich weniger als die anderen Mitbuerger. Bei Materialzuweisungen des Staates fuer Baumassnahmen wurden Kirche und Diakonie zu allerletzt beruecksichtigt. Die pastorale Versorgung der Gemeinden in der Diaspora war nur mit PKW's moeglich. Bei deren Bestellung waren 18 Jahre Lieferzeit einzuplanen!

Hier war die Hilfe der Partner aus der EKD gefordert: Lebensmittel, Textilien, Baumaterialien, Geruestе und vieles mehr wurden von West nach Ost geliefert.

Die Hilfe hatte ein persoenliches Gesicht. Das war durch staatliche Verordnungen erzwungen. Die Regierung der DDR erlaubte zunaechst keine organisierte Hilfe, das haette die unzureichende Versorgungslage im allgemeinen und viele private unerfuellte Beduerfnisse aufgedeckt. Hilfe war nur von Mensch zu Mensch genehmigt. Es galt also, eine Hilfe zu organisieren, die unorganisiert wirkte und zwar zwischen Gemeindegliedern und kirchlichen Mitarbeitern in Wuerttemberg und Thueringen.

Diese Organisation lag in den Haenden der Diakonie.

Im Diakonischen Werk Wuerttemberg gab es 4000 Adressen von Menschen in Thueringen und eben so viele in Wuerttemberg. Sie alle waren miteinander im Kontakt und schickten regelmaessig Pakete. Das Porto bezahlte die Diakonie! Alle 700 Kirchengemeinden in Thueringen hatten eine oder mehrere Partnergemeinden unter den 1500 Kirchengemeinden in Wuerttemberg. Ausbildungsstaetten und diakonische Einrichtungen wurden ebenfalls einander zugeordnet. Bis zur sogenannten Wende, 1989, mussten die meisten dieser Informationen streng vertraulich gehalten werden.

1989 und 1990 konnten die Zahlen erstmals veroeffentlicht werden. 1989 wurden von Wuerttemberg aus insgesamt 2.8 Millionen € (Euro) nach Thueringen ueberwiesen, 1990 2.6 Millionen €.

Sie teilten sich auf in Hilfen fuer Einzelne (Textilhilfe, Gehaltszuschuesse, Medizinische Hilfen), fuer Partnerbegegnungen, Dienstfahrzeuge, Baumassnahmen, Buerogeraete. Nach der Wende entstanden viele neue Beziehungen zwischen den beiden Teilen Deutschlands im Rahmen zentral fest gelegter Partnerschaften zwischen den westlichen und oestlichen Bundeslaendern.

Die Kirchenleitungen legten dabei Wert darauf, dass die gewachsenen landeskirchlichen Partnerschaften den Vorrang behielten.

IV. Unterstuetzung durch fachliche Beratung

Nach der politischen Wende war der Bedarf an fachlicher Beratung seitens der Thueringer Diakonie groβ. Die Einfuehrung des Bundessozialhilfegesetzes und anderer Bundesgesetze in den neuen Laendern machte neue Organisations-Strukturen in der Diakonie erforderlich. Bei der von Thueringen aus dringend erbetenen Fachberatung entwickelten sich drei Formen: Kurzfristige und mittelfristige Mitarbeit und Ausbildung.

Die kurzfristige Fachberatung nahmen Mitarbeiter von Einrichtungen und der Landesgeschaeftsstelle der Diakonie Wuer- ttemberg wahr. Sie hielten Tagungen und Kurse in Thueringen, um die ostdeutschen Kollegen mit den Sozialstrukturen der Verwaltung gemaess den fuer sie neuen, den wuerttemberger Kollegen seit Langem bekannten Gesetzen vertraut zu machen.

Die mittelfristige Mitarbeit nahmen verschiedene wuerttemberger Fachleute wahr. Ein Rechtsreferent des Diakonischen Werks wirkte an der Ausarbeitung des Diakoniegesetzes der Landeskirche Thueringen und an der Schaffung von Verbandsstrukturen des Diakonischen Werks Thueringen mit. Er half auch bei der Klaerung von Fragen des Arbeitsrechts. Eine Dozentin fuer die Ausbildung von

Erzieherinnen unterstuetzte das thueringische Seminar fuer Kinderdiakoninnen bei der noetigen Strukturbildung, um weiter gefuehrt werden zu koennen. Ein wuerttembergischer Leiter einer Behinderten-Einrichtung wurde Referent fuer Behindertenarbeit im Diakonischen Werk Thueringen.

Um den Ausbildungsstand einzelner Mitarbeiterinnen in Thueringens Diakonie den neuen gesetzlichen Anforderungen anzupassen, vermittelte die Evangelische Fachhochschule fuer Sozialwesen in Wuerttemberg Fortbildungskurse. In der Landesge- schaeftsstelle der Diakonie Wuerttmberg wurden Praktikanten- stellen fuer thueringer Kollegen eingerichtet, auf denen sie sich in betriebswirtschaftliche Fragen einarbeiten konnten.

Die Uebernahme gesetzlicher Regelungen in den neuen Bundeslaendern stellte auch an die Diakonie Thueringens hohe finanzielle Anforderungen. So verlangte das Heimgesetz eine bestimmte Mindestausstattung der Heime. Um sie einzuhalten, mussten bauliche Veraenderungen vorgenommen werden, besonders im sanitaeren Bereich. Jahrelang aufgeschobene Renovierungen waren jetzt noch dringlicher geworden, auch wenn die Baupreise steil angestiegen waren.

Die Gehaelter der Mitarbeiter mussten angehoben werden. Beratung in diesen Finanzfragen erbaten die Thueringer bei ihren wuerttembergischen Freunden in der Diakonie.

Die Landeskirche Wuerttemberg gab grosszuegige Projektmittel fuer die Beschaffung von PKW und EDV-Anlagen.

Ein Fonds mit knapp 1 Million € fuer Investitionskosten wurde geschaffen. Die EKD stellte den acht neuen Landeskirchen in Ostdeutschland fuer die Zeit von 5 Jahren 130 Millionen € Personalkosten zur Verfuegung, von denen entfielen auf Wuerttemberg allein fuer 1990/1991 25 Millionen €.

Um diese hohen Mittel richtig einschaetzen zu koennen, hilft ein Blick auf die unterschiedlichen Einkommens- und Vermoegensverhaeltnisse in Ost und West. 1990 verfuegte ein westdeutscher Buerger ueber knapp 12.000 € Einkommen, ein Ostdeutscher aber nur ueber 5.500 €; das Geldvermoegen lag im Westen bei durchschnittlich 25.000 €, im Osten bei 4.200 € pro Person.

Noch viele Jahre wurden die Loehne und Gehaelter nicht angeglichen, auch die Ost-Renten blieben hinter denen im Westen zurueck. Geblieben ist ein weit verbreitetes Gefuehl von Ungerechtigkeit und Benachteiligung der Menschen im Osten.

V. Reisefreiheit fuer Kirchengemeinden: Zoegern auf beiden Seiten

Ein besonderes Kapitel wurde mit der Wende zwischen den Gemeinden der beiden Landeskirchen aufgeschlagen. Die diakonischen Fachleute reisten beruflich viel zwischen Wuerttemberg und Thueringen hin und her, weil zu den Fachberatungen das persoenliche Gespraech und dabei wachsendes Vertrauen gehoerten. Dienstrei- sen von West nach Ost waren auch in geringem Umfang vor der Wen-de 1989 moeglich. Ich selbst hielt im Fruehjahr 1989 in Eisenach, dem Sit z des Diakonischen Werks Thueringen, vor Diakoniepfarrern einen Vortrag. Dazu fuhr ich zum ersten Mal in meinem Leben ueber die deutsch-deutsche Grenze. Die Grenzkontrollbeamten benoetigten in meinem Reisepass zwei ganze Seiten fuer ihre Stempel. Dass ich staen-dig von einem Mitarbeiter der Stasi begleitet wurde, habe ich nicht be-merkt, aber spaeter dann aus einer Dokumentation erfahren. Es war ein anregender, vertrauensvoller Gedankenaustausch mit den Kolleginnen und Kollegen der Gemeindediakonie. Ein Kollege geriet in hel-le Wut, weil er nach Eisenach mit seinem betagten Trabant-Zweitakter gefahren war. Dort lag das groβe Werk, in dem diese Autos produziert wurden. Nach der Wartburg hoch ueber der Stadt, wo Luther ge- fangen gehalten wurde zu seinem Schutz und an seiner Bibelueber- setzung gearbeitet hat, hiess auch das groesste produzierte PKW-Mo-dell dieser Fabrik und der ganzen DDR: Wartburg. Der Kollege wollte beim Werk direkt ein Ersatzteil fuer einen defekten Scheibenwischer kaufen, das er im Fachhandel nicht bekommen konnte. Seine Wut wurde nun hervorgerufen durch die Ablehnung beim Werk: Einzeltei-le verkauften sie nicht! Solche Engpaesse bei der Versorgung naehr- ten grosse Unzufriedenheit der Buerger mit ihrem staatlichen Wirtschaftssystem.

Anders verlief die Kontaktaufnahme der Menschen in West und Ost im Rahmen der Gemeindepartnerschaften.

Jahrzehnte lang waren die Verbindungen schriftlich und durch Paketsendungen hinueber wie herueber gepflegt worden. Von Osten schickten viele Gemeindeglieder zum Dank fuer die Pakete ih-rerseits selbst Gebackenes, etwa die begehrten Stollen, eine

Spezialitaet insbesondere in der Advents- und Weihnachtszeit. Nun aber waren die Wege offen, reisen war moeglich und -kaum jemand fuhr los! Eine schwer zu verstehende Blockade war festzustellen.

Besuche in beiden Richtungen wurden erst sehr zoegernd unternommen, so als warte jeder, dass der andere den Anfang mache. Pfarrer waren noch die aktivsten. Viele in den bisherigen Partnerschaften Aktive wollten ihre Amtsbrueder und -schwestern kennen lernen und machten sich auf den Weg zu ihnen.

VI. Zwei finden zueinander, wenn sie gemeinsam etwas Neues beginnen

Waehrend dieses schleppenden Beginns des persoenlichen Kennenlernens trat eine unerwartete Entwicklung ein. Sie markierte neue Chancen. Aus der lutherischen Kirche in der Slowakei kam 1990 die Frage, ob die wuerttemberger Lutheraner eine Partnerschaft mit der slowakischen Schwesterkirche aufnehmen wollten. Die sogenannte Samtene Revolution in der Slowakei hatte dort das Ende der sozialistischen Staatsfuehrung erreicht, aehnlich den Montagsdemonstrationen in der DDR. "Wir sind das Volk!" Nun war auch dort in der Slowakei der Wunsch stark, sich nach Westen zu orientieren und neue Freunde zu finden. Deshalb erreichte uns in Stuttgart die Frage nach Beziehungen aus Bratislava, dem Sitz der slowakisch-lutherischen Kirche.

Diese Frage habe ich in Eisenach mit dem Kollegen in der

Diakonie Thueringens besprochen, weil ich gerade in die Leitung der wuerttembergischen Diakonie gewaehlt worden war. Von Thueringen aus gab es bereits zahlreiche Kontakte zur slowakischen lutherischen Kirche. Slowakische Pfarrer haben in Leipzig Deutsch gelernt und Theologie studiert und dort thueringer Freunde gewonnen.

Bei unseren Beratungen dieser Frage einer neuen Partnerschaft mit den slowakischen Lutheranern entwickelten wir den Gedanken, eine Partnerschaft zu Dritt vorzuschlagen: eine, wie sie spaeter hiess, Drei-Kirchen-Partnerschaft. Die gewachsenen Beziehungen zwischen wuerttembergischen und thueringischen Kirchengemeinden sollten mit dem neuen Impuls einer gemeinsamen Oeffnung zu slowakischen Gemeinden in Ostmitteleuropa bereichert werden.

Dieser Gedanke hat eine grosse Wirkung erzielt und eine kaum zu uebersehende Zahl von neuen Beziehungen gestiftet. Vertreter der Kirchengemeinden und ihrer Bezirke in Wuerttemberg und Thueringen begannen gemeinsam, mit den neuen slowakischen Partnern Kontakte zu knuepfen.

Die Drei-Kirchen-Partnerschaft hat langfristige, stabile Beziehungen ermoeglicht und ist in der lutherischen Oekumene eine Besonderheit. Wir in der Diakonie haben die verwaltende Arbeit fuer die Partnerschaft uebernommen. Denn es ging um viel Geld und um den Aufbau sozialer Hilfestrukturen.

Schon seit Jahren gab unsere wuerttembergische Landeskirche das Opfer der Gottesdienste an Karfreitag, die wie Weihnachten am besten besucht werden, fuer den "Kirchlichdiakonischen Wiederaufbau in Thueringen." Seit der Drei-Kirchen-Partnerschaft ging dasselbe Opfer a n die slowakische Partnerkirche fuer deren diakonische Arbeit. Jedes Jahr ca. 330.000 €.

Die Blockade der ersten Zeit zwischen Wuerttemberg und Thueringen mit der neuen Freiheit Anfang der 1990er loeste sich. In vielen Kirchengemeinden ewannen zahlreiche Menschen Freude an der Begegnung mit Menschen aus der Slowakei und aus Mitteldeutsch- land. So wuchs Vertrauen. Erfahrungen konnten ausgetauscht wer- den und es konnte von Mensch zu Mensch erzaehlt werden, was wirk- lich in den Zeiten der Unfreiheit der DDR und der Tschechoslowakei erlitten wurde. Vieles davon haben die Menschen im Westen nicht ge-wusst. Die Last der Zumutungen und Entbehrungen, die Schwere der Opfer, welche die geheimen Staatsorgane zu verantworten haben, waren vielen nicht bekannt. Persoenlicher Verrat, Untreue, die Ver- suche, Familien, die sich zur Kirche hielten, zu zersetzen, das Verbot bestimmter Ausbildungen und des Studiums fuer ihre Kinder, die er-littenen Grausamkeiten in Gefaengnissen, — davon zu hoeren und anvertraut zu bekommen, stiftete Solidaritaet und ein neues Gefuehl der Zusammengehoerigkeit.

Dass alle Beteiligten die lutherischen Bekenntnisse teilten, hat das natuerlich noch bestaerkt.

Das sind Beispiele dafuer, was Willy Brandt angesprochen hat: zusammen wachsen. Mit viel Geduld und Zeit und mit grossem menschlichem Gewinn, die zu gelingenden Wachstumsprozessen hinzu gehoeren.

VII. Gesellschafts-Diakonie fuer mehr Solidaritaet und Gerechtigkeit

Andererseits hatten die Kirchen in Deutschland in den Jahren nach 1990 zu beklagen, wie stark Solidaritaet und Gerechtigkeit in der Gesellschaft an Wertschaetzung verloren. Sie traten fuer diese entscheidenden Massstaebe einer nachhaltigen Wirtschafts - und Sozialpolitik ein.

Solidaritaet und Gerechtigkeit sind aus der Sicht des christlichen Glaubens fuer ein humanes Gemeinwesen unverzichtbar. Sie sind, so die Kirchen 1997, "das Herzstueck jeder christlichen Ethik." Die Massenarbeitslosigkeit seit Beginn der 1990er Jahre und zugleich die wachsende Kluft zwischen wohlhabenden und armen Menschen wirkte sich besonders in Ostdeutschland aus und belastete die Prozesse der Vereinigung.

Die Kirchen publizierten umfangreiche Analysen und konkrete Verbesserungsvorschlaege nach sorgfaeltigen soziologischen Recherchen und Befragungen in den Gemeinden. Sie forderten die Politik auf allen Ebenen zu einer wirksamen Armutsbekaempfung auf. Das zweite grosse Problem der gesamtdeutschen Gesellschaft in der 1990er Jahren war die wachsende Fremdenangst angesichts der vielen Fluechtlinge, die besonders im Zuge der Kriege auf dem Balkan ins Land kamen. Auch hier drangen die Kirchen auf mehr Solidaritaet und Gerechtigkeit. Die Bevoelkerung besonders im Osten Deutschlands benoetigt auch heute noch wirksame Aufklaerung ueber die Fluchtgruende, um Aufnahmebereitschaft fuer die

Fuechtlinge zu entwickeln. Diese werden als Konkurrenten gesehen, als ob die sozial schlechter gestellten Deutschen weniger staatliche Unterstuetzung erhielten als die Fluechtlinge.

Das biblische Gebot der Fremdenliebe war schon in den Jahrzehnten zuvor Arbeitsmigranten gegenueber in beiden deutschen Staaten zu wenig geachtet worden.

Es waren keine Integrationskonzepte entwickelt worden. Die damit verbundenen gesellschaftlichen Defizite wurden jetzt besonders deutlich. "Gesellschafts-Diakonie" nennen wir die Arbeit der Diakonie der Kirchen fuer eine solidarische Veraenderung der gesellschaftlichen Strukturen. Sie gelingt nur in der Zusammenarbeit mit denen, die diese Strukturen politisch zu verantworten haben.

민중신학자, 시골에서 세계적 수준의 기독교 민족대학을 꿈꾸다
— 민중신학의 제도권 대학개혁 실천과 그 의미

이남섭*

I. 들어가는 말 - 저항의 민중신학자에서 제도권 대학의 교육개혁가로

이 글은 민중신학자 김용복의 한일장신대 학장 및 총장 재직 7년간(1992-1999)동안 진행한 대학 교육개혁 실천에 대한 동행의 기록이다. 김용복의 민중신학 사상에 대한 신학적 논의는 국내외적으로 많이 있으나 한일장신대에서의 교육 개혁실천에 대한 분석과 평가는 학계에서 아직까지 다루어지지 않고 있다. 이 글은 그 공백을 메우려는 첫 시도이다. 필자가 보기에 김용복의 한일장신대에서의 교육개혁가로서의 활동은 민중신학의 제도권 대학 교육현장에서의 최

---
* 한일장신대학교 교수

초의 실천과정이었다고 본다. 김용복은 민중신학자가 중도 보수적인 교단의 신학교 학장에 초청받아 취임한 최초의 사례였다. 민중신학자의 대학 학장 임명은 군부독재 시절에는 불가능한 현상이었으며 그래서 민주화 시대의 사회적 한 결실이라고 볼 수도 있다. 1992년 3월 김용복 목사의 학장 취임 당시 한일장신대는 2개 학과(신학과와 사회복지학과)의 전체 학생 수가 약 200명 규모의 4년제 학력인증 신학교(한일신학교)였다. 취임 2년째 해인 1994년에 신학교는 4년제 대학으로 승인이 되었고 그다음 해인 1995년에 종합대학교로 승격하였다. 1996년에는 신학대학원과 아시아태평양신학대학원의 설립 승인이 났고, 1997년에는 기독교사회복지대학원이 설립되었다. 이리하여 1998년에는 7개 학부(신학부, 사회복지학부, 인문사회과학부, 전자통신학부, 건축학부, 예문학부, 생명과학부) 28개 전공영역에서 900명의 학부생을 또 3개 대학원(신학대학원, 아시아태평양국제신학대학원, 기독교사회복지대학원)에서 100명 정도의 대학원생을 모집하는 기독교종합대학교가 되었다. 취임 3년 만에 한일신학교는 총 학생 200여 명의 작은 신학교에서 전체 학생 2,000명 내외의 기독교종합대학교로 변화하였다.

이 글은 크게 세 부분으로 구성된다. 먼저 김용복의 신학 발전과정에서 한일장신대 총장취임은 어떤 내외적 배경이 있었는지를 살펴본다. 그다음 이러한 내외적 배경을 살펴보면서 김용복의 총장 재직 7년 동안 실험한 교육개혁의 주요 실천 내용이 무엇이었으며 그것은 어떤 의미가 있는지를 사회전기적 관점에서 서론적으로 정리할 것이다.

II. 대학 내외의 배경

1. 대학의 내적 배경

한일장신대학교의 전신인 한일여자신학교는 1922년 6월 2일 광주에서 미국선교사 서서평(E. J. Shepping)에 의해 설립되었다[1]. 서서평선교사는 여성을 위한 전도부인(Bible Woman) 양성학교로 시작하였지만 다른 선교사들과 달리 학생들에게 성경교육만 시킨 것이 아니라 간호 교육 등 자립에 필요한 실무적인 교육을 시켰다. 서서평 본인이 간호사였기도 했지만 선교의 도구로서 실제적 기술이 필요함을 이해했던 선교사였다.[2] 그러나 서서평 선교사 이후의 미국인 선교사 교장들은 성경 교육 중심의 여자 전도사 양성 기관으로 신학교를 운영하였다. 그 후 신학교는 여성중심의 전도학교에서 1982년에 남녀 공학 4년제 학력인증학교로 변화되었다. 그러나 학력인증학교 졸업생에 대한 보이지 않는 교단내의 차별로 인해 한일신학교의 동문들과 교회지도자들은 대학승격을 위해 많은 노력을 하였다. 10년간에 걸친 자체의 다양한 노력에도 불구하고 대학승격은 매우 어려운 상황이었다. 그 당시 교육부의 대학 승격 조건은 많이 완화되었지만 그래도 한일신학교가 돌파하기에는 어려움이 많았

---

[1] 개교기념일은 전북(전주 한예정신학교)을 기준으로 할 경우에는 1923년이고 전남(광주이일신학교)을 기준으로 할 경우에는 1922년이다. 전북 출신인 김용복 목사가 취임했을 때는 1923년을 기준으로 한일신학70년사를 집필하였다(이순례,『한일신학대학 70년사』[전주한일신학대학 출판부, 1994]).

[2] 백춘성,『천국에서 만납시다: 선교사 서서평 일대기』(서울: 대한간호협회 출판부, 1980). 최근에 출간된 서서평 선교사에 대한 연구저서로는 다음을 참고할 수 있음: 양창삼,『조선을 섬긴 행복』(서울: Serving the People, 2012).

다. 가장 중요한 것은 대학건물과 교수진이었다. 무엇보다 박사학위를 지닌 우수한 교수의 확보가 부족하였다. 신학교와 지역의 교회 지도자들은 이 지역(전북 김제) 출신 김용복 목사를 대학승격의 꿈을 이루어 줄 수 있는 대안으로 판단하고 김용복을 영입하기로 결정하였다. 이러한 조건이 김용복의 신학적 급진성에도 불구하고 보수적 지역교회의 학장 초청 및 임용이 가능한 내부적 배경이 되었다.3

2. 대학의 외적 배경

이제 대학의 외부적 배경으로서 김용복 개인의 조건과 변화된 시대적 상황을 살펴보는 것이 필요하다. 김용복은 1938년 전북 김제의 가난한 시골의 유복자 가정에서 태어났다. 가난한 여건가운데서도 어머니는 김용복을 교육하기 위하여 많은 노력을 하였고 김용복도 공부에 전념하였다. 그 결과 장학생으로 중고등학교를 졸업하였고 연세대학교 철학과에 입학하였다. 공군에 입대하고서도 틈틈이 유학준비를 하여 유학시험에 합격하여 1965년 미국의 프린스턴 신학교로 유학을 가게 되었다. 프린스턴신학대학원에서 박사과정을 이수하고 1976년에 박사학위를 취득하였고 1978년에 귀국하였다. 프린스턴신학대학원에서의 학문 훈련 경험은 후에 한일장신대학교 발전의 모델이 되었다. 귀국하기 전 일본에서 2년간 박사과정을 위한 인턴활동을 하였고 이당시 해외의 민주화운동에 참여하였다. 귀국

---

3 당시 김용복을 후임학장으로 추천한 강택현 학장은 신임학장 인선위원들과 함께 서울에서 김용복을 만나 그의 민중신학 입장을 물었을 때 김용복은 "신학교육은 교회를 위한 봉사의 학문이다"라고 대답했고 인선위원들은 그 대답에 만족했다고 한다(이순례, 앞의 책, 264).

후 대학에서 교수로 활동하기를 시도하였으나 해외에서의 민주화 활동으로 인해 김용복은 이미 한국 군사정부의 주목 대상이 되어 있었다. 따라서 김용복은 군사독재시절 오랫동안 제도권 대학이 아닌 비 제도권에서 학문 및 연구 활동을 할 수 밖에 없었다.

1990년 민주화가 진행되면서 김용복에게 제도권 대학에서 교육과 연구 활동을 할 수 있는 기회가 왔다. 그것은 고향의 신학교에서 학장 초빙 의뢰가 온 것이고 김용복은 이에 긍정적으로 응답하였다. 김용복 목사는 학장 취임과 동시에 한일신학교의 대학승격 걸림돌이었던 두 가지 문제를 해결하였다: 대학 건물과 우수교수진 확보문제이다. 첫 번째 대학건물의 문제는 당시 중화산동 교사를 팔고 현재의 완주군 상관면으로 이전하여 대학건물을 새롭게 건축하는 것으로 해결하려 하였다. 이 문제는 중화산동 교사를 헐고 이곳에 아파트 단지를 건설하려는 건설사의 계획에 지역 시민사회단체가 환경문제를 이유로 반대하고 있었기 때문에 매우 어려운 상황이었다. 다행히 민중신학자의 교육철학에 대한 지역 시민사회단체의 이해와 도움을 받아 교사 이전을 원활히 할 수 있었다.[4] 두 번째의 교수 확보문제는 최근 국내외에서 박사학위를 받은 우수한 젊은 학자들을 대거 영입하면서 일거에 해결하였다. 시골의 이름 없는 신학교였지만 김용복의 대학발전에의 철학과 비전에 공감한 국내외의 우수한 젊은 학자들이 많이 지원하였다. 그러나 보이지 않는 중요한 요소의 하나가 교육부의 인가사항이었다. 당시 교육부에는 대학의 인가에 많은 보이

---

[4] 한일장신대는 2016년 졸업식에서 효자동교회의 백남운 목사에게 명예박사학위를 수여하면서 한일장신대 발전에 기여한 여러 가지 공로 가운데 하나로 대학승격 당시 대학건축 이전 문제로 발생한 시민사회단체와의 환경갈등을 해결한 활동을 열거하였다 (이순례, 앞의 책, 311-312;「전북기독신문」, 2016.8.).

지 않는 어려운 조건들이 있었다. 이 문제를 민주정부의 통일부장관인 한완상 박사가 해결해 주었다. 한완상은 김용복의 교육철학을 신뢰하고 한일신학교의 대학 승격에 큰 도움을 주었다5. 대학승격이 결정되고 열린 축하 감사예배에서 전 통일부 장관인 한완상은 한일장신대는 "수십 개의 신학교 중의 또 하나가 아닌 '샬롬'을 이루는 대학이 되라고, 하나님의 '샬롬'이 한강처럼 흐르도록 하는 데 한일이 공헌하도록 부탁"하였다.6 민주정부의 수립은 김용복의 학장 초빙과 대학 승격에 매우 중요한 외부적 배경이 되었다.

III. 대학교육의 개혁 이념과 실천 정책

김용복의 학장과 총장 재임 7년간 한일장신대학교는 많은 새로운 교육 개혁실천을 하였다. 이제 개혁의 이념과 실천 정책을 하나씩 살펴보면 다음과 같다.

1. 대학이념의 재정립

1992년에 김용복이 학장에 취임하면서 제일 먼저 한 것이 한일신학교의 역사를 정리하는 일이었다.7 그는 한일신학교의 역사적 뿌리

---

5 이순례, 앞의 책, 321. 통일원 장관인 한완상은 교육부 장관 오병문에게 "나는 한일신학교는 잘 모른다. 그러나 학장은 잘 안다. 그는 세계적인 신학자이며 교육 내용은 담보할 수 있다"라고 설득했고 그것은 교육부장관에게 영향을 주었다.
6 이순례, 앞의 책, 326.
7 이순례, 앞의 책, 50-51. '한일신학대학 70년사'는 전통적인 역사서술방법이 아니라 사회전기적 관점에서 역사를 서술하였다.

를 살펴보면서 한일장신대학교의 미래를 계획하였다. 한일신학교는 가난한 독일계 미국인 여성선교사에 의해 가난하고 소외받은 조선의 여성들을 위한 성경학교로 시작하였다.8 유럽계 미국의 민중계층 출신의 여성선교사가 조선의 민중계층의 여성들에게 복음을 전달하고 실용적 교육을 시작한 것이다. 다시 말해 김용복은 한일신학교가 조선의 가난한 민중에 뿌리내린 것을 확인하였다. 그러나 설립자의 가난한 조선민중을 위한 실용적 교육방법은 계속 확산 유지되지 못하고 그 후 여성 전도사 양성을 위한 여성신학교로만 지속되있다. 1982년에 한일신학교는 남녀 공학 신학교로 개편하였고 사회복지학과도 개설하면서 설립자의 정신을 회복하였다.9 한일신학교의 이러한 역사적 발전과정을 살펴보면서 1992년에 김용복은 **"엘리트가 아니라 평범한 민중을 대상으로"** 한 전인교육을 한일신학대학의 교육목표로 설정하였다.10 그리고 지역에서 출발하지만 한국을 넘어 세계로 나아가는 기독교민족대학의 비전을 수립하였다. 이러한 교육목표는 기존의 대학들이 지향하는 교육목표와는 다른 비전이었다. 당시 국내 대학은 세계화와 신자유주의 정책의 확산으로 대학교육 현장도 시장경제의 논리와 목표가 우선시되는 기준으로 변경되고 있었다. 김용복은 1994년에 대학 발전 초안을 수립하고11 1995년을 기점으로 1996년부터 2000년까지의 제1차 5개년 장·단기 발전계

---

8 양창삼, 앞의 책, 82.
9 이순례, 앞의 책, 287.
10 한일신학대학, *HANIL UNIVERSITY VISION* 21(1998), 5.
11 이순례, 앞의 책, 338. 김용복 학장은 이 발전 초안에서 학부를 기독교신학부, 기독교사회복지학부, 기독교인문학부, 기독교생명과학부로 나누었다. 기독교생명학부에는 간호학과, 생명의료학과, 보건학과의 개설을 계획하였다.

획으로 시작하였다. 그리고 그 구체적인 방안으로 1998년에 한일장신대학교 최초의 대학 장기종합발전계획인 "VISION21"을 수립하고, 1999년에는 "21세기를 향한 기독교 민족교육의 전당"이라는 목표를 세웠다[12]. 특히 21세기 남북통일을 준비하는 비전을 지닌 대학의 목표로 수립하였다. 가난한 외국인 여성 선교사의 설립정신은 70년이 지난 후 지역 출신의 가난한 민중신학자에 의해 계승된 것이다. 김용복의 이러한 대학개혁 비전을 형성하는 데는 기독교종합대학인 연세대학에서의 공부 경험과 무엇보다 미국의 프린스턴신학대학원에서의 유학경험이 큰 영향을 주었다고 볼 수 있다. 동부의 작은 도시에 있으면서도 미국의 명문 신학교로 발전한 소규모 프린스턴신학대학원에서의 공부는 김용복에게 깊은 영감을 주었을 것이다. 특히 잠재적 능력 있는 학생 전원에게 장학금과 기숙사를 제공하는 프린스턴 대학의 개혁적 제도의 개인적 체험은 김용복에게 이를 전북의 시골, 완주군 신리면의 작은 한일신학교에서 재현하고 싶은 꿈을 제공했을 수가 있다.

2. 종합대학의 골격 수립과 대학교육의 내실화

김용복 학장이 두 번째 목표를 둔 것은 자립형 강소대학을 위한 종합대학의 골격의 수립과 대학교육의 내실화였다. 종합대학의 골격 수립은 1998년에 7개 학부(신학부, 사회복지학부, 인문사회과학부, 전자통신학부, 건축학부, 예문학부, 생명과학부)에 28개 전공영역을 개설

---

[12] 한일장신대학교 기획개발처, 『한일장신대학교 자체발전 계획서』(전주: 신아출판사, 1999), 5.

하여 900명의 학부생을 모집하였고 또 3개 대학원(신학대학원, 아시아태평양국제신학대학원, 기독교사회복지대학원)에서 100명 정도의 대학원생을 모집하는 것으로 1차 완성하였다. 이것은 1994년의 발전 초안을 약간 확대 변경하였다. 확정된 학부의 28개 전공은 다음과 같다. 신학부에는 신학, 선교학, 기독교교육학, 기독교상담학, 기독교사회사업학, 교회행정학 6개 전공영역을 개설하였다. 사회복지학부에는 사회복지학, 재활복지학, 여성복지학, 노인복지학 4개 전공영역을 개설하였다. 인문사회과학부에는 철학, 역사사회학, 신문방송학, 경제경영학, 어문학(영어영문, 일어일문, 중어중문), 문화관광학 6개 전공영역을 개설하였다. 전자통신학부에는 정보통신학, 컴퓨터과학, 전산통계학 3개 전공영역을 개설하였다. 건축학부에는 건축학 전공을 개설하였다. 생명과학부에는 생명산업학, 생명환경학, 특수작물학 3개 전공을 개설하였다. 특히 유기농법과 생명과학에 대한 관심을 강조하였다. 예문학부에는 종교음악학, 문예창작학, 연극영화학, 산업디자인학, 영상디자인학 5개 전공영역을 개설하였다. 대학원은 먼저 신학대학원을 설립하고 그다음 특수대학원인 아시아태평양국제신학대학원과 기독교사회복지대학원을 설립하였다. 그리고 박사과정의 일반대학원은 2002년에 설립하는 것으로 종합대학교의 틀을 구축하였다.

 대학교육의 내실화는 우수교수의 확보와 우수학생의 유치를 통해 실현하려 했다. 이것은 미국 유학시절 프린스턴신학 대학원에서 체험한 시스템을 벤치마킹한 것이었다. 우수교수의 확보를 위해 한편으로는 국내외에서 최근 박사 학위를 취득한 소장학자들을 대거 채용하였다. 교수채용의 경우에도 지역 편파성과 여성차별을 배제하였다. 영남과 호남출신의 비중이 비슷하거나 여성과 남성교수의 비율이 비슷하였다. 대학평가기준에 이러한 지역과 여성의 균형 채용 비율지수를 도입한다면 한일장신대학교는 굉장히 높은 평가를 받을 수준이었다. 교수들에게는 단순히 수업만을 담당하는 것이 아니라 각 전공분야의 연구소를 설립하여 연구소중심의 연구 활동을 장려하고 이를 통해 나온 결실을 중심으로 교육이 진행되는 순환구조를 지닌 교수활동 방안을 제시하였다. 이때 대표적인 연구소로는 기독교종합연구원, 한일예배와 음악연구소, 한일디아코니아연구소, 한일교회와 커뮤니케이션연구소, 한일목회상담심리치료연구소, 한일성경교육연구소, 한일조형미술연구소, 한일전문목회연구소, 한일기독교교육연구소 등 9개이다. 이들 연구소를 통해 진행한 대표적인 학술활동은 다음과 같다. 1993년 '한국의 기독교사회봉사와 사회복지' 학술대회, 1994년에는 '민족복지와 교회의 참여' 주제로 기독교사회복지 국제학술대회, 1995년에는 '재활과 사회복지' 학술대회와 '희년, 통일, 평화'를 주제로 한 신앙수련회 개최, 1996년에는 '민족통일과 기독교', 1997년에는 WCC와 협력하여 'The First International Workshop on Bible Pedagogy, Popular Reading of the Bible'(제1회 국제성경페다고지, 성서의 민중적 읽기) 개최, '구사회주의 국가 및 사회주의 국가의 디아코니아 역할' 주제로 국제학술대회, '실직대응에 있어서 민과 민의 협력체계 구축을 위한 심포지엄' 전북실업자지원센터와 공동주최, '기독교사회복지의 현황과 전망'에 대한 세미나 숭실대학교 기독교사회연구소와 공동주최. 1998년에는 '21세기 사회와 종교 그리고 유토피아'에 대한 국제학술대회, 1999년에는 '21세기 해외선교와 해외지역 연구의 방향'에 대한 학술

세미나 개최와 '아시아소수민족과 디아스포라-해외한민족을 중심으로' 학술대회 개최 등이다. 김용복은 한일장신대학의 교수진들이 한국교회를 위하여 한국 사회와 국제사회의 주요 변동에 대하여 기독교적 전망을 갖고 정책적 대안을 제시하기 위한 국내외 연구 및 학술 활동을 할 수 있도록 지원하였다. 다른 한편으로는 석사학위만 지니고 있던 기존 신학교 교수들이 박사학위를 취득할 수 있도록 행정적 지원을 하여 대학 소속 교수 전원이 박사학위를 취득하였다.

우수학생의 유치는 전액 장학금 제도의 도입을 통해 달성하려 했다. 특히 신학대학원 학생의 경우는 입학생 전원에게 장학생 제도를 적용하려 했다. 이 결과 전국에서 유능한 학생들이 많이 지원하였다. 이 과정에서 도입한 교육방법은 엘리트 교육방법이 아니라 평범한 학생들을 능력 있는 지도자로 육성하는 방법을 취하였다.

그리고 중요한 것이 학제 간 교육과정의 구축이었다. 학제 간 연구방법은 당시 미국과 유럽의 대학과 학계 및 연구(소) 분야에서는 지배적인 교육 개혁 흐름이었다. 다양한 학제적 연구가 가능한 학부제와 도제식 교육방법을 도입하였다. 학부제는 기본적으로 교수를 중심으로 진행되나 학생의 의향에 따라 맞춤식 교육이 중심을 이루는 제도였다. 질 좋은 교육과정을 완성하기 위해 전체 교수들과 수많은 공개 비공개 토론 및 논의를 거쳤다. 종합적 인문정신에 기초한 전인 교양교육을 강화하였고 학제 간 전공교육제도를 도입하였다. 교양교육의 경우에는 인성교육과 동시에 실용적 실무교육을 강화하였다. 외국어와 전산교육의 강화가 그것이다.

3. 대학교육의 국제화와 전문화

대학교육의 국제화는 아시아태평양국제신학대학원(Asia-Pacific Graduate School of Theological Studies: APGS)의 설립을 통해 진행하였다. 김용복은 과거 해외 민주화운동시절 오랜 기간 해외에서 국제적 활동과 학술활동을 한 계기로 학문방법의 세계적 흐름을 파악하고 있었을 뿐만 아니라 세계적 수준의 기독교 연구센터와 협력 네트워크를 지니고 있었다. 특히 김용복 본인을 포함하여 당시 한국의 많은 기독교 지식인들이 미국과 유럽교회의 재정적 지원을 받아 해외에서의 유학생활을 할 수 있었으며 이결과 이들은 대부분 귀국하여 국내의 대학 또는 연구소에서 교수와 연구 활동을 할 수 있었다. 이러한 이유로 김용복은 이제는 우리 대한민국의 교회가 제3세계의 가난한 학생들을 전액 장학생으로 초청하여 이들을 해당 나라의 교회지도자로 교육 훈련하여 보낼 수 있는 위치에 있으며 이것이 해당 지역의 선교를 위해서도 더 필요하고 현실적이라는 것을 인식하였다. 호남지역의 경우도 미국선교사들에 의하여 한일신학교를 포함한 지역의 가난한 기독학생들이 학업을 위해 많은 재정적(장학금) 도움을 받았다. 이러한 배경에서 김용복은 아시아태평양국제신학대학원을 설립하였고 호남 지역 교회의 재정적 지원을 받아 아프리카와 아시아의 가난한 학생들이 전액 장학생으로 석사과정을 이수할 수 있게 하였다. 이것은 한국교회가 '도움을 받는 교회'에서 '도움을 주는 교회'로 전환하는 고등교육 장학 프로그램이었다. 이 교육프로그램을 통해 1996년부터 2015년까지 한일장신대학교는 제3세계의 15개 국가에서 72명의 학생들이 이 프로그램의 혜택을 받아 졸업하

였다.13

두 번째 대학 교육의 전문화는 기독교사회복지대학원의 설립을 통해 진행하였다. 김용복은 오래전부터 통일을 대비한 기독교사회복지교육(디아코니아) 전문가의 훈련이 필요함을 인식하였다. 디아코니아 선교의 중요성에 대해서는 국내외의 학술대회에서 담론을 주도하였다.14 특히 독일 교회가 독일 사회와 독일통일 과정에서 실시한 디아코니아 교육프로그램의 중요성을 인식하고 독일 교회와의 협력을 통해 국내에 독일식 디아코니아 전문가 훈련과 양성을 계획하였다. 특히 신대원 학생들의 목회훈련에서 디아코니아 실천 교육을 전문자격증 제도로 발전시켜 총회차원에서 인증을 받는 교육과정을 계획하였다. 국내에서는 교회가 지역사회선교를 감당할 때 필요한 실무교육을 받고 통일이 되었을 경우 북한의 주민과 가난한 지역을 대상으로 디아코니아 사회선교를 감당할 수 있는 지도자 훈련을 목표로 하였다.15

---

13 2015년 기준으로 아시아에서는 미얀마, 인도, 네팔, 베트남, 캄보디아, 인도네시아, 말레시아 등 7개국에서 58명, 아프리카에서는 가나, 나이지리아, 마다가스카르, 카메룬, 케냐, 이디오피아, 우간다, 콩고 등 8개국에서 14명의 학생, 총 15개국에서 72명의 학생이 졸업하였다(APGS 졸업생 명단 자료, 2015). 한국이 '받는 원조'에서 '주는 원조'국가로 전환하는 것은 1991년 코이카의 설립과 1999년에 국내 국제NGO 단체들의 협의체인 한국해외원조단체협의회(해원협)를 설립하고 2009년 OECD DAC 회원국에 가입하면서 본격화하였다(KOICA ODA교육원 엮음, 『국제개발협력 첫걸음』 (KOICA, 2012), 291-305). 민간단체(NGO)의 경우는 한국월드비전이 1991년을 기점으로 더 이상 외국원조를 받지 않고 자립운영을 시작하였으며 라오스와 같은 해외빈민아동을 대상으로 일대일 결연사업을 실시하였다(NPO한국공동회의, 『2011한국개발복지NPO총람』 [2013], 27).
14 김용복은 디아코니아(섬김)의 연장선상에서 '나눔과 연대 및 생명운동의 코이노니아'에 대해서도 강조하였다. 1993년의 기독교학회의 학술대회 주제를 '교회와 코이노니아'로 설정하였으며 여기서 주제 강연을 하였다(김용복, "코이노니아로서의 교회," 한국 기독교학회 편, 『교회와 코이노니아』 [대한기독교서회, 1993], 13-52).
15 김용복의 디아코니아 담론과 실천적 행동은 그 후『지구화시대 민중의 사회전기-하

4. 대학재정의 자립화

김용복은 학장으로 취임하면서 가장 먼저 확인한 것이 신학교의 재정 상태였다. 한일신학교는 총회 산하 신학교였지만 총회의 재정적 지원이 매우 취약한 가난한 전북지역의 신학교였다. 일반 사립대학처럼 재정능력이 있는 설립자가 기부하여 경영을 책임지고 운영하는 신학교가 아니었다. 또 연세대나 이화여대처럼 이미 기독교종합대학으로 성장하여 자체의 독립된 재정능력이 확보된 대형 규모의 기독교대학도 아니었다. 신학교의 재정은 전적으로 외국 선교사의 후원과 가난한 전북 지역교회의 후원과 가난한 학생들의 등록금이 유일한 수입 재정구조였다. 이러한 빈곤한 재정구조를 극복하기 위해 김용복 총장은 우선 재정 자립을 위한 적정한 규모의 경영시스템으로 4,000명 정도의 학생(대학원생 포함)을 지닌 대학발전 장단기 계획을 수립하였다. 이 계획은 1998년에 입학정원이 대학원을 포함해서 1,000명을 넘었고 이렇게 4년이 채워지는 2002년에는 4,000명 정원 목표를 달성하는 발전계획이었다.

그리고 지역의 기독교계 유지를 중심으로 한일장학재단을 설립하였다. 이것은 호남지역 후원유지이사회와 재경지역 후원유지이사회의 창립을 통해 먼저 진행하였고 최종적으로 한일장학재단을 설립하는 것으로 가시화하였다.[16] 이를 확산하기 위해 학교 내부적으

나님의 정치경제와 디아코니아 선교』(한국신학연구소, 1998)라는 저서로 발간되었다.
16 한일장학재단의 기금은 초대 이사장(조준현)을 비롯한 이사진들(강택형, 송봉규, 안창엽 목사 등)의 후원금이 마중물이 되어 조성되기 시작하였다(「전북교회이야기」, 2016 봄호, 22). 초기 후원유지이사회에는 총동문회와 지역교회(완산교회, 중부교회, 전성교회, 안디옥교회, 강림교회, 성암교회, 익산 신광교회, 군산 중부교회,

로 교직원들이 먼저 희생적으로 기금조성에 참여하는 기부문화 전통을 만들었다. 이점은 매우 중요한 재정자립 정책이었다. 김용복의 기금확보 정책은 대학 구성원이 먼저 희생적으로 기부하고 그다음 외부로 모금을 하는 재정자립 정책을 도입하였으며 이러한 자세는 외부의 신뢰와 호응을 받았다. 이를 통해 만들어진 기금은 기본적으로 학생의 장학금으로 사용되었다.

그다음 미국의 지역대학 재정자립화 사례를 벤치마킹하여 지역사회에 도움을 주고 도움을 받는 지역사회 평생교육시스템을 수립하였다. 김용복 총장은 평생교육원인 기독교사회교육원을 설립하여 지역교회의 중추적인 평신도와 목회자들을 대상으로 재교육과정을 실시하였다. 다른 한편 학교운영에서도 기존의 대외 의존적 경영 방식에서 협동을 강조하는 협동조합 경영방식을 기숙사와 학생식당 및 학교매점운영에 도입하였다.17 소규모 대학에서의 소비협동조합 운영 방식은 협동조합기본법이 발효된 2012년보다 16년 먼저 시작

남원 동북교회, 광주제일교회 등)를 중심으로 한 호남지역 후원유지이사회(김동건, 박정식, 안창엽, 임병선, 박금호, 정복량, 이윤복, 김성진, 송봉규, 이철주, 전수진, 백남운, 이일남, 오채식, 김종근, 이태호, 손길용, 강명석, 이윤복, 남정규, 한완석, 장동진, 김달원, 박일성 목사, 김오봉 장로, 이혜자 집사)가 후원에 참여하였고 그다음 서울의 전북출신 목회자의 교회(목민교회, 화곡동교회 등)를 중심으로 구성된 재경지역 후원유지이사회(이상운, 조천기, 박조준, 박종순, 김동엽, 김창인, 최병두, 이윤식, 유한귀, 이동준, 김학만 목사, 박래창, 김용재, 전종인, 이영갑 장로, 황금순 집사)로 확산되었다(이순례, 앞의 책 384; 398-400).

17 한일의 협동조합은 한일신앙공동체의 일체감을 증진시키기 위하여 학장 취임 이듬해인 1993년 2월에 창립한 신용협동조합을 모태로 하여 설립되었다. 설립목적은 기독교정신에 입각하여 한일신앙공동체 구성원의 생활개선, 복리증진 및 건전한 소비문화 정착을 도모하고 협동 생활의식 함양과 교육여건 향상에 기여할 것으로 한다고 명시하였다. 주요 사업으로는 학생식당 운영, 구내매점 운영, 학생복지 및 장학금 지원, 기숙사 및 학교버스 운영을 제시하였다. 그리고 이를 위해 '협동조합이사회'를 대학의 공식기구로 구성하여 운영하였다(한일신학대학교 기획개발처, 『대학요람』, [1997], 97-98, 324).

하였다. 기숙사 학생식당과 구내매점 및 학교버스 운영에 대한 협동조합형 경영을 통해 학생에 대한 장학금과 학교 내 학생과 교직원에게 질 좋은 생활소비 서비스를 제공하는 것을 목표로 하였다.

5. 교회개혁과 세계교회의 미래 정책수립을 위한 싱크탱크 역할

유럽의 기독교 신학대학과 신학교수들은 교회와 사회의 기독교 지도자 및 교회의 목회자를 육성하는 중요한 역할을 한다. 위기의 시대 교회개혁을 주도하거나 교회를 이끌어가는 이는 대부분 위대한 신학자로서 교회와 사회의 존경을 받고 있다. 16세기 종교개혁의 선구자 마틴 루터와 20세기에 히틀러의 나치 전체주의를 비판하고 저항한 신학자 칼 바르트가 대표적이다. 김용복은 신학대학의 역할을 새롭게 개혁하기를 시도하였다. 서구에서처럼 신학대학이 미래 목회자의 육성은 물론 교회개혁과 사회변화를 위해 봉사하는 기독교 싱크탱크가 되어야 한다고 인식하였다. 이를 위해 김용복 총장이 추진한 구체적 사례는 다음의 세 가지이다.

첫째는 한일신학대학 교수진이 중심이 되어 총회의 지원을 받아 '교단의 21세기정책개발을 위한 종합연구조사'를 실시한 것이다.[18] 이 종합조사는 이미 80년대에 김용복이 기독교사회문제연구원에서

---

[18] 1995년 4월에 총회는 '21세기교단발전을 위한 정책개발 위원회'를 구성하였으며 이 위원회의 실무위원회는 한일장신대의 교수진에게 교단정책개발연구조사를 위탁하였다. 한일장신대의 소장 신학자와 사회학자로 구성된 연구진은 전국의 본 교단 소속 240개 교회의 교역자와 1,200명 평신도를 대상으로 6개월간 진행된 설문조사와 인터뷰를 통해 종합조사를 실시하였다. 그리고 그 중간 결과를 1995년 9월에 총회에 보고하였다(「21세기 교단(예장통합)정책 개발을 위한 종합연구조사 중간보고서」, 1995).

한국교회선교 100주년을 기념하여 '한국교회100년 종합조사연구'라는 이름으로 실시한 경험을 적용한 것이었다.[19]

둘째는 세계선교협의회(CWM)의 연구기금을 유치하여 당시 지구화 시대 세계적 차원의 주요 이슈인 '생명문제'를 선교학적 관점에서 장기간의 학제 간 연구를 실시하는 것이었다. 이 연구프로젝트는 김용복 총장의 재임이 중단되면서 총회 차원에서 진행되었다.[20] 그리고 이 프로젝트의 연구결과는 10년 후 2013년 "생명의 하나님! 우리를 정의와 평화로 이끄소서!"라는 주제 아래 개최된 세계교회협의회(WCC)의 부산총회에서 발표하고 2015년 총회창립 100주년을 기념한 다양한 주제의 목회매뉴얼로 발간하면서 생명연구를 정리하였다. 다시 말해 김용복은 신학대학이 한국 사회와 교회뿐만 아니라 세계교회의 당면문제를 해결하기 위한 담론형성과 정책 제안을 하는 데에도 중심적 역할을 하였다.

마지막으로 셋째는 네덜란드의 기독교 소액투자금융기관인 오이코크레딧(Oikocredit) 재단과의 교류를 통한 제3세계발전기금의 아시아지부의 설립 추진이었다. 네덜란드의 오이코크레딧 재단은 이 기금을 통해 제3세계의 빈곤층을 위한 교회의 지역개발프로그램을

---

[19] 기독교사회문제연구원, 『한국교회100년종합조사연구』 (1982).
[20] 나중에(2002년) 이 연구 프로젝트와 기금은 총회 임원회가 총회 산하에 전국의 7개 신학대학의 연구소 교수진이 참여하는 연구단체협의회(연단협)를 구성하여 '생명살리기운동 10년'이라는 공동연구 프로젝트로 진행되었으며 그 연구결과는 2005년 10월에 '하나님 나라와 생명살림'이라는 단행본으로 발간되었다. 그리고 10년 후 2015년에는 대한예수교장로회총회창립 100주년 기념 목회매뉴얼의 하나인 '생명목회'라는 단행본으로 출판하였다(대한예수교장로회총회생명살리기운동10년위원회, 대한예수교장로회총회산하연구단체협의회 편, 『하나님 나라와 생명살림』 [한국장로교출판사, 2005]; 총회목회정보정책연구소 편, 『목회매뉴얼-생명목회』 [한국장로교출판사, 2015]).

많이 지원해 왔다. 김용복은 한국교회와 한일장신대가 이 유럽교회의 기금과 협력하여 제3세계교회의 자립과 발전을 재정적으로 후원하는 발전기금시스템을 수립하려 하였다.

IV. 나가는 말 — 의미와 과제

이제 마지막으로 김용복이 한일장신대학에서 추진한 대학 개혁의 의미를 살펴보려 한다.

여기서는 세 가지 중요한 의미만 언급한다.

첫째, 한일장신대의 대학개혁 실천은 지역에서 새로운 대안적 신학대학 모델의 창안을 위해 도전한 최초의 시도였다. 무엇보다 여러 가지 여건이 미비한 지방에서 세계적 수준의 기독교민족대학의 꿈을 시도한 개혁이었다는 데에 큰 의미가 있다. 특히 민중신학자 가운데서 지역으로 내려온 경우는 김용복이 최초이다. 김용복은 지역 속에서 민중신학의 제도적 실천을 시도한 것이다. 루터가 로마제국의 북쪽 변방 독일 땅에서 새로운 교회에 대한 꿈을 꾸었다면, 김용복은 서울의 남쪽 변방 가난한 전북의 시골, 신리의 어두골에서 새로운 기독교민족대학에 대한 꿈을 꾸었다.

둘째, 한일장신대에서의 김용복의 대학개혁 시도는 당시 한국의 대학교육이 직면한 신자유주의 교육철학과는 다른 대안적 교육철학과 개혁적 정책을 제시하고 추진하였다는 데에 의미가 있다. 그것은 남북통일시대를 준비하는 상생의 기독교민족대학의 철학과 지역의 평범한 민중의 인재를 육성하려는 개혁정책이었다.

마지막 셋째, 지역의 한일신학대학이 세계교회 및 세계 신학과 직섭 교류하고 영향을 줄 수 있는 네트워크를 구축하였다는 점에 의미가 있다. 해외의 신학적 흐름에 대한 정보가 부족한 60~80년대에는 신학교는 세계의 신학을 국내에 소개하는 것이 매우 필요했고 중요하였다. 그러나 이제 지구화 시대에는 한국교회의 주요 활동과 한국신학을 해외교회와 세계의 신학에 영향을 줄 수 있는 시점에 왔다. 한때 서남동을 소개할 때 "세계 신학의 안테나"라고 평가하였다면, 김용복은 한국 민중신학과 한국교회의 민주화운동을 세계교회와 세계 신학계와 직접 교류하는 '한국 신학의 안테나' 역할을 하였다. 이런 점에서 김용복의 한일장신대를 통한 세계교회 기관과의 국제적 교류 활동은 의미가 매우 크다. 변방에서도 세계교회와 신학의 흐름에 영향을 줄 수 있는 작은 대학개혁의 시도는 그 자체만으로도 의미가 있었다.

김용복의 대학개혁 실천의 공과에 대한 분석은 후학들의 연구과제로 남겨둔다. 이 글에서 다루지 못한 부분들은 추후 종합적으로 보완되어 김용복의 한일장신대에서의 개혁실천에 대한 정당한 평가가 이루어질 수 있기를 바란다.

김용복 목사의 교육철학
— 아시아태평양 생명학대학원대학교 준비과정을 중심으로

이무성[*]

I. 머리말

김용복 박사와의 교육과 관련된 인연은 2000년 초 녹색대학교 운영위원장 시절로 거슬러 올라간다. 당시 녹색대학교는 미인가 대안대학으로 그 방향을 둘러싸고 많은 토론들이 행해지고 있었다. 학문의 공동체로서, 생활공동체로서 어느 한 쪽을 우선적으로 집중하자는 의견도 분출되었고 이를 별개가 아닌 학문과 생활의 공동체로서 동시에 두 방향을 아우르자는 주장도 가히 백가쟁명(百家爭鳴)으로 표출되었다. 또한 제도권으로의 전환도 소수지만 조심스럽게 의견 개진 및 제안도 있었다. 당시 대표인 허병섭 목사로부터 제도권대학

---
[*] 전 광주대학교 산업기술경영학부 교수

으로 준비 중인 생명학대학원대학교와 미인가 녹색대학교와의 함께 할 수 있는 방안에 대하여 검토해보라는 제안을 받았다.

민중신학자로서 허병섭 목사와 김용복 목사는 교육부분에 대한 관심들이 각별하였다. 허병섭 목사는 무주 푸른꿈 고등학교를 설립하는 데 현 지혜학교 이사장인 김창수 등과 함께 주도적인 역할을 하였다. 그는 서울 성북구 하월곡동에서 동월교회를 통하여 우리국악으로 예배보기 등 민중신학을 기치로 많은 실험들을 하였다. 이후 목사직을 기장교단에 반납하고 미장이로서 현장 노동자생활을 직접 자청하였다. 건축일꾼 '두레'라는 건설노동자 권익을 위한 건축주와 노동자간의 직접 수주를 추진하는 등 자신이 발을 딛고 있는 현장에서 사회모순들을 담론이 아닌 몸을 실천하였다. 생태교육에 관심을 갖고 그는 제도권 밖 대안대학에서 생활공동체를 강조하면서 부분적으로는 학문공동체를 접목하는 입장이었다. 녹색대학의 방향설정에 대한 내부 구성원의 활발한 토론 중에 제도권 대학원 대학의 개교를 앞 둔 생명학대학원대학교로부터 함께하자는 제안을 녹색대학의 향후 방향에 대한 내부구성원들의 활발한 토론 진행과제에서 받았던 것이다. 김용복 목사와의 이후 교육과의 교류는 녹색대학과의 학제간 연계 등을 제안을 받으면서 구체적인 실현방안을 모색하는 과정에서 그를 자주 만나면서 지속되었다.

II. 생명학대학원대학교 지향점

생명학대학원대학교의 역사와 취지로서는 생명질서의 존속가능성에 대한 의혹을 제기하면서부터이다. 그 시대적인 기원은 1970년 초부터 전 지구의 생명질서의 지속가능성에 대한 회의들이 본격적으로 거론되는 시점이다. 범지구적으로 지속가능성에 대한 논란은 생태학적으로 자연자원의 문제와 생태계의 오염과 자연 질서의 파괴에 대한 우려와 군사적인 패권경쟁의 무모한 군비경쟁으로 인간의 욕망에 의한 지구 종말의 위험성이 크게 부각되었다.

이에 종교 신앙의 관점에서 지속존속성의 위협에 대한 대응이 시작되었다. 세계교회협의회(WCC)가 70년대 중반부터 정의와 참여와 지속성이라는 명제를 토대로 그 선교 과제를 논의하였다. 80년대 초에 본격적으로 정의, 평화 그리고 창조질서의 보전이라는 신앙적 윤리를 토대로 지구와 그 위에 살고 있는 모든 생명체의 상생을 위한 생명질서의 회복을 선교 사명으로 설정하였다. 종교는 근대에 와서 전 지구적 문제를 다루기에는 너무 내세적이고 학문적으로 멀리 떨어져 있었던 것이다.

이러한 상황에서 생명학(Zoesophia)의 주장으로서 국내외의 선진 학자들이나 지식인들은 생명에 대한 종교적 사상적인 측면에서 전통적인 인식과 근대 과학에 대한 인식을 통전하여 생명학[1]의 길을 모색하게 되었다. 생명학은 처음으로 시작하는 것 같은 인상 때문에 당시에는 그 이해가 쉽지는 않았다. 특별히 개교준비를 하면서 생명학연구원을[2] 설립하였다. 국내외 학자들이 이 모임의 틀에서 생명학에 대하여 이야기를 본격화하기 시작한 것이다. 2000년에는 생명학

---

[1] 'Wisdom of Life'로서 Zoesophia.
[2] 나중에 '아시아태평양생명학연구원'이라는 사단법인으로 발전하였고 그 공간으로서 지리산권인 전남 구례군 토지면 내동리 향토원에 그 둥지를 틀고 현재까지도 그 활동이 이어지고 있다.

연구원을 설립하기 위하여 국내외로 학술대회를 열고 '생명학'이라는 기치를 내세웠다. 생명에 대한 관심이 지구적으로 일어나기 시작하여 생명에 관련된 연구 프로젝트와 학술논단 등 세미나를 지속적으로 개최할 수 있었다. 이 과정에서 생명학연구원은 연구소들의 협동체라는 형식을 취하기 시작하였다. 상시적으로 모인 연구자들은[3] 다산의 강진초당에서의 학문 활동, 세종당시의 집현전, 영국 왕실의 황실연구소(Royal Society)들의 경험들을 공유하였다. 이 연구과정을 통하여 새로운 학문을 위한 대 전환기로 방향을 결정히였다.

행정이 학문을 통제하는 것을 극복하기 위하여 위와 같은 취지로서 다양한 연구소들의 협동체로서 통섭적 학문연구와 전문 인력을 양성하는 것을 그 지향점으로 내세웠다.[4]

III. 생명학대학원대학교 추진 배경

학교법인 목민학원은 대학원 설립을 교수연구소 중심으로 준비, 추진되어 왔다. 2000년에 준비사업이 시작되었다. 한국생명학연구원을 설립하고 2012년에 이를 아시아태평양생명학연구원으로 사단법인화하고 국내외적으로 그 활동을 전개하여 온 것이다. 설립신청서에 준비과정 중에 수행한 각종의 연구 업적을[5] 교육부에 첨부 제출

---

[3] 김용복, 강원돈, 이흥락, 이영숙, 차옥숭, 이규태 등 교수 10명과 15명의 대학 졸업생들 도합 25명이 주로 모였다.
[4] 학교법인 목민학원 설립 허가로 2002년 구체화 되었고 기독교정신과 대한민국 건국 이념을 토대로 아시아태생명학대학원대학교 개교 목표로 진화되었다. 통전적 교육과 인재양성이 대학에서 수행코자 하는 학문 내용에 담아내고 있다.
[5] InternationalCollegium on Oikonomia Conviviencia를 결성하여 고급연구과정

하여 다른 사학과의 차별적인 요인을 부각하였다.

한일장신대학교는 예수교장로회 (산하) 학교법인이었다. 한일장신대는 김용복 목사의 국제적인 네트워크 등 학교 총장으로서 적합한 인물로서 당시 보수적인 기풍의 그의 소속 교단에서 예외적으로 민중신학자로서 진보적인 목소리를 내고 박정희 유신정권에 대하여 미국, 일본 등 해외에서 그리고 귀국 후 국내에서 노골적으로 비판을 일상으로 행하고 있는 그를 적극 영입하였다. 그러나 종단인 학교법인에서는 어느 정도 그 목적이 완수되자 그를 해촉하였다. 사학은 자본의 횡포도 문제이지만 종단에 의한 종교권력에 의해서도 대학의 자주성은 무너질 수밖에 없다는 인식에서 그와 뜻을 같이 하는 분들과 함께 생명학대학원 연구원은 자연스럽게 태동되었다. 독일 유학에서 돌아온 강원돈 목사가 한국 대학의 문제점을 익히 알고 이에 대한 해결책에 대해 고민을 하면서 참여하였던 것도 학교 설립 배경이었다. 강원돈 목사는 대안대학인 녹색대학에서 경제윤리와 정치경제학을 서울, 충남 병천 그의 연구실을 거쳐 강좌를 마다하지 않고 열정적으로 행하였다. 당시 녹색대학은 재정적인 어려움으로 강좌에 참여한 분에게 교통비에도 훨씬 못 미치는 강의료를 지급을 하였고 그는 그 강의료마저도 청년학생들과 함께 저녁 내내 토론하는 비용으로 찬조하였다. 녹색대학의 대안학교로서 초기 많은 시행착오에도 불구하고 적극 그 취지에 동참하였다. 필자도 당시 제도권 대학의 학문 후속세대의 적극 영입에 소극적이었던 분위기에 대안적인 학문공동체의 필요성을 절감하고 서울, 원주 그리고 광주 등으로 시

을 실시하였다.

간강사로서의 생활을 접고 녹색대학에 합류하였다. 운영위원장, 후원회장, 사회읽기 교수 등의 주어진 역할을 감당하며 새로이 실험하고 있는 제도권과 다른 형태의 학문과 생활공동체에 관심을 두고 있었다. 그러나 녹색대학은 충분한 준비 없이 개교하여 개교 3개월 만에 그 한계를 노출하였다. 많은 사람들이 기대를 갖고 참여하였으나 이들의 참여 동기를 충분히 받아들일 수 없는 상황으로 내몰린 것이다. 그들의 실험적인 시도에 기회조차 제공하지 못했던 것이다. 더욱이 개교 후 3년도 못되어 초래된 열악한 재정으로 인해 미땅히 지불되어야 할 급여 등도 제공할 수 없었다. 당초 녹색대학교는 학교 개교년도인 2002년에 연도에 맞추어 2002명 이상의 1만 원 이상 소액 다수 후원자를 확충하여 자본 지배로부터 벗어나자는 목표로 재정 조달 방안을 마련코자 하였다. 녹색 게릴라 양성6이라는 인재양성 지향에 따라 초기에 1,000명 가까운 후원자들이 자발적으로 참여하였다. 그 목표달성은 무난할 것으로 기대되었다. 그러나 개교를 전후하여 짧은 시간 내에 검증되지 않은 너무 많은 사업의 전개, 구성원 간의 방향을 둘러싼 의견차이 등의 노출로 후원자들 참여는 주춤거리면서 탈회 요청이라는 역풍으로 후원확충은 그 동력을 점차 잃어가고 있었다. 이러한 상황에서 학교법인 설립을 받아 개교만을 기다리는 생명학대학원대학교의 참여제안은 녹색대학으로서는 새로운 전기로서 당시 운영위원장인 필자는 이에 대한 검토를 심도 있게 진행하였다. 녹색대학교의 녹창사로 약칭되는 '녹색대학을 창립하는 사람들' 중심으로 장원이 주도적인 역할을 하였던 것과 달리 아시아

---

6 장회익 녹대 초대 총장이 온 생명 사상에 근거하여 적극적으로 제안.

태평양생명학대학원 대학은 김용복 박사의 오랜 경험적인 성찰을 함께한 교수연구자들이 적극 동참함으로써 법인설립의 결실을 맺게 되었다.7

IV. 생명학대학원대학교 추진과정

생명학대학원대학교가 추진되는 분위기는 정치적으로도 좋은 시기이었다. 김영삼 정부를 거쳐 김대중 정부 초기 한완상 교수가 교육부 수장으로서 기존 사립대학과는 다른 유형의 대안적인 제도권대학의 필요성을 인식하고 있었기 때문이다. 이때 김용복 목사를 중심으로 하는 양심적인 학자들이 대학설립의 소식에 적극적으로 지원하였다. 당시는 대학이 자유설립주의에 가까운 준칙주의로서 일정한 수익용 재산과 교육용 재산을 갖추면 설립이 가능하였다. 다만 대학설립의 권한은 교육부에서 갖고 있어 교육부 관료들의 설득이 관건이었으나 교육부장관의 진보적인 성향으로 교육 관료들이 예전처럼 과도한 권한행사로서 자신들의 이해관계에 따라 설립신청에 대하여 일방적인 거부만을 할 수 없는 상황이었다. 법인설립 준비에 따라 우선 마련해야 하는 것은 수익용 재산이었다. 수익용 재산은 현금 또는 일정한 수익률을 창출할 수 있는 부동산 등 기본 재산으로서 그 최저 준비금 마련 목표액은 8억 이상이었다. 8억의 수익용 재산

---

7 학교법인 목민학원은 2002년 4월 18일 인가되었고 아시아 태평양 생명학대학원대학교 설립신청서 제출 신청은 2011년(남원 – 한국 YMCA 연맹후원), 2013년(서울 – 이장식 팀 후원), 2014년(서울 – 이규수 회장 후원) 등으로 이어져왔다.

을 마련하는 것이 또 하나의 장애물이었다. 이 부분은 강원돈 목사가 맡아 처리하였다.8 수익용 재산이 처리되자 나머지 작업들은 사전에 충분히 의견들을 공유한 상태이어서 교육부에 단 시일 내에 법인설립 신청서를 작성하여 제출하였다. 학교개교를 위한 교육용 재산은 수업과 행정업무를 처리할 수 있는 공간을 마련하는 것으로 당시엔 큰 어려움이 없이 수월히 처리될 것으로 예상하였다. 학교법인의 이사장으로 선임 예정 후보자인 교회 장로는 학교 설립 취지를 충분히 이해할 것으로 압축된 분 중 최적합자로서 김용복 박사에 의해 추천되었다. 김용복 박사의 친구 분으로서 교육 내용을 펼치는 교육 공간으로서 교육용 재산도 흔쾌히 제공키로 하여 학교 설립 후 개교까지의 기간을 오히려 단축할 수 있다는 기대감도 넘칠 정도이었다. 오히려 순조롭게 진행된 과정이 결국은 개교를 계속 연장하고 향후 진행을 매우 어렵게 만드는 원인이 되었다. 당시엔 그 어떤 부분에 있어서도 장애요인은 발생되지 않았다. 제공될 교육용 재산으로서 학교 부지를 겸한 공간은 충청남도 천안시 인근이었다. 생명학연구원의 생태중심의 가치지향을 실현할 수 있는 적절한 장소로서 당시엔 평가되었다.

학교 설립은 학교법인 인가와 후원회 꾸리는 두 분야로 나누어 진행되었다. 자본권력에 휘둘리지 않기 위해서는 풀뿌리 후원조직으로서 소수금액이지만 다수의 후원자 확충의 중요성이 강조되면서 사단법인을 통해 후원조직을 꾸리기 위하여 사단법인 설립을 진행하였다. 그러나 학교법인이 먼저 인가되었다. 후원회 꾸리는 것은 처

---

8 제1금융권 은행에서 8억 대출을 받아 이를 은행에 예치하여 수익용 재산의 요건을 충족하였다.

음엔 사단법인을 설립하여 진행하는 것으로 계획되었다. 그러나 이후 사단법인 설립 작업이 지체되면서 상당부분 후원에 대한 동력이 떨어지고 당초 출연 약속을 한 이사장의 약속도 지켜지지 않아 학교 설립 진행에 많은 어려움이 발생하였다. 이후 녹색대학교의 녹지사9 방식의 후원형태로 그 방향은 수정되어 녹색대학과의 적극적인 연계로서 제안되기도 하였다. 대학설립을 위한 여건으로서 수익용, 교육용 재산, 전임교원 확보, 교과과정도 큰 얼개로 확정이 되었다.10 대학원 대학의 학술과 교육을 위한 세계적 네트워크를 5차원으로 구체화하여 이에 대한 구성방안을 마련하였다.

그 주요한 내용만을 개략적으로나마 기술해본다.

북미주, 유럽, 아프리카, 남미, 아시아를 망라한 석학의 교수, 연구 인력의 연계 네트워크를 형성한다. 세계 유수 대학연구와 연계하여 협동, 공동연구 네트워크 체제를 구축한다. 특히 유럽의 유수 대학과의 학문적 연계체계를 구축하여 국제적인 인재양성을 꾀한다. 중미의 코스타리카 유엔 평화대학교, 사회경제연구소(DEI), 브라질 사회경제 네트워크, 아프리카의 캐냐와 남아공의 유수대학 등과 교류협력 관계를 구축한다. 스위스에 국제 연구장학재단 설립을 형성하고 세계적 후원조직과 연구재단과 협력관계 구축전략을 완성한다

---

9 녹색대학을 지원하는 사람들의 약칭으로 녹지사는 '녹색대학을 창립하는 사람들'의 약칭으로서 녹창사와 더불어 녹색대학을 유지하는 두 개의 큰 기둥으로서 10년이 지난 현재에도 현재는 온배움터로서 그 명칭이 바뀐 녹색대학의 든든한 재정적인 역할을 하고 있다.
10 확보된 주요 여건을 아래와 같이 열거해 본다.
   1) 수익용 재산 - 본래 승인 여건에 해당하는 8억 원 확보
   2) 교육용 재산 - 연건평 400평 이상 확보
   3) 전임교원 - 세계적 수준의 국내외 교수진으로 충원 완료
   4) 교과과정 확정 - 생명학이라는 창의적 총합 학문과정 수립 완성

(Aman-Sangsaeng Foundation in Swiss). 고급 전문훈련과 교류를 위한 국제 사회적 기관과 기업(Bologna의 CADIAI 사회적 협동조합연합체, 네덜란드의 Oikocredit International, 스페인의 Mondragon University, 스웨덴/노루웨이의 Dag Hammaskiold 재단 프로그램 등) 등과 제휴한다.

대학원 대학을 목표로 교육 내용을 설정하였기 때문에 국제연구소(장) 연구원들이 입학하기 위한 준비를 마치었다.

V. 생명학대학원대학교 교육 내용

자율적인 연구소들이 협동체로서 통전적 학문연구와 전문인력을 육성하는 방식이다. 기독교 정신과 대한민국의 교육이념을 토대로 통전적인 학문과 인재육성을 위한 것이다. 생명, 평화를 그리고 정의를 주 내용을 담고 있다. 이는 아시아태평양생명학대학원대학교 학술, 학문 내용개발을 위한 활동경과 보고에 그대로 표현되고 있다.[11] 이를 담아내는 외형의 조직체 형태로서는 전문연구자들과의 지속적인 학문공동체 형성이 연구소 중심으로 준비되었다, 이는 교육의 폐쇄성을 극복하고 상대 연구자의 연구 활동도 보장하면서 학문 간의 연계체제를 높이어 나가는 것이 교육 내용에 구체적으로 포함되어 있다. 결국은 이를 실행하는 과정에서 교육 내용은 더욱 정교해졌지

---

11 세계종교계에서는 이 3대위기에 대한 대응을 시작하였다. 그 예는 세계교회협의회가 70년대 중반부터 정의와 참여와 지속성이라는 명제를 토대로 그 선교적 과제를 논의하다가 80년대 초에 본격적으로 '정의, 평화 창조질서의 보전'이라는 신앙적 윤리적 토대로 지구와 그 위에 살고 있는 모든 생명체의 상생을 위한 생명질서의 회복을 선교적 과제로 설정하였다. 그러나 종교는 근대에 와서 전 지구적 문제를 다루기에는 너무 내세적이고 학문적으로 소외되어 있었다.

만 현장실천은 자본지배의 그 벽을 넘지 못하고 후속 추진자에게 그 역할을 남겨줄 수밖에 없었다.

교육 내용을 채워나가면서 김용복 박사는 자신이 민중신학자로서 제도권 총장이라는 학교 행정 일을 맡게 되면서 학문에 대한 연구는 깊이 있게 접근할 수 없었다고 여러 차례 술회하였다. 학자인 그에게 행정적인 업무는 큰 부담으로 다가온 셈이다. 일부에서는 김용복 총장은 큰 그림을 그리고 이 일을 현장 실현하는 것에는 행정역량이 뒷받침되어야 하였는데 그러한 실무 역량가를 확보하지 못한 것으로 평가한다. 김용복 박사도 특히 행정이라는 관리업무 측면에서 자신의 한계를 여러 차례 토로한 적이 있고 곁에서 함께 일을 하면서도 그에게는 행정업무보다는 학문에 더 기여할 수 있는 기회제공이 필요하다는 생각을 자주 해 보았다. 그의 장점으로서 국제적인 네트워크 형성과 일반인들의 상상을 초월한 창발적인 교육 내용을 설계하는 것 등은 그 누구도 수행할 수 없는 그만이 가능한 탁월한 현장 감각이다. 교육 내용과 연계되는 행정활동은 그의 곁에 그를 행정으로부터 직접 챙겨줄 수 있는, 일처리에 익숙하면서 선한 공복인 행정집사와의 결합이 있을 때 시너지로서 상승효과를 얻을 수 있을 것이다. 공동체로서 각자의 재능이 존재하는 조직체에서 그의 내면에 축적된 창발적인 생각들은 세상에 큰 빛을 발산할 것으로 여전히 확신을 갖고 있다. 김용복 박사와 함께 초기 학교를 준비하는 사람들은 대부분 연구에 뛰어난 자질을 가졌다. 교육부 관료집단의 관료사회에서 그들과 협의하여 행정흐름에 맞추어 이를 현장에서 실행하는 것은 그들 역시 쉽지 않았을 것이라는 평가를 학교법인 해산을 계기로 나름 내려 본다. 김용복 목사와 함께하는 일에 적합한 인사로는 강원돈 교수를 들 수 있다. 초기 그와의 역할 분담으로 학교법인 설립을 득하였다는 것은 가장 어려운 행정업무 처리를 기대 이상으로 해낸 큰 성과로 평가될 수 있다. 결국 재정 위기로 개교는 실패하였지만 재정분야의 후원조직도 초기에 녹색대학교의 다수 개미군단의 방식을 치밀하게 그리고 신속하게 진행하여 동력을 불어넣었다면 김용복 박사의 해외 특히 3세계 민중신학자들과의 신뢰로서 맺은 두터운 관계를 기반으로 그가 꿈꾸었던 교육 내용이 단순히 꿈이 아닌 현실에서 지금은 펼쳐졌을 것이라는 평가를 내려본다.

특히 그는 생명학 분야에 대하여 구체적이면서 체계적인 교과내용을 제시하였다. 그가 먼저 초안을 잡고 이후 참여한 연구자들과 충분한 토론을 통하여 개교 준비과정에서 부분적으로 교과과정을 개발하였다.12

---

12 I. 생명학 파라다임(Paradigm of Zoe-sophia)은 1) 생명의 주체성, 2) 생명의 생성, 3) 생명의 통전성, 4) 생명의 수렴통합성, 5) 생명의 창조성을 통전적으로 내포한다.
 II. 생명학의 분야:
 생명학은 생명전기(역사=Zoegraphy)를 기틀로 하여 출발하며 생명억압과 파괴의 분석과 생명체 진화발전의 이론을 정립한다. 이는 상호수렴통합적인 기본 방법론을 토대로 한다.
 상호통합론(Convergence Theory)은 동서양의 수렴통합, 과거와 미래의 지평과 비전의 통합, 다양한 문화와 종교 간의 수렴통합, 그리하여 창조적인 새 미래의 거점(Omega Point of Convergence)에 이른다.
 생명학 파라다임(Paradigm of Zoesophia)을 틀로 하여 차원별 교과과정을 구축.
 생명종교학(Religious Study of Life)
 생명기독교학(Christian Study of Life)
 생명불교학(Buddhist Study of Life)
 생명도교학(Taoist Study of Life)
 생명유교학Confucian Study of Life)
 생명동학(Tonghak Study of Life)
 생명지정학(Zoe-geopolitics)
 생명경제학(Zoe-economics)
 생명정치학(Zoe-politics)

이를 바탕으로 생명학은 이론적 수련뿐만 아니라 각종 전문직을 훈련하는 것으로 교과과정을 구성하였다. 생명체를 파괴하는 내·외재적인 요인을 분석하고 이에 대응하여 생명을 보살피는 전문요원을 훈련하는 것이다.13

현재도 김용복 박사를 아는 주변 사람들은 그의 의욕적인 활동이 단순히 그에게 멈추어서는 아니 되고 학문 후속세대로 이어져 확산되기를 기원하면서 현장에서 그와 함께 꾸준히 그 뜻을 펼치고 있다.

생명사회학 (Zoe-sociology)
생명복지학 (Zoe-diakonia)
생명문화학(Zoe-cultural Studies)
생명교육학(Zoe-pedagogy)
생명언어학(Zoe-Linguistics)
생명윤리학(Zoe-ethics)
생명예술학(Zoe-Art Studies)
생명생태지리학(Zoe-ecology)
생명생태건축학(Zoe-archetecture)
생명생태학(Ubiquitous)
생명생물학(Zoe-biology)
생명의학(Zoe-health and medicine studies)
생물공학(Zoe-technology)
생명학과 생물학(Zoesophia and Biology)
생명학과 물리학(Zoesophia and Physics)

13 예를 들면 각 분야의 생명학자 이외에 생명신학/생명목회자, 생명디아코니아 전문가, 생명 경영/경제인, 생명 정치인, 생명 사회사업/사회복지사, 생명 교육가, 생명 예술인, 생명 건축가, 생명 윤리사, 생명 생태관리사, 생명 의료인, 생명 보건인, 생명 평화전문가, 생명 상담치료사 등이다.
이 전문인은 기본적으로 생명윤리를 기반으로 하여 전문직을 수행한다.
이 생명윤리의 기반은 생명학 패러다임의 원칙을 토대로 하여 모든 생명체와 그 상생질서를 보살피고 섬긴다.
상생적 생태질서인 공생의 도
모든 전쟁과 폭력을 극복하는 평화의 길
생명의 살림살이를 보살피는 경제정의
모든 생명체의 주권과 상생권을 보장하는 참여의 길
모든 상생사회질서를 위한 정의와 화해의 길
상생질서를 위한 생명의 윤리적 심미적 가치, 생명의 문화 창조성
모든 생명체의 초월성을 위한 자유 등의 윤리적 정책적 기틀 안에서 전문성을 수행한다.

그에 대한 기대로 인해 주변의 많은 인사들은 조기에, 학문공동체에 담아내고자 하는 그의 열정에 비하여 행정적인 지원이 없는 환경에서 그가 일을 진행하는 것에 대해 걱정을 많이 하고 있다. 행정업무를 관장하는 한일장신대 총장의 직책에서 겪은 학문에 대한 현실적인 제약이 그로 하여금 총장직에서 타의에 의하여 해직된 후 생명학대학원대학교 설립활동에 참여할 동인을 당연히 제공한 것으로 그와 학문공동체를 함께 진행하면서 강하게 추정해 볼 수 있다.

그가 실제로 자본권력에서 벗어나 학문주권 실현에 열정을 쏟은 것은 기존 제도권 대학과는 다른 한국에서 특별히 실험으로 도입해 보는 연구소 중심 조직 편제였다.[14] 이는 그가 제도권에서 불합리한 행정체계가 주는 압박으로부터 자유로이 학자 본연의 연구에 치중할 수 있는 환경조성에 얼마나 고민했는가를 잘 나타내주고 있다.

오히려 보수적인 교육부 입장에서 학교법인 설립 후 그의 업무 진행을 지켜보면서 우직하면서 대안적인 방향으로, 연구소 중심의 대학이 한국 사회에 필요하다는 것을 공유하고 해산명령 직전까지 개교를 계속 독려하고[15] 다른 사학과 달리 기대를 가졌던 것도 그가 교과과정에 담아낸 내용들이 일반인들에겐 상당히 긍정적으로 읽히어

---

14 김용복 박사가 구상하고 있었던 주요 연구소 형태는 아래와 같다.
교역전문화연구소, 기독교생명경영연구소, 기독교생활경제연구소, 동북아태평연구소, 상생건강문화연구소, 상생경영연구소, 생명경제연구소, 생명과 여성연구소, 생명디아코니아연구소, 생명문화예술연구소, 생명목회연구소, 생명철학사상연구소, 생명페다코지연구소, 생태건축학연구소, 아시아경제윤리연구소, 평화페다고지연구소, 아시아생명종교연구소, 의료협동조합연구소, 자연농업연구소, 지역사회발전연구소 등이다.
15 이명박근혜 수구정권의 집권기 이전까지 생명학대학원대학교에 대한 관심으로서 배려는 이어져 왔다. 교육부와의 행정적 접촉은 이규태 교수의 역할로 분담하여 진행이 되었다.

진 것으로 평가해본다.

김용복 박사의 생명학연구원은 자본지배를 거부하면서 이를 대체할 수 있는 대안을 모색하는 과정에서 그 방안을 대체안으로서 설정하지 못한 것이지 행정적인 처리 미숙으로 자본권력을 극복할 수 있는 기회를 잃은 것은 결코 아니다.

촛불 정부로 자처되는 문재인 정부에게도 사학 적폐 청산을 통하여 교수연구자 등 집단 지성인들이 대학사회에서부터의 비판력 회복이 가능한 환경조성을 한 목소리로 강하게 요구하고 있다. 그럼에도 그 어떤 진척도 없는 것은 교육 마피아들의 기득 사학 등과의 연계의 공공한 관계를 단절시키기기 그리 쉽지 않다는 사실이다.

VI. 평가

현재는 학교법인이 해산되어 청산을 해야 할 단계이다. 학교법인은 교육부에 의해 부정도 긍정도 하지 않는 채 여건확충을 요구하다가 자진해산 종용을 받았다. 후계자 유입을 위한 인사로 이사진 개편을[16] 위한 이사취임을 승인치 않은 것도 자본유입의 어려움을 교육부서는 개교의 큰 장애로 예단하고 개교는 불가능한 것으로 지레 판단을 한 것이다. 해산명령까지 급속도로 불리하게 진행된 시기는 이명박근혜 정부가 불량사학의 이해를 노골적으로 챙기고 대학의 비판력 말살을 위해 대학의 황폐화를 의도적으로 행한 기간이었다. 수

---

16 설립 이사장의 사정이 여의치 않아 학교 설립이 지연되다가, 2014년 2월 10일 개교 신청서를 교육부에 제출하면서 임원 변경 승인 요청을 하였다.

구정권의 등장 전까지만 하여도 교육 관료들까지도 대안적인 학교 모형으로 다른 사학의 혁신을 이끌 수 있는 모범적인 사례로 개교를 적극 지원해 주려는 분위기였는데 돌연 바뀐 것이다. 해산명령을 받아 이에 불복하여 행정심판을 청구하였으나 기각당하고 결국 행정소송절차를 거쳐 최종적으로 학교법인 해산이라는 사법적인 판결로 이어졌다.

생명학대학원대학교는 제도권 대학이지만 그 운영 등 기본구조는 대안대학으로서 기존 사립대학과는 다른 유형이었다. 대학설립취지를 명확히 제시해 주는 설립전문을 통하여 이에 대한 성격을 엿볼 수 있다.[17] 국공립대학교는 교수 각자가 총장으로서 이들의 도덕적인 해이가 심각한 수준이다. 반면 사립대학은 학교 설립자 등 대학 운영자의 자율성을 훼손할 정도의 엄격한 통제로 인하여 신분불안정 등 노예로 전락한 조직구조라는 한계를 내포하고 있다.

생명학대학원은 학교개교를 통하여 그 꿈을 현장에서 펼치는 것은 실패하였다. 그러나 미완성이지만 그 꿈은 누군가에 의해 이어질

---

17 우리는 인간의 노동을 통해 형성되고 문명사회를 발전시켜온 수많은 지적 자산이 자본과 국가에 의해 심각한 수준으로 왜곡되거나 통제되고 있는 현실을 직시해 왔다. 인류의 지적 자산은 상생을 위한 유산으로서 인류공동체를 위하여 민주적으로 공용되어야 한다. 학술 연구와 교육 활동이 자유로 와야 역량이 최대한 발휘될 수 있고 창조적인 결과를 낼 수 있다. 이에 우리는 자본과 권력, 왜곡된 연구와 교육관행으로부터 자유로운 학술연구와 고등교육체계를 실현하기 위하여, 참여자 모두가 책임적인 주체가 되며 국내외 다양한 연구 교육기관 및 시민사회와 협력 교류하면서 글로벌 학문공동체를 지향하는 연구교육협동조합을 설립한다. UN이 2012년을 협동조합의 해로 정하여 협동조합의 설립과 발전을 촉구하고 국내에서는 협동조합기본법이 발효되면서 협동조합이 설립 붐이 일어나고 있다. 지역사회에 기반한 민주적 협동조합은 사회갈등을 해소하고 지속가능한 사회 실현의 중요한 방안이 될 것이다. 더 나아가 상생과 협동을 통한 지역사회경제 실현이야말로 지금의 위기를 극복할 수 있는 유력한 대안임을 확인한다. 우리의 활동을 통해 지구촌의 생명평화 실현과 평화로운 인류공동체 건설에 기여하고자 한다.

것이다. 오히려 학교 개교 전까지 보여주었던 생명학 연구에 대한 왕성한 활동은 학문공동체의 지향점을 명확히 제시해 주고 있다. 준비 과정에서 생명학연구원의 주요활동은 크게 4개 분야로 나뉜다.

학자들의 연구저술활동[18]과 국제세미나 활동[19], 지리산 학술연구 세미나[20], 국내/국제 생명학 네트워크 구성[21]이다.

---

[18] 생명학의 기초를 구축하기 위하여 학술연구와 토론이 준비과정 내내 이어졌다. 주요 주제와 참여자들로서는 생명경제학(이홍락), 생명사회학/생명여성학(이영숙), 생명종교학(차옥숭), 생명/평화역사와 지역학(이규태), 아시아경제윤리(강원돈), 생명의사소통(천영철), 생명학/생명기독교(김용복) 등이다.

[19] 주요 세미나로서는:
  1) 생명학 발전을 위한 국제 세미나(Dr. Sam Kobia, World Council of Churches; Dr. Ulrich Dowchrow, Heidelberg University; 진월 스님, 이홍락 교수, 김용복 박사 발표): 생명학연구원 개원 세미나, Seoul, 2000
  2) Convergence of Information, Communication and Technologies, WACC cheo 국제학술/정책회의 주관, 지리산 프라자 호텔, 2003
  3) Ecology, Religions and Feminism: International Workshop, Yecheon, 2005
  Prof. Sigurd Bergmann(Norway), Prof. Heather Eaton(Canada) 등 국내외 학자 18명 참여
  4) International Workshops: 2006~2008
  Peoples Charter on Peace for Life, Hwacheon, Kangwondo, Korea (3회) 국내외 학자 30여명 참여
  5) Ecumenical Call for World without Nuclear-Weapons: A Local Initiative for Ecumenical Call for Global Response - Hwacheon, Korea, 2009~2010,(2회) 국내외 학자 20여명 참여
  6) 지리산 정책 세미나는 2001년부터 시작

[20] 2000년부터 OIKOZOE 학술동아리(10인)를 구성하여 활동한 주요한 학술세미나로서는:
  1) 통일정책 협의회: 주강사 강만길 교수
  2) 생명학과 율려: 주강사 김지하 시인
  3) 불교의 생태학: 주상사 법윤 스님
  4) 생명경영학 세미나: 주강사 Henry von Bose, Germany
  5) 한국의 유기농역사: 주강사 권영근 박사
  6) 종교간 대화의 이론: 주강사 Prof. Volker Kuester, Kampen University, Netherlands 등 의회

[21] 주요 연대 활동으로서:
  1) 세계개혁교회연맹 세계대회 주제 "생명을 충만하게 하소서" 지원(2004년)
  2) International Conference on Peace for Life in North East Asia(May 2005)

미완성이었지만 생명학 방법론 서설(Prolegeomena to Integral Study of Life = Zoesophia) 집필을 위한 치열한 토론들이 날을 세우며 행하여졌다.22

대안적인 학문공동체를 제도권의 형태로 담아내는 것이 과연 합당한지에 대한 논쟁은 여전히 이어질 것이다. 비판력 상실의 한국 사회를 탈피하기 위하여 대학구성원으로서 집단지성의 대 사회에 대한 날 센 비판은 반드시 복원되어야 한다. 그렇지만 현재의 대학문화에서는 이를 전혀 기대할 수 없다. 사학 적폐 청산을 교수연구자들이 거리를 나서는 등 치열하게 외쳐 되고 있지만 이를 실현하는 것은 쉽지 않다. 그만큼 자기기득을 유지하고자 하는 교육마피아들의 방해는 일반인들의 상상을 초월하기 때문이다. 이럴 때는 특정 모형을 창출하여 예전의 잘못을 대체해야 한다. 이에 적합한 모형이 생명학대학원대학교의 연구소 중심 대학운영이었다. 자신들이 펼치고자 하는 학문에 대해서는 학문공동체로서 연구소를 결성하여 책임과 의무를 수행하면서 연구소 안에 교육의 내용을 실어 담으면 되기 때

---

3) A Continuing Journey Toward Confessing Movement for Economic Justice and Life on Earth
4) Covenanting for Justice in the Economy and on the Earth,(processus confessionis) – May 2005.
5) 생명학 포럼 참여((사) 생명평화, 대화문화 아카데미), 2007~2009.
6) 종교와 생태에 대한 국제학술세미나(1회 또 제2차 세미나 기획 중), 2011.
7) 생명윤리 세미나(기독교 청년 의료인회와 제휴,)2007
8) 아시아 기독교대학들의 교육과정(생명학 중심) 제안(United Board of Christian Higher Education in Asia 초대, 2006.
9) Potsdam Institute of Climate Change, Germany, 2009
10) "Zoesophia,"Aigene Research Center, Bishkek, Kyrgyzstan, 2009-2010
11) A Fresh Attempt at Construction of Asian Theology for 21st Century, Drew University Lectureship,2007.
22 2008년에 시작하여 2011년까지 이어졌다.

문이다. 다른 연구소와의 유연한 연대는 필요하지만 그렇다고 연구소간의 알력 등은 존재할 이유는 없다. 일반 대학의 학과 또는 학부 간의 자원배분 등의 우선권 확보를 위한 내부 균열까지 발생할 정도의 심각한 조직 내의 마찰은 결코 발생하지 않기 때문이다.

VII. 향후 과제

이상(理想)의 추구와 이를 현장에서 실현하고자 하는 현실적인 간극을 어떻게 조화롭게 이어갈 것인지가 향후 생명학대학원대학교의 여전히 풀어야 할 숙제로서 남을 수밖에 없다. 학교법인 목민학원 해산에 따라 대학개교에 대한 준비과정 등 그동안 쌓은 학습효과들은 사단법인 아시아태평양 생명학연구원으로의 승계를 통하여 학문 후속세대가 현장 실천의 기회를 다시 마련해야 할 것이다. 아시아태평양생명학연구원은 연구협동체 생명학연구원의 내용들을 그대로 담고 있다. 특히 관심을 끄는 것은 생명주 운동을 전개한 것이다.[23]

---

[23] 생명주운동의 목적으로서는 생명주를 발행하여 대안적 생명산업(유기농 등)을 증진시키고〈생명학: 생명을 위한 대안적인 학문체계〉의 연구를 추진하며 생명문화운동을 지원한다.
생명경제 사업체 운영, 생명학연구소 운영, 생명문화 기구 운영(생명학대학원대학교)을 목표로 한 생명주를 공모한다.
사업 목표로는 대학원대학교의 운영 기반 형성을 위하여 10억을 국민주(생명주)로 모금한다.
대학원생의 전원 전액 장학금 지급을 위하여 5억을 생명주 투자로 유치한다.
대학원대학교의 연구 활동 증진을 위하여 기금을 생명주 투자로 조성한다.
생명주 운동의 방법으로는 국민주의 발행 형식으로 생명주를 발행한다. 1주당 5,000원을 기본단위로 한다.
사업 활동으로는 장학 사업: 장학기금을 조성하여 전교생에게 전원 전액 장학금을 수여하는 정책을 실현한다. 1차년도 입학생 2억 5천만 원의 생명주 투자를 소요한 생명주 모집[24]과 기금 모금 운동은 별도로 운영된다. 생명주 운동은 이러한 지구화와 상품시장으로서 지구시장에 대응하는 대안적 금융운동을 전개하는 것이다.[25] 생명학연구원은 2010년 12월 아시아태평양생명학연구원으로 그 명칭을 변경하여 개교준비과정을 이어오면서 현재까지 학술활동을 지속하고 있다. 생명학을 성립하고 실현하기 위하여 연구 교육훈련의 하부구조를 설치, 작동시키었다.[26]

다. 예를 들면 외국인 학생 10명을 선발하면 국내외 후원단체들 즉 교회들이나 사회, 시민단체들이 1,000만 원씩 후원하여 1억을 투자한다.

연구사업: 연구기금을 조성하여 연구협동체를 중심으로 하여 연구 프로젝트를 추진할 경우 연구비는 대외적으로 확보하는 경우와 대내적으로 확보하는 경우를 상정한다. 교수 요원과 대학원 연구자들 그리고 연구소 협동체의 활동과 국제 협력 연구는 연구기금의 조성을 필요로 한다.

상생 협동 사업: 상생 경영 기금 조성하여 생명주 투자를 통하여 상생 협동 사업을 위한 자금을 마련하여 일정한 수일을 도모한다. 이는 대학원 공동체의 상생 경영을 위한 기반을 형성하는 것이다.

24 김용복, 이홍락, 이영숙, 차옥숭, 이규태 교수 등이 한국연구재단의 학술사업과 연계하여 그 역할을 수행하였다.

25 소액신용은행인 Micro Credit 형태인 Oiko Credit 한국사무소 준비 성격도 겸하고 있었다.

26 생명학연구원(韓國生命學研究院) 협동체소속 연구소(대내) (Institutes and centers that belong to Advanced Institute for the Study of Life)
   1) 한국실천신학연구원(한국실천신학박사원, 원장: 김용복 박사): Ecumenical Institute for Doing Theology
   2) 기독교아시아연구원(원장: 김용복 박사): Christian Center for Asian Studies
   3) 기독교커뮤니케이션연구소(남북언론연구소, 소장: 김용복 박사): Institute for the Study of Christian Communication
   4) 동남아시아신학연구원(동남아신학대학원, 원장: 김용복 박사): Southeast Asia Graduate School of Theology
   5) 한국전문화목회연구원(원장: 박근원 박사): Korea Institute for the Study on Professional Ministry
   6) 동아시아태평연구소(소장: 이규태 교수): Institute for the Study of Great Peace in East Asia
   7) 생명경제연구소(소장: 이홍락 교수): Institute for the Study of Political Economy of Life
   8) 생명사상연구소(소장: 김영민 교수): Institute for the Study of Philosophy

VIII. 맺음말

　김용복 박사에 대해서는 여전히 꿈 많고 이상을 추구하는 영원한 청년으로 평가할 수 있다. 그는 오늘도 자신의 꿈을 이상향으로서 펼치고자 창발적인 생각들을 계속 펼쳐나가고 있다. 생명학대학원대학교의 개교 실패로 그의 긍정적 역할이 펼쳐나갈 수 있는 기회의 상실에 대하여 많은 사람들이 아쉬워하고 있다. 민중신학자 1세대로서 그의 국제적인 넓고 깊은 인적인 네트워크를 어떻게든지 복원하여 살려내야 한다는 이야기들이 생명학 아카데미, 교육연구소협동조합 등 그와의 지속적인 활동을 지금도 함께하고 있는 연구자들로부터 이어지고 있다. 이는 그의 역할이 한국 사회에서 실현되기까지는 앞으로도 더 많은 시간들이 필요하겠지만 그의 일관된 이상의 실천은 후학들이 반드시 이어 받을만한 가치가 있다는 것을 뜻하기 때문이다.

---

and Thought on Life
9) 아시아종교연구소(소장: 차옥숭 교수): Institute for the Study of Asian Religions
10) 생명여성연구소(소장: 이영숙 박사): Center for Women and Life
11) 아시아경제윤리연구소(소장: 강원돈 박사): Asian Institute for Economy and Ethics
12) 한국심리치료연구소(소장: 이재훈 박사): Korea Institute for Psychotherapy
13) 한국 기독교문화연구소(소장: 문성모 박사): Korea Institute for the Christian Culture and Liturgy
14) 기독교동양사상연구소(소장: 김흡영 교수): Korea Institute for the Oriental Thought

글로벌 직업교육 특화 학교 육성사업 운영과 과제 — 고산고 사례를 중심으로

김덕환 · 이경국*

I. 사례보고

○ 2018년 9월 1일(토) 새 학우가 오다 – 고산고 글로벌 직업교육 특화 학교

서울에서 호텔관광경영학부 3학년 1학기를 마치고 휴학 중인 완주 출신의 한 청년이 고산고를 방문하였습니다. 1년 정도 독일에 가고 싶은데, 여기에 대한 정보를 얻고자 하였습니다.

며칠 전 저와의 통화에서 학우는 컨벤션 또는 관광산업 분야에 관심이

---

* 전 한일장신대학교 교수, 법학박사 · 철학박사 / 기전대 겸임교수, 한일장신대학교 NGO 대학원 석사

있다고 하여 학생이 좋아하는 분야와, 할 수 있는 능력 사이의 갭을 말하면서 독일 호텔식당에서 조리사로 실질적인 일을 배우고 나중에 호텔 관련 업무 담당 과제 등으로 전환하면 어떻겠느냐고 저의 의견을 표명하였습니다.

저는 어제 학우를 직접 만나서 함부르크로 가는 것을 생각해보도록 권장하였습니다. 함부르크에는 독일호남향우회장을 역임하였던 교민을 제가 알고 있는데, 회장님 집 바로 옆에 발센(Bahlsen)이라고 독일에서 널리 알려진 제과회사가 있습니다. 이곳에서 1년 정도 실습을 하면 좋겠다고 말하며 최 회장님과 연락하여 협조를 구하는 것이 좋겠다고 저는 어제 청년에게 구체적인 제안을 하였습니다. 독일 제과업체에서 실습을 하고, 한국에 와서 기업체의 식품유통 분야 등에서 근무하다가 관광산업 쪽으로 옮길 수도 있을 것이라고 말하였습니다. 좋아하는 분야는 알지만, 이를 위해서는 여기서 일할 수 있는 능력 또한 갖추어져야 하는데, 현재는 어학 등으로 부족함으로, 먼저 연수 가능분야에서 훈련을 받는 것이 우선일 것 같다고 말하였습니다. 독일에서 연수를 하고나면 취업하는데 경쟁력이 있어 직장을 얻기가 용이할 것이라는 것도 함께 언급하였습니다.

어제 토요일 고산고에서 만난 대학생 학우는 완주고를 졸업하였으며 지금 독일에서 도자기공에 분야의 직업교육을 받고 있는 학우가 살았던 곳과 같은 아파트에서 살고 있기 때문에 독일에 있는 우리 학우를 잘 안다고 합니다.

어제 수업에 참여한 학우에게 함부르크에 계시는 최회장님의 카톡 번호를 알려 주며, 그분과 처음부터 연락을 취하기를 권하였습니다.

저는 어제 학우에게 두 권의 독일어 교재를 주었으며, 학우는 앞으로 우리 고산고 수업에 관심을 갖고 참석하겠다고 말하였습니다.

어제 우리 청년은 수업시작 45분 전에 혼자 먼저 와서 교실에 앉아 있어서 저를 깜짝 놀라게 하였었습니다. 우리는 일찍 대화를 시작할 수 있었고 이것은 수업 첫 시간까지 학우 소개와 함께 연결되었습니다.

이 교수님은 3명의 고산고 학우와 함께 분반하여 수업을 진행하였습니다. 모두 6명의 학우가 출석을 하였습니다.

둘째 그리고 셋째 시간에는 통합수업을 하였으며 동영상을 통하여 '학교' 관련 어휘와 문장을 공부하고, 교재를 통하여 회화 연습을 하였습니다.

어제 참여한 학우들 모두가 적극적이고 열의에 차 있었고 이 교수님과 저 또한 무척 기뻐하였습니다.

○ **2018년 9월 4일(화) 두 명의 고산고 새 학우와 수업과제 난이도 – 고산고 글로벌 직업교육 특화 학교**

어제 화요일에는 두 명의 새로운 학우가 합류하여 총 7명의 고산고 학우가 출석하였습니다.

어제 처음 온 학우들과 함께 알파벳 및 알파벳 노래를 동영상을 통하여 학습하였습니다.

그리고 기존 학우들을 위해 준비한 '학교' 관련 내용의 유인물을 활용하여 독일어 어휘와 회화연습을 하였습니다. 새로 참여한 학우들의 양해를 구하였으나, 내용이 어려워 이 학우들에게는 부담이 될 것 같아 걱정이 되었습니다.

그렇다고 초급 수준의 수업을 중점적으로 진행하면 기존 학우들에게 지루한 감을 주게 되리라는 염려도 하였습니다. 다행이 어제 평소 우리 수업에 열심히 참여하는 기존 학생 한 사람이 내용을 다시 복습하게 되어 기쁘다고 말하여 안심이 되었습니다.

수업시작과 함께 학우들에게 수업 전에 교장선생님과 진로상담부장 선생님과 협의한 독일 기업체 방문 일정에 대하여 설명하고, 하루 축소된 일정과 방문지에 대하여 논의를 하였습니다.

학교에서는 1주 5일 독일 기업체 방문 그리고 토요일, 일요일 각 이틀씩을 포함하여 9일을 교육기행기간으로 제안하셨는데, 매우 합리적이라 생각합니다. 이 교수님과 저는 독일 기업체를 방문하기 전에, 주말을 이용하여 파리 문화탐방도 포함시켜서 총 10일을 구상하였는데(금요일 출발하는 항공편이 토요일 출발하는 비행기 보다 저렴함으로), 학교 측의 제안으로 파리를 경유하되 방문지를 축소하려합니다.

학교 관계자의 관심과 협조에 감사드립니다.

어제는 새로운 학우들이 참석하여 프로젝트 수업이 활기를 갖게 되어 어제 이 교수님과 저는 매우 기뻤습니다.

○ 2018년 9월 11일 (화) 이 교수님께서 학우를 선발하다 - 고산고 글로벌 직업교육 특화 학교

어제 화요일 학교 측에서는 이번 독일 기업체 탐방 인원을 5명으로 제한하는 것이 좋겠다고 말씀하셨습니다. 예산도 제한이 되어있고, 여행이 목적이 아니기 때문에, 우리 수업에 관심을 갖고 참여하는 학우가 가는 것이 바람직하다고 말씀하셨으며, 저도 여기에 전적으로 동의하였습니다.

이 제안에는 현실적인 어려움이 있었습니다.

6명이 이번 탐방에 참석하겠다는 것이었습니다. 따라서 한 명을 탈락시켜야 하는데 어떻게 하여야 할지 고민이 되었습니다. 출석률을 보아서 결정을 할 수 있고, 면접 또는 어학실력 테스트를 하여 학우들을 선발할 수도 있을 것입니다. 저는 빨리 이 문제에 대하여 일단락을 짓고 수업을 시작하였으면 하였는데 이 교수님은 선발 결정을 뒤로 미루고 독일 탐방과 연관된 학우들의 질문, 즉 일정, 항공권 구입, 숙박 등에 관하여 대화를 나누었습니다.

저는 초조하여 먼저 학생 선발의 안을 마무리 하자고 하였습니다. 이때 한 학우가 학교 측의 재정적인 지원이 없이 자부담으로 가면 안 되느냐고 하고 물어서, 저는 우리의 교육기행은 여행이 아니라 독일 직업교육 프로젝트수업에 열심히 참여하는 사람이 가는 것이라고 말하였습니다. 이 학우는 우리 수업에 잘 참석하지 않는 편입니다. 하지만 이 교수님은 이 학우의 제안을 듣고 곧바로 진로상담부장선생님과 상의를 하였는데 진로상담부장님은 교장선생님의 동의를 얻어 6명이 참여하는 것을 허락하셨습니다. 5명 학생의 지원금을 6명이 나누어 쓸 수 있다고도 하셨습니다. 한 학우가 자부담으로라도 가고 싶어 하는 강력한 의지를 표명하였는데, 이를 고려하신 것 입니다. 학교 관계자님들의 배려와 협조에 어제 참석자들은 감사하며 기뻐하였습니다.

애석한 것은 이 교수님께서 이번 독일 교육기행에 개인적인 업무관계로 함께 참여할 수 없다고 우리에게 알려주신 것입니다.

그럼에도 불구하고 그는 다음 목요일 오후 고산고 수업이 끝난 후 학우들과 만나 인터넷을 통한 항공권 예약하는데 돕겠다고 하였습니다. 앞으로 숙소 및 기차예약도 돕겠다고 하셨습니다.

어제 저녁에 이 교수님으로부터 저는 문자를 받았는데 혜성고 한 학우가 여권사본을 보내왔다는 내용이었습니다. 이번에 이 학우도 독일 면접을 위해 우리와 합류하게 됩니다.

학생대표인 총무와 이 교수님은 긴밀한 연락을 취하고 계시는데, 학우들의 의견을 반영하고 경비를 자율적으로 관리하기 위하여 학우들은 총무를 선정하였습니다.

이 교수님의 모습을 보고 저는 '교육적인 관계'가 무엇인가를 생각해 보았습니다.

○ 2018년 9월 15일 (토) 진로지도는 시지프스 아르바이트? - 고산고 글로벌 직업교육 특화 학교

그제 토요일 고산고 학우들과 만나게 하신 하나님 감사합니다.
전주에서 고등학교를 다니는 그리고 고산고에서 청강하는 한 고등학교 3 학생은 일주일 전에 독일로 직업훈련연계 현지취업을 위한 지원서를 보냈는데, 저는 답장이 오지 않을 것 같은 예감이 들어서, 학우와 대화를 나누었습니다. 독일 측에 발송한 성적증명서를 우리는 함께 보았는데, 수학에서 1학년부터 3학년 1학기까지 최하의 등급을 받았고, 과학은 그 보다는 한 단계 나은 편이지만 낮은 점수이기에 이를 본 독일 기업체에서 좋아하지 않을 것 같다는 생각이 들었으며, 반면 체육, 예능 분야에서는 아주 좋은 점수를 취득하여 학우가 기계 분야가 아닌 다른 분야를 택하여야 하겠다는 것도 제안하였습니다.
학우는 냉방기술 메카트로니커 과정의 직업교육을 받으려고 지원하

였으며, 지원 서신에 에너지 관련 산업은 중요하고, 금년 여름 무더위를 통해서도 알 수 있듯이, 앞으로 미래가 밝은 직종이라고 언급하였습니다. 하지만 학우는 왜 이 분야가 자신의 적성에 맞는지를 언급할 수 없어서, 이를 명기하지 않고 그냥 보냈었습니다.

학우는 이전에 맥주 제조업을 배우고 싶다고 하였었는데 매일 주류를 취급하다 보면 알코올중독의 위험성도 배제할 수 없어서, 우리는 다른 직종을 권유하였고, 드디어 냉방기술 직종을 택하게 되었는데, 이제 생각해 보니 합격이 된다고 하여도, 적성이 안 맞아서 강도 높은 훈련을 견디어 낼 수 있을지 크게 걱정이 되었습니다. 독일의 마이스터가 인정을 받는 것은 장기간의 수준 높은 직업교육을 전제하고 있기 때문인 것으로 알고 있습니다.

우리 학생은 이 교수님과 개별면담을 하였는데 사회복지분야 관련 직종을 알아보겠다고 하였습니다.

독일 연방노동청 홈페이지에 소개된 직종별 동영상을 살펴보고 다음 주에 다시 논의하지고 저는 제안하였습니다.

저는 학우들에게 원하는 사람은 독일 면접을 2학년 2학기 때 응시하고, 합격 후 3학년 졸업 후 출국 시까지 시간을 갖고 준비는 것이 좋겠다고 제안을 하였습니다.

3학년 2학기에 면접을 보고 합격하게 되면, 졸업 후 2월 하순에 곧바로 독일로 갔었는데, 방을 얻고 어학코스에 등록하는 등 준비에 시간적 어려움이 컸었습니다.

2학년 2학기 때 면접에 합격을 하게 되면 1년 동안 잘 준비할 수 있는 시간이 있어 바람직 할 것 같아, 학우들의 의견을 물었는데 모두가 동의하였습니다.

토요일 수업에는 고산고 학우 5명, 외부에서 온 학우 3명(고 3, 대학교 2 그리고 4학년)이 참석하였습니다.

학우들을 만나는 것은 매우 기쁘나, 진로지도는 쉬운 일이 아닙니다.

○ 2018년 9월 22일 (토) 체험학습으로서의 교육기행 – 고산고 글로벌 직업교육 특화 학교

토요일 고산고 학우 6명과 혜성고 3학년 1명, 한일장신대 학생 2명 그리고 세종대 휴학생 1명이 참석하였습니다. 추석 연휴가 낀 토요일에 10명의 학우가 참여하는 것은 이례적입니다. 11월말 독일로 교육기행을 떠나는 6명의 학우 전원이 출석하였는데 이 교수님과 함께 항공권을 인터넷으로 예약하기 위함이었습니다.

한 학우는 일찍 오려고 하였는데 늦게 일어나서 늦어졌다고 하였는데 셋째시간 수업 중에 왔습니다. 이 학우는 평일에는 학교기숙사에서 생활을 하고 있으며, 금요일 오후에는 전주에 있는 부모님 댁으로 갑니다.

학생대표가 모두투어에 가입하고 학우들 스스로 항공권을 예약하였습니다. 절차가 번거로워 도움을 주신 이 교수님은 약간의 스트레스를 받았는데, 같이 있던 학생들은 함께 하는 것을 재미있어 하였다고 합니다. 예약신청 완료 후 이 교수님은 학생 몇 사람과 자동차로 고산 읍내로 가서 학우들의 송금을 도왔습니다.

인터넷 예약으로 두 시간이 소요되었으며 나머지 한 시간은 외부학생과의 통합수업으로 '호텔' 관련 동영상을 시청하고 논의를 하였습니다. 독일 탐방과 직접적으로 관련이 되고 학생들이 이전에 제안한 주

제이기 때문에 학우들은 커다란 흥미를 가졌었습니다.

고산고 학우들과 분반하여 첫 시간에 한일장신대 4학년 학생과 함께 독일 사회복지 기관장에게 보낼 편지를 지난번에 이어서 다시 검토하였습니다.

자신은 정신장애우에 대해서 관심을 갖고 있으며, 이 분야를 귀 기관에서 배우고 싶다고 언급하였습니다. 밤낮으로 독일 기관을 생각하고 흥미를 갖고 홈페이지 검색을 하고 있으며, 독일 기관장께서 작년에 한일장신대에서 발표한 강연 내용을 공부하고도 있다고 썼습니다. 나머지 부분, 스튜트가르트의 역사에 대하여 학생이 조사하고, 서신에 언급한 부분은 삭제하도록 학우에게 권유하였습니다(학우는 수업 후 수정한 메일을 집에서 곧 바로 보냈다고 저에게 알려 왔습니다).

둘째 시간에 외부에서 온 학우들은 '호텔' 관련 주제를 유인물, 교재 그리고 동영상을 통하여 공부하였습니다.

이 교수님께서 많은 분량의 과자를 가져 오셨고, 저도 비슷한 종류의 과자를 가지고 가서 쉬는 시간에 간식을 나누었는데, 추석 전이어서 수업분위기 또한 활기에 차 있었습니다.

무엇보다도 고산고 학우들이 항공권예약을 스스로 하였기에, 이에 대한 기쁨이 대단히 컸으리라 생각됩니다.

교육기행을 위한 체험학습으로써의 준비교육, 매우 유익한 접근 방법임에 틀림이 없습니다.

○ 2018년 9월 29일(토) 어떤 기업체를 탐방할 것인가? – 고산고 글로벌 직업교육 특화 학교

토요일 아침 일찍 버스에서 내려 학교에 가는 길에 우리 수업에 참여하는 대학교 4학년 학우와 대화를 나누었습니다.

우리 고산고 학우들이 이번에 독일을 탐방하는데 어떤 기업체를 방문하여야 좋을지 잘 떠오르지 않는다고 말하였습니다. 대학생 학우의 자문을 구하기 위함이었습니다.

수업 중 고산고 학우들에게 자신이 방문하고 싶은 곳이 어떤 기업체인지 생각을 하여 보고 다음에 만날 때 여기에 대하여 논의하자고 저의 의견을 제시하였습니다. 이번 탐방과 연관하여 학우들이 주도적으로 준비하는 것을 희망하며, 욕심 같아서는 선생님들은 앞에서 끌어 주는 것이 아니라 뒤에서 밀어주고 싶다고 말하고 학우들의 적극적인 참여를 권유하였습니다. 국내 기행 같으면 학생들이 탐방 계획서를 잘 만들 수 있을 것으로 아는데, 외국 프로그램도 다를 바가 없다고 하면서, 언어적인 어려움은 있으나 이는 제가 도와줄 수 있다고 언급하였습니다.

우리 학생들이 직접 사장님께 편지를 써도 좋겠다고도 말하며, 예를 들면 우리 고산고 학생 6명이 선생님과 함께 귀 기업체를 방문하려는데 가도 되겠느냐고 편지를 보낸다면 금방 답장을 받게 될 것이라고 저의 생각을 말하였습니다. 오히려 선생님이 문의하는 것보다 학우들이 직접 편지를 쓰면 사장님이 기뻐하리라고 하였는데, 다음에 학우들의 아이디어를 중심으로 이와 연관하여 더 논의하는 것을 참여자들은 찬성하였습니다.

그제 토요일 수업에는 고산고 학우 5명과 외부에서 온 학우 3명이 출석하였으며, 첫 시간에는 이 교수님과 분반수업으로 진행하였습니다. 둘째 그리고 셋째에는 통합수업으로 "식당에서"란 주제로 영어로 설명이 된 두 편의 짧은 독일어 학습 동영상과 다른 한 편의 동영상을 시청하였으며, 두 권의 교재와 유인물을 활용하여 학습하였습니다. 분반 학습을 하는 첫 시간에는 또한 혜성고 3학년의 지원서를 다시 한 번 살펴보고 보완하였는데, 우리 학우는 토요일에 작성한 지원서를 직접 독일 맥주 제조 기업체에 집에서 보내고 사본도 저에게 전달하기로 하였습니다.

우리는 지원서를 또 다시 수정하였습니다. 영문으로 성적증명서가 되었기에 이 내용을 독일어로 사장님의 이해를 돕기 위해 지난 번 지원서에 친절히 설명하여 기안하였었습니다. 지원서에 설명하였던 성적 관련 내용을 그제 토요일에 삭제하였습니다. 우리 학우가 수학 및 자연과학에서 성적이 좋지 않음으로 이를 설명하는 것보다, 차라리 언급하지 않기로 하였습니다. 운명에 맡길 수밖에 없습니다.

왜 우리 학우가 맥주제조 직종을 원하는지에 대하여는, 맥주는 문화적인 삶과 깊은 관계가 있으며, 부모님도 이 직종을 원하시고, 독일은 과학의 나라인데, 특히 맥주 제조기술이 발달하여 있다는 저의 의견을 추가시켰습니다. 또한 울름지역에 고산고 독일어 선생님인 저의 지인이 살고 있다는 말도 언급하였습니다.

해성고 학우가 상기와 같이 첫 시간에 수정한 지원서의 내용을 고쳐야 할 필요가 있어서 다시 불러오려 하였는데, 파일이 애석하게도 사라져서 첫 시간에 작업한 내용을 컴퓨터에서 찾을 수가 없었습니다. 학우는 다른 교실의 컴퓨터를 이용하여 내용을 다시 보완하였으며, 이를 저는 검토하였습니다.

우리 학우의 면접 일자를 11월 27일 화요일 오후부터 11월 29일 목요일 오전까지로 우리가 독일 측에 제안하였는데, 날짜를 수요일과 목요일 이틀로 한정하는 것이 좋겠다고 이 교수님께서 의견을 제시하여서 이 내용을 바꾸려 한 것입니다.

혜성고 학우도 이번 고산고 기행에 합류하여 자신이 지원하는 기업체에서 별도로 면접을 보려고 하는데, 독일 측에서 초청장이 있어야 가능합니다.

효율적인 탐방을 위해서는 준비해야할 사안이 많은데 학우들이 어떤 기업체를 방문하여야 할지 의견을 표명하고 준비에 적극 참여한다면 보다 동기에 부합된, 생산적인 교육기행이 되리라 생각합니다.

상기 내용은 2018년 2학기인 9월 한 달 동안 전북 완주군 고산고에서 실시한 글로벌 직업교육 특화 학교의 수업일지의 주요부분이다. 원문은 페이스북("Deok Hwan KIM")에 개제되어 있다. 글로벌 직업교육 특화 학교 사업 운영에 대한 이해를 돕기 위해 사업운영계획서를 소개하는 것은 의의가 있다고 생각한다.

II. 2018년 사업운영 계획서

1. 사업운영목표

본 사업은 전북 완주군 고산고에서 운영하는 사업으로 완주군 소재 고등학교 학생 및 관내 일반인을 중 해외 진출에 관심이 있는 사람들을 대상으로 글로벌 창의인재로 육성하기 위해 독일어 교육과 직업윤리 교육을 실시하여 글로벌 취업을 지원하며, 국가가 추진하는 교육 안전망 구축에 기여함을 목적으로 한다.

1) 근로능력 함양을 지향하는 글로벌 직업교육제도 모색

페스탈로치는 교육이란 내적인 소질의 발견이며, 교육을 통해서 경제적으로도 자립할 수 있으며, 그러기 위해서는 산업학교, 노동학교가 가장 적당하다고 말하였음. 또한 가정이 인간 형성의 요람인 바, 깊이 있는 가정교육이 권장되어야 하며, 어린이의 생활과 활동이 중시되는 교육방법이 채택하여야 할 것이라고 하였다.[1]

1771년에 페스탈로치는 노이호프 빈민원을 세웠는데 그의 목적은 가난한 아동들에게 교육과 일자리를 주기 위함임. 페스탈로치의 빈민원에서의 교육관을 살펴보면 인성교육을 노동을 통해서 소개하려 하였다고 말할 수 있다. 페스탈로치는 지식위주의 교육을 비판하고, 전인교육을 강조하였음. 인간교육에서 중요한 것은 교육자의 의도대로 변화시키는 게 아니라 아동 그 자신이 삶의 주역으로 성장하도록 교육하는 것을 말한다. 아동은 그가 성장해서 스스로를 도울 수 있도록 지원되어야 한다. 활동을 중심으로 한 교육과 직업교육의 필요성을 페스탈로치는 강조하였음. 그는 아동들에게 노동 및 기술교육을 실시하였음. 아동이 나중에 건실한 수공업자가 되어 가계를 혼

---

[1] 김정환, 『페스탈로치의 생애와 사상』(서울: 박영사 1990), 103 참조.

자의 힘으로 꾸려 나가고 일요일에는 교회에 나가는 평범한 시민이 되도록 지원하려는 구상이 그가 그의 친구에게 쓴 편지에 기록되어 있는데[2] 이는 그가 이론가이자 동시에 현실적인 교육자임을 알 수 있다.

그는 지적 편향주의적 교육이 아닌 전인적인 교육이 이루어져야 한다고 강조하였음. 페스탈로치는 전인교육으로 머리, 마음, 손의 교육 즉 지적, 정적, 활동적 교육이 필요하다고 하였는데, 오늘날 우리나라의 교육은 주로 머리 교육만을 중요시하고 나머지 심성이나 활동적인 노동교육은 등한시하고 있다. 머리의 의미도 우리의 현실에서는 진정한 지적인 교육이 아닌 주입식 교육으로 퇴색되어 가고 있다.

2) 고(高)기능 시대에 부응하는 1인 1기 인력개발 체제 모색

청년들이 자기의 적성에 따라 직업을 선택할 수 있는 여건이 주어져야 함. 독일의 니체는 직업을 삶의 척추라고 하였는데 적지 않은 사람들이 척추가 없이 사회로 나오고 있는 것이다.

우리 사회에는 다양한 종류의 산업 일꾼이 필요한데 많은 사람들이 직업 및 기술교육을 기피하고 있음. 이는 사회구조와 교육제도 등 여러 면에 책임이 있다고 말할 수 있으며 직업교육의 진흥을 위한 보다 적극적인 정책적 배려가 요청된다.

---

[2] J. H. Pestalozzi, Saemtliche Werke, Hrsg. E. v. A. Buchenau, Werke Bd. I, 1927ff.

3) 우리나라 대학교육에 대한 비판

대학교육의 문제점에 대한 비판은 경제단체 등을 통해 개진되고 있는데, 기업들의 산학협력(현장실습, 인턴채용 등)에 대한 참여 부족, 기업체의 대학 및 연구소에 대한 연구개발비 지원이 저조하다는 것이다. 또한 기존의 산학협력 프로그램이 연구 중심으로 단편적이며 현실성이 부족하기 때문에 실제적인 산업진흥에 도움이 안 되며 인력난 해소에 기여하지 못하고 있다는 지적이 있다.

4) 독일의 직업교육 제도의 이해

독일의 교육제도는 피라미드 구조가 아닌 비교적 평준화된 모형의 구조를 갖고 있다. 대학만이 아니라 직업교육도 정규 계속 교육과정을 두고 있어 기능공에서 기능장으로 발전할 수 있는 길이 교육제도상 열려 있다.

직업교육이 2중 구조로 이루어지고 있는데 사내교육과 직업학교로 나누어 있어 이론과 실제가 상호 보완되고 있음. 이러한 교육제도는 사회 및 노동시장의 요청에 비교적 부합된 제도라고 할 수 있음. 교육과정 졸업생들은 사회가 필요로 하는 전문지식을 갖추고 있기 때문에 취업하기가 용이하다.

학생들이 대학만이 아니라, 직업교육을 선호하고 있기 때문에 청소년 대부분이 대학으로 편중하는 우리나라와는 달리 입시경쟁이 커다란 사회문제로 대두되지 않고 있다.

직업교육을 마친 사람에게는 수공업분야의 게젤레(Geselle) 또는 상공업 분야의 전문기능사 자격이 주어짐. 이 두 자격은 모두 국가가 부여해주는 직업면허로서 해당분야의 일자리에 지원하여 취직할 수가 있다. 이 자격을 갖춘 사람에게는 독일의 각 유관 기관에서 실시하는 향상교육이 제공되며, 이 교육에서는 두 개의 타이틀(마이스터, 테크니커)을 받을 수 있다[3].

직업교육을 이수한 마이스터가 자기 커리어를 위하여 대학교육을 원할 경우에는 대학입학자격 시험 없이도 어느 대학이든지 입학이 가능함. 거꾸로 대학 졸업자들도 기능사 과정 후, 마이스터 과정으로 들어갈 수 있다. 이렇게 서로 보완하면서도 그 영역을 잘 지키고 있는 독일식 교육시스템은 독일 사회와 경제를 안정적으로 유지하는 중요한 기능을 하고 있다[4].

독일의 이원제 직업교육에 대한 수요가 수출히트상품으로 "전 세계적으로 증가추세에 있으며, 독일 직업교육의 전문성 및 효율성을 높이 평가하는 개발도상국들은 이 제도를 도입하여 결정적인 성장 및 발전 동력을 끌어내기를 기대하며, 선진국들은 제조업 및 서비스업의 지속적인 성장 및 일자리 창출을 위해 우수한 교육을 받은 전문인력의 중요성을 간파하고 있다"라고 한다[5].

통계에 의하면 2011/2012 학년도에 독일 직업학교의 수는 8,831개이며, 2011년 독일의 이원제 직업교육생 전체 수는 1,460,658명이었다. 그리고 2008년에 마이스터 시험에 응시한 숙련공

---

[3] 주함브르크총영사관, 「이제 다시 독일이다 – 독일 유학과 취업에 도전해보자」 (주함브르크총영사관, 2015), 20.
[4] 어성일 KOTRA 함부르크무역관장, 「이제 다시 독일이다 – 독일 유학과 취업에 도전해보자」 (주함브르크총영사관, 2015), 6.
[5] 주한독일대사관, 「독일은… 이원제 직업교육」 (Ausgabe 49, o. J.), 20.

(Geselle)의 수는 21,683명이었다고 숫자로 제시하고 있음[6].

5) 독일 노동시장의 대한민국 국민에 대한 개방

2013년 7월 1일부터 독일은 대한국민의 국민에게 취업의 길을 열었다. 이와 연관된 독일법 규정은 매우 고무적이다(외국인 체류법 시행령 제 41조, 외국인 노동법 시행령 제 26조 참조). 독인 외국인 고용체류 관계법령상 선진국 우대조항 개정되었음(2013.7.1일부 발효: 인도라, 호주, 이스라엘, 일본, 캐나다, 대한민국, 모나코, 뉴질랜드, 산마리노, 미국국민에 대해서는 고용주의 소재지와 관계없이 고용활동을 위한 체류허가 발급). 따라서 한국 학생들이 독일에서 인턴십 및 취업을 하는 데 있어서 이와 연관된 법적인 장벽이 없다는 것은 환영할 일이다.

6) 독일과의 직업교육훈련 분야 협력 및 인적교류 확대

지난 2014년 3월 대통령의 독일 국빈 방문 시 독일과의 직업교육훈련 분야 협력 및 인적교류 확대를 합의한 후 교육부와 고용노동부는 독일 연방 교육연구부와 직업교육훈련 분야 협력에 관한 공동의 향서를 체결하였다(2014.03.26).

고교 졸업 후 3년-3년 반 과정의 독일 내 직업학교 입학(입학 시 취업으로 인정 월 500-700유로 지원 받음), 졸업 후 전문가로 인정(졸업장 및 자격증 획득) 독일 현지 취업이나 국내 취업 또는 창업 가능하다.

---

[6] 주한독일대사관, 「독일은… 이원제 직업교육」, 11.

2. 사업추진계획(교육운영계획)

1) 추진 방향

사업의 바람직한 방향 설정을 위한 문제를 기술하여 보면,
- 글로벌 직업교육이란 무엇을 의미하는가?
- 직업교육이 선진국에서 어떠한 과정을 통해서 국가적인 차원에서의 교육체제로 제도화되고 발전되었으며, 이 과정에서 행정부와 기업은 어떠한 역할을 하였으며, 어떻게 상호 협조체제를 유지할 수 있는가?
- 선진국 직업교육의 핵심 쟁점과 대안적 선택은 무엇인가?
- 그리고 이러한 사례를 한국에서 논의하여야 할 필요는 어떤 점에서, 어떤 사회적 조건 때문인가?
- 우리나라에서의 글로벌 직업교육의 모형은 어떠한 이유에서, 어떠한 방향으로 구축되어야 하는가? 글로벌 직업교육 안전망 허브 구축을 위한 구체적인 모형의 예시는 무엇인가?

본 글로벌 직업교육 프로젝트는 직업훈련 연계 현지취업이 일반화되어 있는 독일에 지역에 학생들을 진출시키기 위하여 준비 교육을 실시하고 취업(직업학교 입학)을 지원하며 현지적응을 위한 사후관리를 목표로 한다.

2) 사업의 범위 및 내용

(1) 교육 대상

글로벌 직업교육 참여 학생 선발은 15명 내외로 완주군 관내에 고등학교 학생으로 한다. 단, 완주군에 거주하는 자를 우선시한다. 저소득층·국민기초생활보장수급자에게도 우선권을 부여함. 미충원 시 대학생 및 일반인을 모집한다.

(2) 교육장소

고산고등학교 또는 관내 교육기관(협의 후, 조정 및 확정)

(3) 언급되어야 할 것
① 독일현지 자문
② 독일현지 법률자문 인력의 활용을 통한 지원이 필요하다.
- 학생들의 취업직종이 다양하고 회사가 여러 지역에 분산되어 있어 숙소마련에 많은 시간이 소요될 것이다.
- 취업 후 학생들의 현지 지도를 위한 자원봉사자 후견인(1:1)을 선정하여 협조를 요청할 계획이다.
- 그 밖에 취업비자의 원활한 취득을 위해 현지 변호사의 자문을 통한 법률적인 지원이 필요하다.

3. 교수진 구성

○ 구체적인 교수진 확보계획

- 주 7-8시간의 독일어 수업을 진행할 수 있는 외래 강사가 확보되어야 할 필요가 있다.
- 또한 학생들의 독일사회에의 적응을 지원하기 위하여 '독일 사회 문화'의 강의를 주 2-3시간 실시하는 것이 바람직하다.

4. 기대효과

- 독일 취업을 위한 인적자원 개발 및 독일 인턴십을 통한 글로벌 전문 능력을 배양
- 우리나라의 직업교육 현실의 모순점을 극복하고, 발전적이고 개혁적인 방향을 제시할 수 있는 새로운 프로그램 개발
- 독일의 직업훈련 연계 현지취업 시스템에 대한 경험과 동향이 범국민적 인적자원개발의 관점에서 소개되고 토론됨으로써 효율적인 글로벌 직업교육 제도의 기틀 마련
- 글로벌 직업교육 프로젝트를 통한 새로운 차원의 일자리 창출을 통하여 으뜸 도시 완주의 명예를 빛내는 데 기여할 것임.

5. 독일에 있는 선배 근황

현재 독일에 있는 한 선배 여학생의 사례를 소개하고자 한다. 이 선배는 2016년 2월 완주의 한 고등학교를 졸업하였다. 그 후 1년간 고산고 프로젝트에 참여하고 2017년 2월에 출국하여 3월부터 도자기공예회사에서 현지 기업체 연계 직업훈련을 받고 있는데, 직업학교에서 치러진 시험에서 1등의 성적을 얻었다고 한다. 기뻐서 혼자

삼겹살을 구어 먹으면서 자축 파티를 하였다는 이야기를 이 학생의 어머님으로부터 들었다.

우리 학우는 한국과 독일에서 괴테학원 등 별도의 어학코스에 등록을 하지 않았으며 고산고 프로젝트 수업을 마친 후 곧 바로 직업학교에 입학하였다.

우리 학생은 어학코스가 없이 곧 바로 직업학교에 입학하였고 직업학교에서 치러진 한 시험에서 1등의 성적을 얻었다고 한다. 매우 자랑스러운 일이다. 재정적으로는 단지 출국할 때 가지고 간 돈 외에 회사에서 약간의 월급을 받기 때문에 어머님은 딸에게 송금을 하지 않는다고 한다.

이 여학생의 친척 5명은 금년 7월 학생을 방문하였는데 독일 항공권을 저렴하게 살 수 있도록 이 교수님의 도움을 받았다.

III. 사업운영과 과제

한겨레신문이 소개한 『복학왕의 사회학 – 지방청년들의 우짖는 소리』[7]라는 책에서 지은이는 핵심적인 주장으로 지방청년들이 "빈약한 사회자본과 문화자본의 한계를 가진 가족과 선후배, 동향 사람이라는 틀을 깨고 나와야 한다"라고 제언한다. 그는 지방대생들이 '미적 체험에 대한 강렬한 열망'을 좇아 '나는 무엇을 좋아하지? 나는 어떤 일을 할 때 살아있음을 느끼지?'를 계속 물을 때 가족주의의 언

---

7 최종렬 지음, 『복학왕의 사회학 – 지방청년들의 우짖는 소리』 (오월의봄, 2018).

어를 빠져나올 길을 찾을 수 있다고 말한다. 이를 위해선 "대화의 상대를 가족을 넘어 다양한 영역에 있는 사람들로 확장하고, 대화 상대방의 수준을 국가, 세계, 우주로 넓혀야 한다"는 것이다8. 지은이는 사회적 관심, 청년담론서도 소외된 지방대생의 삶의 논리 포착해야 하는데, 이들은 "가족 밖으로 나가면 무한 경쟁의 불공정한 경쟁에서 패배하고 상처받을 수밖에 없다는 것을 알기에 가족 안에 머무르려 한다"라고 한다. 그는 지방대생들이 가족에서 벗어나야 한다고 강조하고 있다.

2018년 8월 20일 완주군청 관계자들이 고산고를 방문하고 우리 프로젝트와 연관된 독일 직업교육 연계 현지취업 준비 자료를 요청하였는데, 정리하면 다음과 같다:

- 고용계약서 작성을 위한 기초 인적사항
- 직업교육 연계 취업 계약서
- 전입신고서
- 체류허가 신청서
- 건강보험 신청서
- 건강보험증
- 어학비자
- 취업비자
- 주택계약서
- 독일회사 방문

---

8 「한겨레」 2018년 7월 16일자, 책 생각 3쪽.

위 자료에서 알 수 있듯이 글로벌 직업교육 특화 학교 프로젝트는 단순히 독일어를 학습할 수 있는 어학원이 아니라는 것이 자명한데, 학우들은 프로젝트를 통해 진로를 생각하고 직종을 선택하고 면접시험을 준비하고 독일 생활에 정착을 위한 훈련을 받게 된다.

독일 직업훈련 연계 현지취업 준비교육 프로젝트는 폭 넓은 차원에서 "청년과 직업교육, 미래 그리고 세계화[9]"와 관련이 있다는 것을 알 수 있다.

신문과 방송을 통하여 안전사고로 많은 사람들의 인명피해가 발생하게 되었던 안타까운 소식을 흔히 접할 수 있다. 법제도상으로 안전장치를 강화하여한다는 것을 많은 매스컴이 제안하고 있다. 하지만 우리는 법제도의 정비만으로는 부족하다고 생각한다. 요소요소에 직업교육을 받은 전문인이 충원되어야 한다. 다양한 전문 능력을 갖춘 사람들이 적재적소에 배치되어 유기적인 협력이 이루어져야 하는데, 이 원칙이 지켜져야 않을 때 무규제 현상인 아노미가 일어나며, 이것이 위험과 일탈의 원이 될 수 있을 것이다.

직업윤리는 직업교육을 통해서 학습하게 된다. 따라서 실무중심의 수준 높은 직업교육을 받은 전문가가 적재적소에 배치되고 이 전문 인력들이 협력 체제를 구축하고 있을 때 인재를 통한 안전사고를 대폭 줄일 수 있을 것이다.

독일, 스위스 오스트리아 경우 이러한 현장전문가들은 대부분은 직업교육을 받은 사람들이다. 석·박사가 이러한 기능직의 역할을 다할 수 없으며 또한 비효율적이다.

---

[9] 김용복 박사는 김덕환에게 남북 디아코니아 관계자와 청소년이 독일에서 함께 훈련을 받는 안의 필요성에 대하여 설명한 바 있다.

대한민국이라는 KTX 고속열차가 사고 없이 안전하게 달리기 위해서는 직업교육을 받은 마이스터 수준의 전문실무인력들의 협력과 지원이 절대적이다. 스포츠센터가 화재 위험 속에서도 안전하게 관리되기 위해서는 법제도의 정비 외에 최소한 3년간의 직업교육을 받은 전문기능 인력들이 배치될 필요가 있다고 생각한다.

따라서 글로벌 직업교육 특화 학교 운영에 대한 계속적인 지원은 매우 바람직한 정책적 방향이라고 생각한다.

반월·시화공단 노동자의 일·생활 능력, 사회자본과 삶의 질*

이종구·심상완**

I. 문제의 제기와 시각

1997년 연말의 외환위기 이후 한국 사회에서는 고용 안정성이 저하되고 비정규직 노동자가 급속하게 증가했다. 사회복지 제도의 보장성이 미흡한 가운데 전반적으로 진행되는 고용 안정성의 저하는 빈곤의 문제를 악화시키고 있다. 고용 불안과 근속 기간의 단기화는 직장을 기반으로 형성되는 사회관계의 희박화를 의미하는 사회적 빈곤의 문제를 악화시킨다. 이는 개인과 사회를 매개하는 기업 조직의 사회통합 기능이 저하되고 고립된 개인이 증가하는 사태를 의미

---

* 이 논문은 2013년도 정부(교육부)의 재원으로 한국연구재단의 지원을 받아 수행된 연구입니다(NRF-2013S1A3A2054223).
  조사 및 통계 정리 작업을 수행한 성공회대 대학원 사회학과 박사과정 김준희 씨, 설문 조사 및 자료 수집에 협력한 노동자 여러분 및 노동단체에게 감사의 뜻을 전한다.
** 성공회대학교 사회학과 / 창원대학교 사회학과

한다. 이는 경제적 빈곤의 문제를 더욱 악화시키는 요인으로 작용할 수 있다. 이러한 상황에서는 사회적 빈곤을 극복할 수 있는 노동자의 관계 형성 능력이 중요한 의미를 가진다.

경제적 빈곤과 사회관계의 빈곤이 복합적으로 발생하는 문제는 한국에서만 나타나는 특수한 상황이 아니다. 1980년대 이후 본격적으로 등장한 시장 기제를 강조하는 신자유주의 정책의 일환으로 선진 자본주의 국가에서는 고용형태의 다양화를 촉진하는 유연성 개념에 입각한 노동력 관리가 확산되어 왔다. 또한 1990년대에 세계적으로 확산된 글로벌리제이션의 영향으로 해외투자와 기업 조직의 국제적 재배치가 촉진되었다. 이와 함께 자본의 국제적 이동은 용이하지만 노동자의 이동은 국경에 의해 제약되므로 개별 국가 내부에서는 노동자의 교섭력이 약화되어 왔다. 장기적으로 안정된 고용관계를 유지하는 정규직 노동자의 비중이 축소되었으며 인사노무관리의 개별화가 진행되었다. 이는 지속적인 임금 상승, 고용 안정, 노사관계의 제도화, 사회복지 제도의 정비가 이루어진 수정자본주의 체제를 기반으로 유지되었던 사회통합 방식의 위기를 의미했다. 직장과 사회에서 소외된 노동자가 증가하기 시작했다. 고용이 불안하고 복지서비스에서도 배제된 위험한 상태에(precarious) 있는 빈곤층(proletariat)을 의미하는 프레카리아트(precariat)라는 신조어의 등장은 신자유주의와 세계화(globalization) 시대의 사회상을 반영하고 있다.

고용 불안에 노출된 노동자는 기업이라는 장(場)에서 고용과 생활이 보장된다는 믿음을 가질 수 없다. 노동자가 보유하는 학력, 숙련, 기술과 같은 인적 자본(human capital)은 직업 안정성을 충분히 보장할 수 없다. 오히려 노동자가 외부 사회에 있는 정보와 자원을 활용하여 양호한 일자리를 찾을 수 있도록 네트워크를 제공하는 사회자본(social capital)이 중요한 의미를 가진다. 그러나 고용 관계의 유연화가 진행되는 추세 속에서 기업이 제공하는 사회관계 형성의 장으로서의 역할이 감소하고 있으며 사회적으로 혈연, 지연, 학연과 같은 연고관계의 영향력도 희석되고 있다. 노동자 개인이 스스로 직상과 사회에서 소통 능력을 발휘하여 사회자본을 확보하는 노력을 기울여야 하는 상황이 만들어지고 있다. 즉, 고용 안정성이 저하되고 있는 노동자의 상태를 고찰하기 위해서는 경제적 빈곤과 사회적 빈곤을 통합적으로 파악하는 시각이 요청되고 있다. 1997년 외환위기 이후 한국사회에서 새로운 양상으로 전개되는 불평등의 문제를 경제자본, 인적자본, 사회자본의 동조성이 강화되는 다중격차의 문제로 해석하는 김희삼 등의 연구는 계층이 고착화되는 경향을 지적하고 있다(김희삼 2017: 172). 즉, 저소득층은 교육수준이 낮아 양호한 취업기회를 가지기 어렵게 될 뿐만 아니라 유용한 사회관계를 형성하지 못하므로 정보와 자원을 획득할 수 있는 기회로부터 차단되는 악순환에 빠질 가능성이 있다. 여기에서 탈피하려면 계층 격차를 완화시킬 수 있는 제도적 개혁과 함께 개인의 소통 능력과 사회관계 형성 능력이 향상되어야 한다.

연구진은 이상과 같은 시각에 입각하여 사회적 빈곤의 개념을 도입함으로써 기존의 노동연구가 노동조건, 노사관계, 노동운동의 실태 분석에 치중되었던 경향을 극복하는 작업을 시도했다. 여기에는 경제적 빈곤을 해소하려면 결핍된 자원을 지원하는 것에 그치지 않고 자원을 획득할 수 있는 사회적 관계망에 참여할 수 있는 소통 능력을 형성하는 노력이 중요하다는 문제의식이 있다. 특히 노동조건과 고용 안정성이 열악한 영세중소기업의 노동자가 직면하고 있는 상황을 심층적으로 이해하려면 직장, 가족, 지역사회에서 형성되는 사회관계에 대한 종합적 고찰이 수반될 필요가 있다. 이 조사연구는 실증적 방법을 통해 노동자가 직면하고 있는 경제적, 사회적 빈곤의 진행이라는 문제를 파악하려 시도했다. 자료 수집은 영세중소 제조업체가 밀집한 수도권의 반월·시화 공단지역에서 이루어졌다.

II. 선행연구 검토와 연구방법

1. 사회적 빈곤과 일·생활 능력

한국의 노동문제는 경제적 격차의 문제에 국한되어 있지 않다. 비정규직 노동자의 증가와 고용 안정성의 저하는 1987년의 노동자 대투쟁 이후 노동조건의 개선이 급속하게 이루어지는 흐름 속에서 분리되었던 노동문제와 빈곤문제가 재결합되고 있는 상황을 초래했다. 이는 한국에서만 발생하는 특수한 사례가 아니며 1973년의 제4차 중동전쟁과 석유파동을 계기로 가시화 된 이차세계대전이 종결된 이후 장기간 지속되었던 고도 경제성장 시대의 종언과 함께 선진 자본주의 국가에서 공통적으로 나타나는 현상이다. 그러나 현재의 빈곤은 노동력 관리의 유연화가 초래하는 고용 불안과 연관되어 있으므로 이에 초점을 맞추어 노동문제를 고찰하려면 경제적 빈곤과 사회적 빈곤을 통합적으로 파악하는 시야를 가질 필요가 있다. 또한 이러한 작업을 추진하려면 사회자본의 개념을 노동문제에 적용할 수 있는 가능성을 검토할 필요가 있다.

노동문제를 사회자본과 연결시키는 관점은 노동자의 상호 의사소통과 관계성의 빈곤화에 대한 문제의식에서 출발한다. 일본의 마에다 노부히코(前田信彦)는 고용관계의 다양화와 유연화가 초래한 장기고용 관행을 비롯한 일본적 노사관계의 해체로 인해 공동체로서의 기업에 강력하게 통합되어 있던 노동자의 사회관계가 희박해지는 문제를 해결하려면 경제적 지원이나 사회 환경의 정비만이 아니라 일·생활 능력의 개발이 필요하다는 시각을 제시했다(前田信彦 2010: 85-86). 폭 넓은 전문성, 사회적 네트워크 구축 능력, 직업과 생활의 균형 조정 능력이 포함된 일·생활 능력은 장기간의 직장 생활을 거쳐 노동자가 체득한 잠재적 능력이며 일종의 습관적 행동이라는 성격을 가지고 있다(前田信彦 2010: 164-165). 일·생활 능력은 직장 생활, 구직 활동만이 아니라 퇴직 노동자가 거주 지역에서 주민의 일원으로 생활에 적응할 수 있는 능력과도 연계된다. 이와 같이 새로운 장에서 영위되는 직장생활과 사회생활에 적응할 수 있는 일·생활 능력의 형성은 직장과 직업의 유동화가 진행되는 상황 속에서 개인의 생활안정과 사회통합 수준의 향상에 기여할 수 있다. 이를 기반으로 축적된 사회자본의 상태가 양호한 개인은 미래에 대한 불안이 감소되고 낙관적 전망을 가지고 생활할 수 있다. 즉, 사회자본을 활용할 수 있는 노동자는 양호한 직업을 찾아 경제적 빈곤에서 벗어날 수 있는 기회를 용이하게 포착할 수 있다. 그러나 노동자가 차지하는 기업내 지위에 따라 일·생활 능력이 형성될 수 있는 기회가 차별화되고 있다. 예를 들어 장기근속을 배경으로 관리적 업무를 경험한 노동자가 일·생활 능력 형성에 유리하다. 그러나 정규직 노동자의 비중이 축소되고 있으므로 입직 이전의 가족 배경, 학력, 이직 이후에 받는 교육훈련의 수준이 노동자의 일·생활 능력을 포함한 전반적인 능력형성에 미치는 영향력이 증대할 가능성이 있다. 즉, 1990년대 이후의 장기 불황 속에서 산업의 해외 이전, 정보화, 서비스 산업의 비중 증대를 비롯한 구조적 변화가 진행되고 있으므로 고용과 생활보장을 장기적으로 제공하는 일본 기업의 사회통합 기능 도 구조적으로 저하되고 있다. 반면에 기업이 장기고용을 보장한다는 사회적 믿음이 무너지고 있는 상황에서 사회통합을 유지하려면 노동력 관리의 유연성과 직업 안정성을 동시에 확보해야 하는 정책적 과제가 등장하였다. 이러한 견해는 고용 안정성이 저하되는 시대에는 노동자가 일·생활 능력을 발휘하여 사회자본을 확보함으로써 관계성을 풍부하게 확장할 수 있는 방안을 모색할 필요가 있다는 논의로 이어진다(前田信彦 2010: 141-142).

현실적으로 사회관계를 포함한 사회자본의 상태는 빈곤 대책과 깊은 관련을 가지고 있다. 포감(Serge Paugam)이 2000년대에 실시한 EU 각국의 빈곤에 대한 비교 연구에서도 사회적 유대의 상태와 경제적 빈곤이 연계되어 있다는 사실이 나타났다. 가족을 비롯한 공동체적 유대가 상대적으로 많이 남아있는 남부 유럽 지역에서는 실업을 비롯한 경제적 빈곤으로 발생하는 문제가 완화되고 있다(Paugam 2016: 283-284). 포감은 사회적 유대를 4유형으로 구분하여 친족의 유대, 선택적 참가의 유대(친족 이외의 소속 집단), 유기적 참가의 유대(직업), 국적의 유대(국민)를 추출하였다. 이러한 유대는 사회적 존재인 개인을 보호하고 승인하는 역할을 수행한다. 유대가 상호 교차 결합하여 개인을 둘러싼 사회적 맥락이 형성된다(Paugam 2016: 106-108). 포감의 시각은 빈곤과 사회자본의 관계에 대한 고찰의 필요성을 제기하고 있다.

사회자본의 사회적 기능에 대한 논의는 이탈리아의 지방정부와 시민공동체의 관계에 주목한 퍼트넘(Robert D. Putnam)의 고전적 연구를 참조할 필요가 있다. 그는 사회자본을 신뢰, 규범, 네트워크 등의 협력적 행위를 촉진시켜 사회적 효율성을 향상시킬 수 있는 사회조직의 속성으로 규정하였다. 협력의 기반은 호혜성의 규범에 대한 신뢰이다. 사회자본 형성에는 교환이 발생하는 시기의 차이와 가치의 격차에도 불구하고 교환관계가 지속되는 포괄적(generalized, diffuse) 호혜성이 중요하다. 사회자본의 본질인 시민적 참여의 네트워크는 수평적 상호작용이 교환되는 이웃 간의 모임, 합창단, 협동조합, 운동클럽, 대중정당, 등을 의미한다(Putnam 2000: 21, 281, 286-291).

반면에 퍼트넘이 사회자본의 구성 요소로 제시한 신뢰, 규범, 네트워크의 개념은 사실상 상호 규정 관계를 가지고 있으므로 명확하게 분리되지 않으며, 포괄적인 성격을 가지고 있는 규범의 개념은 근대 이전의 사회에서 개인을 구속했던 공동체의 가치를 과대평가하는 문제를 발생시킨다는 비판도 제기되고 있다(Schuller, Baron and Field 2000:14; Portes 1998: 16-18). 또한 사회구조 및 그 내부에 배태된 자원에 주목하는 논자들은 사회자본을 네트워크를 중심으로 논의하려는 성향을 가지고 있다. 이들은 네트워크를 신뢰와 규범을 비롯한 기타 집단의 자산이나 재화와 구분할 것을 요구하고 있다(Lin: 34-35). 그러나 현대사회에서는 네트워크의 획득과 유지는 네트워크 그 자체에 대한 신뢰와 분리할 수 없는 관계에 있다. 신뢰가 결여된 상태에서는 네트워크에 내재된 가치가 있는 자원을 동원하기 어렵다. 즉, 네트워크와 신뢰는 상호 결합된 상태로 존재한다고 볼 수 있다(岩間曉子: 22). 여기에서 사회자본의 형태를 제도적 사회자본(네트워크)과 관계적 사회자본(규범)으로 구분하여 고찰하는 접근방법을 제시한 크리시나(Anirudh Krishna)의 시각에 주목할 필요가 있다. 그는 발전도상국의 개발 사업에 대한 경험적 조사를 기반으로 제도적 사회자본이 능력을 발휘하려면 관계적 사회자본이 기반이 되어야 한다는 측면을 지적했다. 즉, 근대적 제도가 성과를 발휘하려면 전통적 관계에서 유래하는 리더십, 가치, 이념 등을 배려하며 운용될 필요가 있으며 양자가 괴리될 때에는 위기 국면에서 취약해진다는 분석을 제시했다(Krishna 2000: 78-79).

이와 같은 다양한 논의에서 나타나듯이 사회자본의 개념은 통일되어 있는 것이 아니며 사용되는 맥락과 목적에 따라 규정될 필요가 있다. 이 연구가 지향하는 바와 같이 고용불안이 초래하는 노동문제를 사회적 관계의 빈곤이라는 측면에 초점을 맞춰 파악하려는 입장에서는 사회자본을 정보와 자원의 교환이 발생하는 네트워크로 파악할 필요가 있다. 또한 네트워크가 작동하기 위해서는 준거틀을 형성하는 사회적 맥락 및 규범, 신뢰, 가치와 같은 문화적 환경의 적합성이 중요한 의미를 가진다는 사실을 확인할 수 있다.

고용 불안을 겪고 있는 노동자 집단의 행동을 파악하려는 조사연구의 목적을 감안하면 네트워크로서의 사회자본과 구직 행동의 관계에 대한 논의를 살펴 볼 필요가 있다. 그래노베터(Mark S. Granovetter)는 1970년대 미국 노동자의 전직 경험에 대한 조사를 기반으로 잦은 접촉을 통해 강한 유대(strong ties)를 유지하는 친밀한 교제권에서는 이질적인 정보와 자원을 획득하기 어려우며 오히려 접촉 빈도가 낮고 유대가 약한 사람과 형성하는 관계가 구직에 도움을 제공한다는 사실을 밝혔다. 즉, 평소에 친밀하지 않은 사람이 가지고 있는 이질적 자원을 확보해야 질적으로 고도화된 사회자본에 접근할 수 있다(Granovetter 1973: 1371-1373). 그러나 약한 유대의 효과는 사회 환경에 따라 다르게 나타날 수 있다. 노동시장의 내부화와 장기고용 관행의 정착이 진전된 1980년대의 일본에서는 전직을 중개하는 행위가 보증한다, 신뢰한다는 의미로 해석되므로 강한 유대가 전직에 기여하는 것으로 나타났다. 그러나 일본에서도 1990년대 이후에는 노동시장의 유연화가 급속하게 진행되면서 약한 유대를 활용한 구직자가 유리한 지위와 소득을 확보하며 규모가 큰 기업으로 이동하는 경향이 나타나기 시작했다(渡辺深: 2014:282-288; 渡辺深:2016; 前田信彦: 79-81; 三隅一人: 108-109). 이와 같은 사례는 장기고용 관계가 약화되고 기업의 노동자 통합 수준이 낮아지는 환경에서는 노동자 개인이 직장 외부의 이질적 집단과 형성하는 약한 유대가 구직 활동에 도움이 된다는 변화를 보여주고 있다. 즉, 사회자본을 구성하는 네트워크의 성격을 구분하는 시각이 필요하다.

네트워크의 성격을 기준으로 사회자본을 구분하면 동질적 집단 내부에 형성되는 결속형(bonding) 사회자본 및 격리된 집단 사이의 빈틈을 메우는 교량형(bridging) 사회자본으로 구분할 수 있다. 전자는 학부모 사이의 관계가 교육에 미치는 영향을 분석한 콜맨(James S. Coleman)의 연구에서 도출되었다. 폐쇄되어 있는 네트워크 내부는 구성원 사이에 친밀도가 높고 제재에 의한 규범이 확립되어 있으므로 사회자본이 인적자본으로 전화되는 효과가 발생하여 교육 성과가 향상된다는 논의이다. 후자는 기업내 집단을 연구한 버트(Ronald S. Burt)의 분석이며 자기 집단과 분리된 외부 집단 사이에 놓여있는 구조적 공극(structural holes)을 메우는 새로운 네트워크를 통해 부가가치가 높은 사회자본이 형성된다(Coleman 1988: S105-S108, Burt 1992: 19-20, 稲葉陽二 2007: 8-10,96—99). 이와 같이 결속형 사회지본은 폐쇄된 동질적 집단 내부에서 성과를 발휘하지만 교량형 사회자본은 이질적 집단을 네트워크로 연결하여 전체의 편익을 향상시킬 수 있다. 이러한 시각은 수직적 사회자본과 수평적 사회자본의 성격을 구분한 르완도스키(Joseph D. Lewandowski)의 논의와 연결된다. 그는 '수평적 사회자본'을 특정 사회경제 계층, 문화계층 내부에서 접근 가능하고 활용 가능한 사회적 신뢰와 연결의 네트워크로 규정하였다. 또한 수직적 사회자본을 다양한 사회경제 계층, 문화계층 사이에서 접근 가능하고 활용 가능한 사회적 신뢰와 연결의 네트워크로 규정하여 양자를 구분하였다. 이러한 시각에서 보면 사회적 빈곤은 수직적 사회자본의 결핍을 의미한다. 이를 해결하려면 계층 사이를 건너갈 수 있는 교량이 되는 '수직적 관계성'을 제공하는 네트워크의 형성과 함께 이를 촉진하는 매개 집단(mediating group)이 중요하다는 함의가 도출된다. 즉, 강력한 유대를 가진 장(場, 학교, 직장)에 의존하지 않으며 직업계층을 종단하는 느슨하게 결속된 네트워크(이질적 업종 종사자 교류, 직장 외부의 서클, 볼런티어, 지역활동)의 구축이 중요하다(Lewandowski. 2008: 592-595; 前田信彦 2010: 260-261). 결국 고용불안과 사회관계의 빈곤이라는 문제를 해결하는 데 기여하는 수직적 사회자본의 성격은 이질적 집단을 연결하는 네트워크이며 약한 유대를 가진 교량형 사회자본으로 이해할 수 있다.

그러나 노동자가 수직적 자원과 정보를 제공하는 유용한 이질적 집단과 사회관계를 가지려면 일단 직장과 사회에서 통용될 수 있는 소통 능력을 갖추어야 한다. 여기에서 전술한 마에다의 일·생활 능력에 포함된 사회적 네트워크 구축 능력이 발휘하는 가치에 주목할 필요가 있다.

이상에서 살펴본 사회자본론은 한국 사회 연구에 활용되어 다양한 논의를 불러 일으켰다. 김용학은 대학 학연과 사회 엘리트 진출의 관계를 분석하여 시장과 자본주의의 발전에도 불구하고 연줄주의가 공고화되었다는 점을 지적하고 있다. 그는 사적 신뢰에 입각한 연줄망을 제도에 대한 신뢰를 기반으로 하는 연결망으로 대체하는 사회적 과제를 제시했다(김용학 2003: 101-104, 124-125). 유석춘 등은 한국사회의 연고주의를 통한 비공식적 거래관계를 한편으로는 잔존하는 전근대적 관행에 의한 구조적 특징으로 규정하면서도 다른 한편에서는 연고주의가 기업 경영, 복지, 정책 조정과 갈등 해소에 기여하는 긍정적인 효과를 평가하고 있다(유석춘·장미혜·김태은 2000: 200, 222-224). 유교자본주의론이라는 거시적 담론을 배경으로 한 유석춘 등의 연구는 연고 집단이 기능을 발휘하고 있다는 사실 자체가 합리성의 원리에 입각한 근대적 제도의 기능 부전을 반영하고 있다는 사실을 간과하고 있는 문제가 있다. 미시적 차원의 사회자본에 대해 주목한 이재열이 2002년에 실시한 서울시민을 대상으로 한 조사에서 친목계, 동창회, 동문회 등 친교·사교 단체를 의미하는 원초적이고 귀속적인 연고 집단에 대한 참여(연고형)가 중심이며 자발적 결사체에 대한 참여(결사형)는 미약한 것으로 나타났다. 그러나 연고형 다음으로는 연고 집단, 자발적 결사체에 모두 참여하지 않는 고립형과 양쪽에 모두 참여하는 복합형이 결사형보다 많았다(이재열 2003: 54).

사회자본론의 입장에서 한국의 사회관계를 보면 연고형이 지배적인 속성이라는 분석은 노동연구에 대해서도 새로운 과제를 제기하고 있다. 만일 사적 이익의 공유 가능성을 기반으로 하는 연고주의가 노동자 집단 내부에서도 지배적인 영향력을 행사하는 가치라면 노동자의 계급적 이해관계를 대변하는 노조의 입지는 좁아진다. 또한 연고주의가 지배하는 집단에서는 시민사회적 가치를 반영하는 자발적 결사체에 대한 참여 및 직장이나 지역을 기반으로 하는 수평적 사회관계의 형성은 저조할 것이라고 가정할 수 있다. 반면에 연고 집단은 심각한 위기 상황에서 개인을 보호하는 완충지대를 형성할 수 있다. 즉, 고립된 개인이 증가하는 사회에서는 유형을 막론하고 사회관계를 가지는가의 여부가 더욱 중요할 수 있다. 이러한 의미에서 직장 내부와 직장 외부의 지역사회에서 형성되는 노동자의 사회관계를 파악할 필요가 있다. 또한 고용의 유연성이 강조되고 있는 사회 환경에서는 개인적 소통과 적응 능력을 의미하는 일·생활 능력이 사회관계 형성과 정보 획득을 촉진시켜 노동자가 양호한 취업 기회와 사회생활 참여 기회를 확보하는데 기여할 수 있다. 즉, 인적 자본의 성격을 가진 일·생활 능력과 사회자본의 관계가 중요한 의미를 가진다. 따라서 일·생활 능력의 상태를 파악하고, 이러한 능력이 사회관계 및 생활의 질에 미치는 영향에 대한 고찰이 필요하다.

이상과 같은 문제의식을 반영하여 고용 안정성의 저하가 초래하는 사회적 빈곤을 중심으로 노동문제를 파악하려는 조사연구 작업의 목표를 달성하려면 다음과 같은 기본 가설을 설정할 수 있다.

가설 1) 노동자의 사회자본은 일·생활 능력의 형성에 영향을 미친다.
- ▶ 직장동료와의 관계가 활발하면 일·생활 능력의 수준이 높다.
- ▶ 지역사회활동이 활발하면 일·생활 능력의 수준이 높다.
- ▶ 조직 및 단체의 참여 유형에 따라 일·생활 능력의 수준에 차이가 있다.

가설 2) 노동자의 일·생활 능력은 사회자본 형성에 영향을 미친다.

가설 3) 사회자본은 노동자의 삶의 질 향상에 영향을 미친다.
- ▶ 사회자본의 수준이 높으면 직장 및 지역생활에 대한 만족도가 높다.
- ▶ 사회자본의 수준이 높으면 사회경제적 지위 향상 가능성에 대한 전망이 긍정적이다.

가설 4) 일·생활 능력은 노동자의 삶의 질 향상에 영향을 미친다.
- ▶ 일·생활 능력의 수준이 높으면 직장 및 지역생활에 대한 만족도가 높다.
- ▶ 일·생활 능력의 수준이 높으면 사회경제적 지위 향상 가능성 및 미래에 대한 전망이 긍정적이다.

상기 가설의 타당성을 확인하려면 이하와 같은 구체적 연구 질문을 제기할 필요가 있다.

1) 직장 및 지역사회에서 노동자의 사회자본은 그 상태가 어떠하며, 어떻게 측정할 수 있는가?
2) 노동자의 일·생활 능력의 상태는 어떠한가?
3) 노동자의 일·생활 능력과 사회자본의 관계는 무엇인가?
4) 노동자의 사회자본과 삶의 질의 관계는 무엇인가?
5) 노동자의 일·생활 능력과 삶의 질의 관계는 무엇인가?

2. 연구방법

1) 노동자 대상 설문조사

이 논문의 연구목적을 성취하기 위해서 안산·시흥의 반월·시화공단 지역 노동자를 대상으로 실시한 설문조사 자료를 활용하여 실증분석을 실시했다. 이 설문조사는 2016년 3월부터 약 한 달 동안 조사원이 반월·시화공단의 180개 사업장을 방문해서 일부 면접조사를 했으나 600부의 설문지를 배포하여 노동자가 자기기입식으로 응답한 설문지를 회수하는 방법으로 이루어졌으며, 회수된 516부 가운데 510부의 응답지가 최종 분석에 사용되었다.[1] 이와는 별도로 같은 시기에 창원지역 노동자를 대상으로 동일한 설문지를 이용하여 실시한 설문 조사 자료를 부분적으로 비교 분석에 활용했다.[2]

---

[1] 설문조사는 공용기관생명윤리위원회의 검토와 승인을 받아 진행하였다(P01-20160 1-22-001).
[2] 창원지역 조사는 금속노조 경남지부의 협조를 통해 금속노조 조합원을 대상으로 실시했다. 사업장규모와 노조간부여부 등을 고려하여 층화 추출된 34개 지회(사업장)에

2) 맥락: 반월·시화공단

반월공단과 시화공단은 각각 행정구역상 경기도 안산시와 시흥시에 위치한 별개의 국가산업단지이나 실제로 두 공단은 마치 하나의 공단처럼 붙어 있어 국내 최대 규모의 중소·영세 제조업체 집적지를 형성하고 있다.3 2016년 12월 현재 반월공단 6,499개, 시화공단 11,583개 업체 등 약 18천여 업체가 입주하고 있으며, 모두 27만여 명(반월 14만 명, 시화 13만 명)이 일하고 있다.

3) 응답자의 특성

510명의 응답자 가운데 성별은 남성이 69.4%를 차지하고, 평균 연령은 42세, 평균 교육년수는 12.8년, 혼인 상태는 유배우자가 64.7%로 나타났다. 이들이 일하는 사업체의 업종은 비금속금속금속가공 36.3%, 전기전자 21.0%, 기타기계 14.6% 등으로 주로 이루어져 있다. 사업체의 규모는 영세하여 50인 미만이 82.9%를 구성한다. 직종으로는 생산직이 대부분인데 생산직 중 반숙련직 39.7%로 가장 많고, 숙련직 28.5%, 미숙련직 19.4%, 기타 12.4%로 분포되어 있다. 고용형태별로는 정규직이 87.2%이고 임시직, 파견직 등의 비정규직은 12.8%이다. 응답자의 현직 업체 근속년수는 5.12년이

650부를 배포했는데, 27개 지회(사업장)로부터 모두 441부의 설문지를 회수하여 분석하였다.

3 반월공단은 수도권의 인구 분산과 공해유발 업체 이전 정책에 의해 1976년 조성되었고, 시화공단은 1990년대 초에 가동되기 시작했다. 안산시는 반월공단의 배후도시로서 만들어진 우리나라 최초의 계획도시에 속한다(정건화 외. 2005. 『근대 안산의 형성과 발전』)

고 해당 직종의 평균경력은 14.68년이다. 주당 평균 노동시간은 50.99시간이다. 지역 연고(출생, 지연, 학연)가 있는 사람은 소수 (28.1%)이고 대다수는 지역연고가 없는 사람들이다.

<표 1> 응답자의 사회·인구학적 특성

(단위 : %, 명, 세, 년, 시간)

구분		비율, 평균
성별	남성비율 (%)	69.4
평균 연령 (세)		41.8
평균 교육년수 (년)		12.8
혼인상태	유배우비율 (%)	64.7
지역연고	지역연고 있음 (%)	28.1
업종 (%)	음식료품, 섬유의복, 목재종이	9.0
	석유화학, 고무 및 플라스틱제품	7.0
	비금속 및 1차 금속, 금속가공제품	36.3
	전자전기장비	21.0
	기타기계 및 장비	14.6
	자동차 및 트레일러, 기타운송 장비	8.6
	기타	3.6
규모 (%)	50인 미만	82.9
	50인 이상 ~ 300인 미만	11.9
	300인 이상	5.2
직종 (%)	생산직 중 숙련직	28.5
	생산직 중 반숙련직	39.7
	생산직 중 미숙련직	19.4
	사무직,판매직,서비스직,전문기술직,기타	12.4
고용형태	정규직 (%)	87.2
평균 재직기간 (년)		5.12
평균 경력기간 (년)		14.68
평균 주당 노동시간 (시간)		50.99

자료 : 2016 반월·시화 노동자실태조사
주1 : 학력년수는 '초등학교 졸업이하=6', '중학교 졸업=9', '고등학교 졸업=12', '전문대학 졸업=14', '대학교 졸업=16', '대학원 졸업=18'의 평균값

III. 자료분석: 일·생활 능력과 사회자본의 효용

1. 변수의 정의 및 기술 통계

1) 일·생활 능력

일·생활 능력이란 일과 직장 이외 생활의 조화를 도모하는 능력, 일·생활 전체를 자기 관리하는 능력을 말한다. 즉, 직무에 관한 능력뿐만 아니라, 대인관계능력 그리고 일·생활 균형과 생활관리 능력을 포함한다. 이러한 능력을 측정하기 위해 노동자의 자기 평가에 기초해, 어떠한 능력 획득을 가능하게 하는 행동을 하고 있는지 '행동' 수준의 질문을 사용하였다.[4] 사용한 변수의 조작적 정의는 다음과 같다(前田信彦 2010: 110-113).

직무에 관한 능력에 대해서는 '일의 기술이나 지식 등 전문 능력을 높이기 위해 노력하고 있다'(전문적 직업능력의 축적)와 대인관계능력에 관해서는 '후배를 지도 육성하는 능력을 높이기 위해 노력하고 있다'(후배육성능력)와 '회사나 거래선 등에 폭넓은 인맥을 구축하고 있다'(인맥구축)의 두 가지이다.

일생활균형과 생활관리 능력으로는 '기회가 있으면 전직이나 독립

---

[4] 다만 여기서 주의할 점은 이 같은 방법이 응답자 자신의 주관적 자기평가를 반영하고 있다는 점이다. 보다 객관적인 행동관찰이나 실험 또는 대규모 표본조사에 의해 신뢰성을 확보할 수 있으나 그러한 방법을 채용하는 것은 현실적으로 어렵기 때문에 좀 더 간이한 설문조사 방법을 채택하였다. 따라서 이 같은 데이터의 한계를 인식하고 노동자의 자기평가라고 하더라도, 태도나 인식이 아니라 행동에 대해 물어보는 질문을 통해 직업생활 능력을 조명하고, 이에 대한 분석에서도 노동자의 성별, 연령, 학력, 등 보다 더 객관적 특성과 관련에 초점을 맞추기로 한다.

할 수 있도록 준비하고 있다'(전직독립준비) 및 '일 이외의 자원봉사 또는 지역활동에 관여하고 있다'(생활감각유지 및 일생활균형) 등.

이상과 같이 5개의 설문 항목을 통해 일·생활 능력 수준을 측정했다. 각 항목에 대해 '매우 그렇다'를 4점, '그러한 편이다' 3점, '그렇지 않은 편이다' 2점, '매우 그렇지 않다' 1점으로 환산하여, 각 항목의 평균값과 표준오차 및 이들의 종합지표를 제시하면 〈표 2〉와 같다. 평균값이 높을수록 직업생활 능력이 높은 것을 나타내는데, 5가지 항목중 전문능력 구축 노력(2.74)이 가장 높고, 다음으로 전직·독립 준비(2.45), 후배육성노력(2.44), 인맥구축노력(2.44), 일 이외 지역활동(2.01)의 순으로 나타난다. 〈표 2〉 하단에 제시했듯이, 각 항목의 상관계수에 기초해 산출한 크론바하의 알파계수는 0.671로 척도로서의 내적 일관성이 수용 가능함을 보여준다. 이들 5개 항목을 가산하여 합산한 변수가 일·생활 능력이다. 그 평균값은 12.08이다.

〈표 2〉의 가로축은 일·생활 능력 점수에 따라 일·생활 능력 정도를 고~저의 4 수준으로 재부호화한 구간변수를 이용하여 항목별로 일생활 능력의 평균을 제시한 것이다. 일·생활 능력 구간 변수는 5~9점(평균 2점 미만)을 저 수준 그리고 10~12점을 중 I 수준으로 구분하는 한편, 12점(평균 3점 초과)을 초과하는 사람 중 13~15점을 중 II 수준 그리고 16~20점을 고 수준으로 명명하였다. 4구간별 분포는 중 I(51.4%)의 비중이 가장 크고, 중 II(37.2%), 저(8.3%), 고(3.0%)로 구성된다.

안산 시흥 지역 응답자의 일·생활 능력 평균값은 12.8로 나타났다. 이는 창원 지역 응답자의 평균값과 유사한 수준이다. 그러나 "회사나 거래선 등에 폭넓은 인맥을 구축하고 있다", "기회가 있으면 전직이나 독립할 수 있도록 준비하고 있다"에서는 안산시흥지역 응답자(2.42, 2.45)가 창원지역 응답자(2.24, 2.17)보다 일생활 능력이 통계적으로 유의미하게 높은 것으로 나타났다. 반면에 "일 이외의 자원봉사 또는 지역활동에 관여하고 있다"에서는 전자(2.05)가 후자(2.17)보다 통계적으로 유의미하게 낮았다. 즉, 고용안정성과 노조의 보호 수준이 상대적으로 저하되어 있지만 안산·시흥 지역의 노동자들은 개인적으로 능력을 발휘하여 생활에 필요한 자원을 획득하는 방향으로 상황에 적응하고 있으나 지역사회와 통합되어 있는 수준은 상대적으로 낮다고 볼 수 있다.

〈표 2〉 일·생활 능력

(단위 : 점)

	일·생활 능력 수준				
	평균 (s.d.)	저	중 I	중 II	고
전문능력 제고	2.74 (0.61)	1.83	2.63	3.01	3.60
후배 지도육성 제고	2.44 (0.67)	1.51	2.20	2.88	3.47
폭넓은 인맥 구축	2.42 (0.71)	1.37	2.15	2.92	3.60
전직 또는 독립 준비	2.45 (0.70)	1.71	2.26	2.80	3.33
자원봉사 지역활동 관여	2.05 (0.71)	1.12	1.94	2.33	2.93
일·생활 능력 가산합*	12.08 (2.24)	7.54	11.18	13.95	16.93
빈도(명)	494	41	254	184	15
구성비(%)	(100.0)	(8.3)	(51.4)	(37.2)	(3.0)
Chronbach의 α	0.671				

자료 : 2016 반월·시화 노동자실태조사
주1. 각 문항 4점 척도(① 매우 그렇지 않다 ~ ④ 매우 그렇다)의 평균값임
주2. *: 1~5 항목별 평균값을 가산한 합계임

2) 사회자본

사회자본은 정보와 자원의 교환이 발생하는 네트워크을 통해서 축적될 수 있다. 노동자의 사회자본 축적 네트워크는 직장 내뿐만 아니라 직장 외의 다양한 사회관계를 통해서 형성될 수 있다. 이 연구에서는 직장에서의 사회관계를 알아보기 위해서 직장 동료와의 관계에 대해 질문하였고, 지역사회에서의 사회관계를 측정하기 위해서 지역사회에서 일상생활 및 공식조직단체에 대한 참여도를 파악하였다.

(1) 직장동료와의 관계

직장동료와의 관계를 묘사하는 8개 항목의 진술을 제시하고 동의하는 정도를 알아보았다. 〈표 3〉에서 보듯이, 문항별 점수의 평균을 보면, '점심을 같이 먹는다'(3.1%), '업무에 대해 서로 돕는다'(3.0%)가 비교적 높은가 하면, '휴일에 여가를 즐긴다'(2.1%), '금전 거래를 할 수 있다'(2.1%)로 비교적 낮은 점수로 나타난다. 대체로 직장동료와의 관계는 직장에서의 사회관계로 그치고, 직장 밖의 사회관계로 연장되지 않는 편임을 보여준다.

직장동료와 관계에 대한 8개 항목 간 상관관계에 기초한 신뢰성 분석 결과 크론바하의 알파계수는 77.7%로 산출되어 8개 항목 간 내적 일관성이 높은 것으로 나타났다. 8개 항목을 가산하여 합성한 변수가 '직장동료관계'(가산합)이다.

⟨표 3⟩ 직장 동료와의 관계

구분	① 매우 부정 %	② 부정 %	③ 긍정 %	④ 매우 긍정 %	계 %	빈도	평균
점심을 같이 먹는다	1.2	3.8	80.2	14.9	100.0	504	3.1
업무에 대해 서로 돕는다	1.2	9.4	80.5	8.9	100.0	508	3.0
개인적 고민을 털어 놓는다	4.3	39.1	51.3	5.3	100.0	507	2.6
시사, 노동문제 얘기한다	4.7	32.0	58.4	4.9	100.0	507	2.6
퇴근 후 술자리를 갖는다	6.2	38.4	49.9	5.6	100.0	503	2.5
가족끼리 알고 지낸다	16.0	52.6	29.8	1.6	100.0	506	2.2
휴일에 여가를 함께 즐긴다	14.5	62.2	20.6	2.8	100.0	505	2.1
금전거래 할 수 있다.	14.7	57.7	26.2	1.4	100.0	504	2.1
직장동료관계 가산합							
Cronbach의 α	0.777							

주: 평균은 각 항목의 응답을 '그렇지 않다'에 1점, '그렇지 않은 편이다'에 2점, '그러한 편이다'에 3점, '매우 그렇다'에 4점을 부여하는 방식으로 등간 척도로 간주하고 산출한 평균임.

(2) 지역사회에서의 사회관계

지역사회에서 형성되는 사회관계에 대해 일상활동 참여와 조직과 단체에 대한 참여의 두 가지 측면으로 구분하여 알아보았다.

먼저 지역사회의 일상활동과 관련하여 4개의 문항을 제시하여 응답하도록 한 결과(⟨표 4⟩), '동네사람들과 인사하며 지낸다'에 대해서는 응답자의 70.6%라는 절대 다수가 긍정적으로 응답하고 있으나 오히려 동네사람들과 인사하고 지내는 정도의 가벼운 사회관계조차 맺고 있지 않는 노동자들이 결코 무시할 수 없는 비중(29.4%)으로 나타난 사실에 더욱 주목할 필요가 있다. 공동육아 참여(13.1%) 또는 주민센터 문화프로그램 참여(11.4%), 주민대표 활동(5.3%)으로 소수에 불과하다.

〈표 4〉 지역사회 일상활동 참여

구분	① 매우 부정 %	② 부정 %	③ 긍정 %	④ 매우 긍정 %	계 %	N	평균
동네사람들과 인사하며 지낸다	6.9	22.5	64.1	6.5	100.0	510	2.7
공동육아에 참여한다	27.7	58.3	12.5	1.6	100.0	506	1.9
주민센터 문화프로그램에 참여한다	25.0	63.6	10.4	1.0	100.0	508	1.9
주민을 대표해 활동한다	32.2	62.5	4.5	0.8	100.0	506	1.7
Cronbach's α	0.746						

주. 평균값은 각 항목의 응답을 '그렇지 않다'에 1점, '그렇지 않은 편이다'에 2점, '그러한 편이다'에 3점, '매우 그렇다'에 4점을 부여하는 방식으로 등간 척도로 간주하고 산출한 평균임.

지역사회 조직에 대한 참여 수준을 알아보기 위해 9가지 유형의 조직과 단체를 제시하고 이에 대한 참여정도를 각각 '① 구성원 아님, ② 구성원이나 모임에 거의 참여하지 않음, ③ 구성원이고 모임에 적극적으로 참여함'으로 구분하여 3점 척도로 측정했다. 9가지 항목 응답에 대하여 신뢰도 분석을 하니 Cronbach의 알파 값은 0.839로 매우 높은 신뢰수준을 보여주고 있다. 요인분석을 한 결과 조직과 집단활동 참여 유형은 두 집단으로 분류된다. 이 둘은 연고형과 결사형으로 명명하였다. 동창회·향우회·종친회는 연고형으로, 기타는 결사형에 해당한다. 사회조직과 단체에 대한 참여 유형을 동창회, 향우회, 종친회와 같은 연고집단의 참여 여부 및 나머지 8가지 결사체의 참여 여부를 기준으로 교차하면 4가지 유형이 산출된다. 이 가운데 연고단체만 참여하는 사람은 '연고형', 결사단체에만 참여하는 사람은 '결사형', 두 가지 단체 모두 참여하는 사람은 '복합형' 그리고 어느 집단에도 참여하지 않는 사람을 '비참여(은둔)형'으로 명명할 수 있다. 이러한 분류를 적용하니 반월시흥공단 노동자의 사회단체

참여유형은 복합형이 42.4%로 가장 큰 비중을 차지하고 있고, 다음으로 비참여형 32.5%으로 집계되고 연고형 13.7%, 결사형 11.0%의 순으로 나타난다. 이는 앞에서 검토한 다양한 직업군이 포함된 일반 시민이 가지는 사회자본 상태를 연고형 위주로 파악한 선행연구(김용학 2003; 유석춘 등 2000; 이재열 2003)의 결과와 차별적이다. 그러나 9가지의 조직과 단체 중 학연, 지연, 혈연 등 연고에 기초한 동창회 향우회 종친회에 대한 참여도 평균 점수가 1.8로 가장 높았다. 다음으로는 동호회 1.6, 종교단체 1.4 순으로 나타났다. 전체적으로 보아 결사형 사회조직과 단체에 대한 노동자의 참여도는 대단히 미약함을 알 수 있다. 즉, 연고형 사회관계가 지역사회에서는 상대적으로 결사형 사회관계보다 중요한 의미를 가지고 있지만 참여 수준은 "구성원이나 모임에 거의 참여하지 않음"에도 미달하고 있다. 전체적으로 응답자의 사회조직과 단체활동 참여수준은 미약하다고 판단할 수 있다.[5]

사회단체활동 참여도가 경제적 빈곤과 어떻게 관련되는지를 알아보기 위해 임금 수준에 따라 사회단체 참여 정도에 차이가 있는지를 살펴보았다〈표 6〉. 안산·시흥지역에서 저임금(월 임금 200만 원 미만)[6]이면서 직장 외 조직단체 활동에 참여하지 않는다는 응답자는 전체의 11.9%이며 최소 규모의 집단이다. 월 임금 200만 원 이상이면서 다른 단체활동 참여자는 43.3%이며 최대 규모의 집단이다. 반면에 임금 200만 원 이상이면서 고립형인 집단은 21.7%, 임금

---

[5] 이를 기준으로 보면 안산·시화 응답자 중 고립형은 33.1%이다.
[6] 경제적 빈곤에 대해서는 통계청의 지역별고용조사 자료의 평균과 중위값 자료를 기준으로 개인 소득 월 200만 원을 경계선으로 저소득 여부를 판별했다. 월수입 200만 원 미만인 저소득 노동자가 안산·시흥에서는 35.2%(창원금속 14.7%)로 나타나고 있다.

200만 원 이하이면서 비고립형인 집단은 23.1%로 나타났다. 전체적으로 직장 외 다른 조직 단체 활동에 참여하지 않는 은둔형이 전체의 33.6%인데, 이 수치는 월 임금 200만 원 미만 저소득자의 경우 34.1%로 월 임금 200만 원 이상(33.3%)에 비해 약간 높기는 하나 통계적으로 유의미한 차이가 아니다.

〈표 5〉 사회조직과 단체활동 참여

(단위 : %)

구분	①	②	③	계	N	평균
동창회·향우회·종친회	44.4	27.8	27.8	100.0	500	1.8
동호회(조기축구, 등산 등)	62.1	18.6	19.2	100.0	499	1.6
종교단체	72.0	15.3	12.7	100.0	496	1.4
반상회·부녀회·학부모회	77.9	18.3	3.8	100.0	497	1.3
소비자 협동조합(생협, 신협 등)	81.3	16.7	2.0	100.0	496	1.2
시민사회단체	79.4	16.8	3.8	100.0	499	1.2
사회봉사단체	79.4	18.0	2.6	100.0	501	1.2
노동조합	82.6	12.6	4.8	100.0	500	1.2
정당	85.0	13.6	1.4	100.0	500	1.2
Cronbach's α			0.839			

자료 : 2016 반월·시화 노동자실태조사
주. 각 문항 '① 구성원 아님, ② 구성원이나 모임에 거의 참여하지 않음, ③ 구성원이고 모임에 적극적으로 참여함'의 평균값

〈표 6〉 경제적 빈곤(저소득)여부별 사회단체활동 참여 여부

(단위: 명, %)

		사회조직 참여 여부		
		비참여	참여	계
경제적 빈곤 (저소득)	200만 원 이상	109(33.3) (21.7)	218(66.7) (43.3)	327(100.0) (65.0)
	200만 원 미만	60(34.1) (11.9)	116(65.9) (23.1)	176(100.0) (35.0)
	계	169(33.6)	334(66.4)	503(100.0)

주. 경제적 빈곤(저소득)은 월 임금 200만 원 미만 여부, 사회적 고립은 조직 및 공식모임 활동 참여 여부로 판별함. ( )안의 첫 번째 수치는 행 백분비이고, 두 번째 수치는 응답자 전체 백분비임.

(3) 사회적 관계성의 빈곤

사회적 관계성의 빈곤을 파악하기 위해 직장 또는 직업에 관한 불안, 고민, 스트레스 등을 상담할 수 있는 사람이 1명 이내인 응답자를 네트워크 고립형으로 정의하였다. 응답자의 7.9%는 네트워크 고립형에 해당한다. 그런데 사회단체활동 유형별로 네트워크 고립형의 비율을 살펴보면, 비참여형 또는 연고전속형에서 네트워크 고립형의 비율은 결사형 또는 복합형과 비교하여 유의한 차이를 보여 주목할 만하다〈표 7〉. 즉, 결사형 조직에 참여하는 사람은 사회직 관계성이 네트워크 고립형으로 나타날 가능성이 낮다고 할 수 있다.

〈표 7〉 사회집단 참여유형별 상담 네트워크 고립형의 비율

구분	사회집단 참여유형				
	비참여형	연고형	결사형	복합형	총계
상담네트워크 고립형의 비율	$.114_a$	$.148_a$	$.071_{a,b}$	$.035_b$	.079

주1. 상담네트워크 고립형은 직장 또는 직업의 불안, 고민, 스트레스 등을 상담할 수 있는 사람이 1명 이내인 경우임.
주2. 동일한 아래첨자를 공유하지 않는 동일한 행에 있는 값이 열 평균에 대한 동질성 양측 검정의 $p<.05$에서 유의하게 다름. 검정에서 등분산을 가정.

이와 같은 네트워크의 상태는 사회관계의 영역에 따른 상담가능자의 수자를 통해 보다 구체적으로 파악할 수 있다. 중요한 상담 가능자는 지역 단체 3.23명, 직장 동료 1.87명, 노조 관계자 1.67명 등으로 나타났으며, 합계 8.27명이었다. 합계는 창원지역 응답자 16.6명의 절반 수준에 불과했다. 직장, 직업에 관한 고민이나 스트레스를 상담할 수 있는 사람이 직장 안보다 직장 밖에 더 많이 있다는 사실은 고용 안정성의 저하 때문에 직장이

사회관계 형성에서 주도적인 역할을 하고 있지 못한다는 현실을 반영하고 있다.

<표 8> 직장 직업에 관한 고민 스트레스 등을 상담할 수 있는 사람 수

(단위: 명)

구분	평균
직장 동료	1.87
직장 상사	.40
노조 관계자	1.67
전문 상담사	.57
가족	.58
친구 및 친지	.04
지역 단체(시민, 종교)	3.23
합계	8.27

자료 : 2016 반월·시화 노동자실태조사

3) 일·생활 능력과 사회자본의 상태와 분석 과제

이상에서 살펴 본 바와 같이 창원지역과 비교할 때 안산·시흥 지역의 응답자들은 일·생활 능력은 상대적으로 높으며, 사회적 관계의 형성을 중심으로 파악한 사회자본의 축적은 빈약한 상태에 놓여 있다. 직장 내부와 외부의 사회관계는 사실상 분리되어 있다. 여기에는 고용 안정성이 저하되어 있고, 노조 조직률이 낮은 중소영세기업이 밀집해 있으며 외지인 주민을 위주로 구성된 신개발 공업지역이라는 안산·시흥 지역의 상황이 반영되어 있다. 이 지역 응답자가 보유하는 일·생활 능력과 사회자본의 상태 속에 함축된 의미를 파악하기 위해서는 앞의 II에서 제시한 가설에 대한 검증이 필요하다. 이 연구의 각 가설에 대해 시도한 자료 분석의 주요 결과는 다음과 같이 나타나고 있다.

2. 사회자본이 일·생활 능력 형성에 영향을 미친다(H1)에 대해

사회자본이 일·생활 능력에 영향을 미칠 것이라는 가설을 검증하기 위해 변수 간의 관계를 밝힐 수 있는 회귀분석을 실시했다. 일·생활 능력을 종속변수로 하는 회귀모델에는 독립변수로 사회자본이 미치는 영향을 반영하는 직장동료와의 관계 및 지역사회 활동과 사회집단 참여 유형이 포함되었다. 또한 회귀모델에는 성별, 연령, 학력, 혼인상태, 기업규모, 업종, 직종, 재직기간, 총 경락기간, 주당 노동시간, 월 임금이 통제변수로 설정됐다. 이 같은 회귀분석의 결과 가운데 통계적으로 유의하게 나타난 계수들을 간추려 제시한 것이 〈표 9〉이다. 유의미한 결과를 보면 다음과 같다.

우선 통제변수 가운데 성별과 임금이 일·생활 능력에 미치는 영향이 큰 사실이 확인되었다. 다만 임금의 경우 월200만 원 미만인 집단과 대비해 그 이상인 집단이 보다 높은 수준의 일·생활 능력을 가지는 경향이 있지만, 300만 원 이상 고소득자의 경우에만 통계적으로 유의한 것으로 나타났다.

이 연구의 초점인 사회자본의 영향과 관련해 투입한 직장동료와의 관계, 지역사회활동관계, 사회단체 참여도의 3가지 변수의 회귀계수를 보면, 직장동료와의 관계(β=.268)와 지역사회활동(β=.189)이 모두 통계적으로 유의미하게 정의 영향을 미치는 것으로 발견되었다. 이는 직장동료와의 관계가 좋을수록, 지역사회 활동이 활발할수록 일·생활 능력이 높음을 시사한다.

그러나 단체 참여 유형 별로 살펴보면 고립형에 비해 연고형, 결사형, 복합형은 일·생활 능력이 높았지만 복합형에서만 통계적으로 유의미하게 나타났다. 이것은 연고전속형이나 결사전속형 어느 한 종류에 국한된 단체활동에 참여하는 응답자에게 축적되는 일·생활 능력은 아무런 단체활동을 하지 않는 응답자의 일·생활 능력과 뚜렷한 차이가 없으며, 두 가지 유형의 단체활동에 같이 참여하는 응답자에게 고립형과 유의한 차이가 있는 일·생활 능력이 형성되고 있음을 의미한다.

〈표 9〉 일·생활 능력에 영향을 미치는 요인에 관한 회귀분석 결과

종속변수			일·생활 능력	
			B(S.E)	
(상수)			3.462 (1.402)	*
독립변수	성별(준거: 여성)	남성 더미	1.005 (.260)	***
	임금 (준거: 200만 원 미만)	200만 원~250만 원미만 더미	.313 (.266)	
		250만 원~300만 원미만 더미	.334 (.314)	
		300만 원 이상 더미	.675 (.341)	*
	직장동료와의 관계		.268 (.031)	***
	지역사회활동		.189 (.052)	***
	단체참여 유형 (준거: 고립형)	연고전속형 더미	.497 (.304)	
		결사전속형 더미	.601 (.326)	
		복합형 더미	.753 (.230)	**
R^2			.391	
자유도			24	
F			9.305	***
N			373	

자료: 2016 반월·시화 노동자실태조사
주1. *p<.05, **p<.01, ***p<.001
주2. 독립변수에는 통제변수로 성별, 연령, 학력, 혼인상태, 기업규모, 업종, 직종, 정규직여부, 재직기간, 총 경력기간, 주당 노동시간, 월 평균 임금, 직장동료와의 관계, 일에 대한 생각, 지역사회활동, 사회집단참여 유형이 포함되었으나 분석 결과 통계적으로 유의성이 없는 것으로 나타난 변수들은 제시하지 않음
주3. 독립변수 간 상관관계를 보니 상관계수가 0.8을 넘는 것이 없어 공선성에 문제가 없는 것으로 확인됨. 각 독립변수들의 관계에 관한 공선성 진단 결과 공차한계 값이 0.1이하가 아니고, 분산팽창계수(VIF)값이 10보다 작은 것으로 나타나 다중공선성 문제는 없음.

3. 일·생활 능력 형성이 사회자본 축적에 영향을 미친다(H2)에 대해

일·생활 능력 형성이 사회자본 축적에 영향을 미친다는 가설(H2)에 대해서 앞에서와 마찬가지로 사회자본 축적 기제로 직장동료와의 관계, 지역사회생활 그리고 단체활동 참여도의 세 가지 측면을 각각 살펴보았다.

1) 직장동료와의 관계

〈표 10〉은 일·생활 능력 수준별로 직장동료와의 관계 활성화 정도를 분석한 결과를 요약한 것이다. 직장동료와의 관계 8가지 항목별 활성화 정도에 대한 자기평가의 평균값을 합산한 전체 지표는 물론이고 각 항목 모두에서 일·생활 능력 수준과 직장동료관계의 활성화는 서로 긴밀한 관련이 있는 것으로 나타난다. 즉, 일·생활 능력의 수준이 높은 경우 직장동료와의 관계가 더 활발하다. 이를 보다 구체적으로 파악하기 위해 우선 직장 동료 관계를 내용에 따라 항목별로 구분하고, 개별 항목마다 일·생활 능력이 고수준인 응답자의 직장동료관계가 활성화되는 정도를 반영하는 수치를 일·생활 능력이 저수준인 응답자의 수치와 대비하여 양자의 배율을 산출하였다. 이 배율이 표시하는 두 집단의 격차를 살펴보면, 가족끼리 알고 지낸다(1.35), 휴일에 여가를 함께 즐긴다(1.08), 개인적 고민을 털어놓는다(1.01), 퇴근 후 술자리를 갖는다(0.98)에서 전체 평균(0.88)보다 더 큰 차이가 있는 것으로 나타나고 있다. 반면에 점심을 같이 먹는

다(0.50), 업무에 대해 서로 돕는다(0.60), 시사 노동문제를 얘기한다(0.71) 등의 항목에서는 그 차이가 비교적 적은 것으로 나타난다. 이는 일·생활 능력이 높은 응답자의 직장 동료 관계는 직장 외부에서 활성화되고 있는 경향을 보여주고 있다.

〈표 10〉 일·생활 능력 수준별 직장 동료와의 관계

구분	일생활 능력 수준					차이 (고-저)
	저	중I	중II	고	전체	
점심 같이 먹는다	2.90_a	3.08_b	3.11_b	3.40_c	3.09	0.50
업무에 대해 서로 돕는다	2.60_a	2.95_b	3.07_c	3.20_c	2.97	0.60
퇴근 후 술자리를 갖는다	2.28_a	2.45_a	2.72_b	3.27_c	2.56	0.98
시사, 노동문제 얘기한다	2.23_a	2.57_b	2.79_c	2.93_c	2.64	0.71
개인적 고민 털어놓는다	2.12_a	2.53_b	2.69_c	3.13_d	2.57	1.01
휴일 여가를 함께 즐긴다	1.65_a	2.03_b	2.31_c	2.73_d	2.12	1.08
가족끼리 알고 지낸다	1.59_a	2.11_b	2.34_c	2.93_d	2.17	1.35
금전거래 할 수 있다.	1.76_a	2.09_b	2.26_c	2.53_c	2.14	0.78
직장동료관계 가산합	17.08_a	19.79_b	21.24_c	24.13_d	20.26	7.05
평균	2.14	2.48	2.66	3.02	2.53	0.88

자료: 2016 반월·시화 노동자실태조사
주. 동일 행에서 아래 첨자가 다른 수치는 열 평균의 동질성 양측 검정의 p < .05에서 유의하게 다름

2) 지역사회에서의 사회관계

일·생활 능력 수준별로 노동자의 지역사회활동 참여도를 살펴보면〈표 11〉, 일·생활 능력 수준이 가장 낮은 '저 수준'에 대비하여 '중수준' 이상은 지역사회생활 참여도가 더 높은 것으로 나타난다. 항목에 따라서 차이가 있다. 이를테면, 동네사람과 인사하며 지낸다와 같은 낮은 정도의 사회관계면에서는 통계적으로 유의한 차이가 발견되지 않고, 문화 프로그램에 대한 참여의 경우에는 직업생활 능력이

중II 수준의 경우에서 지역사회생활 참여가 가장 활발하며, 또한 주민대표로 활동한다 등의 항목에서는 직업생활 능력 저수준과 여타 수준 간에는 유의한 차이가 있으나 중I, 중II, 또는 고 수준 간에는 유의한 차이가 발견되지 않는다.

〈표 11〉 일·생활 능력 수준별 지역사회활동 참여

구분	일·생활 능력 수준				계	차이 (고-저)
	5-9 저	10-12 중I	13-15 중II	16-20 고		
동네사람들과 인사	2.54$_a$	2.67$_a$	2.76$_a$	3.00$_a$	2.70	0.46
문화프로그램 참여	1.51$_a$	1.84$_b$	2.01$_c$	2.00$_{b,c}$	1.88	0.49
주민 대표 활동	1.29$_a$	1.74$_b$	1.83$_b$	2.00$_b$	1.74	0.71
공동육아 참여	1.34$_a$	1.89$_b$	1.97$_b$	1.79$_{a,b}$	1.87	0.44
지역사회활동 가산합	6.68$_a$	8.15$_b$	8.55$_b$	8.86$_b$	8.19	2.17
평균	1.67	2.04	2.14	2.20	2.05	0.53

자료: 2016 반월·시화 노동자실태조사
주1. Bonferroni 수정을 사용하여 열평균 차이를 검정한 결과임

3) 사회단체 참여도

일·생활 능력 수준별로 공식 조직 또는 단체 활동에 대한 참여도를 살펴보면〈표12〉, 연고집단(동창회 향우회 종친회) 또는 동호회(조기축구, 등산 등)에 대한 참여도에는 차이가 나타나고 있으나 이들을 제외한 자원적 결사집단에 대한 참여도의 유의한 차이는 발견되지 않았다. 결사체에 대한 노동자의 참여는 일·생활 능력의 수준 차이와 무관하게 극히 미약한 실정이다.

<표 12> 일·생활 능력 수준별 조직 단체 활동 참여도

구분	일생활 능력 수준				전체	차이 고-저
	5-9 저	10-12 중I	13-15 중II	16-20 고		
반상회·부녀회·학부모회	1.20$_a$	1.27$_a$	1.24$_a$	1.29$_a$	1.25	0.09
사회봉사단체	1.18$_a$	1.23$_a$	1.26$_a$	1.14$_a$	1.23	-0.03
시민사회단체	1.23$_a$	1.25$_a$	1.26$_a$	1.21$_a$	1.25	-0.01
소비자 협동조합	1.20$_a$	1.21$_a$	1.21$_a$	1.07$_a$	1.20	-0.13
종교단체	1.31$_a$	1.40$_a$	1.45$_a$	1.29$_a$	1.41	-0.02
동창회·향우회·종친회	1.65$_{a,b}$	1.77$_a$	1.93$_b$	2.43$_c$	1.84	0.78
동호회	1.18$_a$	1.54$_b$	1.63$_b$	2.29$_c$	1.56	1.11
노동조합	1.13$_a$	1.23$_a$	1.24$_a$	1.00$_a$	1.22	-0.13
정당	1.10$_a$	1.16$_a$	1.18$_a$	1.29$_a$	1.16	0.19
조직단체참여(가산합)	11.16$_a$	11.91$_a$	12.20$_a$	13.00$_a$	11.99	1.84
(평균)	1.24	1.34	1.38	1.44	1.35	0.20

자료: 2016 반월·시화 노동자실태조사

4. 사회자본 및 일·생활 능력이 삶의 질 향상에 기여한다는 가설(H3 및 H4)에 대해

사회자본일 및 생활 능력이 삶의 질 향상에 기여한다는 가설(H3, 및 H4)을 검증하기 위해 <표 13>에 제시된 바와 같이 3가지 회귀모델을 구성하였다. 설명 대상인 종속변수에는 삶의 질과 관련해 직장생활 만족도, 지역생활 만족도, 사회경제적 지위향상 가능성 등의 변수가 포함되었다. 독립변수로는 사회자본 및 일·생활 능력을 설정했다.

1) 직장생활 만족도

<모형 I>에서 종속변수인 직장생활 만족도는 임금, 일자리의 안

<표 13> 반월·시화공단 노동자의 삶의 질에 영향을 미치는 요인에 관한 회귀분석

독립변수		모형I 직장생활만족도 B(S.E)			모형II 지역생활만족도 B(S.E)			모형III 사회경제적지위 향상 가능성 B(S.E)		
(상수)		19.846	(2.939)	***	13.942	(3.072)	***	.990	(.730)	
성별(준거: 여성)	남성 더미	1.554	(.572)	**	.608	(.582)		.021	(.138)	
연령		-.057	(.031)		-.001	(.032)		-.008	(.008)	
학력년수		-.255	(.120)	*	-.034	(.123)		-.025	(.029)	
기업 규모 (기준변수= 50인 미만)	50인 이상 더미	-1.499	(.562)	**	-.869	(.573)		-.381	(.138)	**
주당 노동시간		-.111	(.021)	***	.002	(.021)		.005	(.005)	
임금 (준거: 200만 원 미만)	200~250 만 원 더미	-1.369	(.572)	*	-.587	(.592)		-.159	(.141)	
	250~300 만 원 더미	-.752	(.656)		-1.357	(.681)	*	-.081	(.163)	
	300만 원 이상 더미	-.496	(.727)		-.717	(.753)		-.098	(.180)	
직장동료와의 관계		.383	(.072)	***	.222	(.075)	**	.031	(.018)	
일·생활 능력		.289	(.112)	*	-.064	(.117)		.061	(.028)	*
지역사회활동		.305	(.115)	**	.326	(.120)	**	.093	(.028)	**
사회집단 참여 유형 (준거: 고립형)	연고형 더미	-.042	(.653)		-.302	(.683)		.244	(.162)	
	결사형 더미	-1.340	(.705)		-.006	(.713)		.190	(.172)	
	복합형 더미	-.299	(.501)		-.480	(.508)		-.085	(.121)	
R^2		.338			.097			.144		
자유도		24			24			24		
F		7.454***			1.606*			2.627***		
N		375			385			399		

자료 : 2016 반월·시화 노동자실태조사
주1. *p<.05, **p<.01, ***p<.001
주2. 독립변수에는 성별, 연령, 학력, 혼인상태, 기업규모, 업종, 직종, 정규직여부, 재직기간, 총 경력기간, 주당 노동시간, 월 평균 임금, 직장동료와의 관계, 일·생활 능력, 지역사회활동, 사회집단참여 유형이 포함되었으나 통계적으로 유의미한 결과를 중심으로 정리함
주3 모형 I, II, III에서 공선성 및 다중공선성의 문제는 발견되지 않았다

정성, 업무 내용, 업무량, 근로시간, 개인의 발전 가능성, 동료와의 의사소통 및 인간관계, 인사고과의 공정성, 복리후생 등의 9가지 항목에 대한 만족도를 합산한 것이다. 각 항목의 만족도를 매우 불만 1점, 불만 2점, 만족 3점, 매우 만족 4점의 4점 척도로 평가하도록

요청해, 응답자가 평가한 점수의 합계를 직장생활 만족도를 표시하는 변수로 설정했다.

회귀분석 결과를 보면 우선 성별, 학력, 기업 규모, 주당 노동시간, 월 임금, 직장동료와의 관계, 일·생활 능력, 지역사회 활동 등이 직장생활 만족도에 유의미하게 영향을 미치는 것으로 나타났다7. 일·생활 능력, 직장동료와의 관계, 지역사회 활동 등의 3개의 독립변수가 나타내는 회귀계수의 값이 모두 양의 값이었다. 이는 성별, 연령, 학력, 혼인상태, 기업규모, 업종, 직종, 재직기간, 총 경력 기간, 주당 노동시간, 월 임금 등의 다양한 변수를 통제했을 때에도 이늘 세 가지 독립변수가 각각 직장생활 만족도에 정의 영향을 미치고 있음을 의미한다.

2) 지역생활 만족도

〈모형 II〉는 지역생활 만족도에 영향을 미치는 요인에 관한 회귀분석을 한 결과를 보여준다. 지역생활 만족도는 '① 주거비, ② 여가 및 문화, ③ 의료, ④ 보육 및 교육, ⑤ 공공행정 및 서비스, ⑥ 교통, ⑦ 생활 안전, ⑧ 생태환경'에 관한 만족도를 측정한 것이다. 응답자가 각 항목에 대해 매우 불만족 1점, 불만족 2점, 만족 3점, 매우 만족 4점으로 응답했고, 모든 항목의 합계를 지역생활 만족도의 척도로 사용했다. 지역생활만족도 항목 합계의 평균값은 19.42점이다. 회

---

[7] 회귀모델에 대하여 독립변수 간 상관관계를 확인한 결과 상관계수가 0.8을 넘는 것이 없으므로 공선성에 문제가 없는 것으로 판단된다. 각 독립변수들의 관계에 관한 공선성 진단 결과 공차 한계 값이 0.1이하가 없고, 분산팽창계수(VIF)값이 10보다 작은 것으로 나타나 다중공선성은 없는 것으로 확인되었다.

귀분석에 사용된 독립변수는 〈표 13〉에 제시되어 있다.

지역생활 만족도에 영향을 미치는 요인에 관한 회귀분석 결과 월 임금, 직장동료와의 관계, 지역사회 활동이 유의미하게 영향을 미치는 것으로 나타났다. 월 임금을 200만 원 미만 받는 사람보다 더 받는 사람의 지역생활 만족도가 낮았지만 250만 원 이상~300만 원 미만에서만 통계적으로 유의미하게 나타났다. 즉, 월 소득 250만 원 미만의 저임금 응답자들은 지역생활에 대해 관심을 가질 수 있는 여유가 부족한 상황을 반영하는 것으로 해석할 수 있다. 하지만 300만 원 이상의 고임금 노동자가 200만 원 미만 저임금자에 비해 지역생활만족도가 더 낮게 나타났으나 통계적 유의성이 없는 것에 대해서는 별도의 분석이 요구된다.

직장동료와의 관계가 활발할수록 그리고 지역사회활동을 적극적으로 할수록 지역생활 만족도가 높게 나타났다. 이러한 상황은 전술한 바와 같이 일·생활 능력이 높은 응답자는 직장동료 관계가 활성화되어 있으며 지역에서 사회생활에 대한 참여 수준이 높은 경향과 일치된다. 반면에 일·생활 능력이 높을수록 지역생활 만족도는 낮았지만 통계적으로 유의미하지 않은 것으로 나타났다. 이같은 분석 결과는 다음과 같이 해석할 수 있다. 즉, 앞에서 일·생활 능력이 사회자본 축적에 영향을 미친다는 가설(H2)을 살펴보았음을 고려할 때, 일·생활 능력이 지역생활 만족도에 직접 영향을 미친다고는 볼 수는 없더라도, 일·생활 능력이 지역사회활동과 지역사회생활 참여를 촉진함으로써, 일·생활 능력은 지역생활 만족도 향상에 간접적으로 기여하는 역할을 하고 있는 것으로 평가할 수 있다.

3) 사회경제적 지위 향상 가능성

〈모형 3〉은 사회경제적 지위 향상 가능성을 종속변수로 한 회귀분석 결과를 보여준 것이다. 사회경제적 지위 향상 가능성은 '우리 사회에서 누구나 열심히 노력한다면 개인의 사회경제적 지위가 높아질 수 있을 것이라 생각하십니까?'라는 질문을 제시해, 응답자가 '매우 그렇지 않다' 1점, '그렇지 않다' 2점, '보통이다' 3점, '그렇다' 4점, '매우 그렇다' 5점을 부여하는 방식으로 5점 척도로 측정했다. '사회경제적 지위 향상 가능성'의 평균값은 2.58점이다. 이는 사회경제적 지위 향상 가능성에 대한 응답자들의 태도가 부정적인 방향으로 기울어져 있는 것을 보여 준다.

회귀분석의 결과, 사회경제적 지위 향상 가능성에 유의미하게 영향을 미치는 변수로 기업 규모, 일·생활 능력, 지역사회활동이 중요한 것으로 나타났다. 고용 규모가 50인 이상인 사업장의 노동자는 50인 미만 사업장의 노동자보다 사회경제적 지위 향상 가능성을 통계적으로 유의미하게 낮게 생각했다.

반면에 응답자들은 일·생활 능력이 높을수록, 지역사회활동을 활발하게 할수록 사회경제적 지위 향상 가능성을 통계적으로 유의미하게 높게 생각했다. 즉, 직장 생활을 통해 축적한 전문성과 사회관계 형성 능력의 수준이 높고 지역사회에서 활발하게 각종 활동에 참여하는 응답자들은 사회경제적 지위의 개선 가능성을 긍정적으로 보고 있었다.

4) 일·생활 능력 또는 사회자본이 삶의 질에 미치는 영향

이상에서 회귀분석을 거쳐 확인한 일·생활 능력, 사회자본과 삶의 질의 관계는 다음과 같이 정리할 수 있다.

사회자본인 직장동료와의 관계 및 지역사회 활동도 직장생활 만족도에 기여하는 것으로 나타났다. 즉, 가설 3 '사회자본은 노동자의 태도 형성에 영향을 미친다'는 부분적으로 타당성이 확인되었다. 일·생활 능력은 직장생활 만족도, 사회경제적 지위 향상 가능성에 대한 기대를 높이는데 기여하는 것으로 나타났다. 일·생활 능력과 직장생활 만족도 사이에는 직접적인 관계가 존재하는 것으로 확인되었다. 즉, 일·생활 능력은 지역생활 만족도를 향상시키는 직장동료와의 관계, 지역사회 활동과 같은 사회자본의 활성화에 기여하는 역할을 하고 있지만 지역생활 만족도에 직접적인 영향을 미치는 것으로 나타나지 않았다. 즉, 가설 4 '일·생활 능력은 노동자의 삶의 질 향상에 영향을 미친다'는 부분적으로 타당성이 입증되었다. 사회자본에 속하는 지역사회 활동과 일·생활 능력은 사회경제적 지위 향상 가능성에 대한 기대를 높이는 데 기여하는 것으로 나타나 가설 3과 4의 타당성을 입증하는 데 기여하였다.

사회자본의 성격을 반영하는 사회집단참여 유형은 삶의 질을 구성하는 3개의 변수와 통계적으로 유의미한 관계가 나타나지 않았다.

IV. 맺음말

본 연구는 경제적 빈곤을 해소하려면 결핍된 자원을 지원하는 것에 그치지 않고 자원을 획득할 수 있는 사회적 관계망에 참여할 수 있는 소통 능력을 형성하는 노력이 중요하다는 문제의식에서 출발해 사회적 빈곤의 개념을 도입했다. 특히 노동조건과 고용 안정성이 열악한 영세중소기업의 노동자가 직면하고 있는 상황을 심층적으로 이해하고자 직장, 가족, 지역사회에서 형성되는 사회관계에 대한 종합적 고찰이 수반될 필요가 있다.

노동문제를 사회자본과 연결시키는 관점은 노동자의 상호 의사소통과 관계성의 빈곤화에 대한 문제의식에서 출발한다. 일·생활 능력은 직장 생활, 구직 활동만이 아니라 퇴직 노동자가 거주 지역에서 주민의 일원으로 생활에 적응할 수 있는 능력과도 연계된다. 이와 같이 새로운 장에서 영위되는 직장생활과 사회생활에 적응할 수 있는 일·생활 능력의 형성은 직장과 직업의 유동화가 진행되는 상황 속에서 개인의 생활안정과 사회통합 수준의 향상에 기여할 수 있다. 이를 기반으로 축적된 사회자본의 상태가 양호한 개인은 미래에 대한 불안이 감소되고 낙관적 전망을 가지고 생활할 수 있다.

이 조사연구는 실증적 방법을 통해 노동자가 직면하고 있는 경제적, 사회적 빈곤의 진행이라는 문제를 파악하려 시도했다. 안산·시흥 지역에 위치한 중소영세 제조업체로 구성된 반월·시화공단에서 일하는 노동자를 대상으로 실시한 일·생활 능력, 사회자본, 태도에 대한 조사연구의 주요 발견은 다음과 같다.

가설1의 검증을 위해 일·생활 능력을 종속변수로 선형 회귀분석을 실시했다. 그 결과 노동자의 사회자본 중 직장동료와의 관계, 지역사회활동, 사회집단참여 유형 모두 일·생활 능력과 정적인 관계를 맺고 있었다. 직장동료와의 관계가 좋을수록, 지역사회활동이 활발할수록 일·생활 능력의 수준이 높아졌다. 사회집단참여 유형으로는 고립형에 비해 복합형이 통계적으로 유의미하게 일·생활 능력의 수준이 높게 나타났다. 통계적으로 유의미하지는 않지만 연고형, 결사형도 고립형에 비해 일·생활 능력이 높았다.

가설2의 검증을 위해 일·생활 능력의 수준을 4가지 집단(저, 중I, 중II, 고)으로 구분하고 사회자본의 수준에 대해 t검정을 실시했다. 그 결과 노동자의 일·생활 능력은 사회자본 형성에 영향을 미치는 것으로 나타났다. 일·생활 능력이 낮은 저군보다 중I, 중II, 고군으로 갈수록 직장 동료와의 관계를 적극적으로 하고 있는 것을 확인했다. 지역사회활동은 '동네사람들과 인사하며 지낸다'를 제외하고 다른 모든 부분에서 일·생활 능력이 낮은 집단과 타 집단이 통계적으로 유의미한 차이를 나타냈다. 일·생활 능력이 높아질수록 지역사회활동을 활발하게 하고 있다. 조직 및 단체 활동에서는 일·생활 능력 수준에 따라 동창회·향우회·종친회 및 동호회 활동에 차이가 나타났다. 일·생활 능력이 가장 낮은 집단보다 가장 높은 집단이 이러한 활동을 통계적으로 유의미하게 활발하게 하고 있다.

가설3과 가설4의 검증을 위해 직장생활만족도, 지역생활만족도, 사회경제적 지위 향상 가능성에 대한 생각을 종속변수로 회귀분석을 실시했다. 직장생활 만족도에는 성별, 학력, 기업 규모, 주당 노동시간, 임금 수준 이외에 일·생활 능력, 직장동료와의 관계, 지역사회

활동이 통계적으로 유의미한 영향을 나타낸다. 일·생활 능력의 수준이 높을수록, 직장동료와의 관계, 지역사회 활동을 활발하게 할수록 직장생활 만족도가 높다. 지역생활 만족도에는 임금 이외에 직장동료와의 관계와 지역 사회활동이 통계적으로 유의미한 영향을 미치는 것으로 확인했다. 직장동료와의 관계, 지역사회 활동을 활발하게 하는 사람이 지역생활 만족도가 높았다. 사회경제적 지위 향상 가능성에 대한 생각에는 기업 규모 이외에 일·생활 능력과 지역사회 활동이 통계적으로 유의미한 영향을 미치는 것을 확인했다. 일·생활 능력의 수준이 높을수록 사회경제적 지위 향상 가능성에 대해 긍정적으로 생각하고 있다. 지역사회 활동을 활발하게 하는 사람이 사회경제적 지위 향상 가능성에 대해 긍정적으로 생각한다.

경험적 조사연구를 통해 반월·시화공단 노동자의 다수가 보유하는 복합형 위주의 사회자본은 일·생활 능력에 영향을 미치고 있다는 사실이 나타났다. 응답자들은 연고집단과 결사체에 참여하며 형성한 사회관계를 편의적으로 활용하여 편익을 확보하고 있다. 동시에 연고형 집단과 동호회 참여에서만 사회자본 형성은 부분적으로 일·생활 능력의 영향을 받고 있다. 아직 이 지역에서 노동자의 일·생활 능력이 공익적 성격을 가진 결사형 사회자본 형성에 적극적으로 기여하는 모습은 나타나지 않았다. 그러나 일·생활 능력을 매개로 하여 사회자본은 직장생활과 지역사회 생활에 대한 만족도에 유의미한 영향을 미치는 것으로 나타났다. 즉, 일·생활 능력은 응답자의 사회자본 형성보다 이미 형성된 사회자본의 활용에 기여하고 있다. 또한 일·생활 능력과 사회경제적 지위 상승에 대한 기대감 사이의 관계가 긍정적으로 나타난 것은 반월·시화공단 노동자들이 개인적 문제해결 방식 곧 각자도생에 의존하고 있다는 사실을 반영하고 있다고 해석할 수 있다.

참고문헌

김용학, 2003, "한국사회의 학연: 사회적 자본의 창출에서 인적 자본의 역할," 김성국·석현호·임현진·유석춘 편,『우리에게 연고는 무엇인가-한국의 집단주의와 네트워크-』, 전통과 현대 23호.

김희삼, 2017, "다중격차와 사회통합의 다중장벽 : 경제자본, 인적자본, 사회자본의 동조성,"『다중격차 II-역사와 구조』, 페이퍼로드.

유석춘·장미혜·김태은, 2000, "동아시아의 연고주의와 근대화,"『아시아적 가치 논쟁』, 전통과 현대 13호.

이재열, 2003, "사회적 자본과 시민의식: 서울시와 자치구의 정책 결정과 집행에 주는 함의,"『지역사회학』5권 1호: 41-82.

Burt, Ronald S., 1992, *Structural Holes*, Harvard University Press, Cambridge.

Granovetter, Mark S., 1973, "The Strength of Weak Ties," *American Journal of Sociology* Vol.78. No.6(May) pp.1360-1380, The University of Chicago Press, Chicago

Krishna, Anirudh, 2000, "Creating and harnessing social capital," Partha Dasgupta & Ismail Serageldin eds., *Social Capital: A Multifaceted Perspective*, IBRD, Washington

Lewandowski, J. and Streich Gregory, 2007, "Democratizing Social Capital: In Pursuit of Liberal Egalitarianism," *Journal of Social Philosophy* Vol.38, no.4, Winter 2007, pp.588-604., U.S.A.

Lewandowski, J., 2008, "On Social Poverty: Human Development and the Distribution of Social Capital," *Journal of Poverty* Vol.12, no.1, pp.27-48. U.K.

Paugam, Serge, 2005, *Les formes élémentaires de la pauverete*, Presses Universitaires de France(中野英二·中條健志 訳, 2016'『貧困の基本形態 - 社会的紐帯の社会学』' 新泉社)

Portes, A., 1998, "Social Capital: Its Origins and Applications in Modern Sociology," Annual

Review of Sociology, Vol. 24:1-24.

Putnam, Robert D., 1994, *Making Democracy Work: Civic Traditions in Modern Italy*, Princeton University Press, USA (안청시 등 역, 2000, 『사회적 자본과 민주주의』, 박영사).

Putnam, Robert D., 2000, *Bowling Alone: The Collapse and Revival of American Community*, Simon & Schuster, N.Y., (정승현 역, 2009, 『나 홀로 볼링』, 페이퍼로드).

Schuller, T., Stephen Baron and John Field., 2000, "Social Capital: A Review and Critique," Baron S., John Field. and Tom Schuller. eds. *Social Capital:Critical Perspectives*, Oxford University Press, 1-38

Standing, Guy. 2011, *The Precariat: The New Dangerous Class*, Bloomsbury Academic, London

稲葉陽二, 2007,『ソーシャル・キャピタル-信頼の絆で解く現代経済み・社会の緒問題-』生産性出版

岩間暁子, 2003,「社会階層研究と社会関係資本-ホームレス自立支援策における社会関係資本の重要性-」『現代社会関係研究 ２００２』和光大学 人間関係学部紀要 第 号第１分冊』

前田信彦, 2010,『仕事と生活 - 労働社会の変容-』ミネルヴァ書房

三隅一人, 2013,『社会関係資本 - 理論統合の挑戦-』ミネルヴァ書房

渡辺深, 2014,『転職の社会学 - 人と仕事のソーシャル・ネットワーク-』ミネルヴァ書房

渡辺深, 2016, "グラノヴェター 転職-ネットワークとキャリアの研究"『日本労働研究雑誌』, No.669/April. 労働政策研究・研修機構.

지은이 알림

강원돈
한국신학대학과 동 대학원을 거쳐 독일 루르대학교 개신교 신학부에서 신학박사학위(Dr. theol.)를 받았고, 한신대학교 신학부 교수로서 사회윤리와 민중신학을 가르치고 있다. 한국민중신학회 회장을 역임하고, 현재 한국기독교사회윤리학회 회장으로 활동하고 있다.
저서로는 『사회적 개신교와 디아코니아』, 『지구화 시대의 사회윤리』, 『인간과 노동』, 『살림의 경제』, 『物의 신학 - 실천과 유물론에 굳게 선 신학의 모색』 등이 있고, 독일어 저서로는 Zur Gestaltung einer human, sozial und ökologisch gerechten Arbeit(Ammersbek bei Hamburg: Verlag an der Rottbek, 1998) 등이 있다.

권진관
2세대 민중신학자. 성공회대학교 신학과를 은퇴했으며, 아시아의 이야기를 기반으로 하는 민중신학을 연구하고 있다.
저서로는 『우리 구원을 이야기하자』, 『성령: 민중의 생명』, 『예수, 민중의 상징; 민중, 예수의 상징』, 『신학이란 무엇인가』, 『성령과 민중』, 『민중신학 에세이』, Theology of the Subjects: Towards a New Minjung Theology, Minjung Theology Today (편집) 등이 있다.

김덕환
한일장신대학교 사회복지학부 교수(디아코니아연구소장)로서 2009년 정년퇴임 후, 다시 독일에서 법학을 공부한 후 귀국하여, 2014년부터 전북 완주군 고산고의 "글로벌 직업교육 특화 학교" 프로젝트에서 독일직업훈련 연계 현지취업 준비를 위한 외래 강사로 활동하고 있다. 대학 재직 시 한국학술진흥재단 및 독일 DAAD 공동지원, Asem-DUO, 현대아산재단, 전라북도, 경기도, 전주시, 대한예수교 장로회총회사회부 등에서 "독일수발보험", "청소년비행", "청소년산학협력개발연구", "교회사회복지시설설립지침서" 등 총 14회 연구 과제를 수행하였으며 관련 주제의 논문과 저서를 발표하였다.

박성원

한양대학교, 장로회신학대학교, 미국 샌프란시스코 신학교에서 수학하고, 스위스 베른대학교에서 신학박사학위(Dr. theol.)를 받았다. 서울장신대학교 교수, 세계개혁교회연맹(WARC) 신학부 간사, 부산진교회 담임목사, 세계개혁교회연맹(WCRC) 협력과 증언부 총무, 영남신학대학교 석좌교수, 세계교회협의회(WCC) 중앙위원 등을 역임하고, 현재 경안신학대학원대학교 총장으로 재직하고 있으며 오이코트리(OIKOTREE) 대표로 있다.

저서로는 Worship in the Presbyterian Church in Korea (Frankfurt: Peter Lang, 2001) 등 다수가 있다.

서광선

미국에서 철학으로 학사와 석사 학위를 받았고, 밴더빌트대학교 대학원에서 철학박사를 받았다. 귀국 후 이화여자대학교 기독교학과에서 교수로 재직하였고, 정치적 이유로 잠시 해직 당했다. 그 기간 중 장로회신학대학교에서 수학하여 대한예수교장로회(통합)의 목사로 안수를 받고 압구정동 현대교회를 담임하였다가 이화여자대학교로 다시 복직한 후 은퇴하였다. 세계YMCA회장과 홍콩주재 아시아기독교고등교육연합재단 이사 및 부회장을 역임했으며, 현재는 이화여자대학교 명예교수이다.

저서로는 『종교와 인간』, 『기독교신앙과 신학의 반성』, The Korean Minjung in Christ 등이 있다.

신대균

서울대학교 외교학과를 졸업하고 고려대학교 정책대학원에서 행정학 석사를 취득하였다. 민청학련 사건으로 복역 후 대구 YMCA 간사, 민주통일민중운동연합 국장, 경제정의실천시민연합 초대 조직위원장, 대통령자문 행정쇄신위원회 실무위원, 국민고충처리위원회 초대위원을 역임하였으며, 현재 한국기독학생회총연맹 이사장, 한국기독교민주화운동(사) 사무총장, 한국YMCA전국연맹 이사 및 시민운동위원장으로 활동하고 있다.

저서로 『한국역사속의 기독교(NCCK편)』, 『한국YMCA 운동의 시민운동적 전개(1984)』, 『현대중국의 종교(역)』 등이 있다.

심상완

서울대학교를 졸업하고 창원대학교 사회학과 겸 행정대학원 고용노동학과 교수로 재직하고 있으며, 경남고용포럼 대표로 활동하고 있다. 한국기독교사회문제연구원 연구간사로 일했으며(1983-1989), 영국 서섹스대학교 대학원(기술변화의 사회경제적 함의 전공)에서 박사학위(D.Phil)를 취득했다. 산업노동 분야에 대해 연구관심을 갖고 있다.
저서로는 『지역노동시장의 구조와 동향』(불휘, 2012 공저), 『조선 산업의 구조조정과 고용대책』(한국노동연구원, 2016 공저) 등이 있다.

이경국

한일장신대학교 NGO대학원을 졸업하고 동대학교 NGO학과에서 강의를 하고, 전주기전대학교에서 사회복지학과 겸임교수로 근무하고 있으며, 고산고등학교 글로벌 독일 직업교육 연계 취업준비에 따른 독일 사회문화 영역 강의를 하고 있다. 현재 전북 농촌복지연구소 소장으로 활동하고 있다. 국제기구(UNESCO-UNVOC)와 Tri-country model for vocational education이 관심 주제이다.

이남섭

연세대학교 신학과, 연합신학대학원을 졸업하고, 멕시코 국립자치대학교에서 라틴아메리카 지역학의 사회과학 박사학위를 받았다. 현재 한일장신대학교 인문사회과학부와 NGO정책대학원 교수로 재직하고 있다. 대안적 시민운동과 NGO 및 사회적 협동조합에 관심을 갖고 연구하고 있다.
저서로는 『멕시코 NGO의 실업대응전략』(2001), 『라틴아메리카의 역사와 문화』(2003, 공저), 『라틴아메리카 대안사회운동과 참여민주주의』(2010, 공저), 『라틴아메리카 시민사회 비교연구서론』(2013) 등이 있다.

이무성

80년대 명동향린교회 청년회장, 성균관대학교 졸업, 한국은행, 다국적기업 IBM 등을 거쳐 IBM 초대 노조위원장, 민주노동당 초대 환경위원장 등 사회활동과 연세대학교, 서울시립대학교 등에서 시간강사와 광주대학교 산업기술경영학부 교수를 역임했으며, 광주대학교 재직 중 교수노조, 민교협 활동 등으로 해직되었다. 사회적 경제 교수 연구자 모임, 동학 실천 모임 대표로 몬드라곤 협동조합 대학 사례를 연구, 제도권 밖 교육공동체를 준비하고 있으며, (사)아시아태평양생명학연구원 이사장, 민교협노동위원장(현), 온배움터 녹색대학교 사회읽기 교수로 생태사회경제연구소 소장을 겸임하고 있다.

이종구

서울대학교를 졸업하고 한국기독교사회문제연구원에서 활동했다. 일본 도쿄대 대학원에서 산업사회학을 전공했으며, 성공회대학교 사회학과 교수로 재직하다가 2018년 8월에 정년퇴직했다. 한국산업사회학회 회장, 한국산업노동학회 회장, 민주화를 위한 전국 교수협의회 상임의장을 역임했다.

주요 논문으로는 "일본의 기업별 노조체제와 소수파 노조의 이의제기 행동" 등이 있고, 저서로는 『일본의 도시사회』(공저)가 있다.

이종원

서울대학교 공과대학 재학 중 민청학련사건으로 중퇴하고, 기독교사회문제연구원 간사로 활동하다 일본으로 유학을 가서 도쿄대학교 대학원에서 박사학위를 취득하였다. 도호쿠대학교 조교수와 릿쿄대학교 교수를 거쳐 법과대학장을 역임하였고, 현재는 와세다대학교 교수로 재직하며, 동아시아와 한반도 문제 전문가로 활동 중이다.

일본어 저서 『동아시아 냉전과 한·미·일 관계』(도쿄대출판회)로 미국역사가협회로부터 1999년도 '외국어 저작상'을 받았다.

이홍정

서울대학교와 장로회신학대학원(M.Div.) 및 영국 버밍햄대학교(Ph.D.)를 졸업하였다. 대한예수교장로회(통합) 총회 기획국장과 총회 사무총장, 한일장신대학교 선교학과 전임교수, 영국 버밍햄 셀리옥대학교 동북아시아 선교학 연구소 소장, 아시아기독교협의회(CCA) 정의국제문제-개발봉사국장, 필리핀 아태장신대 학장, 세계교회협의회(WCC) 세계선교와전도위원회(CWME) 상임위원으로 봉사하였다. 현재 한국기독교교회협의회(NCCK) 총무로 일하며, 세계개혁교회연맹커뮤니온(WCRC) 실행위원으로 섬기고 있다.

임종한

연세대학교 의과대학 졸업하고 동 대학에서 보건학(환경보건전공) 박사학위를 받았고, 현재는 인하대학교 의과대학 사회의학교실 교수와 직업환경의학과 과장으로 재직 중이다. 기독청년의료인회를 조직하고, 국내에서 의료협동조합운동을 처음 시작했으며, 인천평화의원, 인천평화의료생협 이사장, 한국의료복지사회적협동조합연합회 회장을 역임하면서 25년간 국내 의료협동조합운동을 개척하고 발전시켜왔다. 또한 국내 사회적경제운동을 발전시켜 왔으며, 현재는 한국사회적경제연대회의 상임대표를 맡아보고 있다. 가습기살균제 피해 규명에 앞장선 환경의학자로도 알려져 있다.
저서로는 『가장 인간적인 의료』(2011,공저), 『아이 몸에 독이 쌓이고 있다』(2013) 등이 있다.

임희숙
독일 함부르크 대학교에서 철학박사 학위를 취득하고, 연세대학교 신학과와 교육대학원, 한신대학교 기독교교육학과의 외래교수로서 여성신학과 기독교교육을 가르치고 있다. 에큐메니칼 여성단체인 기독여성살림문화원의 원장으로 활동하고 있으며, 한국여성신학회 회장을 역임하였다. 관심사는 신학교육과 여성신학 분야이다.
주요 저서로는 『기독교 근본주의와 교육』(대한민국학술원 우수학술도서 선정), 『교회와 섹슈얼리티』, 『한국사회와 교회 여성교육』 등이 있고, 공저로는 『한국 여성종교인의 현실과 젠더 문제』(대한민국 문화관광부 우수학술도서 선정) 외 다수가 있다.

진방주
장로회신학대학교 신학과와 신학대학원을 졸업한 후, 산업선교훈련생으로 공장을 다니며 1997년 3월 노동조합을 결성하였고, 안양지역에서 노동운동지원을 하다가 1988년부터 영등포산업선교회에서 간사로 일을 시작하였다. 1988년 목사 임직을 받고 영등포산업선교회 총무, 대한예수교장로회총회 국내선교부 총무와 총회 목회정보정책연구소 소장을 역임하였다. 현재는 2014년부터 영등포산업선교회 총무로 섬기고 있다.

차옥숭
이화여자대학교와 동대학원에서 신학을 전공하고 독일 프랑크푸르트 대학에서 종교학으로 철학박사 학위를 받았다. 한일장신대학교 교수, 이화여자대학교 연구교수, 초빙교수를 역임하였으며 현재 한국종교문화연구소 이사와 통일부 통일교육위원회 위원으로 활동하고 있다.
저서로 『한국인의 종교경험-巫敎』, 『한국인의 종교경험-천도교 대종교』, 『한국인의 종교경험-증산교 원불교』, 『한국생명사상의 뿌리』, 『동아시아 여신신화와 여성 정체성』(공저), 『예루살렘 성지-전장』, 역서로 『오늘의 신학이란 무엇인가?』(위르겐 몰트만), "오키나와 전쟁의 국가 폭력에 대한 분석", "동서교섭의 관점에서 본 몸과 마음 이해: 동학과 스피노자를 중심으로", "인간과 자연의 소통불가능성의 가능성: 맥페이그와 해월사상을 중심으로" 등이 있다.

최형묵

연세대학교 신학과를 졸업하고, 한신대학교에서 기독교윤리학으로 박사학위를 취득하였다. 한국신학연구소 연구원 및 신학사상 편집장을 역임하였고, 현재 천안살림교회 담임목사, 한신대학교 외래교수, 한국기독교교회협의회 정의평화위원회 부위원장, 비정규직대책한국교회연대 공동대표, 한국민중신학회 회장, 제3시대그리스도교연구소 운영위원, 계간 진보평론 편집위원 등을 맡고 있다.
저서로는 『반전의 희망, 욥』, 『한국 기독교의 두 갈래 길』, 『한국근대화에 대한 기독교 윤리적 평가』 등이 있다.

홍인식

순천중앙교회 담임목사로서 해방신학적 입장에서 목회를 하고 있다. 쿠바 개신교 신학교와 멕시코장로교신학대학교에서 선교학과 해방신학을 가르쳤다. 현재의 관심사는 신학과 경제 분야이다.
주요 저서로는 『쉽게 쓴 해방신학이야기』, 『포스트모던시대에 다시 읽어보는 사도신조』, 『포스트모던 교회?』, 역서로는 『통전적 선교』, 『욕망, 시장 그리고 종교』 등이 있고, 주요 논문으로 "해방신학을 위하여 진혼곡을 울려야 하는가?"가 있다.

헨리 폰 보제(Prof. DD. Henry von Bose)

독일 튀빙엔대학교 신학부를 졸업(목사)하고, 스위스 프리부르 비영리기관경영대학원을 졸업하였으며, 독일 EKD 뷔르템베억 기독교사회봉사국 공동의장으로서 활동한 후 정년퇴임하였다. 현재는 독일 동아시아 선교국 이사로 일하고 있다. 1994년 이래 20여회 한국을 방문하였으며, 한일장신대학교에서 명예박사학위를 받았으며 디아코니아 객원교수로 활동하고 있다.